21世纪公共管理学系列教材

Textbooks of Public Management and Administration in 21st Century

华东政法大学
课程和教材建设委员会

主　任	叶　青
副主任	曹文泽　顾功耘　唐　波　林燕萍　王月明
委　员	王　戎　孙万怀　孙黎明　金可可　吴　弘
	刘宁元　杨正鸣　屈文生　张明军　范玉吉
	何　敏　易益典　何益忠　金其荣　洪冬英
	丁绍宽　贺小勇　常永平　高　汉
秘书长	王月明（兼）
秘　书	张　毅

本书出版受上海市政治学本科教育高地建设项目基金资助

社区管理学

主　编　吴新叶
副主编　董江爱　董文琪　陈金英

Community Public Administration

北京大学出版社
PEKING UNIVERSITY PRESS

图书在版编目(CIP)数据

社区管理学/吴新叶主编. —北京:北京大学出版社,2008.10
(21世纪公共管理学系列教材)
ISBN 978-7-301-14339-1

Ⅰ.社… Ⅱ.吴… Ⅲ.社区-管理-高等学校-教材 Ⅳ.D583

中国版本图书馆 CIP 数据核字(2008)第 159934 号

书　　　名:	社区管理学
著作责任者:	吴新叶　主编
责　任　编　辑:	刘秀芹　朱彦　王业龙
标　准　书　号:	ISBN 978-7-301-14339-1/D·2166
出　版　发　行:	北京大学出版社
地　　　址:	北京市海淀区成府路 205 号　100871
网　　　址:	http://www.pup.cn
新　浪　微　博:	@北京大学出版社
电　子　信　箱:	law@pup.pku.edu.cn
电　　　话:	邮购部 62752015　发行部 62750672　编辑部 62752027 出版部 62754962
印　刷　者:	河北滦县鑫华书刊印刷厂
经　销　者:	新华书店
	730 毫米×980 毫米　16 开本　20 印张　381 千字 2008 年 10 月第 1 版　2018 年 5 月第 6 次印刷
定　　　价:	30.00 元

未经许可,不得以任何方式复制或抄袭本书之部分或全部内容。
版权所有,侵权必究
举报电话:010-62752024　电子邮箱:fd@pup.pku.edu.cn

目 录

第一章 导论 (1)
- 第一节 社区管理研究的兴起 (1)
- 第二节 什么是社区管理学 (6)

第二章 社区与社区系统 (15)
- 第一节 社区的概念 (15)
- 第二节 社区的要素、结构与功能 (22)
- 第三节 社区系统 (32)
- 第四节 社区环境 (40)

第三章 社区管理的体制与模式 (50)
- 第一节 社区管理概述 (50)
- 第二节 社区管理的组织结构与功能 (61)
- 第三节 我国社区管理体制的历史沿革与发展创新 (67)
- 第四节 国外社区管理体制的比较 (79)

第四章 社区公共服务及其管理 (99)
- 第一节 社区公共服务概述 (99)
- 第二节 社区公共服务的维系 (105)
- 第三节 社区社会保障管理 (114)
- 第四节 社区公共服务的比较 (120)
- 第五节 我国社区公共服务的展开与展望 (126)

第五章 社区公共事业管理 (139)
- 第一节 社区公共事业概述 (139)
- 第二节 社区教育管理 (142)
- 第三节 社区文化管理 (154)
- 第四节 社区卫生管理 (166)

第六章 社区公共安全与社区矫正 (182)
- 第一节 社区公共安全概述 (182)
- 第二节 社区治安综合治理 (189)

第三节　社区警务 ………………………………………… (197)
　　第四节　社区矫正 ………………………………………… (213)
第七章　社区物业管理 ………………………………………… (228)
　　第一节　社区物业管理概述 ……………………………… (228)
　　第二节　物业管理与社区自治 …………………………… (235)
　　第三节　社区物业管理的主要内容 ……………………… (242)
第八章　社区参与 ……………………………………………… (256)
　　第一节　社区参与概述 …………………………………… (256)
　　第二节　社区自治与社区参与 …………………………… (263)
　　第三节　我国的社区参与现状及制约因素分析 ………… (271)
　　第四节　社区参与的经验比较 …………………………… (280)
第九章　社区发展 ……………………………………………… (291)
　　第一节　社区发展的概述 ………………………………… (291)
　　第二节　社区发展的理论资源 …………………………… (298)
　　第三节　国外社区发展的变迁与经验 …………………… (300)
　　第四节　我国社区发展的历程与面临的难题 …………… (303)
　　第五节　我国社区发展的方向 …………………………… (308)
后记 …………………………………………………………… (317)

第一章 导 论

【内容提要】 社区管理伴随着社区的形成而存在。原始社会的聚落社区形成之后，便有了社区公共事务的管理活动。相应地，社区管理的研究则要落后得多，它是人类主观能动性的体现，也是人类文明智慧不断积累的结果。社区和社区管理的研究始于国外，现已积累了比较完备的理论体系和方法论基础。我国的社区与社区管理研究借鉴了国外的相关研究方法，并取得了一定的成就。随着改革开放的逐步深入，社区管理研究为社区发展实践服务的传统一直延续下来。迄今为止，尽管我国社区管理学的学科体系尚待完善，但这一学科的重要性已经在理论界达成共识，并引起了广大社区管理实践工作者的共鸣。值得欣喜的是，社区管理学正在这种期盼中逐步前行，其边缘学科的趋势，尤其是汲取了社会学、政治学、公共管理学、经济学、地理学、运筹学、统计学等学科的营养，使其呈现出日益完善的发展态势。

第一节 社区管理研究的兴起

"社区"是一个新概念，但却有着悠久的历史。可以说，自人类产生以后，尤其是人类开始了定居生活以后，社区便成为人类生产和生活的载体。如何维持社区生活的秩序、维护社区公共利益便成为社区居民的共同要求。自原始社会时期的酋长管理，到现代社会的社区自治，概莫能外。因此，可以说社区管理是伴随着社区的出现而产生的。但是，对社区管理的研究则很晚才出现，首先是社会学的研究，然后进入政治学和公共管理学的研究视野。

一、社区研究的渊源与发展

社区首先是作为一个社会现象而为人们所知晓，并加以注意，进而进行研究的。可以说，自人类出现以后，社区便存在了。不过，最初的"社区"是与原始人的情感联系起来的，血缘性的特征处于第一位，属于"心灵"社区的范畴。随着人类征服自然能力的提高，生产力水平不断提高，社区的意义得到进一步的拓展，成为人们从事生产和生活的载体，于是成就了今天所谓的"社区"，其内涵和外延都得到大大拓展。总体上，早期社区管理的研究是人们认识和改造生活的结果。

(一) 社区管理研究源于人们对社区的关怀

客观地看,关于社区及社区管理的系统研究始于国外。尽管有人认为国外的社区研究始于 15 世纪,但真正具有现代意义的社区研究是在产业革命蓬勃发展之后。尤其是自 18 世纪中叶起,一些欧洲国家为解决工业化所引发的一系列问题,开始考虑倡导由社区成员的自助和互助增进社会福利。① 学者们发现,伴随着产业革命和城市化而来的,是人们对于社区疏离感的忧虑。因此,人们关心社区首先源于对城市社区的关注。专家们发现,在城市化社会里,人们的相互接触多了,但与家庭、朋友那样紧密的首属关系却不容易获得;同时,社会的分异导致了人们生活方式、价值观和抱负的差异,社区的认同感也正在削弱。他们担心这一结果会使社区的存在失去应有的基础。值得一提的是,持这些观点的人并不在少数,滕尼斯(F. Tonnies)、迪尔凯姆(E. Durkheim)、齐美尔(G. Simmel)和韦伯(M. Weber)等都对此表示出深切的关怀。

在这批学者的观点中,大体有三类社区关怀:一是对传统人际情怀的留恋。在前工业社会,社区的特征是小规模、相互熟识、同质性强,居民参加同类的工作并具有类似的兴趣,思想和行为趋于一致,容易认同某种价值观和行为规范。但是,工业化和城市化却正在使这类社区"消失"。② 二是对社区精神塑造的关怀。学者们认为,工业化带来了社区的发展变迁,城市社区正呈现出从传统社区或俗民社会向"有限责任社区"转变的趋向。因此,重塑社区精神、培育社区意识是促进城市社区持续运行的重要任务。③ 三是对社区区位与生活的关怀,即关注社区空间组织、居住区位变动等问题。著名的芝加哥学派就是从人类生态学角度研究人类为对环境和文化作出反应而组织起来的空间关系和支持关系,代表学者为帕克(R. E. Park)、伯吉斯(E. W. Burgess)和麦肯齐(R. D. Mckenzie)等。此外,芝加哥学派还关注价值观等文化因素对塑造城市社会空间组织的作用,认为非人情化的经济竞争在总体上支配着城市空间组织的构造,而文化因素或社会价值观的认同则会影响城市空间组织的微观结构。④

尽管国外的早期社区研究多是社会学视角的研究,但内容远不止如此简单,而是十分丰富的。这些理论成果在丰富人类知识的同时,间接对管理社区提供了知识的支撑。例如,从不同视角认识社区并对社区进行分类,使人们在管理社区的实践中可以区别对待、甄别处理。

---

① 参见夏学銮主编:《社区管理概论》,中共中央党校出版社 2005 年版,第 69—71 页。
② See B. Wellman & B. Leighton, Networks, Neighborhoods and Communities, Urban Affairs, 1979, Quarterly, Vol. 14, pp. 363—390.
③ See J. D Kasarda & M. Janowitz, Community Attachment in Mass Society, American Sociological Review, 1974, Vol. 39, pp. 328—339.
④ See R. E Park, Human Ecology, American Journal of Sociology, 1936, Vol. 42, No. 1.

(二) 政治发展的需要

二战以后,社区管理的研究成果更多地体现在政治发展的动力上。战前,欧美国家倡导"睦邻运动",试图借此促进社区成员之间的沟通和融合,培养社区成员的自治精神,改善社区的生活条件。但是,欧洲国家的政治体制设计首先打破了这种社区主导的基层生活方式,福利国家及其影响使得社区自治的精神有所降低,而社区却在后发展国家得到了蓬勃发展。理论上,政治现代化的发展使社群主义的思潮得以膨胀,无论在发展中国家,还是在发达国家,都面临来自于政治认同的压力,只是前者更加迫切需要民族的政治认同,而后者更加需要公众的政治认同。但是,社区凝结历史文化和习惯与共同语言等文化方面的特征,使得基于文化的认同更加为政治和政治家所利用,凸现了社区的意义和地位。例如,政治投票的民主机制,利用多数原则,社区参与可以有效动员社区成员、家庭、种族、社区组织团体等力量;在基层自治方面,社区民主培育了个人的自主权利和责任心,成为体现西方政治价值观的工具。

到了20世纪60年代,联合国的推动使社区发展走向一个高潮。联合国的介入和推动是在"增长"与"发展"不能很好结合的背景下出现的。继1951年通过的《社区福利中心计划》和《社区发展计划》等议案之后,联合国又在1960年颁布了《社区发展和经济发展》,号召政府和市民采取双边合作行动,以政府支持和公众参与的方式促进社区的发展。值得一提的是,联合国的计划主要是针对发展中国家,倡导这些国家开展以乡村为单位的社区发展运动。发展中国家的成功对发达国家有所启示,使其在联合国的建议下,重新拾起社区发展计划,以社区发展应对工业化和城市化中出现的一系列问题。① 随着社区运动的不断开展,社区开始进入政治议程,并成为政党政治的策略对象。比如,在英国,工党和保守党为了扩大各自政党的影响力,积极致力于在社区的层面开展政治社会化的政策活动。社区成为不同政治意识形态斗争的重要空间,成为具有不同价值倾向的政党争夺选民的阵地,客观上促进了社区空间在政治层面的发展。可以说,政治生活的准则是社区公共生活的放大,社区化的政治成就了微观政治的未来。

正是在这个意义上,关于社区管理的研究被提上了日程。其中,桑德斯(Sanders)的社会互动系统研究最具影响力。他从人、社会关系、社会团体、社会类群、次体系(社会网络)和主体系六个层次上剖析了社区结构,认为社区是由家庭、经济、政府、宗教、教育与媒介、卫生、福利及娱乐等主体系构成的整体。作为一个复杂的开放系统,社区运行受到各种环境因素的影响,如自然生态环境、人口特征、文化或社会遗产、社区人格特点、时间因素和社会背景等。桑德斯因

---

① 参见程玉申:《中国城市社区发展研究》,华东师范大学出版社2002年版,第48—49页。

此更为关注社区运行的过程:(1) 通过生育和移民保证社区人口的新陈代谢;(2) 通过各种学习或教化使新居民完全参与社区活动;(3) 通过各种工具促进居民间的接触与交流,并造成社区舆论;(4) 通过各种活动产生分工与角色的专门化,使社区居民占据不同的社会地位;(5) 通过各种分配体系进行物品与服务的分配;(6) 建立各种机构和组织维持社区秩序、控制越轨行为;(7) 根据居民对社区的价值表现决定其社会声威,或根据居民的社会阶级区分其身份差异;(8) 根据社区及其各子系统的功能进行各种权力的分配;(9) 在各种因素作用下产生社会流动性,即阶级内或阶级间的流动;(10) 通过社区结构间的动态平衡与社区整合使社区成为一个社会体系。①

还有一些研究致力于对社区居民生活方式的研究。如二战后初期,陷入生活困境的人和地位下降的人居住在灰区(gray area 或 gray belt)的社区,他们和居住在寄宿区、种族村、贫民窟等不同社区的居民各有自己独特的文化传统和生活方式。② 欧洲也有类似的研究,如怀特(P. White)对西欧城郊社区类型的系统研究,他把西欧的郊区社区分为四种类型:以工人阶级、老年人和移民居住为主的工业郊区、面积不大但独立的中产阶级郊区、当地人和新移入的中产阶级居住的通勤村庄和新工人阶级郊区,彼此之间存在相对的独立性和差异性。③ 这些研究大多是关于社区变迁的研究,理论依据是新古典经济学的观点,研究对象是以发达的资本主义市场经济为背景,缺乏针对规律等的理论提炼。④ 但是,无论如何,这些研究促进了社区发展,尤其是社区管理与社区民主的进步。

(三) 社区管理研究是跨学科发展的自然结果

对现代社区管理的研究是一项更为"科学"的努力,尤其是现代科学技术的发展和学科间的交融与借鉴,使这一趋势表现得更加明显。正如诺克斯(P. L. Knox)所说的那样:"不管最终关注的焦点是什么,对城市的正确理解都需要跨学科的研究。"⑤

从社区及社区管理研究的角度而言,社会学是贡献最为突出的学科。地理学的研究集中于社区的居住环境与区位条件,尤其是社区规划方面的研究具有积极的指导意义。此外,经济学、法学、人口学、组织学、管理学等也在社区与社区管理的研究中提供了方法论的营养和丰富的研究成果。比较而言,政治学的研究介入时间较晚,但与公共管理学等学科一样,学科研究的突破却是有目共睹

---

① 参见〔美〕桑德斯:《社区论》,徐震译,台北黎明文化事业股份有限公司1982年版,第80—139页。
② See H. J Gans, Urbanism and Suburbanism as Ways of Life: A Re-evaluation of Definitions, in Callow, A. B Jr. (ed.), *American Urban History*, 2nd ed., London: Oxford University Press, 1977, pp.507—521.
③ See P. White, *The European City: a Social Geography*, 1984, London: Longman.
④ 参见程玉申、周敏:《国外有关城市社区的研究述评》,载《社会学研究》1998年第4期。
⑤ P. L. Knox. *Urban Social Geography*, 2nd ed., NY: John Wiley & Sons, Inc., 1987.

的。实际上,社区与社区管理的研究并非只是社会学科的专属领域,运筹学、计量统计学、应用数学、心理学等也被广泛应用于社区的研究中,并产生了一大批边缘性的研究成果。

二、社区管理研究在中国

我国的社区管理研究是建立在对国外社区理论引进的基础上而逐步本土化的。早在20世纪初叶,我国第一代社会学、人类学家吴文藻和吴景超就开始了社区研究的本土化尝试。他们主张把社区作为社会学的研究对象,进行本土化的实地调查研究,并且用这种研究成果启发或修正一般的社会学理论,如吴文藻的论文《现代社区研究的意义与功能》、《中国社区研究的西洋影响与国内近状》等,对当时的社区研究起到了重要的启迪作用。吴文藻不但是中国社区研究的倡导者,也是中国社区研究的教育家,他先后培养出了费孝通、李安宅、林耀华等一批专门从事社区研究的人才,其最大贡献也在于此。他还组织燕京大学的一批学生开展社区调查与研究,希望通过本土化的调查与研究,走出一条具有中国特色的社会学之路,培养一批植根于中国土壤的科学研究人才。1937年1月,在中国社会学社第六届年会上,赵承信专门发表了《社区研究与社会学之建设》的论文,主张以社区实地研究作为中国社会学建设的道路。这次年会还一致通过了陈达提出的"国内各大学积极推行社区研究"的议案。① 从此,社区与社区管理的研究在中国扎下根来。

新中国成立以后,社区的研究伴随着新中国的基层政治体制而展开,主要是针对街道办事处和居委会体制(简称"街居制"),完善社会主义民主制度的研究。这些尝试既有学术突破的成就,也有对新中国基层治理的实践贡献。但是,这一良好的研究局面并没有持续太久,由于众所周知的原因,政治学、社会学等学科的发展受到政治的影响,中国社区研究本土化的努力也就停滞下来。直到改革开放之后的恢复和重建社会学学科之后,政治学、社会学等才沐浴到发展的春风,关于社区的研究也日益走向兴盛,多学科的研究局面逐步形成。尽管这一时期的研究存在很多问题,如费孝通所谓的"见社会不见人"等,②但学者们的努力使社区与社区管理的研究呈现"百花齐放"的态势,而且这种态势还在继续。

值得一提的是,改革开放后的社区及其管理方面的研究,反映了改革的特征,并显示着从经济体制改革到各方面体制改革的历史进程,是为改革开放服务的。比如,为了解决行政全能主义所导致的"单位人管理"模式和"地区管理"模式,使"单位"从政治控制、社会管理、社会服务、社会福利、社会保障的行政框架

---

① 参见徐永祥:《社区发展论》,华东理工大学出版社2001年版,第17—18页。
② 参见费孝通:《乡土中国·生育制度》,北京大学出版社1998年版,第344页。

下解放出来,使"单位人"摆脱对单位的依赖感和依附性,社区的"居住地"成为替代,以培养人们的社区归属感、认同感和社区意识,让社区在公共服务中承担应有的职能。显然,这一时期的社区研究主要是以发现和解决改革开放下出现的"问题"为主,并为推进改革开放尤其是为基层民主政治发展提供智力支持。

纵观我国改革开放以来的社区管理研究,我们发现两种动力:一是学者们的学术冲动,为了繁荣社区管理研究而作出的努力;二是官方的推动,目的是促进改革开放的发展进程,尤其是促进基层民主发展的进程。在政府推动的力量中,民政部作为基层政权建设的主管机构发挥了主导性的作用。在最近的二十余年中,民政部先后出台了大量的法律法规和行政性规范,并资助和领导了国内社区研究的学者们从事社区建设的实证研究与理论建构。从研究的实际效果看,民政部的介入极大地推动了中国社区研究的发展。

改革开放以来的社区研究取得了丰硕的成果,主要的领域和内容有:小城镇研究、城市社区研究、城乡关系研究、社区组织和制度研究、社会心理研究、社区发展研究、社会主义现代化建设与社区发展、文明社区的目标和指标体系、社区发展与资源利用、社区环境、社区人口、社区经济、社区行政模式、社区文化、社区服务、社区法制、社区工作、社区党建,以及社区及其管理的理论与方法研究等。这些研究在持续的基层民主改革实践中,为社区的实际工作者提供新的思路和理论指导,以促进社区管理的科学化、民主化和法制化。

第二节 什么是社区管理学

一、社区管理学的性质

字面上,社区管理学是研究社区管理的学科,以社区管理的活动、主体结构、行为规范和管理规律为研究对象,目的是探究社区管理活动产生、发展和演变的基本规律,为社区管理的实践提供理论指导。换句话说,社区管理学的性质体现在它是社区管理实践的产物,并反过来指导社区管理的实践。

如前文所述,社区管理学是一个综合性的、跨学科的研究领域,它不是社区研究和管理学知识的简单"加总",而是一个全新的研究领域,具有综合性和交叉性的边缘性学科特征。总体上,社区管理学综合了政治学、(公共)管理学、社会学、法学、地理学以及经济学等学科的知识和方法论基础,具备边缘性学科的特质。

社区管理学的学科性质还表现在其明确的价值导向上。无疑,社区管理学需要弄清楚社区管理的事实,以探究社区管理的基本规律。但是,社区管理学显然不能只是简单的事实描述,还应该是规范性的,即以一定的价值倾向剖析社区管理的是非曲直,作出"好与坏"、"正确与错误"、"值得与不值得"等价值判断,为社区管理决策提供知识参考,建议社区管理作出相应的行动选择。公益、共享、参与、分担、安全、正义、公平、平等和自由等,都可能是社区管理中的选择,需要在社区管理的实践中作出选择。显然,这些已经不是简单的技术问题,而是渗透了社区伦理的取舍问题了。

在我国,社区管理学的价值体现在为改革开放和社会主义民主政治建设提供知识基础和精神动力。根据我国宪法设计,基层民主的任务之一是促进包括社区自治在内的公民参与,实现人民当家做主的理想。通过社区研究,一方面有助于正确认识中国社会,实现对"社情"和"民意"的把握,掌握中国社会的脉搏,综观中国社会的变迁趋势,进而正确认识中国社会的变迁趋势,从而正确认识中国社会发展的客观规律;另一方面有助于推动我国基层民主政治发展,推动社区建设和改革,增进社区与社区之间及社区居民之间的了解,从而解决改革和发展中所存在的各种社会问题。

二、社区管理学的研究途径与方法

社区管理学汲取了既有学科体系中的很多营养,并创设了自己的研究途径、方法和观点。一般认为,社区管理的研究方法最初是以人类学的方法展开的。这要归功于国外学者的努力,他们既是社区研究的开拓者,也是方法论研究的拓展者。例如,林顿夫妇(Robert and Helen Lynd)对美国的中镇(Middle Town)进行了长达二十余年的参与式研究,利用观察法、档案分析法和问卷法等,综合剖析了中镇社区的社会、文化、生活、政治等诸多方面。其他的人类学研究成果,如雷德菲尔德(Redfield)的《提波兰:一个墨西哥村庄》(Tepoztlan, A Mexican Village)、沃纳(W. Warner)的《扬基城》(Yankee City)也都是类似的社区研究案例。不过,最初的这些研究多是关注于社区功能,对社区管理着墨并不多。

在不同的学科框架下,社区管理学可以形成不同的研究途径,如社会学途径、政治学途径、经济学途径、(公共)管理学途径等。当然,也可以认为,这些途径本身已经具有边缘性的学科特征了。以下综合不同学科研究的成果,作七个途径的类分:

(一) 系统途径

政治的系统论由美国学者戴维·伊斯顿(David Easton)所创设。在社区管理中,这种研究途径强调社区与周围环境之间的关系,尤其注重社区环境与政治体系的相互作用。它有三个要素:一是系统输入,是在现有的法律制度框架下为社区居民及其组织以及社区发展需要而向政治系统提出的权利主张;二是系统交换和处理过程,是社区系统对各种主张等信息进行加工处理的环节;三是系统输出,是社区系统作出反应的环节,是对社区管理的决策等管理活动。系统途径的完成是一个螺旋式上升的环节,因为一个社区系统的输出就可能会产生新的要求(输入),而这种要求将进一步催生新的输出。在这种循环反复中,社区管理活动因之不断得以延续和展开。

(二) 团体途径

这是政治学中的多元主义理论的研究路径,强调民主的作用及其机制。在社区管理中,这种研究途径尤其关注社区内的各类组织活动,并把社区管理的实践看成是由居民组成的不同组织间的互动过程。社区与政治系统、社会系统,以及社区团体之间,进行彼此的协商、谈判和妥协,并最终达成一致。从"冲突"到"一致",社区团体之间要实现管理上的互动,同时还要与政治系统之间实现互动。实际上,近年来关于社区民间组织、非政府组织、非政府公共组织、社会团体等方面的研究,都是在这个框架下展开的。

(三) 精英途径

精英理论认为,社会结构中总是存在着有权势的少数人,他们的对立面便是没有权力的多数人,精英主导着社会资源的配置情况,对社会体系起着维持作用。当然,政治学的精英理论也认为,为实现社会的稳定,民主的社会应该为精英的产生和淘汰提供流动的机会和机制。

在社区管理中,精英的标准是宽泛的,可能是以财富和受教育程度为标准,也可能是以个人的人际关系和活动能力为标准,还可能是以与官方等外界系统的社会资本网络为标准。无论是怎样的精英,他们都能够对社区、对社区中的全体或部分居民产生一定的影响力。实际上,在我国的社区管理实践中,精英的角色身份和权力资源相当复杂,除了财产、受教育程度和法权(政治的和宗族的)的标准之外,还应考虑基层社会的组织和权力的多元性,以及与此相关联的个人的社会关系、能力和公众形象等等,这些因素都可能成为他们介入社区活动的条件。无论如何,社区结构的主导方面是由社区内的这些精英所主宰的,他们活跃在社区活动的不同方面,并对政治系统产生影响力,促使政治系统为了社区利益而制定相应的政策。在阶级论下,精英代表的是特定的社区阶层,他们的利益追求和利益表现与大众的利益追求和利益表现不尽相同,因而在社区管理中会产生与大众利益之间的偏差冲突,这是社区管理控制的环节。

(四) 新公共管理途径

新公共管理产生于20世纪80年代中后期,是在当代社会科学、管理科学的整体化趋势和公共部门管理实践特别是政府改革实践的双重推动下展开的。新公共管理运动起始于英美等国,目标是以公共部门管理问题的解决为核心,融合多种学科的相关知识和方法,创立一个新的公共管理尤其是政府管理的知识框架,以适应当代公共管理实践发展的迫切需要。新公共管理学更多地从经济学的角度研究公共管理尤其是政府管理问题,以处理政府与市场、企业和社会之间的关系等。

在社区管理上,新公共管理的意义表现在两个方面:一是强调向基层社区的充分授权,二是强调公共服务的社区化。新公共管理认为,政府应将社会服务与管理的权限通过参与或民主的方式下放给社区等社会基本单元,让它们自我服务、自我管理,即"社区拥有的政府":"当家庭、居民点、学校、志愿组织和企业公司健全时,整个社区也会健康发展,而政府最基本的作用就是引导这些社会机构和组织健康发展。……那些集中精力积极掌舵的政府决定其社区、州和国家的发展前途。它们进行更多的决策。它们使更多的社会和经济机构行动起来。"[1] 对于社区管理而言,新公共管理的核心价值观在于对社区"公共"性质的关怀——社区层面的公共目的、公共利益、公共权力、公共行为、公共责任等。

(五)新制度主义途径

新制度主义强调制度在政治生活中的决定作用,认为制度是人类设计的产物,是工具指向的结果。在社区管理中,制度既包括正规的成文法,也包括非成文的规范与社区成员之间约定俗成的习惯和风俗等。显然,制度的存在减少了社区管理的交易成本,但同时也会产生路径依赖的惰性,不利于创新和组织灵活性的创造。

(六)组织途径

把社区看做纯粹的组织具有两种意义:第一,社区是某些具有共同爱好和归属感的群体形成的某种组织,即精神社区;第二,或者理解为,社区是把一定地域内的个体组织起来,为了共同的目标,共同努力解决共同问题而产生相互认同的一个大型组织。社区具有组织的特征,它有固定的社区居民,有社区发展的目标,有确定的社区行为规范或社区风俗,有权威的领导等。同时,社区具有一定的物质基础,即社区有公共物质资源,这些物质资源可以成为社区居民的生存和发展资本。为了生存和发展目标,社区居民以某种生产或生活方式结合在一起,形成团结一致的组织,共同应对环境挑战,促进社区发展。[2]

(七)治理途径

政治学意义上的治理含义比较广泛,既有削减公共开支,以最小的成本获得最大的效益的诉求;也有对政府公共服务,如强调效率、法治、责任等的体现。作为一种社会控制体系的治理,是政府与民间、公共部门与私人部门之间的合作与互动的方式。[3]

在社区管理上,治理途径至少有五层含义:一是强调社区作为自治组织网络

---

[1] 〔美〕戴维·奥斯本、特德·盖布勒:《改革政府:企业家精神如何改革着公共部门》,周敦仁等译,上海译文出版社2006年版,第7—8页。
[2] 参见夏学銮主编:《社区管理概论》,中共中央党校出版社2005年版,第80页。
[3] 参见俞可平:《治理与善治》,社会科学文献出版社2000年版,第86页。

的管理基础,它建立在社区信任、规范与网络的社会资本之上,社区管理的绩效体现了社会资本的存量基础,二者是彼此相关的关系;二是社区公共权力的配置与运作,治理强调社区能够从政府获得相应的权力,如政府权力的下放和让渡,从而实现治理过程中的政府组织的权力与非政府公共组织的权力间的互动;三是非政府公共组织的治理,它源于社区公共权力的配置与运作,实现社会资源配置方式的多元化,要求在社区的层面出现政府组织、非政府组织以及其他社会组织共同参与社区公共事务管理的格局;四是社区自治与责任的相关性,社区公共行政的运行机制决定了不同参与主体的多元化以及彼此权力的依赖和合作伙伴关系,相应的责任因此形成,如社区中政府的责任相对有限,而合作、参与和共享决定着社区资源的享有与配置方式;五是社区民主的体现,社区事务的自我管理使社区的民主生活得以具体化,具有事务性和切实性的特征,如民主选举、民主管理和民主监督。

三、社区管理学研究的主要内容

从学科的角度看,社区管理学的研究对象非常明晰,即社区管理活动。由于社区管理学的边缘性学科特征,研究的内容得以大大拓展。概括起来,社区管理学的研究内容至少包括以下几个方面:

第一,社区与社区管理的概念。厘清社区概念的基本内涵及其发展,发现社区管理的基本特征,比较不同社区管理主体的差异性和相同性;研究社区的结构特征及其要素,认识社区作为基层生活的公共空间所具备的主体性、公共性和社会性等特征;研究社区的人口要素、地域要素、组织结构要素和文化心理要素,比较分析社区的功能及其任务,如社区参与、社会化、社会管理与社会控制、社会福利与社会保障等;研究社区环境的功能耦合,加强社区资源与信息交换的作用,尤其是作为主体的人在社区环境中的主体地位。

第二,社区管理体制。体制在管理学中是机构设置和管理权限划分的制度,它是制度的中间层次,系指管理系统方面的制度,如组织体制、分配体制、领导体制等。社区层面的管理体制包括社区管理体系、社区工作体系和社区监督体系及其相应的机制。社区管理体制是国家制度安排的结果,也是居民生活方式的体现。

第三,社区服务管理。在西方,社区服务即为居民的福利服务,主要职能是了解并根据社区居民的需求,设立、健全社区服务网络,完善社区服务体系,广泛开展社区服务,并对服务质量进行监督、保障,以提高社区居民对社区的满意度,提高居民的生活质量。社区服务具有公益性的特征,不以营利为目的,而是关注社区的公共利益;社区服务具有互助性的特征,通过居民间的相互帮助,体现邻里和睦的社区精神。

第四,社区公共事业管理。这主要包括社区的文化、教育、医疗卫生、体育保健等领域的管理。这里,"社区文化"是一个广义的概念,是指包括文化、娱乐、群众性文体活动及全民健身活动等内容在内的大文化概念。针对社区公共事业管理的设施进行规划和建设,组织健全各类文体活动团体,组织和发动社区居民广泛参与各种如普法、科普、时事政治、实用技能、兴趣爱好、思想政治、道德伦理、人文知识、自然知识、医疗卫生常识等内容不同、形式各异的教育活动。号召和组织居民加强医疗保健,开展形式多样的体育活动,提高居民健康水平等。

第五,社区公共安全与社区矫正。安全是人们文明、祥和生活的基本保障,也是经济社会发展的必要条件。由于社会利益的多元化,社会矛盾更加繁复,社区公共安全也面临更加严峻的挑战。社区公共安全的基础是社会治安综合治理,打击、防范、教育、管理、建设、改造等多元手段和多元途径是保证社区公共安全的重要机制。其中,社区警务和社区矫正是新形势下社区公共安全管理的重要内容。

第六,社区物业管理。物业管理是伴随着基层政治建设而出现的新事物。随着产权制度改革的推进,物业管理成为社区管理的一个必要环节。物业管理包括对社区物业自身的管理,也包括对社区公共服务设施的综合利用和管理,因此具有公共性的特征。物业管理的目的是通过对社区内的各类设施设备、园林绿化、道路交通、治安、环境卫生等进行定期的保障、维修、整治,以及为居民的日常生活提供服务,使社区成为优美、便捷、舒适、安全、卫生的场所。

关键术语

社区管理,研究,国外,社区管理学,边缘学科。

思考题

1. 社区管理研究的基本规律有哪些?
2. 国外社区研究的成就主要集中在哪些方面?
3. 简单评价西方社区研究及其成果。
4. 简单描述我国社区研究的发展轨迹。
5. 为什么说社区管理学的生命力在于为社区管理实践服务?
6. 试述社区管理研究的途径方法。
7. 简单列举社区管理学的学科框架。
8. 你对我国社区管理学的发展持怎样的态度?

参考书目及文献

1. 夏学銮主编:《社区管理概论》,中共中央党校出版社 2005 年版。
2. 〔美〕桑德斯:《社区论》,徐震译,台北黎明文化事业股份有限公司 1982 年版。
3. 徐永祥:《社区发展论》,华东理工大学出版社 2001 年版。
4. 费孝通:《乡土中国·生育制度》,北京大学出版社 1998 年版。
5. 娄成武、孙萍主编:《社区管理》,高等教育出版社 2006 年版。
6. 顾建键:《现代社区管理概论》,上海人民出版社 2007 年版。

拓展阅读书目

1. 俞可平:《治理与善治》,社会科学文献出版社 2000 年版。
2. 〔美〕戴维·奥斯本、特德·盖布勒:《改革政府:企业家精神如何改革着公共部门》,周敦仁等译,上海译文出版社 2006 年版。
3. 侯伊莎:《透视"盐田模式":社区从管理到治理体制》,重庆出版社 2006 年版。
4. 折晓叶、陈婴婴:《社区的实践——"超级村庄"的发展历程》,浙江人民出版社 2000 年版。
5. 戴星翼、何惠琴:《社区发育与社会生活——上海闵行区龙柏街道研究报告》,上海大学出版社 2000 年版。

案例分析

直面"零距离"服务
——透视五里桥街道社区网格化管理的集聚效应(节选)

位于卢湾区南部的五里桥街道曾经是上海第一批实行"两级政府、三级管理"新体制的试点街道。2003 年 11 月份,按照市委和区委关于探索和研究社区网格化管理的有关要求,它又成为了卢湾,同时也是上海最先启动社区网格化管理试点工作的街道之一。两个多月的时间过去了,社区网格化管理试点的情况特别是效果究竟如何?在走访五里桥街道的过程中,一个个生动的事例让我们真真切切地感受到:信息的沟通更加畅捷了,条块的配合更加有力了,干部的作风更加务实了,社区居民对政府及社区工作也更加满意了。信息、资源、信念和民心在社区网格化管理这张大网下集聚。

2004年的第一天，一条24小时社区服务热线在五里桥街道的四个社区全面开通。这是街道实行网格化管理试点实体化运作后，各社区党委亮出的第一张牌，也是社区党委为了解决以往社区信息传递渠道不畅和时效滞后的一项举措。

以前，条线部门由于人手少，往往无法深入社区直接了解居民需求，而街道和社区居委会虽然身处居民之中，但由于没有相应的行政职权，加之整天忙于事务工作，对居民反映的有些问题也就无暇顾及，见怪不怪。条的专业职能无法纵向到底，块的综合管理难以横向到边，造成了信息传递渠道不够畅通，传递速度相对滞后，许多值得注意和研究的社区信息无法及时客观真实地反映到有关部门。

社区网格化管理实现了"以块为主，融条于块，条随块转"的组织体制创新，条块部门纷纷搭建沟通平台，为社区信息传递开通了一辆直通车。政府职能部门相继选派联络员深入社区，发现问题及时与社区沟通；街道分管领导在以往听取汇报、了解工作情况的基础上，每周固定时间到社区网格一线办公，及时将从社区获得的重要信息提交党委会或办公会议讨论、协调；街道办事处机关干部将原来的每周半天联络居委会变为现在一周三天面向居民，更多更直接地掌握社区信息；各社区党委还建立了社区事务受理中心信息收集—分析—利用—反馈、居委—社区党委两级接待、社区理事会会长接待日等制度，组建了由居委会委员、社工、社区党员、群众骨干、群文团队成员等组成的信息员队伍，全天候、多渠道地倾听居民意见，了解居民需求。一张覆盖整个社区的社情民意信息采集—传递网络和条块贯通的工作信息沟通—协调网络正在社区迅速形成。

五里桥街道在社区网格化管理试点实体化运作后，各类管理和服务资源在社区内得到最广范围的覆盖和最大限度的利用。在以往的管理模式中，社区工作往往带有行政色彩，以完成条线和街道布置的任务为主，对群众的需求关注不够。而如今的社区网格化管理，改变了原来社区成为条线和街道延伸机构的状况，通过为社区居民多办实事，多谋实利，体现了信息、资源、信念和民心的集聚效应，不断满足社区群众日益提高的物质文化生活需求。社区网格化管理实现了"以块为主，融条于块，条随块转"的组织体制创新，条块部门纷纷搭建沟通平台，实实在在地为社区信息传递开通了社区干部对居民"零距离"服务的直通车。

这几天，"新南社区服务站"正在积极酝酿筹建中，建成后的服务站将成为社区全方位服务的重要工作载体，并根据社区居民和单位需求设置服务项目，实现市场服务、社会服务和志愿服务的结合。为何要在社区建设这样一个公共服务平台？社区党委的出发点很明确——社区工作好不好，关键要看群众需要不需要、满意不满意。

社区网格化管理,改变了原来社区成为条线和街道延伸机构的状况,实现了社区干部对居民的"零距离"服务,通过为社区居民多办实事、多谋实利,不断满足社区群众日益提高的物质文化生活需求。春节前夕,新南社区的每一户生活困难家庭早早地收到了慰问金和年货,这是社区党委通过发出"新春献爱心,义卖一日捐,互助送温暖"的倡议,精心设计"七个一"活动,发动和组织广大社区群众、社区单位共同送上的节日祝福;打浦路339弄165户居民这几天正欢欢喜喜地看着自家的厨房旧貌换新颜,正是浦南社区党委的出面协调,在短短两个月内启动了厨房工程,使居民们多年的愿望得到了实现;局二小区的居民奔走相告,往日自行车乱停乱放的杂乱局面将一去不返,因为社区党委协调各方,一个崭新的车棚不久将在小区内建成;中一居委陈婷婷的脸上最近露出了笑容,这要感谢江南社区党委牵线搭桥,使社区的民营企业爱仁物业与其结对互助,让父母协保、姐姐患先天性心脏病、弟弟患脑瘫和双目失明的家庭看到了生活的希望……

　　短短两个多月,一项项卓有成效的实事工程使社区居民对社区干部和社区工作日渐认同,满意度日渐提高。居民们说,现在的社区,服务越来越周到,活动越来越丰富,生活越来越便利,邻里越来越亲密,生活在这里快乐而又充实!

（资料来源:《卢湾报》2004年2月15日第6版）

❓ 案例思考题

1. 网格化管理模式方法的管理学内涵是什么?
2. 网格化管理在社区运用的基本做法体现了网格化管理的什么特征?
3. 简述居民满意与网格化管理的联系。
4. 试分析社区管理实践需要理论指导的理由。
5. 结合案例,从理论发展与实践需要的角度,试分析边缘性学科的积极意义。

第二章 社区与社区系统

【内容提要】 从公共管理的视角看,社区是基层生活的公共空间,具有人本的主体性、公共性和社会性等特征。认识社区可以从其结构要素、结构功能、内部系统和外部环境的逻辑展开。本章在区分了社区的人口要素、地域要素、组织结构要素和文化心理要素的基础上,对由社区要素所形成的社区结构进行了分析。本章认为,时下社区功能需要重点解决的理论和实践问题主要是社区参与、社会化、社会管理与社会控制、社会福利与社会保障等。在社区系统中,作为社区主体的人是具有能动性和革命性的要素,而从社区发展的角度衡量,组织化的主体更具有积极意义。社区环境可以起到促进社区功能耦合、加强社区资源与信息交换的作用,其中人的主体性地位不仅体现了人具有适应环境的能力,同时还具有利用环境和改造环境的能力。

第一节 社区的概念

从学术的渊源看,"社区"(community)概念来自于德文 Gemeinschaft,意思为共同体。在学术交流上,社区是个舶来品,是 19 世纪末西学东渐的产物,因为我国古代并无"社区"一词,这是费孝通创造的词汇。[①] 从社区的词义看,中外关于社区的理解存在着差异。《牛津字典》关于"community"解释有三:(1)作为一个整体而生活在一个地方、区域或者国家的人群,可以是团体,也可以作集体、社会理解;(2)有关宗教信仰、种族、职业等方面相同的人所构成的集体,或者有共同利益的人组成的集体;(3)共享的条件、共有的事物等。《现代汉语词典》的解释相对简单,系指:(1)"城市中以某种特征划分的居住区";(2)"我国城镇按地理位置划分的居住区"。比较而言,我国关于社区的认识侧重于地理概念,且局限于对城市的生活描述;而西方则侧重于社会学的分析,意义比较丰富。可以肯定的是,对于社区的理解不仅有民族文化理解上的差异,而且还会因人的

---

① "社区"一词出现于 20 世纪 30 年代,是以费孝通为首的燕京大学学生翻译国外著作时发明并使用的词汇。据费孝通说:"最初,Community 这个词介绍到中国而来的时候,那时的译法是地方社会,而不是社区。当我们翻译滕尼斯的 Community 和 Society(团体、会、社)这两个不同的概念时,感到 Community 不是 Society,成了互相矛盾的不解之辞。因此,我们开始感到'地方社会'一词的不恰当。那时,我还在燕京大学读书,大家谈到如何找一个确定的概念,偶然间我想到'社区'这么两个字样,最后大家援用了,逐渐流行。这是社区一词的由来。"转引自娄成武、孙萍主编:《社区管理学》,高等教育出版社 2006 年版,第 1—2 页。

兴趣、需要而有所不同,甚至随着社会的发展,社区内涵本身也将不断发生变化。

正是由于人们对社区的理解和应用存在差异,对社区的定义才呈现五花八门、见仁见智的局面。在这些定义中,既有共识,也有歧义。有学者考证过社区定义的数量,早在20世纪50年代,根据美国社会学家希勒里（George A. Jr. Hillery）的研究统计,各种社会文献中至少出现了94种社区定义;而到了80年代,著名美籍华裔社会学者、匹兹堡大学教授杨庆堃整理发现,在各种社会学文献中,至少出现了140多种社区定义。① 在这些定义中,"有的从社会群体、过程的角度去界定社区;有的从社会系统、社会功能的角度去界定社区;有的从地理区划（自然的与人文的）去界定社区;也有的则是从价值观、生活方式的角度去界定社区;还有人从归属感、认同感及社区参与的角度来界定社区"②。在本书中,我们对学者们见仁见智的不同界定作一简单梳理,兹列举如下:

一、国外学者的定义

"社区"一词在国外也是渊源久远。据考证,第一次在技术意义上使用"社区"一词的学者是古希腊哲人亚里士多德,他笔下的"社区"是城邦政治组织范式的一个结构。但是,从学术的角度衡量,"社区"的历史仅有一个多世纪,除了作为人类生活的基本场所以外,还用来指在价值取向、人际关系等方面具有相对较高的同质性的社会共同体。迄今为止,社区的含义还在扩展中。

（一）滕尼斯的"纯粹社会学"定义

1887年,滕尼斯出版了《共同体与社会》（又译作《社区与社会》）一书,被公认为现代社区研究的开山之作。在这本书中,滕尼斯首次使用了具有现代"社区"意义的"Gemeinschaft"（德语,即 community）一词,认为社区是指基于亲族血缘关系而结成的社会联合。在这种社会联合中,存在两种秩序:一是基于情感和自然意志的秩序,个体或个人的意志为这种情感和共同的意志所支配;二是基于契约关系的理性秩序,人们或主动或被动地接受这种契约与理性。前者的秩序就是礼俗社会,后者是法理社会。③ 在滕尼斯看来,前者的礼俗社会更是人情社会,有时甚至是建立在血缘关系的基础之上;而后者的法理社会由于打破了个体情感,以契约联系起大众,因而会取代前一种礼俗社会的秩序,即社会发展的趋势是社区的社会样式会让位于法理的社会样式。④

按照滕尼斯的理解,纯粹的社会学意义上的社区是一种生活的共同体。在这个共同体里,人与人之间的关系具备一种亲密无间、守望相助、疾病相抚、服从

---

① 参见黎熙元、何肇发主编:《现代社区概论》,中山大学出版社1998年版,第4页。
② 徐永祥:《社区发展论》,华东理工大学出版社2000年版,第31页。
③ 参见费孝通:《乡土中国·生育制度》,北京大学出版社1998年版,第9页。
④ 参见〔德〕滕尼斯:《共同体与社会》,林荣远译,商务印书馆1999年版。

权威,且具有共同信仰和共同风俗习惯的特征,社区成为更富有人情味的社会关系和社会团体。这种人际关系不是社会分工的结果,而是由传统的血缘、地缘和文化等自然产生的。从滕尼斯的纯粹社会学观点可以发现,礼俗社会的社区认同源于人们的自然选择,人们加入这种社区及社区中的团体,并不是有目的选择,也不是外力强加,而是生于斯、长于斯的自然情愫使然。在滕尼斯看来,社会的形成是社区发展的结果,因为社会的异质性是从社区的同质性扩展而来的,社会分工和社会契约也是如此。可见,在滕尼斯那里,社区是指传统社会里关系亲密的社会团体;与现代法理社会不同,社区具有共同体的思想价值取向。

(二)帕克的功能主义的定义

R. E. 帕克是美国芝加哥大学社会学系教授,他的社区概念被限定在人群、制度、要素、内部结构、地域等角度。1936 年,在帕克的《城市社会学》中,功能主义视角的社区概念得到广泛的关注:"社区是占据在一块被或多或少明确地限定了地域上的人群汇集。"与此同时,"一个社区不仅仅是人的汇集,也是组织制度的汇集"[①]。帕克总结过社区的三个特征:"一是有按区域组织起来的人口;二是这些人口不同程度地与他们赖以生息的土地有着密切的联系;三是生活在社区中的每个人都处于一种相互依赖的互动关系。"[②]在帕克看来,一定区域内,只要存在人口、土地等基本要素,人们之间形成一种相互依赖的互动关系,社区便诞生了。在帕克那里,社区是区域内人群及其互动关系的汇聚。

美国社会学家 B. 菲利浦斯持类似看法,他给社区下的定义是:"社区是居住在某一特定区域的、共同实现多元目标的人所构成的群体。在社区中,每个成员可以过着完整的社会生活。"美国另一著名社会学家 D. 波普诺也在其代表作《社会学》一书中写道:"社区是指在一个地理区域围绕着日常交往组织起来的一群人。"[③]

(三)地域性社区定义

典型的代表为古达尔(Goodall)于 1987 年对社区概念的界定:既是指为居住和工作而占有和分享有限地域空间的互动人群,又代表着包容社会日常生活主要特征的最小空间系统。E. W. 伯吉斯在一篇题为《邻里工作可否有个科学基础?》的论文中写道:"'社区'一词……在这个学科的文献中,现在有一种倾向越来越明显,即强调社区的地理环境。"英国社会学家麦基文于 1917 年发表的《社区:一种社会学的研究》中,也赋予社区区域的内涵:"说到社区,我意指任何共同生活的区域:村庄、城镇,或地区、国家,甚至更广大的区域。"在麦基文看

---

① 〔美〕R. E. 帕克等:《城市社会学》,宋俊岭等译,华夏出版社 1987 年版,第 110 页。
② 转引自徐永祥:《社区发展论》,华东理工大学出版社 2000 年版,第 30 页。
③ 转引自方明、王颖:《观察社会的新视角——社区新论》,知识出版社 1991 年版,第 2—4 页。

来,社区是人类在其中共同生活的区域,它可大可小,可以是村庄、城镇,也可以是城市、国家,甚至整个地球也可以看做是一个社区。① 当然,也有类似罗斯等学者综合了地理概念和功能意义的社区定义。② 可以认为,这一认识是地理社会学研究拓展的结果。

(四) 综合性的社区定义

这一看法源自美国社会学家桑德斯的贡献,他一改过去社区概念界定中的两分法,既不是用社会界定社区,也不是用社团或国家界定社区,而是既把社区看做是"一个互动的体系",又看做是"一个行动的场所",还看做是"一个行动的场域"。③ 在这种综合性的社区里,桑德斯还提出关于社区发展的四重性定义,他把社区定义分成四种类型:(1) 定性的理解:把社区视为一个居住地方;(2) 人类生态学的理解:把社区视为一个空间单位;(3) 人类学的理解:把社区视为一种生活方式;(4) 社会学的理解:把社区视为一种社会互动。这种学科视角的定义分类很有启发意义,使我们得以比较全面地理解社区。

二、中国学者的定义

在中国,研究社区必然要征引费孝通的观点。他认为,源于西方区位学的社区概念,"其含义简单地说是指人们在地缘关系基础上结成的互助合作的共同体,用以区别在血缘关系基础上形成的互助合作的共同体"④。"社区可大可小,一个学校,一个村子,一个城市,甚至一个民族,一个国家,以至可以团结在一个地球上的整个人类。只要其中的人都由社会关系结合起来,都是一个社区。"⑤ 这里,费孝通开列了三个社区的要素:组织群体、地域、关系机制。这一社会学角度的定义一直影响到今天的中国学者们对社区的认识。同时,鉴于国外社区研究的领先地位,国内研究中的社区概念对其进行了有益的借鉴。不过,在这些大同小异的定义中,学者们还是有自己的倾向的。

(一) 群体说定义

持此观点的人很多,他们侧重于从社会学的角度认识社区作为人类生活共同体的属性,认为"社"先导于"区"。典型的观点有:(1) "所谓社区,就是聚居在一定地域中人群的生活共同体。具体地说,社区是一定地域内发生各种社会关系和社会活动,有特定的生活方式,并具有成员归属感的人群所组成的一个相

---

① 转引自夏学銮主编:《社区管理概论》,中共中央党校 2005 年版,第 11—12 页。
② 参见常铁威:《新社区论》,中国社会出版社 2005 年版,第 32 页。
③ 转引自夏学銮主编:《社区管理概论》,中共中央党校 2005 年版,第 14 页。
④ 费孝通:《中国现代化:对城市社区建设的再思考》,载《江苏社会科学》2001 年第 1 期。
⑤ 费孝通:《乡土中国·生育制度》,北京大学出版社 1998 年版,第 335 页。

对独立的社会实体。"①（2）"所谓社区是指居住在一个地区里进行共同生活的人群。他们进行互相联系的经济和政治活动，形成一个共同的生活集体，具有一定程度上相同的价值观念和相似的认同意识，并有相应的实体单位。这种群体，在社会学中亦称地缘群体。"②"社区是聚集在一定的地域内的相互关联、相互交往的人群形成的具有共同生活特征的相对独立的地域性社会。"③（3）强调人群关系的机制也可以归到这一类别中。"社区是指聚集在一定地域范围内的社会群体和社会组织，根据一套规范和制度结合而成的社会实体"④"社区是建立在地域基础之上的，处于社会交往中的，具有共同利益和认同感的社会群体，即人类生活共同体。"⑤诸如此类。

（二）区域性社会说的定义

此类观点认为，"区"的意义大于"社"，其空间结构优于社会结构。这类定义认为地域是人群关系形成的基本要素，尤其强调邻里关系与社区边界和规模等问题。这类定义强调区域差异所带来的社区共同体属性的不同，并对社区互动的机制给予关注。比如，"这种一个地域内的主要社会活动或者生活方式基本上属于同一类型的相对独立性的地区性社会，就叫做社区。"⑥"社区是由聚集在某一地域内按一定社会制度和社会关系组织起来的、具有共同人口特征的地域生活共同体。""社区实质上就是一个区域性社会，是一定地域范围内人们社会生活的共同体。"⑦这是地理社会学角度的认识。

也有学者中和了人群说与地域说，如郑杭生的定义："社区是进行一定的社会活动，具有某种互动关系和共同文化维系力的人类群体及其活动区域。"⑧鲍日新等认为，"社区"一词"包含了人类聚居和人类住区的概念，而人类聚居和人类住区既是形成共同体和亲密伙伴的原动力，又是昭示共同体和亲密伙伴的最直接的表现形式"⑨。不过，随着社会流动和社会变迁的加快，地域性社区的边界变得愈来愈模糊，尤其是随着现代网络技术的发展，"虚拟社区"更是动摇了地域社区研究者的立论基础，社区的地域成分愈来愈小，而人群的共同体成分则愈来愈明显。⑩

---

① 奚从清、沈赓方主编：《社会学原理》，浙江大学出版社1996年版，第209页。
② 袁秉达、孟临主编：《社区论》，中国纺织大学出版社2000年版，第2页。
③ 韦克难：《社区管理》，四川人民出版社2003年版，第5页。
④ 参见陈彬斌：《社区究竟有多大》，载《中国文化报》2004年3月25日第4版。
⑤ 蔡禾主编：《社区概论》，高等教育出版社2005年版，第4页。
⑥ 章人英主编：《普遍社会学》，上海教育出版社1990年版，第145页。
⑦ 娄成武、孙萍主编：《社区管理学》，高等教育出版社2006年版，第4页。
⑧ 郑杭生主编：《社会学概论新修》，中国人民大学出版社2001年版，第364页。
⑨ 鲍日新、刘泽雨主编：《社区管理理论与实践》，大连海事大学出版社2004年版，第3页。
⑩ 参见费孝通：《对上海社区建设的一点思考——在"组织与体制：上海社区发展理论研讨会"上的讲话》，载《社会学研究》2002年第4期。

（三）心理认同层面的社区

这是社会心理学研究者所关注的社区，强调人群的内心认同，把社区归属感作为维系社区成员关系的纽带。在这样的社区中，人们彼此之间有比较密切的交往，彼此照顾、关心、合作、支持和相互依赖。基于此，有学者把社区定义为："一定数量居民组成的、具有内在互动关系与文化维系力的地域性的生活共同体。"[①]"社区就是区域性社会，换言之，社区就是人们凭感官能感觉到的具体化了的社会。"[②]诸如此类。

三、作为基层公共空间的社区

综合分析中外专家关于社区的定义可以发现，这些不同角度的社区定义反映了社区的不同面相，体现了社区的特殊意旨。本书结合前人的研究成果，把社区看成是基层公共生活的空间，是满足社区居民公共生活需要的载体，具有公共性和社会性的双重特征。具体来说，社区具有三层含义：

（一）社区的人本内涵

社区首先是人的共同体，是人的利益共同体，也是人的心理满足的共同体。实际上，作为物质载体的社区，本身的地域、环境、经济和设施既是改造的产物，也反映了社区居民的多元追求，如物质的满足、精神的愉悦等。尤其是当社区的发展目标与人的满意度、人的归属感、人的凝聚力相联系的时候，社区的人本意义才得以显现。正如美国社会学家英克尔斯所说，社区成员的共同结合感以及对某些实际生活及精神生活的共同评价等，决定了社区的本质，同时也是社区意识的基本体现。

作为基层公共空间的社区，其人本意义体现在以下几个方面：(1) 社区是人们在长期的日常生活中形成的，任何外在力量介入社区，都必须尊重这个事实，否则会遭到社区居民的共同抵抗。即使是经过历史的洗礼，人们对这种社区的认同仍然根深蒂固、难以割舍。耶路撒冷的圣殿山的冲突就是典型的例证。(2) 社区是满足公众需要的载体，而不是为了满足简单的私人或者个体需要而存在，从经济、社会交往到文化方面都存在这样的公共需求。一旦出现损害公共利益的行为，便会遭到公众的谴责和抵抗。(3) 人们把社区当成行使公共权力的载体，用以配置社区的公共资源、处理公共事务、维护公共秩序、增进公共利益。根据"主权在民"的原则，社区的公共权力同样源自人们的授权，只是由公共部门代理行使，所以人本性自然也成为社区公共权力的属性。

（二）社区的社会性特征

从社会管理的角度看，社区首先是人的集合体，由具有社会交往能力、具有

---

① 徐永祥：《社区发展论》，华东理工大学出版社2000年版，第34页。
② 黎熙元、何肇发主编：《现代社区概论》，中山大学出版社1998年版，第4页。

共同意识和共同利益的人群组成,社区的社会性特征因而突出表现为人的社会属性。人的社会属性,如利他性、服从性、依赖性、自觉性等积极特征,以及消极的损害公德、侵害公众利益等,也都会在社区中有所体现。由此推之,社区的社会性属性也是如此。可以说,人的社会性是社区的社会性的根本结构属性,也是社区管理需要解决的重大问题。

社区的社会性特征还体现在社区的公共事务的管理主体——各种社会性组织上,它们本身就是社区自我管理、自我教育、自我服务的组织。在基层公共管理的视角下,一方面,这些主体(包括政府组织)的管理职能都具有社会性的特征;另一方面,随着社区的自我管理、自我调节、自我教育、自我服务能力的增强,这些社会组织体现出更大的相对自主性,其社会性的特征将会更加明显。[①] 根据马克思主义政治学理论,社会性优先于政治性,并将最终回归于社会性。在国家、政府消亡了的情况下,政治性将让位于社会性,整个社会就会依靠这些社会性组织进行自我管理、规划和实现社会发展。因为在对人的统治与管理由对物的管理和对生产过程的领导所代替的时候,这些组织就变成了纯粹的管理性组织。当然,在阶级和国家仍然存在的前提下,各种社会组织还不能真正成为独立的组织,社会仍然将处于国家组织、政府组织与这些社会组织同时管理、双轨运行的局面。总之,在发展趋势上,社区的社会性是愈来愈彰显的属性。

(三) 社区的公共性特征

社区的公共性体现在社区活动的性质和目的上,在于维护社区居民的公共利益和提供公共服务。这种公共性最显著的表现是社区的管理主体为公共部门或公共服务机构,而不是私人或私人组织。一般地,社区的管理主体包括政府、社区自治组织(含非政府公共组织)以及居民个人。无论是哪类主体,在社区基层的公共管理层面,都是借助公共权力为社区公众提供服务,以执行社会性职能为基础的。这正是国家、政府、非政府公共组织在社区赖以存在和发展的基础。

社区的公共性还与社区的公共事务密切相关,体现了基层社区公共管理活动的社会责任和绩效要求。在社区,公共事务的解决总是与社区居民的公共生活联系在一起的,公众广泛参与社区,并以其政治影响力对政府决策和社区行为施加影响,通过立法、司法、行政机构的约束,以及通过各种渠道对社区活动的舆论监督等,从自身利益的关心和实现角度,既影响政府公共政策的制定和实施过程,也影响社区公共管理活动的开展。相应地,社区管理的主体应该肩负起社区的公共责任,以从社区居民的经济、社会交往到文化等方面的公共需求,而不是简单的私人需要,作为其行为导向;同时,社区管理的绩效不再简单地用利润或效率衡量,而是必须用服务效果、质量和公众满意度等多种尺度作标准。这正是

---

① 参见王乐夫:《论公共管理的社会性内涵及其他》,载《政治学研究》2001年第3期。

公共性区别于私人性的标志之一。

二战以后,在国外现代社区理论的研究中,不乏政治与公共管理领域的成果。比如,美国社会学家弗·亨特在《社区权力结构》一书中,就亚特兰大社区的权力分配状况进行研究,以发现社区管理的规律和权力秩序。与亨特的精英理论结论不同,罗伯特·戴尔在对纽黑文社区进行的研究中,发现的是社区中存在的多元化民主现象。在当代,社区是西方政治生活中的竞争砝码,它成为不同政党意识形态斗争的重要空间,成为具有不同意识形态倾向的政党展开竞争的阵地。可以说,通过对社区的微观政治生活的放大,即可管窥更宏观层面的政治发展面相。[①] 随着民主制度的演进,以及治理理论的推广,一种侧重于社区民主、向社区放权的公共管理运动方兴未艾。这些关于社区政治发展和公共管理的研究呈现一个共同的特征,就是对社区公共性的关注。总之,社区首先是人居住的场所,是居民生活的公共空间。当然,社区也是一个不断发展的范畴。从根本上说,社区的变迁与发展反映了居民政治社会生活的变迁与发展。

第二节 社区的要素、结构与功能

一、社区的构成要素

从政治社会学的角度看,社区作为一个由人组合而成的社会共同体,至少包括以下基本要素:

(一) 人口要素

从根本上说,是人创造了社区,社区不过是人们生活的载体和形式。人是这个微观社会的主体,人们以自己的努力创造了社区,并吸引有共同特征的人加入和参与社区。因此,一定数量的人口是社区最具有能动性的构成要素。社区内人口的数量与质量、结构、分布与流动状况等,是认识和判断社区的重要标准。比如,关于社区人口质量状况的认识,可以通过对社区内居民人口的身体素质、文化素质、思想素质、道德修养等加以衡量;而对社区内不同类型居民人口的数量比例关系的考察,如科学家、教师、工程师、工人、出租车司机、失业者等,则可以判断社区人口结构状况,以及不同性别与不同年龄的人口的比例等。

从社区发展的角度而言,社区人口要素不仅为社会科学家们所关注,也不仅充当政府部门作出决策的依据,同时还为私人企业所重视,成为它们投资和兴业的判断依据。报报道,北京市地铁五号线开通后,沿线的小区房价有不同程度的

[①] 参见吴新叶:《农村基层非政府公共组织研究》,北京大学出版社 2006 年版,第 26 页。

上涨,在站点附近的饮食业也得到了很大的发展。① 从西方的社区发展经验看,一个良性的社区自治循环是以人口要素为起点的。比如,社区志愿组织通过对社区人口结构的考察,可以发现社区需要帮助人群的状况;将对社区人口素质状况的了解,用作社区矫治的依据。关于社区人口要素方面的数据,可以通过政府的人口调查(人口登记、人口普查或人口抽查)、社区抽样和社区管理组织机构等不同途径获得。

从社区管理的角度而言,社区人口要素的人口界定一般是指生活居住在本社区的居民。不同的国家对居民的规定不一样,在我国一般是指拥有本地户口的居民。近年来,随着城市社会流动的加快,户籍制度正在进行改革,非本地户籍但拥有暂住证或居住证的居民也被纳入到社区管理的范畴。

(二) 地域要素

"地域"是一个地理概念,它之所以构成社区的要素是因为社区占有一定地域空间范围,供人们从事社区活动。在现代管理学中,社区的地域要素具有法定的特征,即社区是有地理边界的,可以是行政区划上的边界,也可以是产权上的边界,如居民小区的产权范围。一般来说,一个社区地域范围的大小不会对社区的本质产生决定性的影响,但会对社区事务、社区氛围、社区参与等产生不同程度的影响。地域范围大的社区往往会吸纳更多的居民,有助于促进社区多样性的发展。但是,并非小区的地域范围越大越具有积极意义。相反地,在城市的一些老城厢社区,尽管地域范围不是很大,但其独特的地理位置不仅增添了城市多样性的色彩,而且成就了本社区的传统特色,与城市的现代风格形成了比较优势。

在地理学的层面,社区的地域要素包括自然地理条件和人文地理条件。社区的自然地理条件包括所处方位、地貌特征、自然资源、空间形状等山川形变的因素,而人文地理条件则包括社区风貌、人文景观、建筑设施等具有明显人类改造痕迹的因素。一般来说,社区改造自然地理状况的能力和效果是有限的,但对别样的生活方式的追求则促使人们去改造所在社区的外观,使之接近自己的目标。例如,地处长江冲积扇地理位置的上海市,就在松江新城区建设了一些颇具异国风貌的小区,其英国和意大利格调的规划与建设形成了独特的人文地理特征。比较而言,城市社区的人文地理因素成分要大于农村社区。从城市规划和建筑美学的角度衡量,越是标新立异的人文地理因素越会起到相反的作用。

在社区的地域性要素中,还存在一种强调实现地理条件与资源有效整合的生态要素。任何社区的地域要素中,不仅包括地貌状况、水文与气候条件、动植

---

① 参见《北京地铁五号线拉动沿线房价,楼盘涨幅高达1倍》,http://gz.focus.cn/news/2007-07-25/341130.html,2007年7月25日访问。

物等因素,而且还包括社会生态环境中的经济、社会、文化资本,①它们会对社区居民的生存与生活产生影响。其中,如何因应社区的地域状况而利用社区资源就是社区生态所关注的。例如,在现代化的都市社区,地铁、高架路、立交桥等交通设施在充分利用城市有限土地资源的同时,改善了人们的出行状况,同时也对社区生态环境产生了重大影响。

值得一提的是,随着社会的发展,社区地域要素的重要性有所减轻,比如跨区域的政治性社群、职业性社群等,其受地理位置的限制很小。另外,随着通讯与网络技术的发展,虚拟社区的出现更是彻底颠覆了社区地理属性的特征,而演变为一种象征意义的社区。

(三) 组织结构要素

组织是人们在生活中按照一定的宗旨和系统建立起来的集体。随着社会化分工的愈益细密化,人们以不同方式参与组织生活的愿望和需要也愈益强烈。早在20世纪70年代,美国学者加尔布雷思就发现,我们已经进入了一个"组织化的时代",组织在社会的不同位置具有不同量的权威和权力,它们代表了特定的利益群体和准利益群体。② 这一趋势在以信息和通讯为主导的技术革命的推动下,呈现出分化的状态,社区的组织化只是其中之一。社区组织发展的基本规律是:在经济与社会发展水平较低的阶段,由于社会化分工程度较低,人口的同质性较强,社区内社会群体的类型相对简单,社区组织的门类及功能也就相对简单;随着经济与社会发展水平的提高,社会分工越加细化,社区内社会群体的类型愈益趋向多样化,社区组织的门类及其功能越来越多、越来越复杂。

可以说,任何社区都有自己的组织形式,并根据组织的不同功能形成社区的组织结构。比如,我国履行社区自治功能的组织有社区党组织、村委会或居委会、群团性组织等;承担社区公共服务功能的组织,除了社区的自治性组织,还有图书馆、学校、医院等事业单位,以及社会团体等组织;而社区内的咨询中心、社区文化组织,如书画社、京剧票友会、舞蹈队、合唱团、读书会、诗社、话剧社、棋牌协会、拳操队等,则在活跃社区生活、建立社区信任基础、促进社区认同等方面发挥着作用。在社区中,较高的组织化程度有助于促进改善社区环境,提高社区参与程度,增强居民的社区认同感强等;反之,低度的组织化不利于社区内社会群体与组织之间的互动,社区发展缺乏组织的动力支撑。

(四) 文化与社区心理要素

"社区文化"是一个较复杂、较难理解的概念,不同学者的解释各有差异,甚

---

① 参见夏学銮主编:《社区管理概论》,中共中央党校2005年版,第5页。
② 参见〔美〕J.K.加尔布雷思:《权力的分析》,陶远华等译,河北人民出版社1988年版,第99—107页。

至大相径庭。有的认为,社区文化就是社区内的居民所形成的生活方式;有的认为,社区文化是社区成员共同创造的精神财富及其物质形态,它包括文化观念、价值观念、社区精神、道德规范、行为准则、公众制度、文化环境等等,其中价值观是社区文化的核心。大体来说,社区文化包括:(1) 社区环境文化。它表现为自然环境与人文环境的结合,是社区精神物质化、对象化的具体体现,如社区容貌、休闲娱乐环境、文化设施、生活环境等。(2) 社区活动文化。它反映出社区的社区风尚、精神面貌、人际关系范式等文化特征,如广场交响音乐会反映了社区居民的精神风貌。(3) 制度文化。社区制度可以区分为正式制度和非正式制度,前者表现为各类成文的规章典籍制度,如国家法律、物业管理企业的各种规章制度等;后者为社区成员约定俗成的习惯和风俗,是社区的公共制度,可以反映出社区的价值观、道德准则、生活准则等,如守望相助的社区所形成的邻里互助风尚。(4) 社区价值观。这是社区文化的核心,也是社区独具特征的意识形态和文化观念,包括社区精神、社区道德、价值观念、社区理想和行动准则等,影响着社区成员的价值观和道德观。

二、社区的结构与功能

(一) 社区的结构

结构是系统要素的排列组合方式。相应地,社区结构就是指构成社区的诸要素内部及其互相间形成的相对稳定的关系或构成方式。正如前文所述,社区包括人口、地域、组织与文化等要素,它们自身就会形成一定的结构,互相之间也形成一定的结构关系,从而形成不同的社区类型。以根据人口要素形成的人口结构为例,由于居民的职业、婚姻家庭、语言、文化等差异,人口结构呈现多元化状态。同时,也会因社区地域状况的差异而形成不同的社区结构。在社区地域上,由于地理方位与社区位置和社区活动在空间上的不同组合状况,会产生区位结构的差异性,[①]如城市中心区的高层建筑对其他建筑居民的采光、视线的影响等。总之,社区结构是由社区的构成要素的不同作用方式形成的。

以下介绍社区的几种宏观结构:

1. 社区的经济结构。从唯物史观的角度而言,经济结构是基础性系统,在社区生活中起着主导作用,影响或制约着社区其他方面的发展。社区的经济结构包括生产力结构和生产关系结构,具体而言有:产业结构、企业结构、产品结构、技术结构、职业结构、所有制结构、交换结构、分配结构、消费结构、社区经济的空间分布结构、自然资源和人文资源的构成等。[②] 作为社区居民共同生活的

[①] 参见蔡禾主编:《社区概论》,高等教育出版社2005年版,第13页。
[②] 参见《中国大百科全书》"社区结构"词条。

物质保证,社区经济结构状况代表了社区发展的水平。一般认为,社区经济结构越是均衡、合理,越是对社区发展具有积极意义;反之,如果社区经济结构不合理、不协调,那么不但会给社区居民的生活带来诸多困难,而且会影响整个社区的建设和发展。

2. 社区的政治结构。社区的政治结构是指社区居民在政治活动中形成的关系,体现了社区居民在政治活动中的地位和作用,反映了社区居民的利益和地位的分化状况,以及社区居民的利益和要求的表达等。在马克思主义政治学框架下,社区的政治结构总是与一定的社区经济结构相适应,主要表现为阶级与阶层的结构、社区权力结构、政治制度结构,以及各种政治组织与政党之间的关系等。在微观生活的层面,社区政治结构是观察政治民主与政治治理的有效角度之一。

3. 社区的文化结构。社区的文化结构从属于社区的经济结构,不同的社区,其文化结构呈现不同的特征。但是,一般的社区文化结构都具有多层次、多元化的特征。大体上,社区文化结构包括社区内存在的各种伦理道德、价值观、宗教信仰等社会意识形态,以及社区内的语言、个体意识和群体意识、各种文化载体或设施、机构等。社区文化结构是观察社区居民素质的重要参照系。

(二) 社区的功能

功能是结构的动态表现。不同的社区结构,就会产生不同的社区功能。或者说,社区结构中的主导性结构会动态地表现出主导性的功能,非主导性的结构会有非主导性的功能。比如,在工厂等以生产性要素构成的社区经济结构中,其经济功能处于主导性地位;而在学校、科研院所等社区中,其文化性结构要素造就了该社区类型的社会文化功能。总体上,社区的参与功能、文化功能、社会群体功能、家庭功能、组织功能、规范与制度功能等,都是社区功能的有机组成部分。值得一提的是,社区功能有正功能和负功能之分,前者对社区发展具有积极意义,应该充分发挥其作用;而对后者则应该采取措施加以限制。

国内学者对社区功能的认识存在差异,其分类方式也不尽相同:丘海雄在为《中国大百科全书·社会学卷》撰写的"社区功能"词条中,开列了五种社区功能,即经济、社会化、社会控制、社会福利保障、社会参与功能;娄成武把社区功能区分为政治、文化、维系和服务功能四类;[①]罗萍的划分是经济、社会化、社会控制、社会福利保障、社会参与五类;[②]韦克难将社区功能区分为一般功能、特殊功能、教育功能、经济功能、社会参与和社会民主功能、社会控制和社会稳定功能六

---

① 参见娄成武、孙萍主编:《社区管理学》,高等教育出版社2006年版,第8—10页。
② 参见蔡禾主编:《社区概论》,高等教育出版社2005年版,第14—15页。

类。① 就当前中国社区发展的任务而言,以下社区功能是社区理论研究和实践建设的重点:

1. 社区参与功能

社区为居民提供经济、政治、教育、文化康乐和社会福利等方面活动的参与机会,在整合社区资源、强化社区功能、增强社区活力、培育社区归属感等基础上,使居民与社区之间建立起协调发展、和谐有序的平衡关系。从基层公共管理的角度而言,社区参与就是指社区成员参与社区公共事务和社区公共活动,影响社区权力运作,分享社区建设成果的行为和过程。理论上要解决的社区参与问题主要涉及三个方面:(1)"谁参与"。这是社区参与的主体界定问题,既是一个法律问题,也是一个现实问题。就我国目前的社区参与情况看,参与主体大致可分为三类:社区居民,非政府组织,以及驻社区的机关、团体、部队、企事业单位。(2)"参与什么"。社区参与的内容包罗万象,既有选举各级人大代表和社区居委会成员、讨论决定本社区的重大事项等政治问题,也包括参与社区公共事务管理的内容,还有与居民日常生活有关的社区参与,如组织老年娱乐活动、举办社区体育竞赛、组织青年志愿者在社区内开展活动等,不一而足。(3)"如何参与"。即社区参与的途径和方式。在法制社会,社区参与的形式可分为制度化参与和非制度化参与两大类。② 前者系指社区成员在既定制度规范内的参与活动,常见的形式有选举、表态、执行、管理、决策、监督、观察、投诉、听证等,也是居民权利的体现;而后者则往往指社区成员超越既定制度规范的参与活动,有些参与的方式可能是违法的。

2. 社会化功能

社会理论上的社会化是自然人成长为社会人的过程。从一定意义上说,社会通过各种教育方式,使自然人逐渐学习社会知识、技能与规范,从而形成自觉遵守与维护社会秩序的价值观念与行为方式,取得社会人的资格。这一教化过程即社会化。把这一原理应用于社区,便可以理解社区社会化的含义。对于社区居民而言,社会化的过程也是德国社会学家 G. 齐美尔所谓的"群体"形成的过程,同时也是美国社会学家 T. 帕森斯所谓的"角色"学习的过程。

一般说来,个人的社会化往往是在社区中完成的。在社区中,社会化的基本内容有:(1)教导有关生产与生活的基本知识和技能。比如,为了解决就业问题,时下我国城市社区对"四零五零"下岗人员进行再就业培训。(2)教化社区成员遵守社会规范。社会规范是维持社会秩序的重要工具之一,包括成文的法律法规,也包括社区内约定俗成的习惯与传统。社区通过动用必要的教育与舆

---

① 参见韦克难:《社区管理》,四川人民出版社 2003 年版,第 34—49 页。
② 参见方江山:《非制度政治参与——以转型期中国农民为对象分析》,人民出版社 2000 年版。

论资源,将共同的价值观念、行为规范等传递给社区成员,使人们逐渐形成一种信念、习惯与传统,用来约束个人的行为,调整个人与个人,团体与团体,个人、团体与社会整体之间的各种社会关系。比如,在社区中开展普法宣传活动等。(3)帮助居民确立生活目标,树立人生理想。社区通过各种有效的方式和途径指导居民树立正确的生活目标和理想,从而达到社会整合的目的。比如,针对当前社会普遍存在的青少年网瘾问题,社区开展了形式多样的活动,有些取得了很好的社会效果。(4)培养社会角色。从根本上说,社区社会化的目的是辅助学校和其他社会机构培养符合社会发展要求的社会成员,使人们切实明白自己在社会中的角色,从而通过努力确立自己的社会地位。

3. 社会管理与社会控制功能

作为基层社会生活的载体,社区在社会管理的层面是以服务社区居民为目的、以居民自治为方向、以维护社会稳定为基础的社会治理途径。其中,"服务社区居民"需要建立一个满足社区需要的公共服务体系,如福利服务、便民服务、卫生服务、环境服务、就业服务等体系,有效吸纳居委会、政府、市场和社会资源的参与,形成社区层面的社会化公共服务平台;"以居民自治为方向"就是完善社区自治制度,如居民代表大会制度、居委会工作制度、利益诉求机制、民主监督机制、居委会对物业公司和业主委员会的协调监督机制,以实现社区居民的自我管理、自我教育、自我服务的目的,真正使社区成为居民自治的生活共同体;"以维护社会稳定为基础"就是要在社区中化解已经存在和潜在的社会矛盾,维护社区公共安全,维护社区居民安居乐业的环境。

社区的社会控制是通过社会规范以及与之相应的方式和手段,对社区成员或群体行为进行指导和约束,从而协调社会关系的各个部分,维持社会秩序,推动社区发展的管理过程。社区的社会控制既体现在对社会行为的控制上,也体现在对特定社会关系与社会价值的控制上。从控制的对象看,社区控制通常体现在两个层面:一是对全体社区成员施以影响,使其思想和行为纳入预定的社会规范,从而实现社会的稳定和一致性;二是仅仅对社区内的越轨成员给予教育和惩处,以此教导规范他们的社会行为,维持社会安定。这样,社区凭借其社会控制体系,如社区内的各类机构与团体,以及社区居民,一方面发挥正面教育作用,鼓励人们遵守社会规范,维护社会秩序;另一方面又对违反社会规范的人给以惩罚,发挥着反面警示的作用。近年来,社区中普遍开展的社区矫治工作就是借鉴国外经验的有效社区控制手段。

4. 社会福利与社会保障功能

社区的社会福利是社会保障体系的重要组成部分,是国家和社会为保障和维护社会成员的生活质量、满足其物质和精神的基本需要而采取的社会保障政策以及所提供的设施和相应的服务。在社区中,社会福利既可以是为社区全体成员提供的公共福利,如社区的中小学校、幼儿园、医院、康乐设施等;也可以是为特定人群提供的福利和保障,如为下岗或特困家庭提供的职业福利、为老年人提供的退休和养老福利、为婴幼儿和少年儿童提供的儿童福利、为妇女提供的妇女福利以及为智障和残障人士提供的特殊福利等。从社区福利的社会保障供给者看,政府、社区自治组织、非政府组织、家庭和社区居民个人等,都是有效主体。比如,政府的民政部门、居委会(农村为村委会)、慈善团体、社区居民的邻里互助等,都可以给社区中需要帮助的个人或者群体以必要的帮助。

必须说明的是,社区的功能不是一成不变的,它会随着社区的变迁和发展而相应改变,因此有些功能得到加强或者弱化均是正常现象。现代社区的发展趋向于专门化,被削弱的功能甚至可能被替代。例如,某些居住社区因为交通条件的改变而改造成为商业社区,其大众文化娱乐的功能就会被弱化,甚至会被更商业化的设施与功能替代。另外,社区功能本身并无好坏优劣之分,只是居民根据需要而有轻重缓急的选择。

三、社区的类型

(一) 国外学者的基本分类

在《共同体与社会》中,滕尼斯所使用的"社区"概念含义比较广泛,被分成三种类型:(1) 地区社区,亦称"地理的或空间的社区"。它以共同的居住区及对周围(或附近)财产的共同所有权为基础。邻里、村庄、城镇等等都是地区社区。(2) 非地区社区,亦称"精神社区"。这种社区只内在地包含着为共同目标而进行的合作和协调行动,与地理区位没有关系。非地区社区包括宗教团体和某种职业群体等。(3) 亲属社区,亦称"血缘社区"。即由具有共同血缘关系的成员构成的社区。客观地评价,滕尼斯的分类逻辑并不一致,因而其社区类型划分的价值大打折扣。

在《城市社会学》中,R.E.帕克等人把社区划分成四类:(1) 基本服务社区,诸如农业村镇、捕鱼、采矿、林业社区等,以满足人们的基本生存需要为特征。(2) 商业社区,多见于城市或者商业比较发达的地区。(3) 工业城镇,它是商品制造业的中心。此外,它还兼具基本服务型社区和商业型社区两种功能。(4) 缺乏自身明确的经济基础的社区,它在经济上依赖其他地区以求生存,并且在商品的生产以及分配过程中不负担任何功能。在当代,这一类社区见于我们生活中的一些娱乐旅游地点、政治和教育中心、防卫性社区、刑罚或是慈善事业的群居地。[①] 帕克是从生态学的角度认识社区的,比较全面地以经济的基础地位划分社区,从而可以发现这些社区居民的职业结构和倾向。与滕尼斯"纯粹

---

① 参见〔美〕R.E.帕克等:《城市社会学》,宋俊岭等译,华夏出版社1987年版,第66—67页。

社会学"视角的分类相比,帕克的分类显然忽视了社区的互动性,同时社区的精神家园的功能也没有被体现。

(二) 本书关于社区的分类的观点

在国内的研究中,关于社区的分类也有不同的观点,有从历史沿革、功能地位、地理区域、规模大小等不同角度进行的划分。需要指出的是,这些分类只是相对的认识结论。事实上,各种类别之间也不是能够截然分开的,其间是相互交叉、相互融合的,甚至同一个要素可能因为分类的逻辑不同而会归到不同的类别中去。比如,农村的村落社区,可以是自然社区,也可以被认为是小型社区、传统社区等不同的类型。本书结合国内研究成果,把关于社区类型的研究作一简单梳理和归纳。

1. 以社区的历史发展进程为标准划分,也可以说是根据生产力发展水平进行分类,大体可以区分为传统社区和现代社区。前者主要是指在相对落后的生产力和生活方式下的社区,如我国农村的自然村等;后者则主要是指具备了现代化的生活条件和完善的社会福利制度的社区。当然,在传统与现代之间,还可以区分出发展中社区类型,是指由传统社区向现代社区转型过程中的社区形态,它既保留了传统社区的特点,又吸收了现代社区的内容。比如,我国目前的许多城镇和开放地区的乡村都属于此种类型。

2. 按社区的形成方式划分,大体有三种:一是自然性社区,是人们在长期的共同生产和劳动中自然形成的定居区,其地域界限是自然形成的。例如,农村中的自然村、城市中的移民社区(如唐人街)等。二是法定性社区,主要是出于行政管理的需要而设置的社区,往往以行政区划的途径作出规定,其地域界限具有法定的强制性,是以法律形式规定并标示于地图之上的。例如,城市中的街道办事处辖区和居委会辖区、农村中的村民委员会辖区等。法定性社区一般都有相对规范的管理或服务机构,是党和政府推进经济建设和社会发展、实施社会管理和开展社区服务的基本单位。

3. 按社区功能划分,主要有五种类型:一是经济社区,其劳动力大都从事特定的生产经营活动,如工业社区中从事工业生产为主、种植业社区中从事种植业生产为主、林业社区中从事林业生产为主、商业服务业社区中从事商业服务业为主等。在当代中国的发展进程中,城市中出现了一种新的特殊经济社区,即经济开发区社区。二是政治社区,其区域与政治中心关系密切,如全国和省、市、县等行政区域的管理机关所在地,大都是全国或一定区域的政治中心。另外,也可以把城市中各类党政机构的聚居区看做是一个局部性的政治社区,如中南海等。三是文化社区,主要是指教育、科研、文化艺术单位比较集中的社区,常见的是以这些单位命名的社区,如大学园区等。四是专能社区,指人们从事某种专门活动而形成于一定地域空间上的聚集区,如军营、矿区等。五是特殊社区,主要是指以实现某种特殊社会目的为活动内容的区域,如福利社区、精神病院、监狱等。值得一提的是,社区功能只是一种相对的划分,一般的社区都是具备综合功能的社区,并非只有某单一功能,即便是专能社区,也会有其他辅助功能的存在。

4. 按社区规模划分。社区规模的标准多样,如人口数量的多少、地域面积的大小等。其中,人口数量是社区规模最重要的测量标准。有学者根据我国关于城市规模的标准,把拥有上百万尤其是数百万人口的城市看做巨型社区,把几十万到上百万人口的城市以及相当于这一规模的市辖区看做大型社区,把十几万到几十万人口的城市以及相当于这一规模的市辖区、居民区看做中型社区,把拥有几万人口的居民区、小城镇、集镇区以及城市街道办事处辖区共同体等等看做小型社区,把农村中的村落和城市中的居委会辖区共同体等等看做微型社区。① 这类划分方法类似于城市的划分标准,因而意义不大。由于本书侧重于从基层公共管理的角度研究社区,所以社区规模没有这样复杂的划分,简单地以人口多寡划分为三类,即大型社区、中等社区和小型社区。大型社区多分布在城市,其人口密集度高但地理面积不一定很大,人口数量多则数万少则数千不等;小型社区多分布在农村,其人口密度小但地理面积相对较大,人口数量由数百到数十不等;中等社区多分布在城镇,其人口密度和数量都介于前二者之间。

5. 按社区的区域特征划分,可以分为三类:一是城市社区,主要从事以非农产业即第二、三产业为主的社区,其特征有:人口集中,异质性强;社区的依赖度高,经济和其他活动频繁;具有各种复杂的制度、信仰、语言和多样化的生活方式,思想、政治、文化相对发达;社区结构复杂,居民的组织化程度高;家庭的规模和职能缩小,血缘关系淡化,人际关系松散。二是农村社区,系指以从事农业生产活动为主、人口密度和规模较小的社区,其特征有:人口密度低,同质性强,较少流动,社会分工简单;经济活动和组织结构相对简单;风俗习惯和生活方式等受传统势力影响较大;家庭是生活的重要组织载体,血缘关系浓厚,人际关系密切。三是城镇社区,也称为"集镇社区",是介于城市与农村之间的一种社区类型,兼具了农村社区和城市社区某些成分与特征。

6. 根据对社区在需要满足的层面上的认识,可以区分为现实中的社区和精神上的社区两类。现实中的社区是人们生活的物质支撑,它提供衣食住行的必需资源,并以各种不同的物质形式让人们触目可见、触手可及。比较而言,精神社区则是无形的,它建立在价值、起源或信仰等精神纽带之上,成为人们心灵归属的港湾,是人们在社会生活中的那种同处一个"屋檐"下的"心理感觉"。② 在精神社区中,人们认同于共同的成员感和归属感。例如,有的分散居住的民族,

---

① 参见娄成武、孙萍主编:《社区管理学》,高等教育出版社2006年版,第12页。
② 参见〔英〕鲍曼:《共同体》,欧阳景根译,江苏人民出版社2003年版,第3页。

如犹太人,他们虽然遍布世界各地,但从其认同感、归属感和互动关系上仍可看做一个精神的或心理的社区。

7. 意识形态社区。即根据政治发展目标和意识形态要求而形成的社区类型,具有政治符号的象征意义,如"和谐社区"、"平安社区"、"拥军社区"、"学习型社区"、"红旗社区"、"样板社区"等。

第三节 社 区 系 统

社区系统是指社区内由两个或两个以上相互依存、相互作用的独立部分构成的有机整体,并为达到某种目的相互连接而成的集合体。社区系统与其所处的环境之间存在相互影响、相互转换的关系。根据塔·帕森斯的社会系统理论,社区系统也存在四个需要解决的问题:适应外部环境、达成目标、整合子系统成为更大系统和维持价值结构。总体上,社区系统是一个以人为核心的有机整体,其目标价值、技术、社会心理、结构和管理等要素互相依赖、互相作用,并以适当的方式向外部环境不断寻求和输入资源,再通过内部系统程序,将这些输入进行转换,从而形成社区运作的过程。

一、社区系统的特征

(一) 社区系统的整体性特征

社区系统的整体性特征表明,社区系统的诸要素之间是彼此关联、相互影响、相互制约的关系,这些要素在社区系统中不仅仅是独立的子系统,而且是组成母系统的有机成分。它们之间既有整体与局部的关系,也有长远与短期的关系;既是历史的,也是发展的。居住型社区的物业公司系统是一个相对独立的子系统,与小区的其他结构共同维系小区母系统的运转,但它显然也是一个历史范畴,也有一个从产生、发展到消亡的过程。

社区系统的整体性还表明,各个要素在社区系统的运作中都发挥着不同的作用,它们依赖于社区系统,同时也与其他要素之间存在依赖关系,不能脱离其他要素而孤立存在。比如社区系统中的家庭要素,夫妻、父母与子女之间的关系既是相互独立的,每个人的行为又与其他人的行为发生联系,其家庭生活的方式是相互依赖和相互依靠的。同时,这个家庭系统与其他家庭之间、家庭与社区其他要素之间、家庭与社区外的环境之间也是相互影响、相互作用的。

(二) 社区系统有自己的边界

社区系统的边界是指与社区运作有关的互动行为所及的范围。实际上,在国家与社会的背景下,社区系统的要素与结构、系统的形成过程与制度等都是彼此相互影响的,有时还要超越社区与外部环境发生作用。这里,国家政权、社区的社会体系、生态结构与人格特征等，形成了各自不同的作用空间和机制，它们在彼此的边界范围内发生作用，共同存在于社区系统之中。比如，国家对社区社会保障职能的体现、社区自治组织行使自治权力的界限、社区生态对社区的反作用等，都遵循着各自的规律。

在我国的社区管理实践中，常常出现不同要素越界的现象。其中，政府超越边界干预社区公共事务的现象最普遍。其原因是我国社区的社会发育不足，尤其是组织化程度不高。另外，社区边界不清还表现为有些要素没有为社区发展尽到本分的责任等现象。比如，社区内的企业逃避公司社会责任(CSR)，没有或者很少为社区履行责任。显然，在社区主体要素的层面，现代社区系统的边界问题至少涉及法制和道德两个向度。

（三）社区系统具有层次性

系统的层次性是指任何系统都是由一定的元素组成的，而这些元素中大都是由低一级的元素组成的子系统，并且系统本身又是高一级系统的组成元素。由元素经过组织而形成系统的过程中，它们的基本结合方式是分层次形成，即由元素先组合成子系统，再组合成系统，然后再组成更高一级的系统。系统的层次性因而体现为系统的垂直结构。比如，个人—家庭—生活诸要素形成了居住型社区系统的层次性特征，而个人—单位—工作诸要素则形成了机关社区系统的层次性特征。

像其他系统一样，社区系统从简单到复杂的发展过程也是分阶段、分层次的，社区系统愈复杂，发展的阶段和层次愈多，这种层次结构体现了系统演化的时序结构。在社区中，系统的层次越高，自组织的能力就越强，结构与功能也就越多样、越高级。如城市商业社区，大型商场的数量如果有十个，那么为这些大商场服务的机构和组织可能会多达数百至上千个，涉及的服务人员可能会有十万人。在这个例子中，个体人的层次最低，他们所在的组织(如营销、运输、宣传、财会等)子系统在高一级的层次，大商场子系统是更加高一层的组织，相互之间形成了复杂的系统层次性结构。

社区系统的不同层次的子系统之间存在着相互联系和相互影响的关系，它们之间是可以相互转化的。一般地，高层次系统总是由低层次系统组成的。因此，高层次系统与低层次系统之间的关系就是系统与组成元素的关系，它们相互影响、相互制约。低层次对高层次的影响称为"上向因果关系"，高层次对低层次的控制作用称为"下向因果关系"。例如，社区成员不认同社区就会影响社区的和谐与发展，而社区如果不能提供令成员满意的社区服务和资源条件，就会加剧社区成员的不认同。

（四）社区系统的互动性

从公共管理的角度看，构成社区系统的基本要素是各类管理行为，社区系统的互动性体现在两个方面:一是不同社区主体与决策、执行、监督等过程相关的互动行为;二是社区系统与外部环境进行物质交流、能量交流和信息交流的过程。后者要求社区系统必须是开放的。

在社区居民的主体性特征下,社区系统的互动性是人类心智的发展、"自我"意识的形成与社会组织和制度的建立和发生作用的结果。为了个人或者群体的目标,社区成员(主体)有意识地与社区其他主体产生互动,尤其是在有些问题难以解决的情况下,积极的互动有助于促进社区公共事务(客体)的管理。社区主体之间通过(非)语言的互动、正式的有组织的互动(或非正式的无组织的互动)、习惯方式的互动(或现代创新方式的互动)等途径,共同参与社区,共享社区。值得一提的是,随着现代科技的发展,新技术尤其是以现代化传播手段为媒介的间接互动方式被广泛应用于社区互动之中,促使更多的人参与到社区互动中来。因此,社区互动的高级状态是社区成员的群体互动,不但能够唤起公众参与社区的热情,而且还有助于社区沟通。

二、社区系统中的主体与客体

社区系统是一个结构性的整体,所有构成社区的要素都被包含于这个系统中,包括社区成员及其组织、社区组织的机构、制度规范、社区文化、公共事务等内容。本书侧重于从社区内部的结构认识社区系统,因而要从哲学的认识论的角度区分社区系统的主体与客体,从而全面认识社区。

(一) 社区系统的主体

主体是指积极活动的、具有意识的、能动的人,主要表现为社区内具有不同影响力的人及其组成的各类组织。其中,具有权力的人或组织,其影响力更大,并有权对社区资源进行权威性的配置,是通常所谓的"社区管理者"。他们可以直接或间接地参与社区管理,对社区公共事务进行自我管理。在这个意义上,社区主体还体现为社区实践的参与者之间的关系,而不再是单纯的认识论上的、与客体相对应的社区"主体"概念。

在一般意义上,社区的主体大体有两类:一是个体的人,二是由个体的人所组成的各类组织。在我国,前者的个体范畴不是孤立存在的,它可以延伸到家庭乃至宗族,并形成一个相对闭合的权力网络系统。这就是费孝通提出的"差序格局"样式中的核心部分。在农村社区中,这种系统的特征更加突出,"长期封闭的社区结构是宗族意识得以渗透、延续的社会基础,而宗族越渗透则越加剧这种封闭性"[①]。家是个体成员的归宿,也是保护个体的机制。

相应地,社区组织主体则要复杂得多,其运作机制也多种多样:(1) 社区自

---

① 吴新叶:《农村基层非政府公共组织研究》,北京大学出版社2006年版,第45页。

治组织及其组织系统,主要是指社区中承担自治职能的权威组织,如社区居委会、社区成员代表大会、社区议事委员会①、共青团和妇联等群众性团体组织;(2) 社区具有企业性质的组织,如物业公司、经营性企业单位等;(3) 驻社区的事业单位和其他类似组织,如学校、医院、研究所等;(4) 社会力量组织,主要为政党组织②和利益集团组织等;(5) 社区非政府组织,主要是社区居民为了活跃社区生活而自行组织的各类民间组织,如腰鼓队、太极拳协会等。与个体主体比较而言,社区的组织主体在成员享有权利并同时承担相应义务方面更有保证,代表了社区发展的趋势。

从人的主体性角度看,组织化也是人的本性使然。亚里士多德说:"人类自然是趋向于城邦生活的动物(人类在本性上,也是一个政治动物)","人类生来就有合群的性情,所以能不期而共趋于这样高级(政治)的组合"③,能够自然地结合成高级的组织生活团体。马克思则从"社会人"的角度证明道:"人是最名副其实的政治动物,不仅是一种合群的动物,而且是只有在社会中才能独立的动物。孤立的个人在社会之外进行生产——这是罕见的事,在已经内在地具有社会力量的文明人偶然落到荒野时,可能会发生这种事情——就像许多个人不在一起生活和彼此交谈而竟有语言发展一样,是不可思议的。"④显然,社区组织把具有能动性和主动性的个人组合起来,从事社区的政治、经济和社会文化活动,会起到事半功倍的效果。

(二) 社区系统的客体

哲学意义上的客体是指人认识和实践的对象,即包括自然和社会在内的客观世界。本书从基层公共管理的角度认识社区,把社区的客体归纳为社区主体行为的承受对象,如社区公共事务、公共资源,以及作为管理对象的社区成员的行为。在这个客体系统中,既包括有形的物资、设备、资金及其他物质实体,也包括无形的信息、时间、社区成员心理等非物质因素。

1. 社区成员及其行为

社区是人类征服自然、改造自然的结晶,在人创造社区的最初动机中,社区是为了能够使人生活得更美好而存在的。一旦有人以不当的行为破坏了这种追

---

① 在我国的社区组织体制中,社区居民自治组织的社区居民委员会、社区成员代表大会和社区议事委员会的功能是不同的:社区居民委员会是社区的管理与执行部门,其委员和主任必须依照我国《宪法》的规定,通过社区居民民主选举产生;社区成员代表大会是社区的决策和监督部门,由社区居民选举的代表与辖区单位代表组成;社区议事委员会是社区的协商议事、咨询和监督部门,由社区内的专家、学者和辖区内有声望的人士组成。

② 把政党归为社会力量是借鉴美国学者罗杰·希尔斯曼的观点。参见〔美〕罗杰·希尔斯曼:《美国是如何治理的》,曹大鹏译,商务印书馆1986年版,第1页。

③ 〔古希腊〕亚里士多德:《政治学》,吴寿彭译,商务印书馆1996年版,第7、9页。

④ 《马克思恩格斯选集》第2卷,人民出版社1995年版,第2页。

求,便理所当然成为被规范制约的对象,人及其行为就这样成为社区系统的客体要素。在社区系统的客体对象中,人的行为受到人的认识和自控能力的影响,因此属于主观范畴,与其他社区系统的客体有所差异。

社区有大有小,社区的作用范围对系统客体的影响、控制和调节的范围也有所不同。比如,选举只涉及年满十八周岁、具有公民资格的社区居民;社区楹联社仅仅是楹联爱好者参与的社区民间组织;而社区环保与公共安全则是全体居民的共同问题。因此,可以把社区系统的成员对象及其行为区分为两大类:一是社区的特定成员及其行为,二是全体社区成员及其行为。在根本上,利益追求决定着社区成员及其行为的倾向,这样的利益和要求相互影响、交流、分享、撞击,就产生了不同的利益关系。在这个意义上,解决不同社区成员之间、成员与社区组织之间、社区组织与社区组织之间的矛盾,关键是对社区利益关系的处理。

2. 社区公共资源

"社区公共资源"是一个相对概念,社区的规模、性质、地理等存在差异,其公共资源的结构也不尽一致。在社区的需要满足上,公共资源的构成大体有:(1)社区的基础设施,包括交通、能源、供排水系统、防灾设施等,是社区存在和发展的资源支撑。(2)社区财政资源,包括社区收入、政府拨款、社会捐助等。(3)信息资源。在居住类社区中,公共资源按使用性质的不同可以区分为教育、医疗卫生、文化体育、商业服务、金融邮电、社区服务、行政管理和市政公用八类。

在这些资源中,有些是公益性的,有些则是营利性的。前者为免费或者收费低廉的资源,如社区服务中心、综合服务部、存自行车处、居民汽车场库、敬老院、残疾人康复托养所;后者则是收费的,且大部分是按照市场原则进行收费,如超市、储蓄所、银行分理处、邮政所、邮局以及电话局等。从社区管理的角度而言,根本上是要区分公共产品、私人产品与公共资源之间的关系,既可以最大可能地满足社区成员的需要,又能够发挥公共资源的作用。

3. 社区公共事务

社区公共事务是社区系统客体结构中数量最多的对象,具有微观性、反复性、常规性和不断增长性等特征。根据社区问题的领域不同,公共事务大体可以区分为四类:(1)政治领域的公共事务,主要为社区自治领域的问题。比如,社区管理体制、社区组织机构、社区人事、社区成员结构、社区参与等。这些问题的核心是如何把社区价值进行权威分配。(2)经济领域的公共事务,主要为社区资源的生产、流通、分配、消费等问题。在有的社区,经济事务还涉及政府的财政、金融等公共政策问题。比如,灾后的社区重建,政府往往会有相应的财政支持,对资源的配置就成为社区的经济事务问题。(3)社会领域的公共事务,主要为社区发展中涉及全体成员的问题,有的学者也称其为"公共产品"。比如,社区公共安全、环保、福利、社会保障等。(4) 文化领域的公共事务,如科技、教育、文化、卫生、体育等。

三、社区权力系统及其本质

权力是人类社会的一种客观存在。一般说来,社会的权力是一个体系,包括私有权力和公共权力两大部分。从社区公共管理的角度而言,处理公共事务的权力属于后者,即公共权力。其作用体现在两个方面:一是根据社区发展和变迁,维持社区现有秩序,以加强社区居民间的信任和联系。这层意义上的公共权力源于社群主义的社区发展观点,以培养社区居民的德行修养和道德义务为目标,消弭因个体权力膨胀而带来的社会失序和社区凝聚力下降等问题。二是根据社会发展的趋势,引导社区原有的生活秩序向一定的方向发展。这主要是以公共权力的途径实现社区动员,目标是寻求社区发展的动力支持,激活社区的各类资本以促进社区的发展。这层意义上的公共权力往往具有一定的权威性,可以在社区动员中发挥组织、协调和领导的作用。无疑,这两种功能的发挥都势必会遇到各种各样的矛盾,公共权力只有在克服这些矛盾的前提下,才能实现管理社区公共事务的目标。

在社区的实际生活中,公共权力的主体大体有三个:一是国家,它拥有绝对的权力权威,其权力属性具有强制性的特征;二是社区成员个人,这是社区公共权力网络中最广泛、最发达的结构成分,他还连接着家庭和宗族;三是作为居于国家和个人权力网络之间的组织化权力。其中,国家的强制性权力是一个历史范畴,它源于社会权力并最终消亡于社会权力之中。但是,在阶级和国家尚有存在空间的历史条件下,国家的权力规定着社区公共权力的性质与其他权力的作用原则和实现途径。

相应地,社区成员的个体权力和组织化权力大都是没有强制力的公共权力形式,无论是社区自治组织,还是社区的精英人物或者普通居民,都必须在国家权力秩序的规范下活动。但是,社区居民的个体权力和组织化权力并不是简单地、单向度地接受国家权力的制约,它们也会对国家权力产生制约影响,尤其是通过监督而避免使社区公共权力发生异化,偏离社区自治的轨道。

从社区治理与社区发展的趋势衡量,国家公共权力的空间将会有所缩小,而社区的组织化公共权力空间将会得到更大的拓展。随着社会分工的愈益细密化,人的依赖程度会逐步增强,独立的个体甚至家族的权力空间也会逐步让位于组织化的生活空间,社区居民的参与方式将会发生重大变革。

四、社区系统的运行机制

（一）"输入—输出"机制

这是美国学者戴维·伊斯顿在《政治生活的系统分析》一书中使用并推广的范式。[①] 伊斯顿使用"输入"和"输出"概念分析政治系统的运作，他强调任何政治系统都通过输入和输出维持自己的生存和稳定。同时，政治系统是一个由环境包裹着的行为系统，这个行为系统在环境的影响下产生并反过来影响环境。这是一个循环的动态机制。

在社区系统中，可以借用这个范式解释社区运作的过程和机制。首先，社区系统从外界"输入"支持和要求。社区从环境输入支持资源的同时，还面临外部环境对社区系统所施加的压力，支持的形式有服从国家法律、履行义务等；"要求"指环境对政治系统的希望和要求，如自治权、社区福利等。其次，社区系统向外界的"输出"，既有社区治理的客观结果，也有社区对外在环境的各种影响力，如社区糟糕的治安状况对公共安全的消极影响、社区居民积极的政治参与对政治发展的推动等。最后，"再输入—再输出"循环系指社区输出给社区环境的结果和变化反过来又影响输入，使要求和支持在质和量上发生变化，并产生新的输出。这一过程也称为"反馈"过程，它使社区的"输入—输出"机制形成一个循环往复、连续不断的过程。

（二）功能聚集与扩散机制

这是帕森斯社会系统的结构—功能理论的应用。该理论认为，在社会系统中，行动者之间的关系结构形成了社会系统的基本结构。社会系统为了保证自身的维持和存在，必须满足适应、目标达成、整合与潜在模式维系四项基本功能条件。社会系统与其他系统之间、社会系统内的各亚系统之间存在着交换关系，从而使社会秩序得以结构化。另一位社会学家R. K. 默顿发展了结构—功能方法，提出了"外显功能"和"潜在功能"的概念，区分了正功能和负功能，并引入了"功能选择"的概念。这一理论为解释社会整合提供了很好的框架。

将结构—功能理论应用于对社区的研究，首要的是进行结构分析，即把复杂的社区系统按照一定的逻辑分解成若干结构，并尽可能透析到社区的各个部分；其次是进行功能分析，研究这些不同结构之间的相互关系、相互作用，并确立所有结构在整个系统中的地位；最后，分析政治系统作为一个整体与其环境发生作用时各自的地位和功能。在社区的实际生活中，这的确不失为一条整合社区资源的优选路径。比如，上海市静安区为了拓展社区的社会保障功能，有目的地分

[①] 参见〔美〕戴维·伊斯顿：《政治生活的系统分析》，王浦劬等译，华夏出版社1999年版，第19—28页。

解社区的房产结构,将家庭居住功能延展到养老功能。① 在社区资源有限的背景下,强化或者拓展特定的社区功能是一条行之有效的路径。

(三) 沟通机制

沟通理论原是动力工程学中研究信息传递过程的理论,后被管理学、政治学和社会学等学科借鉴并发展。比如,二战后的西方行为主义政治学研究,就侧重于研究政策的制定和执行过程及其机制。总体上,沟通理论是与管理学的控制论相关联的,因而应用于社区管理具有针对性。

社区系统对环境的适应与控制是通过沟通完成的。"信息"和"反馈"是沟通理论的两个核心概念。社区系统要达到自己的目标,需从各方面接收涉及体系目标的、有关环境变化情况的信息,然后对这些信息加以选择、储存、分析和处理;在反馈环节,获得管理过程在环境中引起了什么变化的信息,使决策者及时了解反映,正确地调整自己的政策和行为。

沟通机制的原理表明,社区系统通过对信息的接收、选择、储存、传送、分析和处理,实现社区管理的目标。在信息沟通的诸多过程中,信息充分与否、"负荷"的大小、"间隔"的长短、信息被"曲解"的程度、"变易"充足与否、"反馈"是否灵敏、对环境变化的预测能力的"领先"程度等,直接影响到社区系统的管理绩效。社区系统管理社区的有效程度,取决于系统是否能够迅速、准确地接收、处理和运用有关的信息。

(四) 社会资本机制

社区社会资本是指社区居民之间通过互动,共同参与社区活动,调动和利用社区内社会资源而形成的一种有利于提升社区凝聚力、方便社区居民社会行动的互动网络。社会资本的出现说明,良好的社会运行机制不但要靠政府及其正式制度,而且还要有公共领域、社区意识与公民参与。社区社会资本形成的途径有多种,最基本的方式就是"参与"。美国社会学家帕特南在对意大利社区的研究中发现,社会资本可以让民主运行起来。②

1. 社会资本能促进社区成员调动社会资源,并有利于行动者的社会行动

社会资本发生作用的前提是鼓励个体加入社区,并积极参与社区组织的活动。在社会资本存量丰富的社区,人们参与社区的方式丰富多样,参与的效果也非常令参与者满意。人们在参与的过程中,家庭之间、家庭与社区之间、成员与成员之间会形成一种相互宽容、相互帮助、相互合作的和谐关系,进而促进社区社会资本的积累。同样,社区成员在参与的过程中能够有所满足,会在参与中形

---

① 参见《上海市静安区八项措施强化居家养老服务政策体系建设》,http://www1.mca.gov.cn/news/content/Local/2007412100451.htm,2007年7月29日访问。

② 参见〔美〕罗伯特·D.帕特南:《使民主运转起来》,王列、赖海榕译,江西人民出版社2001年版,第213—217页。

成一种荣誉感、自信感和责任感,从而生成一种对社区的归属感。从长远看,社会资本机制对整个社区的发展有战略性的意义。

2. 社区是促进社会资本积累的平台

在此机制的运作中,社区应发挥主动的推动作用,因为自发的参与毕竟是漫长的。社区应为每一位成员提供平等的参与权,尤其是在对社区公共事务的管理上,应充分发挥成员自我管理的积极性。这样,不仅能够增强社区成员之间的友谊、合作关系,还有助于增强成员的自我管理能力,从而达到社区认同的目的。

第四节 社区环境

本节的社区环境是与社区系统相对应的概念,如果说社区系统是社区发展的内因,那么社区环境则是社区发展的外因,是指围绕社区而形成的外在影响因素及其结构形态。从系统论的角度而言,社区环境系指围绕社区的诸要素的总和,既非由于社会和技术进步而形成的人类宏观环境,也非构成社区内部结构诸要素的内部环境。研究社区环境,目的是探讨社区系统与其周围环境之间相互联系、相互影响和相互作用的机制、表现形式与可能趋势,以维持二者之间的动态平衡,实现社区系统与周围环境之间的良性循环和互动。在社区系统与环境的关系中,社区主体与环境的关系是根本环节。

一、社区环境的类别

社区环境是一个复杂的要素总和,既有物质的,也有精神的;既有自然的,也有社会的;既有人及人改造的要素,也有物及物化的要素;既有国内的要素,也有国外的要素。这些要素按照一定的方式或关系排列组合,不但环境之间彼此影响,而且还对周边社区产生直接或间接的影响。

(一) 社区自然环境

社区自然环境是由岩石、地貌、土壤、水、气候、生物等自然要素构成的自然综合体,根据其所受人类社会的影响程度的差异,再区分为天然环境和人为环境。前者是指那些只受到人类间接或轻微影响,其原有自然面貌未发生明显变化的地方,如依山傍水形成的居住村落社区,很大程度上依赖于原来的自然状态。随着人口、交通以及科学技术的进步,这类原生态的社区愈来愈少,天然环境逐步被改造,并形成了后者的社区环境状态。比如,我国香港地区围海造地而形成的商业社区和居住社区,就是受到人类的直接影响而使自然面貌发生了根本的变化。即使在一些仍然保留着自然状态外貌的社区,由于人类改造的缘故而使其原有的条件和状态发生了较大的变化,也属于人为环境。比如,在江南的一些城市小区,为了规划和建设的需要而改变水道,有些甚至引水进社区,尽管有自然环境的气氛,但原来的水系状况已经改变。

社区的人为环境主要决定于人类影响的方式和强度,但它仍然受制于自然规律,一旦违反了这个规律,就会产生意料之外的后果。媒体中披露的因为塌陷、山体滑坡、水毁等造成社区损失的事实,有很多是由于在社区建设中违反自然规律使然。社区建设违反自然规律而造成的损害,情况严重的会波及更远的地方,比如我国北方地区的沙尘暴就源于上千公里以外的自然生态脆弱地区。这显然是社区发展中值得关注的问题。

(二) 社区经济环境

社区经济环境直接的表现,包括工业、农业、交通和城乡居民点等在内的各种生产力实体的地域配置条件和结构状态。这些经济环境是人类在长期的适应自然、征服自然和改造自然的努力下形成的,建立在社区自然环境的基础之上,并形成了新的影响社区发展和进步的要素结构。

一般认为,经济环境存在差异,并塑造着不同的社区特征。比如,以工业经济环境为背景的社区,往往表现出人口稠密、交通发达、社会经济发展水平较高等特征,社区内的居民以业缘为联系纽带,异质性程度高,交往的频度低,社会资本的信任存量不足。相反,在以农业为背景的社区里,则表现出人口相对稀少、交通落后、社会经济水平较低等特征,社区居民生活在"熟人社会"的环境之中,主要以血缘为联系纽带,同质性程度高,交往频繁,邻里相望的社区情感浓厚,社区认同度较高。同时,不同的社区经济环境还会对社区生活状态产生根本的影响。例如,城市中心地区越来越差的经济条件可能会导致违法犯罪、吸毒、环境污染、忽视老人、虐待儿童和失业等社会问题。

(三) 社区社会文化环境

社区的社会文化是自然地、长期积淀下来的,处于一种相对稳定的状态。社会文化环境包括人口、社会、国家、民族、语言、文化和民俗等方面的地域分布特征和组织结构关系,而且涉及社会各种人群对周围事物的心理感应和相应的社会行为。对于置身其中的人而言,这种影响就是一种环境;而对于受其间接辐射的人而言,也是一种影响环境。比较直观的感觉就是,高雅社区不可能形成于充斥着黄、赌、毒的街角社会中,大学城的周边社区不大可能会出现封建迷信盛行的情况。一项关于社区犯罪的研究证明了社区文化环境对于社区的影响,城市社区犯罪率要远远高于农村社区,其中社会文化环境是一个主要原因:在城市,人们的生活方式更趋于个性化,人们的交往扩大化、复杂化,传统观念淡薄,自我意识和自主性强;同时,家庭规模缩小,家庭纽带松散,代际关系疏远,家庭成员之间的社会监督功能淡化;再由于城市社会人际关系、邻里关系淡漠,导致以家庭、邻里、社区为代表的社会制约力削弱,使得个人的自主性、个人欲望膨胀,并走向极端。① 社会文化环境对社区起着潜移默化的影响,并深刻地塑造着社区的特征。

二、社区环境的特征

(一) 微观环境的影响力要比宏观环境直接和频繁

由于社区是人们在基层生活的载体,且关乎人们生活的细微之处,因此微观环境的影响力更大。比较分析,宏观环境的影响是间接的、长远的,而微观影响则是直接的、短期的,因而为居民所直接感受和体悟。同时,由于微观环境总是与居民的社会生活密切相关,因而对居民的影响更加频繁,更加成为社区公共管理的间接甚至直接对象。比如,在影响居民对于社区认同的因素中,糟糕的交通出行状况的消极性要远远大于国家经济环境的影响力,人们要求解决出行问题的声音远远高于要求改善经济体制环境的呼声。

(二) 主导性环境因素对居民的生活方式和质量产生的影响最明显

在社区中,经济环境处于主导地位,尽管是一种外因性的影响因素,但生产力水平、经济结构、经济发展水平等不但决定了社区的公共生活方式,而且还制约着社区发展的进程。应该承认,社区的所有环境因素都有这样或那样的影响力,这种多元性的环境造就了社区多元生活的样式,它们与主导性的社区环境一起锻造着社区的生活质量。

(三) 社区发展与社区环境之间是彼此影响的关系

社区环境可分为两大类:一类为一般环境,包括自然和社会文化环境、社会经济和技术的发展水平、社会制度、人口等,它们对所有的社会组织都发生作用,但又不是全部因素都能够发生直接作用;另一类为特殊环境或具体环境,它具体地与社区的某一部分发生作用,直接影响社区的结构与活动方式。社区作为一个开放的系统,必然时刻与环境进行物质、能量、信息的交换,社区环境的变化速度越快,其彼此影响的频度就越加强,综合性的作用也就越显著。

毋庸置疑,环境因素对社区的生活方式、发展状况都会产生重大的影响,有些环境因素甚至成为社区发展所不可或缺的条件,例如工厂的生产环境为附近的社区提供了便捷和足够的基础设施条件。但是,社区并非只能对环境作出单方面的适应性反应,它还会对环境产生积极的反作用。这主要表现为:社区主动地了解环境状况,获得及时、准确的环境信息,从而确定应对策略;通过调整社区目标,避开对自己不利的环境,选择适合自己发展的环境;通过社区资源与力量控制环境的消极影响,使之适应自己的活动和发展,而无须改变自身的目标和结

---

① 参见康树华、冯树梁、郝宏奎主编:《迈向二十一世纪的犯罪预防与控制》,警官教育出版社1998年版,第447页。

构;通过自己的积极活动主动地改造社区,建立与环境的相互作用关系;等等。总之,社区与外在环境之间的关系是相互的,它们都有一个适应和改造的过程。

三、环境在社区发展中的作用

(一) 关于环境与社区关系的观点综述与评价

在现有的研究中,关于环境对社区发展的影响作用有不同的观点,而不同历史阶段的思想也是不尽相同的。早在古希腊时期,环境影响城邦公共生活的现象已经引起了亚里士多德等先贤们的注意,环境影响到议事场所的选取、城邦教育与安全等方面。在我国古代,关于环境对社区的影响也有记述,《考工记》、《墨子》等有关于选址、道路建设、战争安排等论断。"孟母三迁"的典故就表明了环境对个体的影响作用,孟母是为了寻找适合孟轲读书的社会文化环境才三次迁居的。在大社区观念上,16世纪的法国思想家J.博丹论证了环境因素对民族性格、国家形式和社会进步的作用。持类似观点的还有18世纪的法国启蒙思想家孟德斯鸠,在《论法的精神》一书中,他详尽而系统地表达了环境影响国民的生活与习惯,影响各国经济乃至政治制度的思想。

自近代以来,关于环境影响社区的观点更加丰富多样起来,并形成了形形色色的思潮。对此,读者应该有正确的判断,尤其要注意那些极端的观点,不应不假思索地接受。比如,我国封建迷信中的"风水说",以及认为环境对社区发展的作用占据决定性地位的观点,就是片面的,它们把社区发展的根本动力归因于社区的外部环境。实际上,社区发展的根本动力来自于社区系统内部,其中社区中的人是社区发展的主体性要素,是具有主观能动性的要素。社区环境决定论显然是把人看成环境的被动适应对象,因而不够全面,是不科学的。

(二) 社区环境的作用表现

1. 促进社区结构功能的耦合

在社区系统中,其结构功能总是要不断优化,系统总是要不断演化的。当旧的结构功能耦合失去了原有的平衡后,通过一系列的改革和调整,新的功能耦合系统必然会形成,从而使系统重新得到协调发展。比如,在当前我国城市社区中,由于政治环境的内在推动作用,以无偿、低偿和有偿的社区服务解决城市广大居民物质生活和精神文化生活的基本需要,改善了社区机构功能的系统状况,使社区功能再次耦合,达到新的系统平衡;通过开展福利服务和便民利民的生活服务,解决下岗职工、离退休人员和困难户等一些弱势群体的基本生活保障问题和日常生活困难;通过加强社区治安管理和环境建设,满足社区居民对安全、有序、美化的居住环境的需求;通过开展社区教育和文化娱乐活动,解决社区居民对精神文化生活的基本需求问题。① 当然,这种改善是以社区系统的决定地位为前提的。

2. 促进社区系统的资源与信息交换

二者之间的交换原理是:首先,社区环境的存在、发展和变化,必然经常向社区系统提出不同形式的需要,从而构成社区系统的资源与信息"输入"。这是社区系统运作的首要环节,也是促进社区系统吐故纳新的必要步骤。其次,社区系统通过内部活动加以改造,与社区环境进行资源与信息的转换,相互影响。最后,"输出"社区系统的产品,如社区积极的反应、消极的对抗等。总体上,社区输出的"产品"总是与社区系统的需要密切关联的,社区管理在这样的逻辑下循环往复,不断深入。

(三) 社区环境下的人的主体地位

在某种意义上,可以把社区看做是人生活的社会性的生态系统,社区的环境影响着人及其行为,研究人与环境间的相互作用及其对人的行为的重大影响,对于社区管理具有积极意义。在这个社区环境整体中,一系列相互影响的因素构成了社区发展的功能性整体,如社会资本的关系网络、工作职业背景、社会服务体系、政府系统、宗教背景等。无论社区环境怎样变迁,人是而且总是在环境中与各种生态系统持续互动的主体。

在社区环境中,人的主体地位受到来自于环境的三个层面的影响:一是微观层面的影响,系指社区环境对个人的社会行为和个体心理的影响;二是中观层面的影响,主要是社区环境中的小规模的群体,包括家庭、职业群体或其他社会群体对人的影响;三是宏观层面的影响,如群体规模更大一些的社会系统,包括文化、社区、机构和组织等。这三个层面的环境向人施加有形或无形的影响。通过人与人、人与环境之间的相互交流和相互作用,人会能动地调整自己以适应社区环境的条件,并对环境作出肯定或否定的反应。人在社区环境的压力下,会主动并能动地寻找社区环境中的有利要素,尤其是需要与社区以外的其他人和其他群体合作,以达到目的。也就是说,人的主体性地位不仅体现了人具有适应环境的能力,同时还具有利用环境和改造环境的能力。

关键术语

社区,社区结构,社区功能,社区系统,社区环境。

---

① 参见乌杰:《系统辩证论》,人民出版社1991年版,第339—349页。

思考题

1. 什么是社区?
2. 简述滕尼斯"纯粹社会学"的社区观。
3. 简述社区的文化心理要素及其结构体系。
4. 试述社区主体结构及其特征。
5. 列举社区组织化主体的结构,并说明社区组织化主体的地位及其意义。
6. 列举社区系统的客体结构。
7. 试述社区系统的机制特征。
8. 简述社区环境的作用。

参考书目及文献

1. 〔德〕滕尼斯:《共同体与社会》,林荣远译,商务印书馆1999年版。
2. 徐永祥:《社区发展论》,华东理工大学出版社2000年版。
3. 〔美〕R. E. 帕克等:《城市社会学》,宋俊岭等译,华夏出版社1987年版。
4. 〔英〕鲍曼:《共同体》,欧阳景根译,江苏人民出版社2003年版。
5. 娄成武、孙萍主编:《社区管理学》,高等教育出版社2006年版。
6. 夏学銮主编:《社区管理概论》,中共中央党校出版社2005年版。
7. 常铁威:《新社区论》,中国社会出版社2005年版。
8. 袁秉达、孟临主编:《社区论》,中国纺织大学出版社2000年版。
9. 韦克难:《社区管理》,四川人民出版社2003年版。
10. 蔡禾主编:《社区概论》,高等教育出版社2005年版。

拓展阅读书目

1. 费孝通:《乡土中国·生育制度》,北京大学出版社1998年版。
2. 〔美〕罗伯特·D. 帕特南:《使民主运转起来》,王列、赖海榕译,江西人民出版社2001年版。
3. 〔美〕戴·伊斯顿:《政治生活的系统分析》,王浦劬等译,华夏出版社1999年版。
4. 吴新叶:《农村基层非政府公共组织研究》,北京大学出版社2006年版。
5. 鲍日新、刘泽雨、董慧主编:《社区管理理论与实践》,大连海事大学出版社2004年版。
6. 〔古希腊〕亚里士多德:《政治学》,吴寿彭译,商务印书馆1996年版。

> 案例分析

关注城中村：不是"城市毒瘤"而是城市的伤口
何树青

被视为"城市毒瘤"的城中村，其实也是个人进入城市发展的最低门槛。城中村最重要的人不是可转制为城市居民的农民，而是数以十倍百倍计的外地人。消灭了城中村，不等于就此消灭了贫富差距。为了城市的体面和治安而"端"掉城中村的方式是粗暴的。

我曾经在深圳的城中村里住过（特区内有91个城中村），至今我还有同事住在广州天河区的城中村里（广州有138个城中村），虽然我们一直都在写字楼上班。我的成百万的同乡和各省在异地谋发展的外地人，都还住在各个城市的城中村里。正如那篇名为《我花了十八年的时间才坐在一起和你喝咖啡》的网文，在城市里要想过上富足的、享受的、相对稳定的生活，需要才能和运气，更需要时间。城中村的存在，给了初来乍到、梦正远的外地人以时间，奋斗的时间和喘息的时间。因为那里的租屋及生活成本最低。

但现在的城中村被一些城市政府部门视为"城市毒瘤"。与此对应的潜台词是：坏人们大多住在城中村。因为城中村有乱搭乱建的违章建筑，因为城市的脏乱差以此地最为严重，因为城市的违法犯罪案件集中发生在城中村。

治理城中村变成了当前中国城市政府的一种默契。治理方式是多种多样的，但在大多数情况下，他们更愿意选择一劳永逸的方式："杀死"城中村。

城中村的由来及城市的主人

没有城市化进程，就没有城中村，只有一小片一小片的城区和城区外的广阔农村。城中村的历史是城市包围农村的过程，按照城市规划开发的时间序列、板块序列、开发成本由低到高的序列，把农村化整为零，切割成一个个都市里的小村落，像孤岛，藏在一栋栋临街高楼大厦的背面，或被支路所包围。不唯是物质孤岛（城市对其公共设施的投资很少，缺绿地，缺公厕，缺垃圾处理站，只是近来才开始路灯的亮化工程），也是精神孤岛（没有社区文化，没有集体归属感）。

对城中村的原村民来说，他们的投机在于抢着违章建房，一来可以出租给外地人，二来是为了等政府要对本村进行统筹开发时获取更多的拆迁补偿款。对外地人来说，他们的投机在于可以以最低的生活成本留在城市里，一边工作生活，积累经验和物质资本，一边找更好的发展机会。

国内外许多城市都有城中村，名字或许叫贫民窟，或许叫大象与城堡（伦敦）、下东区、哈莱姆（纽约）或棚户区（上海）。纽约是世界性的移民城市，1800年时城市1/3是穷人。到了1953年，美国作家斯坦贝克还这样写："纽约是一座丑的城市、脏的城市。但有一件事是实在的,一旦你在纽约住过,把它看做是自己的城市,没有一个地方及得上它。一切都是浓缩的：人口、剧院、艺术、文学、出版、商业、谋杀、抢劫、奢侈、贫穷。它是一切事物的总和。"极少有城市能体面、美观到纯粹、统一的地步,除非这个城里住的全是富人,或全是穷人。

虽然谅谁也不敢公然说"穷人不是城市的主人",也不敢公然说"暂住的外地人不是城市的主人",但在中国城市里,对外地人的不公平政策和不公正待遇,或多或少地隐藏着对穷人的歧视。比如非本地户口不要的招聘,对外地人购房、购车、上学及其他消费领域的限制,本地执法人员、服务业人员对外地人的那种只可意会不可言传的警惕性。这种不公平是如此普遍,以致"打工仔当选人大代表"的事情能在所有城市成为新闻。在收容制度废止、警察和保安不再当街拦人查验暂住证之后,外地人的城市主人翁感觉骤然提升,但他们之中大多数人所居住的城中村成了"城市毒瘤"和城市的"痛"。

城中村考验政府治城能力

要历数城中村的"罪"确实很容易,特别是当城中村人的犯罪率高企以致户籍人口惶惶不安时。城市政府很容易"顺应民意",从清除违章建筑和打击犯罪入手"治理"城中村。结果,违章建筑当然是消除了,罪犯当然再也无处容身,他们被"驱逐"出城市——同时,被驱逐出去的还有上百万无辜的、外地来的好市民,他们从此无家可归,因为没有城中村的城市真的贵得他们住不起。

在那些较多依赖新移民(官方的划分是民工、人才和外商,因为一个进劳务市场,一个进人才市场,一个进投资洽谈会)而使城市拥有建设活力的城市,以"驱逐""没有能力在城市生存"的外地人为代价搞好社会治安的城市政府,是否算是合格的、有作为的城市政府？单纯依靠行政执法的力量去"杀死"城中村,是容易的；为"杀死"城中村找一条名正言顺的理由甚至是法理上的依据,也是容易的；但让城中村的人住得更好、生活得更好、更融入城市以分享更多的城市利益和发展机会,则是一件难事。城中村考验政府治城能力的关键在于：你是视外地人为城市子民,想接纳并安置好这群人,还是视其为城市的累赘和威胁,想管束并"驱逐"这群人？

如果城市政府视外地人为城市子民,想接纳并安置好这群人,那么"治理"城中村就不应该成为依赖于推土机和警察的单边行动,而应该是一个由人大监督,政府统筹,银行、建设局、房管局、民政局、劳动局等各部门协作参与的综合公益性行动,抢在推土机之前尽可能多地为外地人营建基本合格的、健康的容身之所。

比如说,政府可以在两者之间作出轻重缓急的选择：一年拿出几十个亿,是去修地铁、修磁悬浮,还是去为城市低收入者提供足够多的社区？

城中村的确普遍脏乱差,但这不是居住其中的外地人所愿意的,而是因为城中村很难分享到市政建设的好处。在我国香港地区、新加坡、美国、英国、韩国等，都有城市政府为穷人造健康社区的先例。

而在中国内地城市，打击犯罪和拆除违章建筑永远是排在第一、第二位的单边行动，因为城市安全处于至高无上的位置，而对贫富差距的安抚则排在了后面，或者干脆就缺失了。这是一种有待商榷的城市管理逻辑。

城中村最重要的人不是可转制为城市居民的农民，而是租屋而居的外地人。他们是为城市带来发达服务业和制造业的人，也是没有筹码与政府谈改造补偿、谈利益分成的弱势群体。但令人惊奇的是，城市政府在改造城中村的利益博弈中，从来就置居住生活其间的外地人于度外。

为了2008年北京奥运的城市新貌，北京市公布了城市环境建设规划，市属八区的二百多个"城市村庄"有了一个三年的整治时间表。2003年，北京已改造"城市村庄"四十余处，一万四千余户居民的居住条件得到改观。——注意到了吗？原居民的居住条件才得到了改观，对外地人来说，他们在北京又失去了四十余处容身之所，即便是条件很差的容身之所。

2004年，为了进一步深化"净畅宁"工程，深圳市展开"梳理行动"，全年总计拆除乱搭建3833多万平方米(《深圳特区报》公布的数字)。《21世纪经济报道》记者金城等撰写的《深圳"梳理行动"：急速城市化的中国标本》一文援引深圳市城管局的负责人的话说："按最保守的每10平米居住1人计算，(这次梳理行动)所涉及的流动人口也在百万以上，(所以)实际上是在迁移一座百万人口的中等城市。"文中还称"深圳市城管办总结说有五种人住在3600万平米(截止到7月29日的拆除数据)违章建筑里面：乞讨者、拾荒者、养殖者、菜农、地下加工厂从业人员。"最后，"比打散工者收入稍微丰厚一些的人，比如货柜车司机或开小店的生意人，搬入花园居住，突然猛增的大量租房者导致房子的租金飞涨，原本1200元的三房一厅，目前已涨到了2000元以上……相当一部分外来农民离开了深圳，或者去了深圳邻近城市，或者回到了老家农村。"——深圳已有1200万人，其中外地来的暂住人口占八成多，他们在人大、政协、政府机构和传媒中的发言通道都不如户籍人口那么顺畅。正如深圳特区虽有"同在一方乐土，共创美好明天"的公益广告，但统计局在公布深圳的人均收入数据时，总是以四百多万的人口基数来计算。

治理的结果是让外地人穷着离开的城市，不是真正开放、宽容的城市。

城中村的城市伦理

一个城市中有居住环境极差的城中村，不是城市的毒瘤或累赘，而是城市的伤口。城市要做的是愈合它，而非一刀切除。

城中村自有城中村伦理。

除了在城中村提供私建房出租的原住民，城中村居住着城市几乎全部的草根阶层。他们是城市的低收入者,干着所有不体面、脏、累、差的活儿。除了违法犯罪者,这里的大多数住客秉守着井水不犯河水的生存秩序,因为他们的床在村里,他们的生计和关于城市的个人梦想都在村外。他们对城中村不抱有归属感、责任感,不热爱邻居也不滥施同情心。他们只求在此得到一个立锥之地,也就是在城市得到了一个立锥之地。他们是有漂泊感的一群人,但他们无一例外地想在这座城市待下去。他们对城市有所企图,因为他们对自己的未来有期望值,或者说这座城市让生存其中的他们对自己有了期望值。他们大多直接来自农村,另一些人是大学毕业,共同点是他们都没有赚到足够的钱,或找到收入足够丰厚稳定的工作,来摆脱居住环境极差的城中村生活。一旦赚到或找到,他们会迅速搬走,回家乡做生意、搬到更体面更优美的社区或到他城创业。城中村是他们的人生驿站,然而是不可或缺的驿站,要是没有这个驿站作为中转,他们会迅速地被城市淘汰、被贫困驱逐。所以,无论城中村如何危险、混乱、肮脏,他们也能前仆后继地在这里待下去。城中村就是他们的魔幻现实主义城市,就是他们的梦和梦魇、他们的现在和未来的起点。

宽待城中村,不是宽待建违章房收租的食利者,而是宽待外来人口对这个城市所抱有的梦想,虽然他们纳的税远不如拥有私家车和别墅的人多,并且会占用市政设施。用心治理城中村,而不是用推土机"杀死"它,因为居留此地的人也在为这个城市创造财富和活力。

即便"杀死"了城中村,城中村完全从城市中心区消失了,还会有外地人源源不断进入城市的。因为今天的城市是众望所归的居留之地,永远在召唤那些追求成功、试图过好日子的人。当然,城市也永远需要有人为它服务、注入新血。

以政府提供安居社区和就业机会为手段、以弥合贫富差距为目标,才是"杀死"城中村的最佳方式。那样的话,城中村也用不着政府大动干戈来"杀死"了,它会寿终正寝,不再是毒瘤或伤口。

(资料来源:《北京规划建设》2005年第3期)

案例思考题

1. "城中村"的社区特征是什么?
2. "城中村"社区现象是怎样产生的?
3. "城中村"的成员结构与社区外在环境存在怎样的关系?
4. 从基层公共管理的角度,评价作者消除"城中村"的建议措施。
5. "城中村"的伦理特征反映了社区怎样的文化特质?
6. 从社区发展多样性的角度,如何看待"城中村"问题?
7. 试从社区的人本属性,谈谈你对"城中村不是毒瘤而是伤口"的认识。

第三章 社区管理的体制与模式

【内容提要】 社区管理体制是管理主体、制度与运作机制的总称,其核心是社区管理的组织体系与运作机制。在社区管理的实践中,形成了政府主导型、市场主导型、企业主导型、社区自治型和混合型等不同社区管理模式,它们有自己产生的基础和适当条件。本章还探讨了社区管理的组织结构与功能,总结了社区管理组织的变迁及其规律,对我国的社区管理体制及其改革进行了理论上的梳理,并介绍了国外部分国家的社区管理经验,以期对我国的社区管理起到指导作用。

第一节 社区管理概述

一、社区管理的概念

(一) 社区管理的含义

根据构成社区的要素,我国学术界从不同的角度给社区管理下了不同的定义,总括起来主要有以下几种:

第一种是从历史发展的过程角度,认为社区管理是一个历史性的范畴,随着时代条件的变化与发展,社区管理的性质(属性)、要素和对象也在不断地变化与发展。① 现代社区管理是一个内涵相当丰富、外延相当复杂的范畴。

第二种是从管理学的角度,认为社区管理是在政府及其职能部门的指导和帮助下,动员和依靠社区各方面的力量,对社区的各项公共事务和公益事业进行规划、组织、指挥、控制和协调的过程。②

第三种是从社区管理的目的角度,认为社区管理是指以促进社区经济的发展、满足社区居民的物质和精神文化生活的需求、全面提高生活质量和人的素质为宗旨,围绕社区规划和社区发展目标,对社区内的社会公共事务所展开的各项管理工作。③

第四种是从社区管理主体的角度,认为社区管理是指在街道范围内,由街道党工委、街道办事处主导的,社区职能部门、社区单位和社区居民积极参与的,区

---

① 参见徐永祥:《社区发展论》,华东理工大学出版社2000年版,第137页。
② 参见唐晓阳:《城市社区管理导论》,广东经济出版社2000年版,第10—11页。
③ 参见孟临、韩狄明主编:《中国城市社区建设和管理概论》,上海教育出版社1998年版,第44页。

域性、全方位的自我服务和自我管理。①

综合以上几种观点,我们给社区管理下如下定义:一定社区内部的各种机构、团体或组织(包括社区党工委、政府职能部门或派出机构、社区单位、社区自治组织、社区居民等),为了维持社区的正常秩序、促进社区的繁荣和发展、满足社区居民不断增长的物质生活和精神生活需求而进行的区域性的、全方位的自我管理和行政管理活动。

(二) 社区管理的内容

社区管理就其本质而言,是一种在区域范围内进行的自治性社会管理活动,它体现社区成员的意愿,反映社区成员的需要,最终依靠社区成员自己的力量满足其利益需求。社区管理作为一种综合性管理,涉及社会生活的方方面面,其内容随着时代的发展变化而有所变化,是不同时代社区内的各项公共事务和公益事业。当代社区管理的内容包括人口、治安、组织、党建、服务、文教和环境等诸多方面。

1. 社区人口管理

人口是组成社区的首要因素,社区人口管理是社区管理能否成功的首要条件。社区各单位要明确职责分工,理顺管理关系,密切协作配合,认真履行相关职责。驻社区的公安派出所负责辖区内的户口登记工作,包括出生、死亡、迁出、迁入、变更更正和暂住登记。各机关、团体、企事业单位、居民委员会在协助公安机关搞好户口登记的同时,做好暂住人口管理工作。用工单位、外来务工单位、社会办学单位负责人及个体业主是暂住人口管理责任人,应协助暂管单位搞好暂住人口登记工作。

2. 社区治安管理

社区治安管理是社区安全和安定的重要保证,没有安全与稳定,社区居民对社区就没有了认同感和归属感。社区治安管理首先要对社区内常住人口、暂住流动人口、重点防范人口进行归类,建立健全人口档案,并及时做好各类人口的调查和跟踪考察等日常管理工作。其次,要设立情报信息员,在社区警务室和公安派出所的领导下,及时掌握社情动态,以预防和制止各类违法犯罪活动和群体性事件的发生。最后,要做好社区安全防范工作,加强社区群防群治队伍建设,积极开展法制宣传活动,协助有关部门调解民事纠纷,推广物防、技防措施,提高防范能力,做好社区治安管理工作。

3. 社区组织管理

社区组织管理是指健全社区内各类组织机构,明确不同机构和组织的工作目标和职责,并指导社区内各种组织机构开展工作。社区组织管理的核心是社

---

① 参见张堃、何云峰主编:《社区管理概论》,上海三联书店2000年版,第11页。

区党工委和街道办事处,还有政府的各职能部门、驻社区单位、居民委员会、业主委员会等,只有充分协调各机构、各组织的作用,发挥社区内不同组织的力量,积极推动社区公共事务和公益事业的开展,才能更好地满足社区成员不断增长的物质生活和精神生活的需求。

4. 社区党建管理

社区党组织是社区各种组织和各项工作的领导核心,对社区建设和管理的各项工作负领导责任,担负着团结和带领社区成员全面建设和谐社区的重要责任。社区党建管理的内容主要有以下几个方面:一是宣传党的路线、方针、政策和国家法律;二是执行上级党组织的决议、决定;三是参与、讨论社区的重大事务,并监督社区各项工作的顺利开展;四是搞好基层党组织自身建设工作,发挥社区党员在社区建设中的模范带头作用;五是做好社区的思想政治工作。

5. 社区服务管理

社区服务管理是指根据社区居民的要求,建立健全社区服务网络,完善社区服务体系,开展社区服务活动。社区服务的内容包括以下几个方面:一是社区生活服务。为社区居民提供"利民"、"便民"、"乐民"等多项服务,提高社区居民生活质量。二是社区福利服务。为社区中的弱势群体如老年人、残疾人、孤儿、下岗工人及其他低收入群体提供无偿或低偿社会服务。三是社区卫生服务。加强社区卫生服务的规范化管理,建立以社区和家庭为基础的服务体系。社区服务人员要为社区居民提供医疗保健服务,并为社区居民的健康负责,达到提高服务效率和质量的目标。

6. 社区文教管理

社区文教管理包括对社区的文化娱乐设施建设和社区学院、继续教育中心、培训中心、远程教育中心等教育机构进行规划和建设,发动和组织社区居民积极参与文体活动和各种知识、技能培训,以满足社区居民不断增长的物质文化需求。加强社区文教管理,有利于增强居民对社区的认同感和归属感,提高社区居民的凝聚力和战斗力,最终实现社区的政治、经济和文化的全面发展。

7. 社区环境管理

社区环境管理包括对社区环境卫生、绿化、道路、建筑、住宅等多方面的管理,体现社区的生态环境和人文环境。社区环境管理的目的是从社区规划入手,通过整治和保护社区居住环境,为社区居民提供一个优美、整洁、舒适的生活环境和独具社区特色的人文环境,鼓励社区居民积极参与到社区环境管理的实践中,增强社区居民的主人翁意识和管理意识,提高社区居民的综合素质。

(三) 社区管理的特征

根据社区管理的含义和内容,社区管理的特征主要表现为:

1. 区域性

社区是地域性社会,社区管理活动都限制在社区范围内,再加上管理的主体和对象同属于社区内部,社区外部的管理机构无法延伸到社区内部进行管理,社区内部的管理对象也无法延伸到社区外部被外部机构管理,使得社区管理的区域性更加明显。社区管理的目标是维护社区秩序,满足社区居民物质生活和精神生活的需求,提高社区居民的生活水平和生活质量,这一目标也决定了社区管理的区域性。

2. 互助性

社区管理的区域性特征决定了社区居民进行社会交往的便利性和快捷性,居民之间便利和快捷的交往必然导致社区管理的互助性。同时,社区管理的自治性本身就决定了社区管理的互助性特征。社区管理的方式是社区内各类管理主体进行自我管理、自我教育和自我服务,社区服务的内容也是社区服务组织与社区其他组织的双向服务,在社区内部形成了互助体系。依托这一互助体系,在社区内倡导"人人为我,我为人人"的精神风尚,使社区内的人们互相帮助、互相支持,形成高尚文明的社区人际关系。

3. 复杂性

社区管理的复杂性是由社区的人口要素、结构要素和社会心理要素决定的。首先,随着社会流动性的加大,社区常住人口的外出和外来人口的增加给社区管理带来了困难。其次,社区人口结构和单位结构的复杂导致了社区管理的复杂性,由于社区人口年龄、性别、职业、文化程度、宗教信仰等方面的不同和社区机关、单位、群众团体等社区组织的性质、功能等方面的不同,在社区居民和社区组织之间形成了非常复杂的关系。再次,由于竞争压力的加大、生活条件和居住条件的改善以及通讯工具的不断进步,导致社区居民面对面交往的困难。最后,社区是社会的缩影,大社会中的各种现象都可能在社区内发生,这也是社区管理复杂性的表现。

4. 广泛性

社区位于整个社会的最基层,社区管理活动涵盖了社会生活的方方面面。面对不同层次的社区居民的不同需求,社区管理表现出鲜明的广泛性特征。社区管理的内容和工作任务繁琐细微,包括社区人口管理、社区治安管理、社区组织管理、社区党建管理、社区服务管理、社区文教管理和社区环境管理等多个方面,是各级政府所无法比拟的。

5. 综合性

社区管理的综合性特征是由社区管理的属性决定的。首先,社区在法律上不是国家行政安排的一级政府,它的权力有限,但社区承担的管理任务又繁杂具体,无法依靠某一社区管理组织完成。其次,社区成员的数量多,差异性大,各自拥有的资源优势和需求也大不相同。最后,社区管理的主体是多元的,他们的性质、功能各不相同。因此,社区管理要综合利用社区资源,实现资源共享,满足社区居民的多样化需求。社区管理任务的完成一般都是各种行政及非行政力量共同作用的结果,体现出管理方式上的综合性。

6. 参与性

社区管理的复杂性、广泛性和综合性促进了社区管理的参与性。社区居民与社区单位、群众团体之间复杂的关系促成了社区成员之间的平等关系,每个社区成员既是管理的主体,又是管理的对象;既有管理其他社区成员的权力,又有被别的社区成员管理的义务。在这种关系的基础上建立的社区管理又必然是社区成员共同参与的组织,采取自我管理、自我服务的管理模式。社区管理的参与性特征有利于培养和造就社区居民的主体意识和自治意识。

二、社区管理的体制

社区作为社会发展的基本单位,是满足居民日益增长的物质生活和精神生活需求的载体,必须具备满足社区居民物质生活和精神生活需求的多种功能和与此相应的组织结构,形成一个完整的社区管理体制。社区管理体制是社区管理的组织体系和运行机制,一定社区的管理体制是特定历史环境和时代条件下的产物,并在历史发展的进程中不断根据需求进行改革完善。[①]

(一) 构建社区管理体制的原则

从社区建设的本质特征和目前的实践经验看,构建与市场经济和现代社会相适应的社区管理体制必须遵循一定的原则:

1. 变"倒金字塔"为"正金字塔"的原则

传统计划经济体制下的社区管理体制是"倒金字塔"形式,即管理层次越高,机构设置越全,人员配备越强,资源也越多;管理层次越低,机构设置越短缺,人员配备越弱,掌握的管理资源也越少。这种管理体制无法适应现代社区建设的需要。所以,必须从体制改革的角度实现重心下移,立足基层,即把社区管理的重心下移到街道办事处、居民委员会层次,立足街道办事处和居民委员会开展社区管理工作。这样的社区管理体制贴近居民生活,可以对居民多元化要求作出直接、灵敏的反应,直接为社区居民提供管理服务。同时,社区建设内容丰富、任务繁重,市、区两级政府承受的能力有限,重心下移后,依托街道办事处和居民委员会,可以充分调动基层的积极性和创造性,有效推进社区建设和管理。

2. 综合管理与专业管理协调统一的原则

综合管理是以组织领导、综合协调和监督检查的方式对社区进行的管理,是

[①] 参见汪大海等主编:《社区管理》,中国人民大学出版社2005年版,第13页。

街道办事处的主要职能。专业管理是公安、工商、市政、园林、环卫等专业职能部门按照法律、法规和一定程序,对专业领域内的事务进行的行政管理。社区管理不同于行业或部门工作,它是在一定社区范围内开展的内容复杂、涉及面广、专业性强的系统工程,只靠几个职能部门展开专业管理不能形成合力,难以整合社区建设与管理资源。但是,社区管理离不开职能部门的专业管理,这是社区管理的客观要求。因此,在街道办事处的管辖区域内,要以街道办事处的综合管理为主,将各职能部门的专业管理与综合管理相结合,协调统一,既强化综合管理,又发挥专业优势。

3. 党政领导、多方参与和扩大民主的原则

社区管理不是单纯的政府行为,也不是单纯的民间活动,它是在党委和政府的领导下整合社区内企事业单位、居民群众和社会中介组织等各种力量,共同建设社区的过程。这个原则要求我们在构筑社区建设管理体制的时候,既要维护社区党组织的领导核心地位和区政府、街道办事处的主导地位,又要充分调动各方面的积极性,广泛吸收社区内各单位和居民代表参与决策和管理。扩大基层民主,保证人民群众直接参与行使民主权利,依法管理自己的事情,创造自己的幸福生活,是社会主义民主最广泛的实践。所以,构筑社区管理体制要与扩大民主相结合,通过社区管理体制的构筑,健全民主选举制度,实行政务和财务公开,让群众参与讨论和决定基层公共事务和公益事业,实现对干部的民主监督。

4. 管理与服务相结合的原则

社区管理和社区服务紧密相连,是一项完整的系统工程。随着人民生活水平的提高,社区管理的水平、社区服务的质量与居民的生活、工作和学习的关系日益紧密。因此,必须建立有效的管理机制,将相应的管理和服务责任落实到市、区(县)、街道(乡镇)、居(村)委会,形成责任清晰、管理有序、服务完善的社区管理体系,真正寓管理于服务之中。对于社区建设来说,服务是宗旨,管理是保证,建设是基础。

(二) 社区管理体制的基本框架[①]

遵循上述社区管理基本原则,综合各地的实践经验,社区管理体制的基本框架包括以下内容:

1. 市政府设立社区建设领导机构

由市委、市政府领导牵头,有关部门和单位参与,组成社区建设领导机构。该机构主要负责制定、审核全市范围内的社区建设规划和工作计划;研究制定社区建设的方针、政策和重大措施;督促、检察全市范围内的社区建设工作;协调市委、市政府推进基层行政管理体制改革,理顺基层条块关系;解决社区建设中的

---

① 参见韦克难:《社区管理》,四川人民出版社2006年版,第185—187页。

政策保证和财力保障等问题;协调有关部门和单位之间的关系,为开展社区管理工作创造条件。

2. 辖区政府建立社区建设指导机构

由区委、区政府领导牵头,有关部门负责人和驻区单位代表参加,组成社区建设指导机构。该机构主要负责制订全区性的社区管理措施;协调辖区内有关部门和社会力量积极参与社区建设活动;理顺街道条块关系,充分调动街道办事处开展社区管理工作的积极性;主持开展社区建设"示范工程"活动。

3. 街道办事处建立社区协调组织机构

由街道办事处党政主要负责人牵头,辖区内有关部门、企事业单位、社会中介组织和居民代表参加,建立社区协调组织机构。该机构的主要职责是贯彻落实上级党委、政府有关社区建设的决定、决议和工作部署;研究、制订街道范围内的社区建设规划和工作计划,并付诸实施;发动、组织辖区内各种社会力量积极参与社区建设工作,探索实施社区共建的新机制;指导居民委员会和社区中介组织开展灵活多样的社区建设、社区管理活动。

4. 居委会探索社区自治的新途径

居民委员会应根据社区建设的基本原则,探索社区居民自治的新途径。建立健全社区工作制度和工作程序,实行规范化管理,提高管理效率。同时,可以与社区内各单位有机结合,建立由居民选举产生、居民委员会成员和社区内单位代表共同组成的社区管理委员会,组织开展符合本社区特点的、多样化的社区建设和社区管理活动。

5. 切实改善和保证党对社区管理工作的领导[①]

社区党组织在社区建设中的领导地位是由中国共产党的政治优势和崇高威望所决定的。在社区管理实践过程中,社区党组织对社区建设工作的领导表现在多方面:对社区建设中的重大问题进行决策或提出决策意见;保证按照党的路线、方针、政策开展社区管理工作,确保上级党委有关社区建设的决定在社区范围内实施;严格按照干部管理权限,通过考察、推荐、任免干部等程序,优化社区党组织领导班子和党群干部队伍结构,完善社区领导体制,切实改善和保证党对社区管理工作的领导;建立社区党建联席会,积极推进社区共建活动,促进社区管理事业发展;领导开展社区精神文明建设和思想政治工作,动员和组织广大党员和共青团员积极参与社区建设活动,在社区建设中发挥先锋模范作用等。

(三) 社区管理体制的运行机制[②]

我们从静态的角度分析了社区管理体制的框架结构之后,还要从动态的角

---

① 参见唐忠新:《中国城市社区建设概论》,天津人民出版社2000年版,第200—205页。
② 同上书,第239—261页。

度分析社区管理体制的运行机制。现阶段,我国推进社区建设与管理的运行机制是"党委和政府领导、民政部门牵头、相关部门配合、社区居委会主办、社区力量支持、群众广泛参与"。其中,广泛参与是社区管理体制运行机制的核心。

1. 社区管理的本质特征:广泛参与

广泛参与在这里主要有两层含义:一是参与主体的广泛性。社区管理的参与主体不仅包括社区全体居民,还包括社区内的企事业单位、机关团体和社会中介组织。二是参与活动的广泛性。各类社区管理主体不仅参与社区服务活动,还参与社区的治安、环境、卫生、文化和教育等活动。

广泛参与是社区管理的本质特征,它是由社区管理的性质决定的。第一,社区管理具有突出的社会化特征,这种特征决定了社区管理不是单纯的某一部门或某一团体的行为,也不是个人行为,而是社区内党政机关、企事业单位、部队、团体、自治组织和广大居民的共同行为。第二,社区管理有扩大基层民主、推进基层组织自治等重要目标,要实现这些目标,就需要民主选举、民主决策、民主管理和民主监督,共同决定社区的公共事务和公益事业。广泛参与之所以是社区管理的本质特征,主要表现在社区管理中人力、物力、财力和场地等问题的解决和社区意识的培养都依赖社区成员的广泛参与。

2. 社区居民的广泛参与

社区居民是社区参与的主体。在我国这样一个经济不发达、人口众多的国家,依靠民众的广泛参与进行社区建设成为现实的选择。伴随着社区服务和社区管理的发展,居民参与程度已有很大的提高,但还不能满足社区建设的客观需求。这主要表现在以下几个方面:

(1) 社区居民的参与意识比较淡薄。社区居民没有意识到自己是社区建设与管理的主体,没有意识到自己对社区建设和管理应尽的职责和义务,有的甚至认为社区管理完全是政府行为,自己坐享其成就可以了。(2) 相当多的社区居民尤其是中青年居民和具有专业技术的居民还没有参与到社区管理中来,积极参与社区管理的大多是老年人和下岗妇女。(3) 社区居民参与社区管理的内容主要局限于出席居民会议、楼院卫生清扫、健身等一般性社区活动,且不太深入和广泛。

要改变上述情况,需要采取以下措施:(1) 强化宣传教育,培养社区意识。增强社区意识是促使社区居民广泛参与社区管理活动的思想基础,主要途径在于强化宣传教育。宣传教育一要有针对性,要针对不同群体、不同阶层的实际情况进行;二要有广泛性,使广大居民群众都能接受;三要注意多样性,采取多样化的宣传教育方式。(2) 坚持社区需求本位原则,注重用共同需求、共同利益调动居民广泛参与的积极性。从社区的客观实际出发,把满足各类社区成员尤其是多数居民群众的实际需要放在首位,把解决群众普遍关心的热点、难点问题作为社区建设工作的重点。(3)坚持先进性与广泛性相结合的原则。要把先进行为发展成居民群众广泛参与的行动,就必须从居民群众的实际承受能力出发,做到尽力而为与量力而行相结合,既提倡无私奉献精神,又肯定和支持兼顾个人合理利益的参与行为,力求使每个参与者都能找到自己的位置,避免使参与社区活动成为居民的沉重负担。(4)建立和完善参与机制。从长远看,要使居民参与不断持续发展,依据有关法规、政策,通过民主程序和法定程序制定相应的规章制度,形成一整套参与机制,使其规范化、制度化,其中包括激励机制和责任机制等。

3. 社区单位的广泛参与

社区单位包括社区地域内的企业单位和机关事业单位,包括隶属和不隶属于本社区的单位,包括公有制和非公有制单位。社区单位广泛参与社区建设与管理,不仅有利于所在社区的发展,也有利于单位自身的发展。不管是何种性质、类型的单位,其所在地区都是它们正常运行的微观环境。从这个意义上说,共同参与社区建设与管理,创造生活便利、治安良好、环境优美、人际关系和谐的文明社区,不仅是社区单位应尽的义务,也符合其自身利益。

目前,社区共建尚未进入制度化阶段,相当多的社区单位由于缺乏社区参与的意识和行动,在社区建设与管理中没有发挥应有的作用。我们有必要采取措施改变这种现状:第一,通过多种形式营造社区共建的氛围,使企事业单位认识到,在经济转轨和社会转型时期,企事业单位将越来越多的社会职能转移给社会并不意味着脱离社会,更不意味着要摆脱所在的社区,而是要在摆脱社会事务的沉重负担后,通过依托、参与、支持社区,充分利用良好的社区环境促进自身和社会共同发展。第二,要坚持互利互惠、成果共享的原则,使企事业单位通过参与社区建设与管理满足自身的部分需求,促进自身和社会共同发展。第三,要在不断探索、总结经验的基础上,逐步构建企事业单位参与社区建设与管理的机制,促使社区建设规范化和制度化。

4. 社会中介组织的广泛参与

社会中介组织主要指非政府组织或非营利组织,其基本宗旨是满足社区居民的需求,致力于社会服务和管理工作。社区中介组织通常具有正规性、独立性、非营利性、志愿性和公益性等特征。

在发达国家,基金会、慈善团体、学会、协会、研究会、促进会等社会中介组织发展成熟,这些组织在社会福利、教育培训、医疗保健、社区服务、生态环境、科学技术、文化艺术、国际合作、宗教事务等领域,在填补政府资金不足、开拓就业机会、增加资源运用透明度、帮助弱势群体和落后社区等方面发挥着重要作用。社会中介组织在民众参与和政府监督下运行,能够有效避免贪污浪费,充分利用各种社会资源,从而缓解社会矛盾,促进社会公平。

在我国,社会中介组织尚处于发育和成长初期,但在促进社会发展方面已经显示出强大力量。譬如,中国青少年发展基金会实施的"希望工程"、中国儿童少年基金会实施的"春蕾计划"、中华慈善总会实施的"烛光工程"分别为救助失学儿童和贫困地区女童重返校园、改善农村贫困教师的生活条件和教学水平作出了巨大贡献;中国扶贫基金会实施了一系列的扶贫项目,极大地提高了贫困农村村民的生活水平。

在社区建设和管理领域,社会中介组织不仅在开展社区服务、社区文化、社区教育方面发挥着重要作用,而且开始接收原来由政府直接经营的福利机构,或者直接兴办新的福利机构并负责其管理事宜,日益成为社区建设与管理的主体。因此,培育和发展社会中介组织,是推进社区建设与管理的一个重要环节。具体开展工作如下:第一,逐步实现部分政府机构、事业单位向社会中介组织转制;第二,培育和发展现有的社会团体,充分发挥它们在社区建设与管理中的作用;第三,按照社会中介组织的规范和要求,培育社区建设与管理相关的中介组织,如社区志愿服务组织、社区卫生协会等;第四,制定和完善相关的政策和法规,为社会中介组织参与社区建设与管理事业提供良好的制度保证。

三、社区管理模式

社区管理模式是指为实现社区管理目标而采取的各种管理体制、机制、手段、方法的有机结合体。根据社区管理的现状,从社区管理活动的主体差异出发,可将社区管理模式划分为政府主导型、市场主导型、企业主导型、社区自治型和混合型五种类型。①

(一) 政府主导型管理模式

政府主导型管理模式是以行政管理为主要管理形式的社区管理模式,政府为社区管理的核心,现阶段主要是以街道办事处(乡镇政府)为主导,在居(村)委会、中介组织、社会团体等各类社区管理主体的配合下,对社区的公共事务和公益事业进行管理,其实质是通过对政治、社会资源的控制,强化基层政府的行政职能,实现自上而下的社会整合。现阶段,北京、上海、石家庄等城市在社区建设中都采纳这种管理模式。

这种管理模式的优点在于:政府在社区管理中发挥主导作用,联合社区内各管理主体,担负着政府各部门在社区管理中的协调与组织功能,综合利用社区内的各种资源,形成"条块结合、以块为主、各司其职"的社区管理网络,共同管理社区事务。其缺点在于:这种政府主导社区事务的方式,抑制了民间组织的活力,加重了政府的财政负担,提高了政府的管理成本,降低了政府的工作效率,与

---

① 参见韦克难:《社区管理》,四川人民出版社2006年版,第191—194页。

我国政府机构"精简、统一、效能"的原则不一致,不利于传统社区向现代社区的转型。

(二) 市场主导型管理模式

市场主导型管理模式就是通常所说的"物业管理模式"。它是在城市综合开发的基础之上,为了适应市场经济发展的需要而建立起来的一种经营型社区管理模式。自1981年3月第一家物业管理公司——深圳物业公司成立至今,物业管理行业在我国经历了一个从无到有并迅速成长壮大的发展过程。

这种管理模式的内容主要有以下几个方面:(1) 由物业管理部门依照法规、合同,对统一开发的新建住宅小区的各类房屋建筑及附属配套设施及场地,以经营的方式进行管理;对小区环境的清洁、绿化、安全、道路维修实行专业化管理,并向小区居民提供服务。(2) 小区管理通常采取签订承包责任书和承诺的方式,将具体任务落实到岗位管理人员身上。(3) 住宅小区的社会管理和行政管理工作由街道办事处和有关方面配合进行。

市场主导型管理模式的优点在于三个方面:(1) 物业管理公司的地位明确,权责利统一,避免了社区服务和建设中的相互推诿和相互扯皮,提高了服务水平和服务质量,为社区有一个安全、方便、舒适的生活环境提供了保障。(2) 社区硬件建设交给了投资主体,既减轻了政府的财政负担,又提高了居民的满意程度。(3) 这种管理模式为社区建设和管理引入了市场竞争机制而表现出一定的生命力,已经成为城市社区居民日常生活中的一种重要依托。其缺点在于:这一管理模式目前还不够成熟,其结构体制和运行机制还存在许多不完善的地方。例如,物业管理或投资主体行为不规范,注重经济效益,忽视社会效益,很难达到整体思维的效果。此外,这种市场化运作的管理模式不能覆盖小区中的社会管理和行政管理,还不能说是一种完全意义上的社区管理。

(三) 企业主导型社区管理模式

企业主导型社区管理模式就是企业办社会的模式。这种管理模式是计划经济时代的产物,企业对社区内的各种设施包括房产、学校、娱乐设施等基础设施享有所有权。在政府有关部门的参与下,企业直接或间接行使社区经济管理职能,具有社会事务管理和行政事务管理的双重职能。

这种管理模式的特点表现为:(1) 社区内的人既是单位里的职工,又是社区里的居民,社区居民与企业有着割不断的关系,离开了企业他们将无法生存。(2) 企业是社区投资的主体,社区内的教育、文体、卫生、医疗、交通、环境等各项建设是企业给职工的福利,服务功能和配套设施比较健全,且有可靠的物质保障。(3) 社区居民享有企业提供的福利待遇,能够安居乐业。(4) 社区居民对企业有较强的认同感和归属感,形成企业内的共同意识,人与人之间的关系比较融洽,保证了社区稳定和社会秩序。其缺点在于:企业发展的目标是获利,而这种企业办社会的管理模式可能会使企业背上沉重的包袱。

（四）社区自治型管理模式

社区自治型管理模式即民主自治型社区管理模式,亦可称为"社区居民自治模式",主要是指以社区居民为核心,联合社区内各种管理主体,实行社区党组织领导、社区居民代表大会决策、社区居委会组织实施和社区其他组织共同参与服务管理的一种社区管理模式。

这种管理模式的优点在于:(1)能够调动社区内居民广泛参与社区事务的积极性,使社区居民真正成为社区的主人,管理自己的事务,这与我国民主政治的发展方向基本一致。(2)社区内各种主体广泛参与社区管理,形成"人人为我,我为人人"的良好局面,有利于形成社区居民对社区的认同感、归属感,形成良好的社会风尚。(3)社区内各种主体广泛参与,大大减轻了政府在社区建设中的负担,有利于恢复政府的职能,使政府从繁杂的社会事务中解脱出来。(4)有利于从经济上降低行政管理成本,从政治上推进基层民主建设和公民政治参与。其缺点在于:从现阶段社区管理实践看,社区自治型管理模式容易脱离政府的引导和法律的规范,导致社区自治流于形式。

（五）混合型社区管理模式

现实中的社区管理往往遵循的是上述四种管理模式的有机整合,实行以基层党工委组织为领导核心,以基层政府为主导,根据"政企分开、政社分开、政事分开"的基本原则,发挥企事业单位、各社会群体及个人等各种社区主体分工合作、协调共建的作用,使各种社会主体积极主动地参与社区管理。这种综合社区管理理论包罗万象,原则性强,大一统的色彩较浓,而社区管理事务特别要求可操作性,这必然要求更加贴近社区管理事务、更有效地指导社区管理实践的社区管理中介理论的产生。调整政府在社区管理中的角色,构筑政府主导与社区自治相结合的混合型社区管理模式,是现代社区管理体制改革的目标。

第二节 社区管理的组织结构与功能

一、社区管理组织的类型

组织是由结构、人与信息构成的互相联系的复杂的工作系统,包括组织目标、共同意志和畅通的信息渠道三个基本要素。社区管理组织是社区内的人们为达到共同目标,有序地形成一个动态系统的社会共同体,即那些为社区利益或社区特定群体利益、为解决特定社区社会问题而组合成的社会组织。该组织为社区而产生,为社区而发展。

社区管理组织除了组织的共性之外,还有一些特性:(1)社区性。社区管理组织是社区居民或社区成员为了兴办、维护与管理社区公共事务而组成的,离开社区或社区公共事物的管理与服务,社区管理组织就失去了存在的价值。(2)地域性。社区管理组织是一种地缘关系性质的组织,其活动一般不会超出社区的范围。(3)双重性。社区管理组织具有服务和管理的双重功能,在为社区公共事物或公共空间提供服务、满足社区服务需求的同时,还负有管理社区公共事物或公共空间的责任。目前,社区管理组织包括社区党组织、社区居委会、社区工作服务站、业主委员会、物业公司、老年协会、志愿者协会、残疾人协会、文化团队等。根据社区管理组织功能的不同,可将其划分为行政性、企事业性和社团性三种类型。

在城市基层社区,行政性组织主要是指街道办事处及各政府主管部门在社区的派出机构。街道办事处是城市社区的基层行政组织,其基本职能是依据有关法律及规章的授权,在基层人民政府委托的职责范围内,负责本辖区内的行政管理工作。由于它不是一级政府,其职能权限在社区内不具有普遍强制性,因而其行政效率受到一定影响。但是,随着社会的发展,街道办事处的职权、职能范围不断扩大,基本上涵盖了一个区域性政府的所有职能。据不完全统计,目前街道办事处的经常性工作已超过了一百五十余项,其中大部分为社会管理、社会服务工作。在组织结构上,除了街道办事处之外,还有政府各职能部门在城市社区的派出机构。这类城市社区管理组织主要指政府主管部门派出的工商所、房管所、派出所等机构,其特点是以"条"的形式出现,机构职能较为单一,行政性特征突出,在上级各主管部门领导下于辖区内进行各项专业管理与服务工作。

企事业组织主要指城市社区中的各类生产、服务性组织,如工厂、商店、医院、学校等。城市社区中的企事业单位,除地段医院、学校主要面向本地区外,其他组织如工厂、商店等,其服务对象和范围面向整个社会。许多单位隶属于不同行业或系统,接受本单位主管部门的直接领导。企事业单位具有明显的封闭性特征,长期以来形成一个个独立封闭的"小社会",成为存在于社区实际上却游离于社区之外的社会组织,与其所在社区缺乏内在的有机联系。

社团性组织是指群众性自治组织和一些专业性社会团体,如各类行业协会、街道共青团、妇联、民兵组织等。这类组织具有各自的组织目标和工作程序,经当地政府主管部门批准,在一定范围内活动。随着我国社会组织结构的变迁和社区居民需求的变化,这类社区组织在社区中的作用日益凸现,成为现代社区管理组织体系中不可或缺的组成部分。

二、社区管理组织的结构与功能

组织结构是指组织中各部分之间相对稳定的关系,它体现在组织活动的过程中,需要用动态的眼光在组织管理的过程中观察。社区管理组织结构主要指社区管理组织领导者的产生与监察、服务对象、资源获得机制、组织间关系等内容。

1. 社区管理组织领导者的产生与监察[①]

社区管理组织领导者是社区组织结构中的重要角色,其产生模式有四种:(1) 轮换模式。由组织内的成员轮流担任领导角色,大部分社区管理组织都采用这种模式。(2) 外部委派模式。由政府机关或外界团体决定社区管理组织领导者的人选,并设计接替的程序,这种模式主要在委托或授权式组织中应用。(3) 选举模式。由社区组织的全体成员按照法定程序或组织程序、制度,直接或间接选举社区管理组织领导者。(4) 由职员充当的模式。由组织中的全职人员担任社区管理组织领导者。由于他们是全职人员,掌握的资料较多,对社区组织的情况比较了解,因此容易成为非正式领导者。

社区管理组织领导者的产生直接关系到组织内部的民主化程度。某些情况下,社区管理组织领导者的行为可能会增加其他成员的依赖性和无助感,与社区组织鼓励居民参与的目标背道而驰。有的社区管理组织领导者甚至只顾及自己和少数人的利益而忽视整体组织的需求,阻碍社区组织的发展。因此,必须采用轮流式领导、民主选举、责任分担、角色转换等措施,对社区管理组织领导者进行监察,保障组织内部的民主,增加成员的参与机会。

2. 社区管理组织的服务对象[②]

不同类型社区的服务对象不同。例如,地域型社区以地域为基础形成,其服务对象主要是当地居民;功能型社区以组织功能为基础,其服务对象是具有共同特点的人群,如长期患病者、工会会员、专业团体和协会会员等。有的只向组织成员提供服务,也有的为组织外人群争取利益或提供服务;有些服务对象是社会经济地位比较低的人,有些服务对象则是社会经济地位比较高的人。

社区管理组织一般以三种角色提供服务:(1) 消费合作社角色。由于政府或市场上提供的服务不足或不理想,社区管理组织可集中足够的消费者,直接购买所需要的物品和服务。这种模式需要比较多的资源。(2) 服务生产者角色。即社区管理组织直接参与生产、提供服务,以满足成员需要。这种模式对比较贫穷的社区尤其重要,因为社区内的居民可以利用空闲时间及劳动技巧,提供廉价的服务。(3) 共同服务提供者角色。即社区管理组织直接为成员提供服务,其作用在于为社区成员增加服务提供者,使成员有更多选择,同时通过竞争促使政府提高服务效率。

---

① 参见韦克难:《社区管理》,四川人民出版社 2006 年版,第 244 页。
② 同上,第 246 页。

3. 社区管理组织资源获得机制

不同社区管理组织在争取资源时会有不同的努力方向,大致可分为内部取向和外部取向两种。内部取向主要是发掘并采用组织的内部资源,通过自助及义务工作解决问题。外部取向比较强调影响社会的资源分配系统以获得组织生存和发展所需要的资源。这两种方式并非相互排斥的关系,社区组织可以既发掘内部资源,同时也争取外界资源。

4. 社区管理组织与其他社会组织的关系[①]

社区管理组织与其他社会组织的关系大致可分为以下几种:(1)交流关系。社区组织与其他组织各自拥有不同的资源,互相合作可以充分利用资源,提高效益。(2)权利依赖关系。社区组织与某些其他组织可能会有利益冲突,目标也有分歧,彼此不愿意合作。但是,在解决一些问题时,社区管理组织可能需要该组织的资源,这样就形成了依赖关系。这种情况下,社区管理组织需要寻找方法促进与该组织的合作。(3)授权式关系。由于法律或政策的限制,社区管理组织需要与另一组织合作。一般来说,后者多为政府机关,也多为前者的赞助机构。这些社区管理组织的联络网非常局限,与自发的低收入团体缺乏联系。政府部门不仅控制其行为,而且对其成员组成也有限制。(4)联合组织。社区管理组织与其他组织建立联盟,以增加资源、增强服务能力及影响力。联合组织通常由个别团体的代表组成,也称为"代表性组织",代表不同的团体及组织。联合组织的优点是能够增加动员能力,代表大范围民意;缺点在于很难处理争论性比较强的问题。

5. 社区管理组织的功能

社区管理组织的功能即社区管理组织在满足社区需求的过程中发挥的作用,包括服务、教育、整合、协调、管理等多种功能。

(1)服务功能

人的需要多种多样,包括生理、安全、交往、尊重、求知、求美、自我实现等不同方面与层次。传统社会中,人的很多需要是通过家庭或单位满足的。但是,在现代社会,社区正在替代单位成为人们社会生活的基本单位,人们越来越多地要求参与社区生活,在社区内满足自己的种种需求。社区管理组织必然成为提供服务、满足人们多样化需求的场所。

(2)教育功能

人的社会化是学习适应社会环境、掌握生活技能与扮演社会角色的过程。人从出生到参与社会生活,需要一个在社会中学习和成长的社会化过程。实现人的社会化的最初场所主要是家庭、邻里、游戏伙伴等一些初级群体,以后是学

---

① 参见韦克难:《社区管理》,四川人民出版社2006年版,第245页。

校及各种社会组织,社区始终是人的社会化的重要场所。

(3) 整合功能①

社区主要是人们的居住场所,具有明显的松散性。居民与居民之间、居民与单位之间以及单位与单位之间一般不存在像正式社会组织那样的科层制,也缺乏规章制度的约束。但是,社区中的人们有着某些共同需求,要求形成"社区生活共同体"。因此,社区管理组织的整合功能就是把有着共同需求的人们组织起来,结成关系相对紧密的群体或团体,形成生活共同体。

(4) 协调功能

社区管理组织在整合松散的社区社会关系、协调社区各个部分、提高社区活动效率等方面发挥着重要作用。在初级群体内部,由于缺少专业分工和专业化,人的潜能得不到充分发挥,人们的社会活动效率也受到限制。作为社会组织,社区管理组织则以专业化分工为基础,以满足特定社会需要为目标,把分散的个人或成员组织起来,分工合作,在提高个人和集体活动效率方面发挥作用。

(5) 管理功能

社区是人们社会生活的共同体,为了满足人们多层次、多样化的社会需求,社区必然会拓展更广的公共空间,开展多样化的社区活动。社区管理组织便自然承担了社区各种活动、社区公共事务的组织者和管理者的角色。

三、社区管理组织的目标与职责

任何一个组织都是为一定的目标而组织起来的,目标是组织的最重要条件。在组织中,无论其成员各自的目标有何不同,一定要有一个为其成员所接受的共同目标。组织目标是指一个组织未来一段时间内要实现的目的,是组织的宗旨或纲领,是管理者和组织成员的行动指南,是组织决策、效率评价、协调和考核的基本依据。社区管理组织的目标是识别社区管理组织的性质、类别和职能的基本标志,具有差异性、多元性、层次性和时间性等特性,对社区管理组织的全部活动起指导和制约作用。任何社区管理组织都会把确定组织目标作为其最重要的本职工作。社区管理组织的目标主要集中体现在社区组织的职责方面,不同的社区管理组织有不同的职责,以下介绍不同社区管理组织的主要职责:

(一) 社区党组织的管理职责

社区党组织的管理职责包括:(1) 社区党组织是社区各种组织和各项工作的领导核心,在街道党工委的领导下开展工作;(2) 社区党组织要组织党员和群众完成本社区所担负的各项工作任务;(3) 社区党组织要加强党组织自身建设,搞好对党员的教育、管理工作,发挥党员在社区工作中的先锋模范作用;(4) 社

---

① 参见韦克难:《社区管理》,四川人民出版社 2006 年版,第 240 页。

区党组织要积极支持和监督社区居委会依法履行职责,密切联系群众,做好群众工作,搞好精神文明建设;(5)社区党组织要动员组织和协调社区各单位党组织和社区在职党员积极支持和参与社区党建活动,整合社区资源,搞好社区建设。

(二)社区居委会的管理职责

社区居委会的管理职责包括:(1)宣传宪法、法律、法规和政策,维护居民的合法权益,教育居民依法履行应尽的义务,爱护公共财产,开展多种形式的社会主义精神文明建设活动;(2)办理本居住地区居民的公共事务和公益事业;(3)调解民间纠纷;(4)协助政府做好与居民群众利益相关的工作;(5)指导、协调、支持、帮助社区业主会、公益性民间组织、文化团队依法开展活动;(6)整合社区资源,搞好社区建设;(7)向人民政府或其派出机关(街道办事处)反映居民的意见和要求,并提出建议。

(三)社区工作站的管理职责

社区工作站是近年来社区建设中出现的新组织,并逐渐形成多种模式。根据社区工作站与社区居委会、街道办事处以及政府职能部门的不同关系,可以区分为四种模式,即分设模式、下属模式、条属模式和专干模式。社区工作站的实质是职能部门在社区的办事机构,其人事和经费由职能部门解决。社区工作站的管理职责主要有:(1)完成政府及职能部门延伸到社区的各项政务服务和工作任务,包括民政低保、文化教育、计划生育、综合治理、环境卫生等;(2)协助社区居委会开展各项工作。

四、社区管理组织的变迁

社区管理组织的变迁即社区管理组织的发展过程,主要是指社区居委会、社区党组织以及社区工作站等社区管理组织的产生和发展过程。社区管理组织经历了从孕育期、发展期、成熟期到重整期的发展过程,它在每个时期表现出的特征都是不同的。[①]

(一)社区管理组织的孕育期

社区管理组织在孕育期的特征包括:(1)发掘问题的需要。社区管理组织的产生首先要有共同关注的问题或者兴趣存在。(2)需要有组织者出现。社区管理组织需要有组织者存在,它可以是社区工作者、社会活动家、政府,也可以是社区居民。(3)建立意识形态及共同理念。社区组织的成立不能只建立于个别的利益之上,因此需要有共同的信念和价值观。(4)形成组织或小组雏形。孕育期结束的标志是建立一个组织框架,明确召集人并形成简单的联络网,将初步

---

① 参见韦克难:《社区管理》,四川出版社2006年版,第242—248页。

目标清晰化,以此加强内部沟通,方便对外联系。

（二）社区管理组织的发展期

社区管理组织在发展期的特征包括:(1)确立组织的结构和长远方向,包括建立执行机构、拟订章程、制定规则、确定现任职员、安排财政事宜等;(2)开展培训工作,如定期的训练课程、讲座和小组讨论等;(3)扩大并加强活动或服务的形式和内容;(4)组织者的工作逐渐从动员居民、直接提供服务转为培训居民参与服务,逐步加强组织成员的参与及独立性;(5)设法与外界组织建立关系网络,开拓与外界的关系,以获取额外的资源。

（三）社区管理组织的成熟期

社区管理组织在成熟期的特征包括:(1)社区管理组织的正式独立和登记注册。在这个阶段,社区管理组织有组织成员掌握组织动员的技巧和动员居民参与能力的目标,有明确的财政及资源运用的安排。(2)活动及服务多元化,参与面扩大。由于社区管理组织已开始掌握推行服务的技巧和资源的安排,其活动的内容和形式自然也更加多样化,从而吸引更多的居民参与,与基层的联系更加紧密。(3)由被动转化为主动。社区管理组织由被动解决问题转化为主动发现问题甚至防御问题。(4)社区工作者或组织者的影响逐渐减少,不会过分依赖少数热心组织成员。(5)社区管理组织有健全的对外关系网络,建立起健全的外界关系网络,在参与外界行动上扮演更加积极的角色。

（五）社区管理组织的重整期

社区管理组织在重整期的特征包括:(1)反省组织的目标及功能。随着社会环境的变化和组织成员的流动,社区管理组织需要重新调整角色,并反省其目标和功能。(2)重新确定方向。社区管理组织在这一阶段面临新的挑战,如组织动作的僵化、新兴组织的出现等,必须考虑未来的发展方向,重新调整以适应新的形势。如果作出调整,社区管理组织就会再次经历孕育期、发展期、成熟期几个阶段,也因完成其使命而结束。(3)对社区管理组织发展变迁的不同阶段进行总结。

第三节 我国社区管理体制的历史沿革与发展创新

一、我国城市社区管理体制的历史沿革

城市社区管理体制的发展分为四个阶段:

（一）民国时期的城市社区管理体制[①]

民国时期,在国民党统治之下,社会动荡不安,政策朝令夕改,政治呈多元格

---

① 参见郭圣莉:《居民委员会的创建与变革》,中国社会出版社2006年版,第47—48页。

局,人口变动不居,使城市社区的胡同里弄成为居民生活相对自主的空间,国家权力很难完全控制,从而为帮会等非正式权力集团提供了活动空间。因此,从胡同、里弄看,解放前的城市社区管理体制由三部分构成:

1. 半官方的保甲组织。它是日伪借助于战时机制建立的,名义上是自治组织,实际上是国家权力利用传统的保甲形式对社会的监控组织。其目的是利用传统的的连坐法钳制一切抗日活动和共产党的革命活动,利用这一深入胡同里弄居民的体系进行派款收费、发放票证、户籍管理等方面的社会管理,并对居民进行思想意识教化。

2. 有关居民公共事务的福利性组织。该组织处理胡同里弄的福利性公共事务,但其效力似乎主要局限于对大房东的加租要求。

3. 城市的各种帮会组织。例如,上海的青帮、红帮以及各种带有乡土性质的帮会势力,他们在下层社区更为有力。

在这三类组织中,保甲无疑占据中心地位,被政府赋予各种政治的、行政的以及公共管理事务的职责。然而,当时实际掌控城市社区的是国民党支持下保甲、帮会的联合势力,他们除了完成一定的社会性管理事务外,并没有有效地完成被赋予的使命。这样的城市社区管理组织对于新政权建设来说,显然是必须被彻底摧毁的。居委会正是在摧毁旧时保甲的基础上建立起来的新型组织,发挥了重要的管理城市基层社会的功能。

(二) 新中国成立后的城市社区管理体制

新中国成立后,我国在城市社区长期实行了一套行政全能主义的"亚社区"管理体制,进行行政全能主义的"单位人管理"与"地区管理"。①

计划经济体制下,国家作为社会管理的唯一主体,通过高度集权的行政管理体制和直接的行政干预,在社区居民的经济生活、政治生活、文化生活和社会生活中处于支配地位。社区既是政府行政管理的基层区域,又是人们生活聚集的区域性社会。街道办事处作为区政府的派出机构,行使基层政权的部分权力,管理本地区的行政、社会工作。但是,在实际操作过程中,由于缺乏具体操作机制和制度保障,街道是区人民政府的组成部分,区政府各职能部门都可以向街道布置任务,并通过街道对社区管理、社区服务工作起指导、协调、督促等方面的作用。街道结构下是众多的居民委员会及其他社会组织,是街道贯彻落实党和国家的方针、政策和联系广大人民群众的下属机构。这种管理体制强调和突出政府管理社会的合理性和合法性。

行政全能主义的"单位人管理"是指国家在居民生产和生活中的全能主义

---

① 参见徐永祥:《社区发展论》,华东理工大学出版社2000年版,第143—146页;韦克难:《社区管理》,四川人民出版社2006年版,第187—189页。

支配地位,是通过社区居民工作或生产的单位实现的。社区居民都根据自己工作或生产归属于一定的单位,单位成了国家与民众现实关系最重要的中介,同时也是社区居民身份、地位及人身依附关系最重要的载体。社区居民生产和生活所需要的一切都来自于单位,并由此对单位形成了高度的依附性和依赖性,有强烈的认同感和归属感,而对自己居住的社区则缺乏认同感和归属感,更没有社区意识可言。

行政全能主义的"地区管理"是指国家在区域社会里的全能主义支配地位,在体制上采取"地区管理"的方式:(1) 地方政府的基层组织对于没有工作单位的非在业者、失去工作能力的残疾人、孤寡老人、军烈属提供基本的社会救助、社会保障等社会支持,并对他们进行社会管理和社会控制。(2) 通过政府职能部门、街道办事处和行政化官僚化的居民委员会对社区内所有居民及居住地进行计划性和控制性地区管理。(3) 通过政府职能部门和人民公社这一准政府机构,对农民进行计划性和控制性极强的地区管理。改革开放以后,这种行政全能主义的管理体制的弊端不断暴露出来。

(三)"文革"期间的城市社区管理体制[①]

"文革"期间,城市社区居民委员会的发展大致可以分为两个阶段:

第一阶段是"文革"初期,居民委员会干部受到冲击,其正常工作被迫停止的时期。这一时期的主要任务是"打倒走资本主义的当权派",是"夺权",这就需要动员广大的群众参与政治,社区居民是不可忽视的群体。各个造反派及红卫兵组织都到社区进行动员、宣传,设置参与社区小组的读报组,希望得到社区居民的广泛支持。这样的"造反"鼓动,得到了革命群众的响应,这时的城市社区胡同里弄人员主要是家庭妇女、少数无组织者和部分未就业的青年学生,他们有的是留在城里未分配工作的,有的是外地、乡村返回的。"造反"在这些人中成为风气,社区干部、胡同里弄委员会的干部首先受到冲击。

这种冲击来自城市居民的不满。不满的原因有:(1) 20 世纪 50 年代开始的"上山下乡"运动,居委会干部动员城市居民和青年学生离开城市到边远地区下乡,这些人要求居委会干部为他们的损失负责。(2) 1964 年"四清"中划分了阶级成分,很多居民希望能借机纠正对他们不利的成分。(3) 有些居民将一些生活中的不顺归到居委会干部头上,这种不满在"造反"精神的鼓动下,很快变成"斗争的烈火",居委会的正常工作中断。混乱的局面持续到 1967 年。

第二阶段为 1967 年后,居民委员会改为"革委会"(革命委员会)、进行"文革"及其他正常活动时期。早在 1966 年,上海一些积极里弄干部就组织了"学习班",而此时其他大多数城市的革委会还在号召将"无产阶级文化大革命"推

---

① 参见郭圣莉:《居民委员会的创建与变革》,中国社会出版社 2006 年版,第 105—109 页。

向街区,论证这么做的必要性和具体方法。1967年5月,第一个革命委员会——上海黄浦区牯岭路革命委员会正式成立。随后,各区陆续建立革命委员会,街道组织体系得以恢复,社会大混乱的局面逐步稳定下来。胡同里弄革命委员会除了协助实行"无产阶级对资产阶级的全面专政"及政府事务之外,逐渐恢复正常的制度结构,并履行正常的社会职能。革命委员会下设群众专政队、业余工宣队、青少年三结合的教育小组、爱国卫生小组、拥军优属小组、工疗小组等等,担负着革命专政和居民服务的任务,具体包括:抓阶级斗争、对地区内"四类分子"进行监督改造、办"向阳院"学习毛选、动员知识青年上山下乡、办理下乡青年病退及安排、户口检查和外来人员登记、社会治安治理、发放票证以及必要的社会救助等。这极大地影响了居委会的自治功能,使其在一定程度上演化为基层专政性的工具,如"清队"、抄家、"批林批孔"等各种政治运动,都由革委会贯彻落实。由于这些政治运动的性质,居委会不可避免与居民发生一定冲突,自治成为空话。但是,革命委员会的组织结构仍然是常规的居委会形式,"文革"初期的全面动荡一旦过去,根植于社会需要而产生的居委会的社会职能及群众自治的一面就开始发挥作用,这是其在"文革"十年的大部分时间同时履行了相当的社会职能的原因。

(四)改革开放后的城市社区管理体制

社会转型期的社区管理存在体制性矛盾。我国的社会转型期发端于20世纪70年代末的改革开放,改革的内容主要是由社会主义计划经济向市场经济转型,体现在以下几个方面:一是由传统农业社会向现代工业社会转型,二是由传统封闭的单一行政化社会向现代开放的多样化社会转型,三是实现由传统封闭社会向现代开放社会转型。

改革开放后,随着社会主义市场经济体制的确立及改革的深化,我国传统的社区管理体制政企不分、政社不分、政府机构臃肿庞大和政府管理效率低下等负面影响逐步显现。同时,社会转轨与社会转型打破了传统国家行政全能主义的绝对支配地位,客观上提升了社区的内在价值和社区居民的内在联系,为构建现代社区管理新体制奠定了坚实的基础。第一,政府为了适应社会主义市场经济体制,必须加快转变政府职能,改革管理机构,改进管理方式,按照政企分开、政社分开和精简、统一、效能的原则,对社区进行有效管理。第二,随着经济体制改革的深入和企业现代制度的建立,企业必须改革政企不分、企社不分的单位制架构,把传统计划经济体制下企业办社会的职能分离出来,交给社会,尽快使企业成为自主经营、自负盈亏、自我发展、自我约束的法人实体和市场竞争主体。第三,教育、科研、文化、医疗等事业单位也要按照"政事分开、事社分开"的原则,逐渐摆脱其在计划经济体制下承担的大量不合理的社会职能。这些从政府和企事业单位中分离出来的社会职能都应该由社区组织承担。第四,随着社区居民的单位人属性向社会人属性转变,社区居民的生活方式、行为方式和社会需求必然趋向多元化,与社区的联系愈加紧密,对社区的认同感、归属感和社区意识不断增强。

在体制转轨和社会转型中,传统全能主义的"单位人管理"和"地区管理"出现了许多矛盾和问题,但基层政府和企事业单位都没能及时进行相应的调整,政府在角色上的冲突不可避免。这些矛盾大体有:

第一,单一行政化的管理主体与多元化管理的现实需要之间的矛盾。市场经济条件下,随着单位人向社会人的转变,逐渐形成了体现个人利益需求的个人主体和新的组织化利益主体。这些个人或组织的利益与社区关系紧密,有着参与社区管理的内在需求。但是,由于政府长期习惯于全面干预,再加上为了自身利益和社区稳定的考虑,有意识地强化自身在社区管理和社区建设中的职能,致使居民委员会和其他社会团体的自治职能无法实现。

第二,政府行政体制在社区管理中"条"与"块"之间的矛盾。这里的"条"是指政府自上而下的行政权力体系,即政府各职能部门的上级部门对社区实施的管理;"块"是指行政权力的横向体系,即政府或其派出机构在社区层面上的综合运作和横向管理。计划经济体制下,以条为主,以块为辅,条块矛盾不明显。在市场经济条件下,为了推进现代社区的发展,各级政府必然下放权力,实行社区管理的新体制,但新体制却依靠原有的行政组织去实现,结果条块矛盾不可避免,条块分割,各自为政,互不协调,相互扯皮。

第三,政社不分、政企不分,政府角色的越位和错位现象非常严重。市场经济的发展要求政府按照政社职能分开的原则,通过政策导向、项目竞标及过程管理等形式,将社会性事务交由非政府组织去经营;要求政府按照政企分开的原则,从企业经营中摆脱出来。然而,政府却习惯于行政全能主义的旧做法,对社会事务和企业经营统包统揽,致使政府职能与非政府组织职能混淆,延缓了传统社会向现代社会的转变。

总之,政府部门与街道之间职责不清、条块关系混乱、运行机制不畅,政府错位和越位现象时有发生,致使政府的公共管理和社会服务职能难以到位。这样,进行城市社区行政管理体制改革就成了现实的选择。

二、我国农村社区管理体制的历史沿革

从古老的封建专制时代延续至今,农村社区内外的各种关系格局在国家政治统治和社会管理制度变迁的大背景下不断调整和重组,形成了不同时期的农村社区管理体制。

(一) 清末以前的乡绅管理体制

在漫长的封建时代,由于经济资源的缺乏,封建集权政府较少介入农村社区管理。在这一时期,"皇权不下县",县以下的农村社会是国家管理的真空地带,除了最基本的纳税和治安,村民和国家缺乏有机的联系。

当时的乡村社会在乡村精英(乡绅)的领导下,以宗族聚居为主要形式,形成早期的农村社区,相对独立地进行自我管理。乡绅对内管理社区公共事务,对外协调官府,完成征税任务,以保持其合法性地位。

(二) 新中国成立之前的"经济人"管理体制

从清末开始,国家多次试图通过政治权力对乡村社会的渗透,达到从外部推动乡村税收和农村发展的目的。但是,由于国家的资源占有水平不能满足机构扩张的需要,由乡村内部人员履行乡村税收和公共管理职能,形成所谓的"经济人"管理方式。同时,国家介入使传统乡村文化统治体系遭到破坏,乡村原有精英纷纷躲避,由新精英充当"经济人"角色。

科举制不仅为国家提供了大量的"知识精英",也为乡村培养了大批士绅,这些士绅往往是"耕读之家",世代居于乡村,既了解政治(政府),也熟悉地方情况,"修身齐家"的延伸就是维护和造福所在地方。从经济学角度看,他们这样做也是追求个体利益的最大化,因为他们的生产和生活都来自于当地的环境和安全,他们更高层次的社会认可和成就感也来自于地方社会。因此,这些士绅自然要从他们收取的"地租"中自愿拿出一部分,办理教育、修路、赈济等公共事务。传统农业社会的地方事务毕竟有限,因此费用也很有限,是地方士绅能够和愿意负担的。[①] 当国家介入使传统乡村文化统治体系遭到很大破坏,致使原有精英纷纷避让时,乡村实际管理权落入国家培植的中间人手中。这样,乡村社会的"经济人"能够摆脱来自国家和社区两方面的控制,以从中牟利的方式履行国家分派的税收提取职责。[②]

(三) "人民公社"时期的农村社区管理体制

这一时期,国家政权不断下沉,向乡村社会渗透,集体经济组织在乡村首次建立,并与乡村基层组织合为一体,实现从乡村经济内部直接获取经济资源,实质性地填补了基层政治组织的资源缺口。

这一时期,乡村社会实行公社—生产大队—生产小队"三级所有、队为基础"的管理体制,国家通过人民公社的政府机构及上级政府相关部门对乡村社会实行政治、社会管理及低微的社会保障。公社融集体经济组织和基层政权组织为一体,其管理机构为公社管理委员会,受县政府及其派出机关的领导。作为经济组织,公社要负责本行政区域内的生产经营活动,组织、领导各级农业生产

[①] 参见国风:《民国时期农村基层政权建设的失败及原因》,载《中国县域经济报》2008 年 1 月 7 日。

[②] 参见彭勃:《乡村治理:国家介入与体制选择》,中国致公出版社 2002 年版,第 272 页。

活动;作为行政组织,公社要接受上级政府的领导,对本行政区域内的行政事务实施管理。同时,公社实行党的一体化领导,一切重大事务如生产和分配、招工招干和参军、救济粮款的发放等,都由公社党组织决定。公社对大队实行全面领导,任命生产大队干部,而生产大队之下的生产小队则是农民生产生活的最基本的和最小的单位。

可见,当时的农村社区组织是国家组织的延伸,国家全面介入农村社区管理,农村社区管理表现出高度行政化的特征。

(四)"乡政村治"时期的农村社区管理体制

人民公社制度发展到后期,公社化集体经济体制显露出效率低下的弊端,国家在这种体制中出现收入与投入的倒挂现象。到20世纪80年代,家庭联产承包责任制的实行导致公社集体经济解体,人民公社组织及其管理方式也随之丧失效能。

1982年修改后的《宪法》规定,废除人民公社体制,实行政社分开,在城市和农村设立居民委员会和村民委员会,下设人民调解、治安保卫、公共卫生等委员会。1987年,《村民委员会组织法(试行)》颁布,明确村民委员会是村民自我管理、自我教育、自我服务的基层群众性自治组织,乡、民族乡、镇的人民政府对村民委员会的工作给予指导、支持和帮助。1998年,《村民委员会组织法》正式颁布,村民自治制度在全国普遍推行。

至此,国家在法律上还权给乡村基层社会,村民获得了法律赋予的自治权利。村和乡之间在法律上不再是上下级的行政领导关系,而是指导关系,乡政村治体制正式确立。乡政村治体制不仅重构农村基层的行政组织和管理体系,而且力图重新划定国家权力与社会权力、农村基层政府与农村基层自治组织的权力边界。

但是,在实践中,以村为单位的社区管理却陷入了行政色彩强化、实际功能弱化的尴尬境地,乡镇"财政包干主义"导致乡镇一级行政体制在横向和纵向上的权力扩张,而村级领导仍受到政府的行政控制,在很大程度上脱离了社区的制约。

(五)"乡镇撤并"时期的农村社区管理体制

1994年,我国实行分税制财政体制改革,乡镇政府体制中开始暴露出机构臃肿、债务负担沉重、政府职能转变滞后、乡村矛盾和干群矛盾难以解决等问题。1998年10月,党的十五届三中全会通过《中共中央关于农业和农村工作若干重大问题的决定》,要求乡镇政府转变职能,精简机构,裁减冗员,坚决把不在编人员精简下来,做到依法行政,规范管理。2005年1月,党中央、国务院《关于促进农民增收若干政策的意见》提出了"进一步精简乡镇机构和财政供养人员,积极稳定地调整乡镇建制"的要求。同年12月,全国人大常务委员会通过了关于废止《中华人民共和国农业税条例》的决定。取消农业税后,乡镇财政收入大大减少。为应对乡镇财政减少的压力,乡镇撤并成为必然,这一举措对于进一步理顺乡镇政府和农村基层的关系有一定的促进作用。

当前,在国家不再向农民征收农业税收且要给予乡村大量财政转移支付的背景下,按照中央强化公共服务、严格依法办事和提高行政效率的要求推进乡村撤并,有助于重新理顺镇政府和农村基层的关系,从而推动农村基层管理体制的完善。

梳理了我国农村基层管理体制变迁的脉络后不难发现:我国农村基层管理体制的变迁受制于整个国家的经济和社会发展程度及经济和社会管理体制,其变迁的内容远远超出村委会建设的范畴,需要理顺农村基层内外部关系,牵涉到整个国家公共管理和公共服务体制的深层次变革。[①] 可见,农村基层管理体制改革是一个系统工程。

三、社区管理新体制的探索与发展

(一) 构筑强政府与大社会相结合的社区管理新体制 [②]

现代社区的建设与发展,需要一个全新的国家与社会互动模式,需要一个善于调动、开发和利用各种社会资源及其能动性质的社区管理新体制。这个新体制的核心是在政府与社会之间形成良性互动关系。与计划经济体制下的"大政府,小社会"的国家—社会关系模式不同,市场经济体制下的国家—社会关系模式的特征在于"小政府,大社会"。我国建立社会主义市场经济体制的目标要求,也决定了采纳"小政府,大社会"模式的必然性。然而,由于长期的高度集权的计划经济体制和社会管理体制的影响,非政府的市场要素和社会要素基本上未能发育起来。因此,20世纪80年代以来,我国的经济体制和社会体制的改革、市场要素和社会要素的发育都是在政府的主导和推动下进行的,这是政府的"自我革命"。离开了政府的主导和推动,经济领域、社会领域的改革与发展是无法完成的。从这个意义上说,我们塑造的"小政府"同时还应是个"强政府"。也就是说,"强政府,大社会"的关系模式、政府主导与社区自治的有机结合,应是我国社区建设和发展最重要的体制要求及特征。

"大社会"是相对于"小政府"的一个概念,其基本含义是:在政社职能明确区分的基础上,人们的利益关系走向多元化与契约化,各类非政府的社会组织与民间团体发育、发展状况良好,社区参与和社区自治成为个人自主性及其社会价

---

① 参见张兴杰等:《农村社区建设与管理研究》,华南理工大学出版社2007年版,第3—6页;郭文明、刘瑞芬:《新时期农村基层社会控制的变迁》,载《探索与求是》2001年第6期。

② 参见徐永祥:《社区发展论》,华东理工大学出版社2001年版,第155—161页。

值实现的普遍形式之一。因此,"大社会"的发展对于现代社区发展具有重要的意义。

社区中的"小政府"或"强政府"在不同的民族、国家或地区的表现形式肯定是不一样的,但这并不妨碍普遍性与共同性尺度的存在。这种尺度的要点大致可概括为:(1) 在社区管理中,政府的职能与非政府的社会组织的社会职能是否有合理分工,如果有,该政府即为"小政府",反之则可能是全能主义的"大政府";(2) 在社区管理中,政府对社区中各种社会组织要素的发育是否发挥了主导性的或推动性的作用,如果是,该政府即可视为一个"强政府",反之则可能是一个"弱政府"。

从我国社区管理的现状看,由于还处于现代社区发展的起始阶段,非政府组织和社会资源相当稀缺,政府和社区尚难形成平等的伙伴关系,二者之间的关系至少在现阶段只能是领导与被领导、指导与被指导的关系,政府的主导作用不能缺少。因此,现代社区的建设和管理需要调动政府与社区管理组织两个方面的积极性,二者缺一不可。

(二) 上海"两级政府、三级管理"新体制的探索[①]

上海市近年来提出并逐步建立"两级政府、三级管理"的社区工作管理新体制。"两级政府、三级管理"的重点是政府在街道社区所进行的第三级管理,其核心是推动市、区两级政府及各有关职能部门的权力下放和分权,以街道办事处为主体,强化政府在街道社区层面即第三级的行政效能。

上海"两级政府、三级管理"新体制的基本内容如下:

第一,按照"以块为主、条块结合"的方针,加强街道办事处的综合管理和协调管理的权力与职能,如部分城区规划的参与权;属地管理权,对环境卫生、社会救济、计划生育等事务实行直接管理;综合协调权,可组织协调辖区内公安、工商、税务等机构的执法活动,召集辖区内有关单位商讨和协调社区建设、管理、服务事项等。

第二,按照放权与分权相结合、责任主体明确、管理幅度适中的原则,在将综合管理的事权下放给街道办事处的同时,把专业管理的权力下放给职能部门的派出机构,并建立街道层面专业机构的对应设置,如公安警署、工商所、环卫所、房管办、税务所等,以此充实和强化政府职能部门在街道社区的专业管理。

第三,街道办事处和区政府职能部门对专业派出机构实行双重领导制,如对公安、工商等专业派出机构负责人的任免会签制,街道办事处享有"一票否决权";有的则以街道办事处领导为主,如可对环卫所直接管理,由此加强街道办事处的行政权威。

---

① 参见韦克难:《社区管理》,四川人民出版社2006年版,第196—200页。

第四,按照政企、政社、政事三分开的原则,将区政府和街道办事处原来承担的一些社会服务性、经营性的事项分别划归各专业服务机构和资产经营机构等,以此强化政府在街道层面的行政管理职能和行政效率。

第五,在街道以下构筑第四级管理与服务网络,即在居民委员会所属的居民小区建立第四级网络。按照社会管理职能与企业经营职能相分离的原则,使居委会工作与原来经营的"小三产"脱钩,由政府按居民区实际人口对居委会若干事业单位进行编制,以保证居委会成员专心、安心于小区的社会管理与服务工作。

上述"两级政府、三级管理"以及"四级网络"的管理新体制,与旧体制相比有明显优势:(1)大大加强了政府在社区管理第一线的人力、物力和财力的投入,提高了政府权威和行政效能;(2)初步理顺了政府在基层社区行政管理上的条块关系,有利于调动和发挥第三级块上街道办事处的积极性和创造性,也有利于发挥政府职能部门在第三级块上的专业行政效能;(3)有利于街道办事处整合和调动社区内各种资源,实现政府、居民和社区内各单位共建社区、发展社区的新格局;其四,有利于居委会干部专心、安心于社区工作事务,也有利于党和政府对基层社区的控制。

几年来的实践表明,"两级政府、三级管理"以及"四级网络"的社区管理体制的建立与运转,有力地推动和保证了上海市社区建设与社区管理工作的顺利开展,大大改变了城市的环境面貌,初步形成了安定安全的社区治安秩序、便民利民的社区服务网络、团结和谐的社区人际关系和健康向上的社区文化氛围。

(三) 城市社区管理创新体系的基本框架

构建新型城市社区组织管理体制,其基本思路是从社区建设、社区发展的高度出发,统筹规划、综合协调,构建合理的"行政区—社区"体系,确定合理的社区规模,大力发展各种社区组织,实现社区组织结构与组织功能的合理分流与协调发展,最终形成多元化的、"纵—横"结合的新型社区组织管理体制。构建新型城市社区管理体制是实现管理民主化和科学化的基础。

1. 按照机构层次分明、职责明确的原则,健全市—区—街纵向社区建设管理组织体系

(1) 建立具有权威性的市级社区建设领导机构。为配合地方政府机构的调整和改革,应尽快落实市级社区建设的组织领导机构。新建社区建设领导机构应以全国社区指导纲要为依据,结合本市国民经济和社会发展规划,制订本地区的社区建设中长期规划并指导实施。政府有责任通过政策扶持、教育培训和资金引导等多种途径,把握社区发展方向,保证社区建设的健康发展,同时按照工作职能要求做好相应的督察和组织协调工作。

(2) 发挥区级政府资源整合优势,为社区建设提供财力支持。区级社区管

理组织的最大优势在于其各成员所具有的不同权力和影响力。区级政府作为基层政权组织,具有街、居组织所不具备的区域行政管理和创造财政收入的职能,要充分发挥区政府对辖区各级、各类单位实施行政管理的组织优势,做好协调工作,实现区域内部的资源共享;创造条件,改善投资环境,吸引企业服务社区,以扩大税源,增加税收,为社区建设奠定物质基础。

(3) 实行街道办事处与社区管理委员会"双轨并行"的管理组织模式。街道办事处作为区政府的派出机关,除了继续做好政府赋予的地区行政管理工作之外,应该积极支持配合社区管理委员会探索社区自治管理的有效途径。街道办事处应与社区管理委员会保持密切的合作伙伴关系,定期召开联席工作会议,就社区发展的重大问题通报情况、听取意见,确定长期和当前的工作计划,商讨、协调社区建设和社区服务事宜等。街道办事处的社区工作职能主要体现在两个方面:① 对居委会主要是指导职能;② 对政府有关部门则主要发挥统筹协调监督职能。此外,街道还将代表政府对社区中的福利对象提供社会保障。

现阶段,社区管理委员会作为街道办事处的并行机构,具有半官方组织的性质,其主要职能有三:第一,统筹规划。根据全国社区建设指导纲要和市政府及相关部门的要求和指导,结合社区自身实际情况,在充分协商的基础上,对社区发展和社区管理作出统一规划,确定社区发展的近期、中期和长期目标与任务。第二,组织协调。依据确立的目标、任务,利用灵活有效的机制和手段,通过招标、竞标等方式落实任务责任者。同时,负责协调社区内外各相关部门之间的关系,保证社区管理工作的正常进行。第三,监督调控。以管理职责为依据,以相关的法规和协议合同为准则,对社区管理的情况进行检查和监督,使其符合社区管理的目标和要求。

目前,街道办事处与社区管理委员会在并行运作过程中,可能暂时存在一定的职能交叉。但是,从长远发展趋势看,街道办事处作为政府派出机构所行使的政府行政管理权限,最终会随着政治体制改革的逐步深化而日益缩小;而社区委员会作为政府与市民进行联系的桥梁与纽带,将替代街道办事处全面行使对社区的综合管理职能。这一时期的到来可能尚待时日,但却代表着社区组织的发展方向。

2. 组建横向的社区居民自治管理网络

(1) 建立和完善社区居民代表大会制度。居民代表大会是社区居民参与和谐社区建设的重要平台,是社党组织领导下的代表本社区居民利益的最高权力机构(自治组织),它依法行使居民自治的职权,对全体居民负责,受社区居民的监督。居民代表大会有权监督社区居民委员会的工作,对涉及居民利益的重大事项,有权要求社区居民委员会必须在提请居民代表大会讨论通过后方可办理。社区居民代表大会对于社区管理具有重大意义,是社区管理工作中不可缺少的一个环节。因此,建立完善社区居民代表大会制度势在必行。

凡设置社区居民委员会的社区均应建立社区居民代表大会制度,由居民代表大会讨论决定本社区的重大事务。居民代表大会可以由楼幢或居民小组直接推选产生的代表组成。社区居民代表大会的召开一般由居民代表大会推选出来的大会主席或社区居委会负责(涉及居委会干部自身利益的会议,应由社区党支部书记主持);在特殊情况下,由街道办事处指派或委托的人员召集召开。

社区居民代表大会制度的完善主要从社区居民代表大会主席和居民代表的选举、任期、权利义务、职权,以及社区居民代表大会的活动和社区居民代表大会小组活动等多方面入手。

(2) 按照议事层与执行层相分离的原则,对居民委员会组织进行改造。应该重新确认居委会在社区建设中的议事地位,并将其办事职能从中分离出去,交由社区工作者承担。改造后的居委会的成员应由辖区内的人大代表、政协委员、知名人士、社会工作者、政府高级管理人员、企事业单位和社会团体代表、业主委员会代表以及居民中有声望并热心社区公益事业的人员等经社区居民代表大会民主选举产生。居委会委员除了主任外,其他成员的工作以社会兼职为主,在自愿的基础上,义务为居民服务。考虑到居委会几十年的工作惯例,这种改造很难一步到位。可以在现有社区服务管理委员会、居民议事会或顾问团的基础上,逐步实现过渡,即暂时实行居委会与上述组织的"双轨运行"机制,待社区工作者队伍成熟或运行机制完善之后,再将议事组织通过选举转换为符合法律程序规定的居委会,现有居委会组织则转换为社区工作办公室,由职业的社区工作者承担具体的工作任务。

(3) 建立社区工作办公室。社区工作办公室是居委会试行议事层和执行层分离后,由居委会委派、承担社区具体工作职能的办事机构。社区办公室的工作人员由社区工作者组成,他们必须符合招聘条件,通过竞聘方式,由居委会根据工作需要聘任。社区工作者作为一种职业,其收入所得包括:① 通过与政府签订契约合同,由政府支付的劳务报酬;② 社会捐赠;③ 服务收费。

除了上述综合性社区管理组织外,还要在社区建立党支部,实行党员登记制度,以便充分发挥包括在职党员在内的全体党员在社区中的先锋模范作用。共青团、妇联、少先队等组织也要积极探索组织管理与属地化管理相结合的新办法,通过不同角度、不同形式,对其成员实行民主化管理。

改革后的社区居民自治管理组织,由于合理地划分职能权限、将不同的责任按照其事务性质交由不同的组织和部门承担,可以从根本上改变传统居委会的行政工作模式,有利于推进基层民主建设的进程。新的社区居民自治管理组织组建之后,将形成以社区党支部为领导核心,居民代表大会决议,居民委员会议事,社区工作者办事,社区企事业单位、社会中介组织、居民群众广泛参与,各司其职、恪尽职守的社区管理新格局。

第四节 国外社区管理体制的比较

世界各国的社区管理大都有自己的特色,不同国家社区管理的差别主要取决于社区主体的不同,即政府、社区居民和社区服务机构之间的权能配置方式的不同。同时,各国社区管理的组织体系中,不同管理主体的基本功能又是趋同的,政府是社区管理的组织者,社区居民是管理的参与者,社区服务组织是管理的提供者。本章选择美国、德国、新加坡三个国家,分别从这些国家的社区构成要素及发展特点等方面探讨其社区管理体制,并介绍其社区发展经验。

一、美国的社区管理体制

在美国,社区是指居住在同一地理区域,具有共同心理、共同利益,并能为共同利益相互帮助的人群,它强调地理位置、心理认同、目标一致、行为一致、相互帮助等因素。美国的社区种类很多,既有按照不同国籍、民族、人种、语言等因素自然形成的不同的人群社区,又有按照行业、阶层、文化等分类的社区。这主要因为美国是一个移民国家,有许多按照不同国籍、民族、人种、语言等因素自然形成的不同的人群社区,这种社区的居民思想相通、习惯相近、行为一致,有利于社会管理。同时,美国又是一个经济、科技、文化等方面高度发达的国家,各种产业门类齐全,分工精细,社会分层明显,有许多按照行业、阶层、文化等分类的社区,这种社区对社区管理更为有利。

美国社区也是多元主体,政府和非政府组织(包括营利组织和非营利组织)分别在社区管理中发挥不同作用。[①]

(一)政府通过资助对社区进行宏观调控

政府掌握着丰富的社会资源,具有其他一切组织不可替代的管理责任,在社区管理中发挥组织作用。一个国家社区管理的模式取决于政府对社区的参与或控制程度,以及政府关于社区的公共政策和发展规划。美国的市是州政府的分治区,市政体制采取的是"议行合一"、"议行分设"的地方自治制度,城市社区没有政府基层组织或派出机构,实行高度民主自治,依靠社区自治组织行使社区管理职能。社区的事务要由社区政府主办,这是社区组织结构决定的,也是社区成员的共同利益决定的,只有社区政府才能有效地协调社区机构和社区成员进行社区参与,在社区内进行资源整合和利用,建构共同的社区文化。

[①] 参见丁元竹:《美国社区建设的几个问题》,载《宏观经济研究》2002年第3期;蒋学基、叶海燕、俞志宏、叶真:《美国社区非政府组织的运行情况及其启示》,载《浙江社会科学》2002年第3期。

1. 政府为社区管理提供资助的原因

美国虽然是一个实行分权制衡制度的联邦制国家，生产力极其发达，实行社区自治型管理模式，但美国政府同样在社区中发挥重要作用，为社区发展提供资金支持。其原因主要有三：

（1）政府性质的需要。按照社区组织的结构，政府是社区公共权力的行使者，一方面要按照公平的原则，通过一定的手段合理配置资源，兴办公益事业，为社区居民提供快捷便利的服务；另一方面要从国家政治的角度，组织引导社区居民参与社区公共事务，保证社区居民政治权利的落实。

（2）社区性质的需要。社区是区域性的，是由于人们居住在一起而形成的，社区内的事务大多属于公共事务和公益事业，需要政府划拨公共财产完成。社区管理是政府义不容辞的责任。

（3）选举制度的需要。按照美国的选举制度，各级选举都是选民直选，而社区服务搞的好不好，和选民生活直接相关，是检验政府工作绩效的直接标准。政府能否得到选区居民的选票，关键要看其能否为社区居民提供满意的服务。所以，各级政府都比较注重社区服务，尤其是社区文化建设，使社区居民广泛受益。

（4）社区成员共同参与的需要。美国社区发展的重要特色是社区居民对社区事务的广泛参与。大规模的具有不同职业、不同知识背景、不同经历、不同技能和不同观念的志愿者经常性地参与社区服务的管理、运行和日常活动，这就需要政府从中协调，使各种组织在社区服务中更好地发挥各自功能，为社区居民提供优质服务。政府的协调作用更多地从资金支持的多少和方式上表现出来。

2. 政府在社区管理中的资助功能

政府在社区管理中的资助功能体现在三个方面：

（1）政府在社区管理和社区建设中的作用。首先，政府通过向非营利组织购买服务为社区居民提供各种各样的服务，把多种服务项目拉入国家社会服务的购买体系中。通过这种方式，政府既摆脱了社会事务的纠缠，又拓宽了服务范围，更好地满足社区居民的服务需求。其次，政府为社区管理和社区服务提供资金支持。非营利组织从事社区服务筹集资金的一个重要渠道，就是向各级政府申请经费，与政府签订服务项目合同。同时，政府还根据企业或个人向非营利组织捐款或捐物的数量，对非营利组织实行特定的免税政策，相应地抵扣其交税税基。最后，地方检察官或地方政府的有关部门负责对社区其他组织的欺诈和不正当行为进行调查。政府免税审批部门负责保证非营利组织的行为合乎免税要求，每年由税收部门的审计人员对非营利组织进行财务状况调查。各州政府都有专门的资金支持这项监督工作。

（2）政府在社区教育中的主导功能。为了满足美国工业发展的需要，各级地方政府在社区发展的实践中，大力发展社区教育，以弥补高等教育的不足。社区学院在社区教育中发挥重要作用,其办学经费 50% 来自社区税收投入,约 25% 来自政府拨款,其余 25% 来自学生学费。州政府专门设有高等教育委员会和社区学院委员会,各委员会由 10 人左右组成,由州长任命教育、工商界的人士兼任。社区学院委员会设有日常办公机构,其主要功能是总体协调服务,包括与州政府联系,争取奖励资金,为学校拨款,提供升学、就业信息建议,审核课程开设,评估学院办学情况,指导职业和成人教育等。社区学院除了具有职业教育、普通教育、补偿教育、大学转学教育等职能外,还具有不同于其他高等院校的社区教育职能,即为满足社区居民的各种学习的需要而提供的教育。[①]

政府还为社区居民提供免费的内容丰富的社区文化活动中心。文化活动中心内的一切活动经费和办公经费主要来源于政府投入,还有一部分是社区内企业对文化活动中心的捐款和提供的赞助。文化活动中心以提供报纸、杂志为主,信息量大、更新速度快,社区居民每天可以到这里看到大量的及时的信息。文化活动中心内还有适合不同国籍人的活动室,文艺活动和体育活动也非常丰富。这里的任何活动设施都属于政府系统建设的公共文化设施,花的是纳税人的钱,必须义务为社区居民服务,让社区居民免费享用。

(3) 社区委员会的半政府功能。美国的社区具有明显的地理界限,是基本的基层行政单位,社区内都设置了社区委员会。社区委员会是个半官方组织,有 50 个不领工资的、由区长任命的委员,主要负责社区需求的评估和向市政府申请资金并监控资金的使用,他们还负责本社区的福利工作,处理社区居民对社区服务的意见。社区主席由社区委员会聘用,负责为社区委员会制定政策建议并组织实施;针对社区和居民关心的各种福利问题,与职能部门及其指派的地方管理者、立法机构和区长合作,争得他们的支持和帮助;组织各专业职能部门的代表、社区委员会及市议会中本社区的代表组成社区服务顾问团,征求社区居民的意见,对社区问题进行商讨和协商,并制订解决方案,有效解决社区问题。

自 1960 年以来,美国联邦政府先后制定了《住宅和社区发展法》、《社区再投资法》、《国家和社区服务合作条例》等几部关于城市社区发展的法律和法规,各州和市政府也制定了相应的法律和法规,对社区实行依法治理。在依法治理的前提下,政府对为社区居民提供服务的组织提供资助和支持,对社区进行制度化、规范化管理。

从以上分析可以看出,美国社区管理实行的是以社区委员会为管理主体的自治型管理模式,各种社团组织发挥主体作用,政府提供资金支持。但是,政府

[①] 参见张家勇、张家智、张跃庭:《美国社区学院的产生及主要任务》,载《职教论坛》2002 年第 1 期;《美国社区学院介绍》,http://tieba.baidu.com/f? kz=279772844,2008 年 7 月 30 日访问;高向月:《浅谈美国社区学院的办学特点与发展趋势》,载《辽宁教育研究》1997 年第 4 期。

并没有失去对社区的管理权,而是通过资金资助牢牢控制着社区内的宏观调控。政府不仅为社区发展提供资金支持,而且还通过制定优惠政策向经济不发达的社区倾斜,拉动社区经济发展,解决社区就业、贫富分化等问题。总之,政府能够在社区其他组织之间,站在更高的层次上,通过政策调节、法律的制定和财政支持对社区实行宏观调控和管理。

(二)非营利组织是美国社区发展的支柱力量

非营利组织是非政府和非企业的组织,它的特点是非政府、非营利、非政治、正规性、公益性和自愿参与性。非营利组织是社区管理的主力军,主要致力于社区管理和服务项目的提供。

1. 美国社区非营利组织发展的原因及其类型

(1)美国社区非营利组织发展的原因。自 20 世纪 30 年代罗斯福新政以来,公共机构一直是美国社区服务中的主导力量。然而,1960 年后,随着美国"向贫困开战"及政府财政的紧缩,联邦政府开始重视非营利组织在社区服务和社区发展中的作用,相继在联邦、州和城市社区等各个层次建立了非营利组织的网络,把许多本应由政府机构提供的公共服务项目转交给非营利组织承担。随着经济的发展和居民生活方式的变化,这些非营利组织为社区居民提供服务的内容和形式也不断发生变化,避免了单一由政府提供公共服务带来的成本增大、效率低下和服务机构臃肿等难以适应社会需求的弊端,也迎合了美国这个移民国家经济发展多元主体的需要。

目前,美国社区的各类非营利组织多达 137 万个,这些非营利组织组织严密、机构健全、运作规范,有强烈的社会责任感,在美国公民的生活中发挥着不可替代的作用。随着非营利组织的普遍建立和蓬勃发展,美国政府的管理模式逐渐走向了"小政府,大社会"的管理格局,政府与非营利组织之间已经形成了良性的合作伙伴关系和功能互补关系。

(2)美国社区非营利组织的类型。[①] 美国社区的非营利组织可分为三种类型:第一,传统的社会服务机构。这种机构主要是建于罗斯福新政前的慈善机构,通常可以接受许多可观的捐助,与那些主要依靠政府的资金支持、只能为社区提供单一服务的社会团体不同,它们可以为社区提供多种不同的服务。第二,依靠政府资助的社会改革组织。这种组织是指在 20 世纪 70 年代后成立的,能直接得到政府用于职业培训、精神疾病防治等社区服务和其他服务的资金支持的团体。这些团体通常由社会活动家建立,旨在为社会改革献计献策,其活动资金主要由政府提供。比如 1973 年在波士顿建立的一个大型的青年服务组织

---

① 参见侯钧生、陈钟林编著:《发达国家与地区社区发展经验》,机械工业出版社 2006 年版,第 36 页。

KeyProgram，主要为不良少年提供社区帮教服务。第三，扶助弱势群体的组织。这些组织是为了满足邻里和其他社会需要而组建的社会团体，针对性较强，主要是为解决社区内无家可归、饥饿或青少年出走等问题，扶助弱势群体而建立的组织。这些组织以社区为依托，一般由志愿者发起，并由志愿者或低薪工作人员管理，出于强烈的人道主义精神和为弱势群体减轻痛苦的责任心，其行动更为自觉和主动。

以上三种类型的社区非营利组织与社区关系的密切程度各不相同，但在职能上形成互补，共同发挥着积极作用，有利于社区事业发展的连续性。[①] 社区内的非营利组织之间没有隶属关系，它们各自按照法律法规，代表不同群体的利益，独立开展活动。但是，它们有时为了解决共同性的问题或为了争取共同利益，也开展一些联合行动，有时会产生一些利益冲突和矛盾。[②]

2. 美国社区非营利组织的构成及运作模式

美国社区非营利组织是由社区居民自发组织的自治组织，但需要经过严格的申请程序，由发起者向政府提出书面申请，经州务卿批准，并到当地国家税务局备案。

美国社区非营利组织机构较为复杂，一般分为三个层次：第一层是董事会或理事会。董事会或理事会由社区居民选举产生或由出资人、社区居民代表、政治和社会活动者组成，其职责主要是为该组织制订方案、确立目标、筹措资金、招聘成员、实施监督等。第二层是执行总裁。执行总裁由董事会任免，其职责是执行董事会制订的方案，管理组织资源，开发服务项目，加强与外界的联络，争取社会募捐，考核和评估雇佣人员等。第三层是职工和义工。职工和义工是具体开展服务活动的主力人员。

从以上非营利组织的机构组成看，董事会是社区非营利组织的领导机构，为组织发展作出决策，监督并保证组织所提供的服务是非营利的，使组织运作符合公共利益。董事会召开重大事务的联席会议时，都要通过简报、电视、网络等多种渠道向社区居民通告，面向社区居民公开进行。社区居民到时自愿参加会议，也可以在会议上发言。社区非营利组织这种管理方式，有利于社区自治的发展和社区居民共同管理社区局面的形成。

3. 美国社区非营利组织的功能

（1）积极寻求政府及各方面的支持，为社区居民提供多样化服务。社区非营利组织在开展服务活动项目时，积极向政府和社会筹集资金，为服务项目提供

---

① 参见谢守红、谢双喜：《国外城市社区管理模式的比较与借鉴》，载《社会科学家》2004年第1期。
② 参见侯玉兰：《非营利组织：美国社区建设的主力军——美国非营利组织的调查与思考》，载《北京行政学院学报》2001年第5期。

资金保证和质量保证。在提供社区服务方面,社区非营利组织始终以寻找和发现新的社会需求为内在动力,不断开拓新的服务领域。至今,美国社区的非营利组织正在建立一种无所不包的服务体系,力求提供全方位的服务,使社区内老有所养、幼有所长、孤有所扶、残有所助、贫有所济、难有所帮、学有所教、需有所供。

(2) 帮助政府摆脱具体的社会事务,提高社区服务的质量。由于社区非营利组织为社区居民提供了多样化的服务,社区居民在日常生活中接触最多的不是政府,而是非营利组织,幼托、教育、医疗、家政服务等都由它们提供。非营利组织成了民众与政府之间不可缺少的中介力量,有利于培育社区居民的自治意识和参与意识。随着社区内非营利组织的增多,它们在争取政府资金和个人捐助方面形成竞争,这种竞争既促进社区服务质量的提高,又刺激社区服务项目的拓展,最终导致社区服务朝着便捷有效的方向发展。

(3) 积极促进官员和居民之间的沟通,为居民政治参与提供服务。美国的各级行政首长和议员都是选举产生的,而社区是划分选区的基础,政治家深入社区争取选票是竞选的主要渠道。社区居民通过向民选官员反映意愿,表达自己的政治见解。非营利组织在其中发挥了组织者和中介的作用,一方面帮助政治家联系社区选民,了解选民要求;另一方面又组织社区居民接受采访,反映自己的政治意愿。非营利组织还可以直接向政府有关部门或议员反映问题,帮助政府机构动员居民参与各种选举。

(4) 帮助社区不同群体参与社区管理,为居民社会参与提供服务。美国社区发展的突出表现就是,志愿者大规模参与社区服务的管理、运作和日常活动。大量具有不同职业、不同经历、不同知识背景、不同技术技能的社区成员参与不同的组织,凭借自己的知识和能力,为社区居民提供不同项目的服务。具备较高素质的居民分别担任非营利组织的董事会成员、管理人员或社区委员会成员,成为社区非营利组织的管理者,从而使董事会、理事会、社区委员会等成为高水平、高效率的社区组织管理机构。其他居民也根据自己的爱好和能力,积极参与到不同的非政府组织中,为社区居民提供服务,同时享受别人为自己所提供的服务。这样,通过非营利组织的作用,社区志愿者都能以最低的成本提供最多的服务,社区居民也能以自己一方面的服务享受多方面的服务。

(三) 美国社区营利组织是社区发展的重要力量

在美国的社区管理和社区建设中,除了政府和非营利组织外,还有一支重要的力量,那就是社区内的营利组织,也可以称为社区的经济组织。社区营利组织是指活跃在社区中的各种各样的以营利为目的的商业服务机构、社会团体、中小企业、中介机构等经济组织,这些组织都是社区发展的重要力量。

社区发展合作组织,也称为"邻里发展组织"或"经济发展公司"等,是美国社区经济组织的典范。这种组织一般由社区居民担任领导成员,通过与政府、企业、基金会、银行等结成亲密的伙伴关系,在达到本组织营利目的的同时,也推动社区经济的发展。

社区化的小企业发展中心是以所在社区为范围,围绕个人创办小企业和小企业融资,为小企业经营者提供培训、信息及与编写商业计划书有关的咨询等服务的机构。小企业发展中心可以向美国联邦小企业管理局及所在州、县政府申请资助。获得资助的小企业发展中心要按照规定为小企业提供免费服务,在规定业务之外,也可以提供有偿服务。美国现有一千二百多个小企业发展中心。小企业发展中心的设立要经美国联邦小企业管理局批准,一般由个人和所在社区的大中专院校组建,属于私营机构,但要由社区院校负责管理。

此外,还有小企业投资公司、社区发展公司、社区微型贷款中心和小企业信用担保体系等。小企业投资公司为所在社区范围内的、处于创业过程中的中小企业提供创业资本。美国共有三百多个小企业投资公司。社区开发公司以所在社区为范围,以成长型的小企业为服务对象,为其提供土地、厂房等主要固定资产方面的长期债务融资,以促进社区内经济发展和增加就业岗位,可以获得美国联邦小企业管理局和银行合作提供的长期固定利率的融资支持。社区微型贷款中心是以所在社区为范围,为社区内由少数民族、妇女、退伍军人创办和经营的小企业提供微型小额债务融资。

二、德国的社区管理体制

德国的社区建设工作起步早,效果好,积累了一些社区建设的经验,为我们进行社区管理提供了一些有益的经验和启示。[①]

(一)德国社区管理和服务的基本情况

1.市政府直接面对市民

德国是联邦制国家,政府由州、市、镇组成,各州、市高度自治。联邦高于州的地位,但没有上下隶属关系;州与市、镇之间的关系是地方自治比较高的单一制;市、镇都是州的分治区,市、镇之间相互独立,有比较多的自主权利,有比较完善的确保地方自治的法律体系。通常,地方政府的组织形式由州会以法律条文规定,但有些具体问题也由各地政府通过选民投票,根据本地情况决定。

德国没有建立官方社区组织,而是采取了区政府直接面对市民的组织管理形式。莱比锡市下辖10个区,斯德哥尔摩市1997年开始建立18个区,由区政府直接管理市民。市有独立的立法权。

2.充分发挥中介组织的作用

政府充分依靠社会力量,发挥中介组织的作用,解决社会问题。德国各级行

---

① 参见张永英、武银祥:《德国、瑞典的社区管理和服务及其启示》,载《中国民政》2007年第2期。

政部门数量不多,但各种非政府组织、社团组织、非营利性机构、支援者组织比比皆是。这些中介组织起到政府与社会各种利益群体沟通的桥梁和纽带作用,发挥着为公民提供各种方便服务的作用。首先是市民协会。莱比锡市有两千多个市民协会组织,从事着不同的社会服务工作,如失业人员的技能培训服务、信息服务、家政服务等。这些协会组织的成立,必须由7人以上提出申请,到政府有关部门登记,并且还必须有办公场所、组织机构和运行资金。其次是志愿者组织。从事志愿服务的志愿者要到志愿者组织登记,志愿者组织经常组织志愿者做一些公益性工作,以培养其社会责任感。为了鼓励公民积极参加志愿服务工作,志愿者组织采取给志愿者发义务服务证的办法,每年义务服务200个小时以上就可以得到一个义务服务证,拿着义务服务证就可以免费去一些文化娱乐场所和公园等地方,或享受一定的优惠。最后是市民基金会。为了充分发挥协会的作用,德国政府积极支持组建市民基金会。德国有一百多个市民基金会。莱比锡市有1个市民基金会,该基金会得到了56个个人和3个公司的资助,现在有基金14万欧元。市民基金会通过捐助、公司资助等多种途径筹集资金,政府不投入资金。这些市民协会、志愿者组织和市民基金会的服务对象主要是失业者和困难居民。莱比锡市民基金会成立之初采取的方法是将所筹集资金存入银行,用所获利息奖励公民做一些公益事情。随着自身的发展,基金会还组织一些募捐活动,将所筹集资金用于支持协会做公益事业,如基金会用医疗系统保障公司成立175周年活动中所筹资金21000欧元资助了5个公益性服务项目。据莱比锡政府介绍,曾有一个商场通过组织少数家庭在商场住宿随意消费的形式筹集资金增加基金会收益,以扩大公益性事业的资助项目。

3. 让公民参与决策,增加政府决策的透明度

为了鼓励公民参与社会事务的决策和监督,政府采取了各种政务公开形式和组织形式。莱比锡市主要通过以下四个途径了解市民对市、区政府决策和财政预算的意见和建议:(1)登门入户征求意见;(2)在街头随机询问市民,听取他们的意见和建议;(3)市民可以通过网络随时了解政府工作动向,提出意见和建议;(4)市民可以对市、区的财政预算(如对预算中与辖区市民关系密切的某项工程、某项设施的建设)提出意见和建议,市、区政府将视市民的呼声大小而对预算作出调整。但是,从总体上看,市民在决策中的参与率相对较低,仅占5%左右。

4. 积极推动公民参与财政预算

让公民参与财政预算始于巴西,现已在柏林的里新得克区域实行。莱比锡政府认为,公民更多地参与财政预算就能更多地了解政府的难处。公民与政府的互动,使双方更多地了解彼此,更容易接触。为了使公共资金能更有效地运用于公民,增加财政投入的可行性和决策的正确性,莱比锡非政府组织随机选择了

教育背景不同、职业不同、年龄不同的市民,让他们参与政府的财政预算。结果,他们提交了一百多个改革议案。组织者根据所提供的改革议案,在分类提交专家组进行评判后,最后将结果报告市政府。这种做法有利于推动公民参与财政预算,并在参与中监督政府的决策。

5. 高度重视社区环境保护和人与自然的和谐

莱比锡市政府制订了可持续发展计划即"21号工程",各社区积极参与,从基层做起,每个市民从自身做起,养成有利于环境保护、资源节约、有利于可持续发展的生活方式,保护社区环境,促进全市经济、社会可持续发展。结果,每个社区都绿树成荫,花草繁茂,风景优美,做到了人与自然的和谐发展。

(二)德国社区管理对我国现阶段社区管理的启示

1. 科学的社区管理体制是实现社区和谐的制度保障

在德国,政府虽然是社区的主体组织,是行政组织,但中央政府、省政府和市政府之间职责明确。市在自己的职责范围内实行高度自治,市政府的职责就是对市民负责,社区的事情由市民自己决定;市政府的管理者能否为市民提供优质服务,直接影响其能否继续当选;对上级只是做好税收工作,不需要上一级政府的肯定。我国的行政管理体制是在计划经济条件下发展起来的,一方面以单位为中介对人们的社会生活进行管理,另一方面通过居民委员会或村民委员会管理单位覆盖不到的地方和人群。这种管理方式不可避免地使居民委员会带有浓重的行政色彩,相当于街道办事处的下属机构,在实践中承担了很多政治动员和社会事务责任,其真正的自治功能却极有限。因此,我们应当借鉴德国的做法,整合社区管理资源,理顺社区管理体制,减少行政管理层次,提高社区管理的质量和效率。

2. 居民参与是构建和谐社会的内在动力

应完善居民自治,依法保障居民民主权利,积极探索调动居民参与社区建设积极性的内在动力。在德国,参与社区服务已经成为居民日常生活的一部分,有什么建议和问题直接找政府提出,也可通过议员表达。社区议会一旦有事情,就召开听证会,充分听取社区居民的意见。目前,在我国的社区建设和发展中,主要还依赖于政府强力推动,居民的参与积极性还没有被充分调动起来,参与热情不高。实际上,居民的社区参与是社区发展的内在动力源泉,离开了居民的社区参与,就没有真正或完整意义上的社区发展。调动居民参与积极性的途径主要有以下几种:(1)强化宣传教育,培养社区意识;(2)建立健全社区制度,尤其是关系居民切身利益的、应征求居民意见的制度;(3)深化和完善政务公开制度,依法保障居民的知情权、参与权、表达权和监管权;(4)建立和完善居民参与激励机制和制度;(5)建立健全党政领导接待群众制度和人大代表联系选民制度,及时、准确、全面地反映居民的意见和要求。

3. 充分培育和发挥中介组织的作用是搞好和谐社区建设的重要环节

德国政府把一些政府不易管又管不好的工作下放给中介组织，发挥中介组织为政府拾遗补缺的作用，使政府能抽出更多的时间和精力搞好宏观管理和重大决策工作。在我国，政府要培育和发挥中介组织在和谐社区建设中的作用，就要给予相应的政策，鼓励其在和谐社区建设中发挥桥梁和纽带的作用。政府可通过购买服务，将一些有关社区建设和居民利益的项目交由中介组织去实施；同时，还要积极培育和发挥社区协会的作用，通过开展丰富多彩、健康的文体活动，调动居民参与社区服务的积极性。

4. 促进人与自然和谐发展是社区建设的重要内容

我国应该借鉴德国社区管理中实现人与自然和谐发展的经验：应下大决心，解决社区建设中危害群众健康和影响可持续发展的环境问题为重点，加快资源节约型、环境友好型社区建设；应加强城市环境综合治理，加大污染专项整治力度，强化企业和全社会节约资源和保护环境的责任，加强环境监测；应定期公布环境状况信息，严肃查处环境违法行为，教育居民从自身做起、从家庭做起，爱护树木花草，保护社区环境，改变不利于环境保护的生活方式，以促进社区环境保护和可持续发展。

三、新加坡的社区管理体制

新加坡的社区组织官方色彩比较浓厚，政府在社区建设的各项工作中发挥主导作用，对社区事务进行全面参与，属于政府主导型的社区管理模式。[①]

（一）新加坡社区组织结构

新加坡一个标准社区的居民有 8000 户左右，社区内平均分布 3 所小学，2 所中学，1 个宗教场地，3 个综合游泳中心，1 个足球场，1 个社区花园和商业设施场所。其中，小学一般不超出步行的距离。新加坡社区的活动经费主要来源于政府拨款、个人或企业捐款和自筹经费。

新加坡社区组织由居民顾问委员会、社区中心管理委员会和居民委员会三部分组成。其中，居民顾问委员会地位最高，主要负责整修社区内的公共福利和协调另外两个委员会与其他社区内组织的工作。社区中心管理委员会负责社区中心的运行工作，并制订从计算机培训到幼儿体育活动的一系列计划。该机构下设妇女委员会、年轻组等组织，这些组织对社区内居民完全开放。居民委员会是社区内的第二层次组织，主要承担社区治安、环卫（专业工作由服务公司完成）、组织本小区内活动等任务，同时也为居民顾问委员会和社区中心管理委员

---

① 参见侯钧生、陈钟林编著：《发达国家与地区社区发展经验》，机械工业出版社 2006 年版，第 194—207 页；王世军：《新加坡的社区组织与社区管理》，载《社区》2001 年第 5 期。

会提供人力帮助并反馈信息。社区内三个委员会的工作人员都是兼职的、义务的,这就大大减少了政府治理的成本。

新加坡社区管理的区域性基本单位是选区,每个选区都设有公民咨询委员会和居民联络管理委员会。公民咨询委员会在选区范围内组织协调社区事务,募集社区资金,增进社区福利。在新加坡现行的政党体制中,选区内的社区组织和社会团体是执政党与选民直接接触的政治实体。

(二)政府在社区管理中的主导作用

在新加坡社区管理中,政府行为和社区行为紧密结合,政府直接干预社区事务,社区发展体现政府的意志和其倡导的社会价值。第一,政府通过对社区组织的物质支持和行为引导,把握社区活动的方向,如国家发展局有专职官员与社区居民委员会沟通,为居民委员会提供办公场所和设施。第二,国家发展局还通过一系列的培训计划加强对社区和社团组织领导人的培训,用政府的要求统一社区活动组织者的思想。第三,社区的相当一部分活动就是政府直接发起的,其中某些环节受到政府的资助。第四,在社区管理的公众参与方面,居民顾问委员会要根据社区内居民的要求与政府沟通,在涉及社区内的重大事务时,如公共交通线路的设置与走向等,要向政府建议,维护居民权益。第五,在依法治理社区方面,城市管理中的法制作用在于通过各项法规调整社区中各单位、各利益集团、各家庭和个人之间的关系及其矛盾和冲突。

政府通过机构设置和对社区组织领导的任命实现对社区事务的主导和控制。一方面,在社区设有各种形式的派出机构;另一方面,在政府部门中设立专门的社区组织管理部门,使政府行政力量在社区组织管理中发挥较强的控制力,从而使政府组织自上而下对社区发展进行职能分明、结构严密的有序管理。政府通过任命社区组织领导人员的方式,实现了对社区的影响和控制,也表明了新加坡社区管理中政府干预和政府主导的特色。

政府还通过对社区组织的物质支持,掌控社区的发展方向。在社区的人居环境与公共设施建设方面,良好的社区规划是实现社区有效管理的基础,政府特别重视社区的合理规划和基础设施建设。新加坡政府在考虑社区建设规划时,非常重视人居环境的建设,把满足社区居民的需求、提高社区居民的生活质量与协调人和环境的关系放到重要地位,使社区规划成为整个城市规划的一个组成部分,同时要保证城市建设不损害社区的文化特色。新加坡社区居民的生活设施配套齐全,水、电、煤供应充足,污水、垃圾系统处理,通讯畅通,交通便捷,医疗保健服务良好。对于公共活动设施的考虑也比较周到,主要公寓大楼的底层都用做社区组织、幼儿园、教育中心及老年人的工作或活动场所,以加强社区居民的交流与相互了解。另外,新加坡社区公寓内还专门设有邻里活动中心等公共空间,供家庭主妇、老年人等特殊群体活动。

(三) 新加坡社区服务的特色及经验

1. 社区服务网络化

随着互联网的产生与发展，社区居民获得了越来越多的信息，需要政府为他们提供更多有效的、高质量的服务。同时，互联网也为政府服务提供了新的渠道。以前，政府为社区服务必须有活动场所。有了互联网后，政府就可以在网上操作，通过网络为社区提供服务。对于一些由多个部门合作完成的服务项目，政府在政策上给予支持，在部门与部门之间适时进行调节和重组，使各部门协力合作，为社区提供完整服务。为了达到这个目的，政府专门制定政策，并出台实施办法，划拨专款资助政策的落实。这样，就大大节约了成本，提高了工作效率。

网络化还可以提高政府服务的透明度。一方面，当政府把社区服务的项目在网络上公开后，社区居民就能够清楚看到政府服务的内容，也能够选择自己期望的服务；另一方面，因为政府服务需要在网络上公开，政府就必须保证服务内容和服务形式的一致，对防止腐败有明显的作用。

2. 老年服务人性化

新加坡是亚洲老龄化最快的国家之一，老年人是社区居民的重要组成部分，为老年人提供服务也就成了社区服务的一个重要内容。1998年10月，新加坡成立了专门的老龄化跨部门委员会，该委员会分经济保障、就业、社会融入、健康护理、住屋和社会和谐6个小组解决老龄化问题。其中，最主要的是老年人的居住问题。针对这个问题，新加坡在成熟社区中建设了"乐龄公寓"。

"乐龄公寓"一般为高12—14层的板式高层，面积是35—45平方米，供55岁以上的老年夫妇和单身老人居住。这种住宅的特点有：(1) 住宅入口处面积较大，地面平坦；(2) 门比较宽，室内地面平坦，不设障碍物；(3) 厨房和卫生间面积较大。这种设计便于轮椅活动，而且厕所靠近卧室，设有长明灯，地面防滑，开关、门窗等室内设施便于老人操作。

3. 残疾人服务法制化

新加坡社区特别重视残疾人服务，政府根据残疾人生活方方面面的需求，制定了相关的政策和法律，明确了残疾人的权利和义务，也明确了政府、社会和残疾人组织在维护残疾人权利方面的责任，并在生活、养老、医疗保险等方面为残疾人提供保障。所以，新加坡残疾人服务法制化程度较高，残疾人因此受到社会的普遍尊重和重视。

残疾人管理体制是分层次的，有一套完整的残疾人组织管理机构。国家残疾人组织是残疾人组织的最高组织，重点负责立法工作，参与国家有关残疾人政策和法律的制定，开展对残疾人康复问题的早期干预、早期发现和早期康复工作。地方残疾人组织机构是残疾人组织的中间层次，包括政府组织机构和残疾人组织的民间机构。残疾人组织的民间机构活动经费60%来自政府拨款，其余部分由该机构出售福利彩票补充。涉及残疾人的一些重要问题,由相应的政府部门解决,如残疾人的教育问题由教育部门提出解决问题的方案和意见,残疾人的无障碍建设问题由建设部门负责解决。新加坡社区服务中心专门设有残疾人服务项目,有一支敬业的、高素质的专业残疾人工作者和志愿者队伍,为残疾人提供热情周到的服务。

新加坡坚持以政府为主导,以残疾人组织为依托,充分利用社会资源,建立了一体化、社会化的残疾人工作服务体系,充分体现了对残疾人服务的管理组织多元化、服务项目系列化、服务形式社会化的格局。

4. 医疗保健服务普及化

新加坡把医疗保健作为提高整个民族身体素质的重要渠道,政府倡导和推行积极的社区医疗保健体制,提倡人人关心自己的身体健康,承担力所能及的自身保健责任。政府努力为市民提供良好的和担付得起的基本医疗服务,而且不断寻求更完善的医疗服务,依赖市场竞争改进服务和提高效率。

新加坡的社区医疗服务按照"使用者付费"的原则,以收费价格作杠杆,把广大医疗服务消费者分类吸引到最合适的医疗机构中享受服务,并合理开发、运用社会医疗资源,在一定区域内科学配置和改组各类所有制和不同保健功能的医疗机构,使其通过沟通和优势互补共同进步,实现医疗市场的良性循环。小病一般在私人诊所或社区医疗服务中心解决,大病到不同等级的医院治疗,社会上层人物或富裕人家到伊丽莎白等高档的私人医院治疗。公立医院也分三档:A级病房是高级套间,配套办公用品,收费相当于C级病房的10倍,政府不补贴;B级病房是供一般的中间阶层人使用,政府给少量补贴;C级病房条件较差,但收费很低,按政府规定每天只能向病人收取床位费25元新币,小手术25元新币,大手术40—330元新币,差额部分全部由政府补贴。

由于政府在法律和政策方面的支持以及在道德上的提倡,新加坡人具有乐善好施、富而思进、热心公益事业的社会公德。所以,在新加坡,由义务团体和慈善机构办的医院、养老院、康复及临终服务等机构非常多,再加上政府在道义上给予大力支持及技术指导,使其成为政府医疗机构的补充。由此,新加坡实现了医疗保健服务的普及化。

关键术语

概念,社区,社区管理,社区管理体制,社区管理模式,政府主导型社区管理模式,企业主导型社区管理模式,市场主导型社区管理模式,自治型社区管理模式,社区管理组织。

思考题

1. 试述社区管理的内容与特征。
2. 简单列举社区管理体制构建的基本原则和框架结构。
3. 试述社区管理体制的运行机制。
4. 简单论述几种常见的社区管理模式。
5. 试述社区管理组织的结构、功能以及原则。
6. 以社区居民委员会和社区党组织为例,论述社区管理组织的变迁。
7. 浅谈我国城市社区和农村社区管理体制的历史。
8. 试述我国现阶段应该如何探索发展新的社区管理体制。
9. 浅谈美国的社区管理体制与对我国探索新社区管理体制的启示。
10. 浅谈德国的社区管理体制与对我国探索新社区管理体制的启示。
11. 浅谈新加坡的社区管理体制与对我国探索新社区管理体制的启示。

参考书目及文献

1. 《马克思恩格斯选集》第4卷,人民出版社1995年版。
2. 《毛泽东选集》第1卷,人民出版社1991年版。
3. 费孝通:《江村经济——中国农民的生活》,江苏人民出版社1986年版。
4. 胡绳主编:《中国共产党的七十年》,中共党史出版社1991年版。
5. 康少邦、张宁编译:《城市社会学》,浙江人民出版社1986年版。
7. 徐永祥:《社区发展论》,华东理工大学出版社2000年版。
8. 唐晓阳:《城市社区管理理论》,广东经济出版社2000年版。
9. 孟临、韩狄明主编:《中国城市社区建设和管理理论》,上海教育出版社1998年版。
10. 张堃、何云峰主编:《社区管理概论》,上海三联书店2000年版。
11. 汪大海、魏娜、郇建立主编:《社区管理》,中国人民大学出版社2005年版。
12. 黎熙元主编:《现代社区概论》,中山大学出版社2007年版。
13. 王青山、刘继同编著:《中国社区建设模式研究》,中国社会科学出版社2004年版。
14. 唐忠新:《中国城市社区建设概论》,天津人民出版社2000年版。
15. 郭圣莉:《居民委员会的创建与变革》,中国社会出版社2006年版。
16. 韦克难:《社区管理》,四川人民出版社2006年版。
17. 侯钧生、陈钟林编著:《发达国家与地区社区发展经验》,机械工业出版社 2006 年版。

18. 娄成武主编:《管理学基础》,东北大学出版社 2003 年版。

19. 〔美〕杜赞奇:《文化、权力与国家》,王福明译,江苏人民出版社 1994 年版。

20. 黎熙元、童晓频、蒋廉雄:《社区建设——理念、实践与模式比较》,商务印书馆 2006 年版。

21. 刘继同:《中国社区工作》,中国社会出版社 1995 年版。

22. 张兴杰等:《农村社区建设与管理研究》,华南理工大学出版社 2007 年版。

23. 黄宗智主编:《中国乡村研究》(第一辑),商务印书馆 2003 年版。

24. 郭文明、刘瑞芬:《新时期农村基层社会控制的变迁》,载《探索与求是》2001 年第 6 期。

25. 贺雪峰:《新乡土中国——转型期乡村社会调查笔记》,广西师范大学出版社 2003 年版。

26. 丁元竹:《美国社区建设的几个问题》,载《宏观经济研究》2002 年第 3 期。

27. 蒋学基、叶海燕、俞志宏、叶真:《美国社区非政府组织的运行情况及其启示》,载《浙江社会科学》2002 年第 3 期。

28. 侯玉兰、侯亚非:《国外社区发展的理论与实践》,中国经济出版社 1998 年版。

29. 谢守红、谢双喜:《国外城市社区管理模式的比较与借鉴》,载《社会科学家》2004 年第 1 期。

30. 侯玉兰:《非营利组织:美国社区建设的主力军——美国非营利组织的调查与思考》,载《北京行政学院学报》2001 年第 5 期。

31. 张永英、武银祥:《德国、瑞典的社区管理和服务及其启示》,载《中国民政》2007 年第 2 期。

32. 王世军、于吉军:《新加坡的社区组织与社区管理》,载《社会》2002 年第 3 期。

33. 方俊:《关于社区管理研究的综合评述》,载《北京行政学院学报》2002 年第 5 期。

拓展阅读书目

1. 〔美〕罗宾斯等:《管理学》,孙健敏等译,中国人民大学出版社 2004 年版。

2. 周三多等编著:《管理学:原理与方法》,复旦大学出版社2005年版。
3. 陈振明主编:《公共管理学》,中国人民大学出版社2005年版。
4. 杨文士等编著:《管理学原理》,中国人民大学出版社2004年版。
5. 娄成武主编:《管理学基础》,东北大学出版社2002年版。
6. 娄成武主编:《行政管理学》,东北大学出版社2003年版。
7. 张成福、党秀云:《公共管理学》,中国人民大学出版社2001年版。
8. 彭和平:《公共行政管理》,中国人民大学出版社2002年版。
9. 〔美〕罗宾斯:《组织行为学》,孙健敏、李原译,中国人民大学出版社2005年版。
10. 张德主编:《组织行为学》,清华大学出版社2001年版。
11. 竺乾威、邱柏生、顾丽梅主编:《组织行为学》,复旦大学出版社2002年版。

案例分析

五里桥经验
——构建多元互动的社区管理新体制

上海市卢湾区五里桥街道是积极探索社区管理新体系的试点单位之一。五里桥街道位于卢湾区南部,面积2.55平方公里,人口8.07万,居民2.8万户,居委会20个。街道辖区内市、区属大小企事业单位200余家,其中有百年老厂江南制造厂及第一缝纫机厂等30家大中型骨干企业。

一、多元的社区组织系统

为了充分发挥社区管理的功能,五里桥街道从社区不同的行政事务和目标出发,建立了三个层面的组织管理系统——行政领导系统、行政执行系统、行政支持系统。这三个系统分别履行制定政策、执行政策、支持和反馈政策等功能,由此形成了社区管理的组织结构新体制。

(1) 街道办事处及城区管理委员会通过相互协调,共同完成对社区日常行政事务的领导,组织社区服务与社区建设工作。根据权力下放与属地管理的原则,街道办事处作为社区最基本的单元在社区行政管理中处于主导地位。街道办事处依据法律、法规和上级区政府的授权,履行相应的"准政府"的管理职能,对辖区内的城区管理、社区服务、社会综合治安管理、精神文明建设和街道经济组织行使领导、协调、监督等行政管理职能,对地区性、群众性、社会性的工作承担全面责任。建立城区管理委员会是为了有效地克服条块分割,理顺条块管理体制的需要。城区管委会由街道办事处、派出所、房管所、环卫所、工商所、街道医院、房管办、市容监察分队等单位组成。城区管委会定期召开例会,商讨、协调、督察城区管理的各种事项,制订城区发展新规划。同时,城区管委会作为条与块之间的中介,发挥着重要的行政协调功能,使条的专业管理与块的综合管理形成有机的整体合力。

(2) 社区行政执行系统:四个工作委员会的新运转体制

为了适应社区建设和管理的需要,五里桥街道办事处内部按照"两级政府、三级管理"的要求,设立市政管理委员会、社区发展委员会、社会治安综合治理委员会、财政经济委员会四个工作委员会,具体承担社区管理、精神文明建设、社区治安和街道经济等工作,使街道工作得到延伸和拓展。

——市政管理委员会对辖区内市政市容工作实行综合管理。除街道原有的市政科、卫生科、街道办合并为内设科室外,各条口上的房管所、工商所、园林所、地段医院等部门也纳入这个委员会,并根据不同的分工,分别对辖区内市容卫生、市政建设、卫生防疫等方面进行管理。

——社区发展委员会对辖区内社区发展与建设工作进行管理与协调,除原有的教育科、计生办外,各条口上的劳务所、粮管所以及社区内由政府扶持引导的人民团体如老龄委员会、残疾人联合会和新建的市民会馆也归其管理。社区发展委员会通过对街道内社会保障、社区福利、社区服务、社区教育文化、计划生育、劳动就业、粮籍等方面的管理,全方位、多层次地满足社区市民的生活需要。

——社会治安综合治理委员会负责对辖区内社会治安进行综合管理。除原有的司法科外,各条口上的警察、安全、消防等部门也归这个委员会管理。该委员会的职能主要是协助街道党工委、办事处领导辖区内治安综合治理工作。

——财政经济委员会对辖区内街道财政进行预算决算,负责对街道企业进行综合管理。除了原有的经济科、财税办等有关科室外,各条口上的工商所、物价所、税收征管小组等部门也归该委员会管理。该委员会的主要职责是在街道办事处的领导下,依照行政授权,对辖区内的有关企事业单位、个人工商经营者等实行工商、物价、税收等方面的行政管理,并扶持和引导街道经济的发展,确保辖区内经济健康、稳定地发展。

(3) 社区行政支持系统:社区内中介组织

这个系统主要由社区内企事业单位、人民团体、居民群众及其自治性组织构成。他们通过一定的组织形式,如社区管理委员会、社区事物咨询委员会以及各种居委会组织,发挥各自的作用。行政系统的职能目标是对社区事务进行议事、协调、指导、监督和咨询,从而对社区行政管理提供有效的支持,并促进社区行政管理的社会化。

根据五里桥的经验,社区管理委员会是半行政半自治的组织,它一方面承担着协调行政管理系统的条块分工的职能,另一方面对整个社区的各种资源进行协调。

社区事务咨询委员会是社会化的议事组织,主要负责议事、协调、监督和咨询工作,相当于社区内的"议事机构"。在此基础上,五里桥街道还建立了社区事务调节协商制度。街道定期召开社会事务协调会议,对社区内的重大工作进行通报,充分发挥街道政府机关法人、社团法人、企事业法人等多种角色团体的作用,较好地解决了社区内的重大事务。

在各种群众性组织中,居委会是这一网络中最基本的组织单位。五里桥街道充分发挥居委会基层组织的作用,强化管理、教育、服务等功能。居委会注重搞好居住区的公共事务和公益事业,组织社区居民开展创建文明小区、文明弄、文明楼和五好家庭的活动,动员社会各方面加入志愿者队伍,使得社区中的能工巧匠各献其能,奉献社会;进一步完善治保、调节、帮困、服务等组织网络,落实各项治安管理措施,维护社区治安稳定,为市民安居乐业提供保障。

二、互动的社区管理机制

按照"两级政府、三级管理"的要求,积极探索加强社区建设和管理的新机制,这是五里桥社区建设的一个重要方面。

第一,纵向层层授权的原则。

街道作为区政府的派出机构,在新的历史时期承担着更多的社会行政职能。但目前由于街道本身不是一级政府,因此它不可能像政府机构那样,有自己健全的权力机构,也无权制定地方规章和条例。街道所行使的权力主要来自区政府的授权,街道就区政府的授权对区政府负责。

根据上海市委、市政府《关于加强街道居委会建设和社区管理的政策意见》,按照政企分开、政事分开、审批权与执行权分开的原则,卢湾区委、区政府赋予五里桥街道一系列管理权限,使街道具有一部分总体规划参与权、分级管理权、综合协调和属地管理权。这些权限包括个体饮食经营执照的会监权、占弄占道审核管理权、户外广告审核管理权、新的违章建设工程处罚权、居民生活小区的规划和住宅建设方案及竣工的会监权、建筑工地文明施工管理和处罚权,以及社会聚集、社会就业、除害灭病、粮籍管理等权力。通过这样的授权,使得街道综合管理的职能从机构和权限设定上得到了落实。

第二,"以块为主,以条为辅,条块结合"的管理制度。

条块问题是社区行政管理中必须处理好的一个核心问题。在计划经济体制下,城市管理采取垂直型的专业管理而淡化甚至忽视分级管理,存在严重的条块分割现象。面对越来越复杂的社会事务,条线因力量有限而管不到底,处在第一线的街道由于缺乏相应的职权而管不到边。与此同时,在传统体制中,街道与街道之间的直接沟通不多,一般通过上级政府进行协调。而社区内的各类组织机构相互之间也缺少一种横向的协调管理。五里桥街道在社区体制建设中,着手解决了这个方面的问题,形成了一套"以块为主,以条为辅,条块结合"的管理制度。

首先是"条"与"条"之间的关系。派出所、工商所作为政府职能部门的延伸机构，是"条"在"块"上的组织体制。五里桥街道社区努力协调好这些机构之间的关系，并在一定程度上对这些机构履行其领导和协调的职能。

其次是"块"与"条"之间的关系。"条"在"块"上的机构设置，如工商、税务、公安派出所等等，接受街道和有关职能部门的双重领导，与街道形成一种条块联动的组织管理模式。一方面，政府职能部门的延伸机构受街道和区政府的双重领导；另一方面，由于街道内部也设立了街道派出所、街道工商所等机构，这些组织机构可以和政府职能部门的延伸机构共同对街道内的工商、税收、社会治安等问题进行管理。

再次是"块"与"块"的关系。从组织的生态环境看，组织不可能是一个封闭系统，它必然要受到外部环境的制约和影响。社区作为城市的最基层单位，与其他社区发生关系，是其得以正常运行的必要条件。五里桥街道在注重自身建设的同时，也注意同其他社区保持良好的协调关系，善于借鉴其他社区良好的管理经验和管理方法，使自身的社区建设展现出良好的发展态势。

最后是社区与其辖区内各类组织之间的关系。社区内的各种社会化群众组织（包括企事业单位）既是社区管理的对象，又是社区建设的主体。从原则上说，社区内的各类群众组织是相对独立的系统，它们与社区中的行政组织不存在直接的隶属关系。但作为社区行政的支持系统，它们一方面受到社区行政领导系统和执行系统的领导，另一方面又在社区行政决策和执行过程中发挥咨询、建议、协调、监督等支持作用。五里桥街道在这方面主要抓好以协商调解社区事务为主要内容的社区新制度的建设健全。由辖区单位法人、社团法人、市民代表和居民委员会组成一定的组织形式，从自我管理社区、自我建设社区着手，向管理部门提出合理建议，起到了议事、参与、监督等作用。

三、动态的社区管理模式

目前，街道社区的管理任务十分繁重。如何构建一种"小政府、大社会"、"小机构、大服务"的社会化管理模式，充分发挥政府机构法人、社团组织法人、企事业单位法人等多种组织的作用，以政企分开、政社分开、政事分开为基本原则，把各种社会性事务作合理分解，使政府组织、社会团体、企事业单位分工合作，发挥各自的优势，是五里桥街道在探索新体制建设中所思考的一个重要问题。

在社区管理中，政府法人具有特别重要的地位。发挥政府法人的作用，在于强化政府行政管理，理顺条块管理，建立起"条块结合，以块为主"的社区管理模式。在纵向层面上，街道位于决策层，即拥有区域内的管理决策权和一定的审批权，而政府职能部门设在社区的延伸机构则位于操作层，在大局上要服从街道的统一指导和协调。同时,对于那些社会性、群众性、公益性、服务性的事务,社区逐步尝试让社团或企事业单位来承担,即把这些事务分门别类地逐步分解落实到社团和企事业单位中去,充分利用现有的社团与企事业单位,把与其职能相近的社区工作事项尽可能地纳入其职责范围。

五里桥街道在社区管理的过程中,十分注重发挥政府法人、企事业法人和社团法人的多角色作用。例如,对社区内孤老和特困对象实行优抚和优惠服务的"爱心工程",在多角色组织的共同作用下取得了比较好的成效。与此同时,街道主动与社区内各名牌企业联营,寻求街道经济的增长点,以带动街道经济步入规模效应的轨道,并开始形成企业效益上规模、经济管理上水平、产品服务上档次的新型经济管理模式。通过这些方面的努力,增强了经济实力,同时还扩大了就业渠道,通过发展经济带动劳动力市场的开发,探索一条解决社区内待业人员就业和下岗人员再就业的道路,在一定程度上缓解了社会矛盾。

充分发挥民情委员的作用,也是五里桥管理模式的一个方面。民情委员一般由社区内德高望重、热心公益事业的人士担任。民情委员的主要功能是监督、检查社区各项工作,及时反馈社区民情民意,在社区管理委员会与政府之间搭起一座桥梁。民情委员可对社区事务提意见和咨询,并可直接反映给上级部门,还可对社区内重大决策提出建议和意见,协调居民间的关系。

(资料来源:桑玉成、杨建荣、顾铮铮:《从五里桥经验看城市社区管理的体制建设》,载《政治学研究》1999年第2期)

案例思考题

1. 谈谈五里桥社区管理体制构建的基本框架和运行机制。
2. "多元"社区管理模式的特征是什么?
3. "互动"社区管理模式的特征是什么?
4. "动态"社区管理模式的特征是什么?
5. 在你看来,五里桥社区管理体制还需要从那些方面改进?

第四章 社区公共服务及其管理

【内容提要】 社区公共服务系指由社区提供,并主要面向社区群众的服务,目的是实现社区稳定和广泛的社会效益,而不是以营利作为首要目标。本章在界定社区公共服务基本范畴的基础上,探讨了维系社区公共服务的资源基础,并区分了社区公共服务运作中的政府、市场和社会三大机制的不同功能和作用领域。本章认为,社区福利与社会保障是政府应该发挥主导作用的社区公共服务领域,同时也需要动员包括非政府组织在内的社会力量积极参与,通过建立有效的社区公共服务网络体系,以满足社区对公共服务的需要。最后,本章在比较分析的基础上,研究了我国社区公共服务中存在的问题和对策设想,并结合国外经验对我国社区公共服务作出展望。

第一节 社区公共服务概述

一、社区公共服务的概念

社区公共服务是工业化和现代化的产物,最早发源于西方国家。它是伴随着经济发展和社会进步,在社区发展过程中产生的。在自由资本主义时期,工业革命的发展带来了城市的发展,社会的快速流动破坏了传统的社会秩序,失业问题日益严重。在这种情况下,社区公共服务作为资本主义早期社会福利的一种形式,作为解决社会问题的一种方式,首先在英国诞生。

早期社区公共服务的兴起,主要以英美慈善组织会社的成立和睦邻组织活动的兴起为标志。1869年,伦敦成立了第一个以济贫为主要功能的社区服务组织——慈善组织会社。其基本做法是将伦敦全市划分为若干个区,每区建立一个分支机构和志愿委员会,主持本区的救济分配工作。1877年,美国在水牛城成立了第一个慈善组织会,其后6年间发展到了25个,形成了一场风行全国的慈善组织会社运动,带动了社区服务的发展。继慈善组织会社运动之后,在英美又兴起了睦邻组织运动,如以英国伦敦的"汤恩比馆"(Toynbee Hall,1884年建立,为纪念与贫民共同生活、为贫民服务,不幸因肺病致死的牛津大学经济学讲师汤恩比而取此名)为代表的社区睦邻服务中心等。这些中心大都设于贫民区,所有社区工作人员与贫民共同生活,视贫民的实际需要开展服务项目,并且尽量发掘社区资源,培养居民自动自发、互助合作的精神。到了20世纪20年代,德、法等国也出现了"睦邻运动"、"社会福利中心运动"等。一些国家建立了社区服务组织和机构,如美国纽约的"邻舍辅导处"、芝加哥的"邻舍会馆"等,后来这类组织发展成了各具特色的社区服务中心,进一步促进了社区服务的发展。从19世纪末期开始,国际社会对社区的关注横扫整个欧洲和北美,社区服务也在许多国家受到重视。但是,这时的社区服务无论在性质、内容还是范围上都与现代意义的社区公共服务有所不同,真正意义上的社区公共服务是在第二次世界大战以后建立和发展起来的。

需要指出的是,虽然西方国家社区服务的实践从产生到现在已有一百多年时间,但它们几乎从不直接使用"社区服务"(Community Service)概念,而更多地使用"社会服务"(Social Service)、"社会福利服务"(Social Welfare Service)、"社区照顾"(Community Care)、"社区照顾服务"(Community Care Service)等概念。当然,使用这些概念所反映的目的还是基本相同的,即解决社会弱势群体的困难,维护社会的公平和公正。

二战后,随着福利国家的兴起,国家的法定服务提供了个人"从摇篮到坟墓"的社会福利,那些由民间自行组织和规划的社会性的慈善救助行动在20世纪50年代走向终结。这个终结被英国的拿但委员会(Nathan)视为"我们历史中最悲壮的失败之一"[①],社区服务在西方社会一度走向衰落。与此同时,社区却在发展中国家再度兴起。由联合国于1948年首先在发展中国家发起的社区发展运动,20年后被发达国家接受,重新成为推动社会发展的重要力量。其原因在于,发达国家在构建了社会福利制度后发现,物质主义并没能像预期的那样给人们带来幸福感,反而成为酿就新的城市贫困、社会排斥边缘群体的温床。现代工业社会在推动城市社会成为人口密集、福利密集、核心家庭密集的集中地的同时,也使人类的情感生活、相互联系、对地方的认同和归属意识变得越来越淡薄。同时,维持这种社会福利制度的政府资源面临难以支撑的困境,政府对社会福利的管理效率的低下成了公众抨击的主要方向——哈贝马斯所称的发达国家最严重的"合法性危机"。正是在这种背景下,各国开始又一次将眼光投向社区,社区公共服务也进入了新的发展阶段。

社区作为"聚集在一定地域范围内的,以一定规范和制度将个人、群体、组织结合在一起的社会生活共同体"[②],是由于长久生活在特定的区域,从而形成了独特的文化认同、情感认同和心理认同。社区公共服务是"现代社会为了社区的需要而提供的社会公共服务,以及社区本身为满足自己的需求自行安排的

---

① N. Alvey, From Chantry to Oxfam: A Short History of Charity and Charity Legislation, Chichester: Phillimore, 1995, p. 38.
② 杨团:《社区公共服务论析》,华夏出版社2002年版,第1页。

共有服务"①。20世纪80年代中期,我国民政部在推动城市福利社会改革的进程中,将发动"社会力量"办社会福利事业冠以"社区服务"的称法,以示与民政部门传统经办的社会福利事业相区别,社区公共服务逐渐进入人们的视野。

社区公共服务,简单地说,可以定义为以社区为单位提供的服务,它是用服务形式满足社区居民公用性消费需要的社会公益产品。② 社区公共服务是社会公共服务的一部分,只不过这个公共服务的载体是社区。在现代社会,有相当一些社会公共服务只能由社会组织而不是社区组织提供,例如城市工程、城市交通、邮电、通讯、铁路、航空等服务。不过,也有一些公共服务属于社会组织和社区组织都可以提供的,例如老人福利、医疗、卫生保健、信息咨询、图书阅览等服务。在发达国家,大学、医院、图书馆、博物馆、公园、剧院等公共设施既有社会提供的,也有社区自己建设的,而且由社区组织规划和兴办的社区公共设施有不断增加的趋势,从而使社会依托这些社区公共设施和社区组织,广泛普及了公共服务。因此,区分社区公共服务和社会公共服务的关键在于服务载体的不同,社区公共服务是那些由社区提供并主要面向社区群众的服务。

二、社区公共服务的属性

与由社会组织提供的、面向全社会的社会公共服务相比,社区公共服务具有特殊的属性:

第一,社区公共服务具有地域性。社区是一个具有地域范围的地理空间,各个社区都有其特定的人口和文化背景,各个社区自身存在的问题和社区居民的需求也不尽相同。社区服务的对象是本社区内的人口,服务人员也是以由本区域的专业和志愿人员组成的社区工作队伍为主,即社区服务的提供者和受惠者都以本社区内的居民为主。从社区服务的机制看,社区服务总是以一定的社区组织为依托,从本社区的实际需要出发,利用本社区的现有资源,为社区成员提供多层次、多种形式的服务。这使得社区公共服务具有鲜明的地域性。

第二,社区公共服务具有群众性。社区服务的群众性主要体现在:就社区服务的投资方式而言,既有政府、社区组织,也有营利、非营利机构等;就社区服务的提供者而言,既有社区各类组织,也有社区志愿者和社区成员的广泛参加,各个主体之间是互助合作关系;就社区服务的对象而言,既注重特殊群体及其特殊要求,又关注社区全体成员的普遍需求。所以,群众性是社区服务的独特属性,它使社区服务区别于家庭服务、现代化的政府机构服务和经济组织的有偿服务。

---

① 杨团:《社区公共服务论析》,华夏出版社2002年版,第21页。
② 参见杨团:《社区公共服务的经验研究》,载《管理世界》2001年第4期。

第三，社区公共服务具有服务性。社区公共服务首先强调其服务的根本目的是为社区居民服务，追求的是广泛的社会效益和社区稳定，而不是以营利作为首要目标；社区服务坚持"以服务养服务"，其经营性收益不作为利润分配，而是重新投入到社区服务事业中去；社区服务是在最大限度保证社会效益的前提下，关注经济效益，而关注经济效益是为了更好地实现其社会效益。社区公共服务其次强调充分利用社区的各种资源，通过社区成员的自助互助服务，满足全体成员的服务需求。通过社区成员的相互帮助，应付生活中可能出现的风险，在人们需要生活照顾及其他方面的服务时，由其他人提供必要的支持。在这里，社区居民既是社区服务的受助者，也是社区服务的提供者；社区服务既包括社区成员之间的相互服务，也包括社区与企事业单位的双向服务。

第四，社区公共服务具有福利性、公益性。福利性和公益性是社区服务的基本特征。从主要方面说，社区服务是一种社会福利事业，其出发点是维护社区内的弱势群体、优抚对象和大多数居民的基本生活权益。社区服务的公益性是指社区居民都有享受社区卫生保健、环境保洁、文化体育等公益性服务和公共设施服务的权利和机会。这两个方面的关系是：面向弱势群体开展社会福利服务是社区服务的首要任务，面向社区居民开展公益性的便民服务则是社区福利服务的进一步拓展和延伸。社区服务的重点和主要对象是生活在社区中的孤寡老人、残疾人、优抚对象以及失业和下岗等急需社会帮助的人群。社区公共服务是一项公益特色突出和社会效益优先的事业，其目的是增进社区的社会福利，因而具有明显的福利性与公益性。

第五，社区公共服务具有专业性。社区服务的专业性表现为，从社区工作的角度看，除了社区群众自助与互助式的服务之外，社区服务中还有很大一部分是由社会工作者所提供的专业化服务。社区社会工作者所做的不仅仅是一般的"送温暖"式服务，而是由专业性所决定的通过资源调集而开展的物质援助、专项服务（如安老服务、残疾人服务、少儿服务）以及心理疏导和治疗等服务。专业性的社区服务不仅要解决眼前的和表层的问题，更为重要的是要解决长远的和深层次的问题。

三、社区公共服务的类型

社区公共服务的主要内容可以归纳为两种类型：

一种是面向全体社区居民的具有便民利民性质的社区服务，它与社区居民联系最密切，最能体现社一般居民的生活需求，同时也是最能反映社区经济广度和深度的服务。它可以分为：(1)一般家居生活服务，包括日常生活用品的购置与配送，家用电器维修，卫生清理，服装制作，拆洗与熨烫，代收公用事业费等；(2)社区环境综合治理服务，包括绿化面积的维护和扩大，"四害"治理，环境噪声的控制、居民楼道、门前环境卫生的保护、民事纠纷的调解、火灾隐患的消除、外来人口的管理等;(3)社区医疗卫生服务,具体可以开发的服务项目包括疾病预防、医疗诊断、病人护理、健康咨询、卫生宣传和防疫等,并且可以建立与之相配套的服务设施,这是顺应我国城市医疗服务改革,合理配置卫生资源,并为社区居民所迫切需要的服务活动;(4)社区少年儿童服务,包括各类活动的"宫"、"家"、"站"等基础设施,以及青少年教育基地,为少年儿童提供卫生防疫和保险服务、学前教育服务、兴趣培养与成长教育服务等;(5)社区生活服务,包括文化、教育、科普、咨询、培训、体育、娱乐、健身服务等。

另一种是面向特殊群体,具有社会福利性质的社区服务。它尽管是针对社区少数人群,却能直接反映社区服务的质量,体现社会主义精神文明建设的广泛内涵,是社区工作者应高度重视的服务活动。这种服务可以分为:(1)为社区老年人服务,针对我国社会老龄化现状和趋势,将社会养老和家庭养老结合起来,实现具有中国特色的养老方式,也是当前我国社区服务业中最具发展潜力的服务内容;(2)为社区残疾人服务;(3)为社区优抚对象服务;(4)为社区特困家庭服务。这些都是当前亟待开展的社区服务项目。

由于各国社区公共服务的历史不同,经济发展水平和文化传统也不一样,社区公共服务的内容不尽一致,大体上可以分为以下几种类型:

(一)根据服务的性质划分

1. 补偿性服务

社区公共服务中的补偿性服务在本质上属于由政府和社区提供的社会福利服务。几乎每个人一生中都在从事不同的工作,尽自己之所能,为社会作出贡献。社会有义务对那些已退休且由于衰老、疾病等原因陷入贫困和痛苦之中或因各种原因遭受不幸的特殊群体提供补偿性服务。

2. 预防性服务

现代社会的快速发展使城市中产生了各种各样的社会问题。快速的生活节奏和巨大的生活压力可能使某些人产生精神疾病,青少年则可能由于社会的忽视而产生越轨行为。社区提供的各种娱乐设施、组织的各种娱乐活动以及对重点对象的帮教服务,对许多社会问题的产生起到了有效的预防作用。

3. 支持性服务

支持性服务是指通过健康、教育和福利等方面的服务,为社区成员各方面的发展提供支持,其内容包括教育服务、健康服务、人口政策和人力资源规划以及就业指导和培训等方面。

(二) 按服务方式划分①

1. 社区福利性服务

社区福利性服务是指免费或保本提供给社区弱势社会群体,如民政对象、社区下岗职工、残疾人、青少年、老人等的服务。这种服务的服务方式一般都是由第三者付费或补贴,服务对象只承担很低的费用或完全免费。

2. 社区公益性服务

社区公益性服务是指由公众筹资并公开免费提供给所有社区成员的服务,如社区环境美化、社区卫生清洁、社区全民健身等。这种服务的资金来源都是靠政府资助或社区内动员,它的使用是公共免费的。

3. 社区互助性服务

社区互助性服务是指社区居民之间的互相照顾和服务,它强调以服务换服务,而不是互相购买服务。互助性服务也指由几个社区成员建立互助合作社,共同管理,共同经营,共担风险,并可以为社区内的其他居民提供服务。

4. 社区志愿者服务

社区志愿者服务是指社区内的居民或机构向社区提供的服务。志愿性强调的是非营利、非政府组织等特点,是居民或机构在一种价值观的鼓励下所提供的志愿的、不图私利的服务。这种服务一般是配合社区福利性服务向社区中的特殊弱势群体提供的服务,或者配合社区公益性服务向社区公众提供的公共物品服务。

5. 社区经营性服务

社区经营性服务是指社区中的居民或机构按照市场交易原则向社区居民提供的服务。这种服务强调社区服务的两个要件:一是依靠社区内在资源,二是服务于社区居民。例如,社区中的下岗职工组织起来的家政服务、百货零售、修理服务等。

也有学者根据公共性和市场性,即提供者特征和生产者特征的相对强弱程度,将社区公共服务划分为保护型、自治型、运营型和专业型。②

保护型社区公共服务是指提供功能强而生产功能弱的那部分服务和产业类型,主要指那些不能依赖市场机制而又不能独占服务产品使用权的社区公共服务类型。保护型的服务具有相对更纯粹一些的公共性,需要得到更多的保护性政策才能存在。

自治型社区公共服务是指提供功能和生产功能都较弱的那部分服务和产业类型,这类服务不能依赖市场机制而又需要独占服务使用权。

---

① 参见王青山主编:《社区建设与发展读本》,中共中央党校出版社2001年版,第118—119页。
② 参见杨团:《社区公共服务论析》,华夏出版社2002年版,第122页。

运营型社区公共服务是指提供功能弱而生产功能强的那部分服务和产业类型,这类服务能够依托市场机制实现社区对服务产品的共有使用权。运营型社区服务可以依赖社区自己的价值判断和资源状况,在相对较为自由的环境中自行决定在生产这类服务中利用市场机制的程度。

专业型社区公共服务是指提供功能和生产功能都强的那部分服务和产业类型,这类服务能够依赖市场机制而又不能独占服务产品的使用权。专业型名称是由这个类型的社区公共服务本身的技术经济特征决定的。这类服务的公共性表现在其不可阻挡的强大的外部性。它同时具有技术元素和价值元素,例如教育和医疗,非但不能排除市场机制,反而以适当地运用市场机制,例如达到规模效益和技术、质量方面的竞争机制,作为其高效率的保证。

第二节 社区公共服务的维系

一、社区公共服务的资源基础

社区公共服务是一个多元主体共同参与的行动系统。随着我国社区公共服务的不断发展,已形成了一个社区公共服务的网络系统。这个系统是社区公共服务赖以存在、维系和发展的基础,也是提供社区公共服务的资源支撑。根据我国的相关法律法规,结合我国社区公共服务的发展,可以把社区公共服务的主体及其作用区分为以下几个方面:

(一) 政府组织

尽管政府不再像传统体制下那样包揽一切服务,但在提供公共产品和公共服务方面,作为全社会的公共权力者,政府的地位与作用是其他社会组织所无法替代的。在社区的基础设施服务和居民最低生活保障等福利服务方面,政府应当担负起主要责任。

1. 资金供给者

社区服务资金的供给渠道主要有三条:一是政府的资金投入,二是各种社会捐助,三是社区服务部分项目收入的再投资。此外,有些国家和地区还将博彩业以及有奖募捐基金的部分收入作为资金投入。一般来说,政府首先是社区服务的投资者和支持者。目前,我国社区服务的资金来源基本覆盖了以上三条渠道。其中,政府的投入最多在40%左右,而且还主要集中在硬件设施建设方面。在发达国家,政府投入的比例一般都在50%以上。[1] 比较而言,我国的政府投入显然是不足的。

---

[1] 参见李程伟、徐君编著:《社区服务导论》,中共中央党校出版社2005年版,第66页。

2. 倡导者和动员者

政府在社区公共服务的发展中还扮演中倡导者和动员者的角色。通过政府的鼓励作用，提升社会和居民的参与能力，在政府、企业、个人及其他社会组织之间建立一个合作与互动的网络。

3. 规则制定者和监督者

首先，政府要在政策上划清福利性社区服务和营利性社区服务的界限，确定社区服务产业化的范畴，制定相应的行业规范，分类别、分层次地进行行业管理。其次，政府要在财政税收、项目经营、资金、用地等方面出台扶持性优惠政策，激发社会组织和企业从事社区服务业的积极性。再次，政府应组织力量对社区服务实行全行业监督，尤其是在将社区服务的生产和经营让渡给企业或其他组织时，应当就收费、产品的数量与质量、服务的具体提供过程等制定好标准，以便据此实施监督与控制。最后，政府还应加快推进法制建设进程，为社区服务的发展提供一个完善的法制保障。在政府组织内部，应当有专门的针对社区公共服务发展的管理机构和协调领导机构，研究、制定社区服务发展规划及相关的政策法规；组织、协调和整合相关部门，解决社会服务工作中遇到的困难和问题；检查、监督社区服务工作的实施，保证社区服务工作的正常运转；部署、组织和实施社区服务工作，对社区服务工作进行业务指导。

（二）社区自治组织

社区自治组织是指代表社区居民实现社区自治权力、自主管理社区公共事务的公共机构，一般包括社区居民代表大会、社区协商议事会、社区居民委员会。与进行具体事务操作、直接生产和提供社区服务的非营利组织的地位不同，社区自治组织对于辖区内从事社区服务的非营利组织具有代表居民进行组织、协调与监督的权力。

1. 社区居民委员会

居委会是社区群众性自治组织，受街道办事处委托承担一定的行政职能。按照我国《城市居民委员会组织法》的规定，居委会的主要任务有以下六项：(1) 宣传宪法、法律、法规和国家政策，维护居民的合法权益，教育居民履行依法应尽的义务，爱护公共财产，开展多种形式的社会主义精神文明建设活动；(2) 办理本居住地区的公共事务和公益事业；(3) 调解民间纠纷；(4) 协助维护社会治安；(5) 协助街道办事处做好与居民生活利益相关的公共卫生、计划生育、优抚救济、青少年教育、安全防火等各项工作；(6) 把政府的社区管理工作落实到最基层，向街道办事处反映居民的意见、要求和建议。如果从广义上去理解社区服务，居委会的上述任务全部是社区服务。同时，社区居委会还要协助政府及社会建立各种社区服务机构和设施，为居民生活提供方便。对于社区服务的一些具体工作，如社区绿化面积的扩大和维护、环境噪声的控制、垃圾的袋装与分类、居民楼道及门前环境卫生的维护等社区环境综合治理工作,以及疾病预防、医疗诊断、病人护理、健康咨询、卫生宣传和防疫等社区医疗卫生工作,居委会要具体组织规划和实施。当前,居委会存在的突出问题是行政性功能过强而自治性功能薄弱。这需要在政治体制改革和社区建设过程中逐步加以解决。

2. 社区居民大会

社区居民大会或社区成员代表大会有时也被称为"社区居民会议"或"社区居民代表会议",是社区内的最高权力机构。其主要职能是选举产生社区居民委员会、推荐选举产生社区协商议事会,听取和审议议事会和居委会年度工作计划及工作情况报告,评议物业管理公司工作,讨论决定社区建设重大事宜和社区管理机构重要组织人事变动等。

3. 社区协商议事会

20世纪90年代末,随着社区建设在各城市不断展开,一些地方开始尝试进行社区组织体制改革,其中一个较有创意的做法是在居民大会和居委会这两个法定的制度设置之外,新增设了"社区协商议事会"。从各地的实践看,社区协商议事会一般是由部分居民代表和社区内单位的负责人以及社区内的知名人士组成,经社区成员代表大会选举或聘请产生的。主任一般由专职人员担任,其他成员则实行义务工作制。社区协商议事会的职能主要是:就社区内的公共事务进行协商议事;代表社区成员动员、协商各方面力量参与社区建设与管理;受社区成员代表大会的委托,监督社区(居民)委员会的工作,对社区(居民)委员会的工作提出意见和建议。从性质上看,它基本上是社区组织体系中的"议事机构"。

(三) 非营利组织

承担包括社区服务在内的大量的社会服务,是国内外非营利组织的共同使命。社区服务事务有许多是由非营利组织承担的,各类各级的社区服务项目都有它们的参与,如垃圾清扫、绿化养护、群众文体娱乐、失业人员技能培训、慈善救济、青少年帮教等。

在社区服务领域发挥作用的非营利组织大致可以归为两类:一是来自社区外部的非营利组织,如进入社区提供相应服务的基金会、慈善会、志愿团体等;二是产生于社区内部的各类草根性质的非营利组织,如养花协会、钓鱼协会、社区互助组等。后一类非营利组织一般处于社区自治组织与居民个体之间的位置,具体组织居民开展各种活动,其类别既有应上级有关部门要求"自上而下"成立的(如社区计生协会、社区妇联、社区残疾人协会、社区科普协会、社区工会、社区关心下一代协会等),也有在社区内部"自下而上"自发成立的(如社区老年人协会、社区文体团队、社区志愿者协会、社区爱心社等)。这类组织一般是经居委会同意,在社区范围内开展活动,对成员资格的要求不像正式非营利组织那样严格,本身不具有法人地位。

无论是哪一种类型的非营利组织,它们在社区服务中都发挥着极为重要的作用。首先,非营利组织的"草根性"及其与居民之间"零距离"的服务,有利于在社区内部培养守望相助的情感和对社区的认同感,有利于培育居民的社区服务意识和公益精神,以及参与社区决策与社区公共事务的动力和能力,为社区的建设提供基础。其次,非营利组织以自身对志愿者的吸引和动员能力,可以为社区服务提供持续的人力资源支持。随着民间非营利组织力量的壮大,它们将成为动员和吸引志愿人员开展社区服务的重要力量。再次,非营利组织有区别于政府和企业的章程和活动方式,能够在社区内提供直接、具体和富有人性化的服务,从而推动社区的发展。现在许多国家在社会福利政策上提倡"社会福利社区化",如英国卫生与社会安全部1981年的白皮书提出,将社区照顾的责任从政府机构转移到非营利组织和志愿部门。最后,在社区内部根据社区居民的具体需求和意愿而产生的非营利组织,能够贴近居民的实际利益开展活动。它们有的(如养花协会、摄影协会、秧歌队等)开展体育或文化娱乐为主的活动,有的(如业主委员会、老年协会、残疾人协会等)主动表达和维护所代表群体的合法权益,有的(如社区志愿者组织、邻里互助组等)则主要为社区居民提供具体服务。总之,这些非营利组织都能从满足社区居民的实际利益出发发挥功能作用,具有深厚的群众基础。近年来,我国的社区志愿服务有了很大的发展,这其中政府起了重要作用。随着我国老龄社会的到来,非营利组织在为老年人提供人性化和人本化的服务方面也将发挥出巨大作用。

（四）企业组织

对于社区居民的生活服务,不能简单地将其归属于福利服务。社区的家政、餐饮、零售、维修等服务,完全可以引入市场机制,采取等价交换的原则进行经营服务。在经营性的社区服务中,企业组织是最主要的服务主体。在这类服务中,企业完全按照市场经济规律办事,随行就市,按质论价,有偿收费,进行自主管理、自负盈亏、自强积累和自我发展。在社区服务中,企业组织所擅长的是那些消费上具有排他性的私人物(产)品。市场经济的实践已经充分证明,这类物品通过市场机制由营利性质的企业完成供给,是现有机制中最有效率的资源配置方式。

（五）专职社区工作者及志愿者

1. 专职社区工作者

专职社区工作者是指以社区服务为职业的人。他们以提供社区服务作为自己的本职工作,所扮演的是社区服务的实施者、组织者或领导者的角色,是社区服务的骨干力量。其主要部分是社区居委会及其党组织的专职人员,以及由街道或居委会聘任的专职工作人员,如社区事务助理或社区工作助理等。

需要指出的是,上述"专职社区工作者"的含义,是从我国开展社区服务的实际需要出发界定的,是实际部门所使用的一个术语。它与国外的社会工作者不是同等范畴的概念。国外的社会工作是一个"专业",从事这一专业的人要像会计师、律师需要具备一定资质一样,他们也必须具有相应的专业资质。从我国香港地区的立法和实践看,社会工作者一般是非营利组织中的管理人员和项目主管及其下属机构的老人护理员、邻里辅导员等。2004年7月1日,国家劳动和社会保障部颁布第九批国家职业标准,社会工作者国家职业标准正式公布,并首先在上海进行试点。作为一种专业助人的活动,社会工作在我国已被正式认定为一种新职业。这标志着我国社会工作开始走上专业化和职业化的道路。

按照社会工作者国家职业标准,社会工作者是指遵循助人自助的价值理念,运用个案、小组、社区、行政等专业方法,以帮助机构和他人发挥自身潜能,协调社会关系,解决和预防社会问题,促进社会公正为职业的社会服务人员。由于这项工作在我国刚刚开展,目前为数不多的社会工作者还主要是在社会福利、社区矫正、司法等领域活动,今后将逐步向卫生、教育、社会保障、心理辅导等众多领域扩展。可以预计,随着社会工作职业的不断发展和队伍的不断壮大,现有的专职社区工作者将逐步为具备专业资质和标准的社会工作者所替代。

2. 社区公共服务志愿者

志愿者,又称"义工",是指在没有任何报酬的情况下,为改进社会、增进社会文明而提供服务,贡献个人的时间、精力、特长和力量的人。志愿者参与和提供社区服务,具有多重社会功能。① 首先,社区志愿服务可以为现有的社会保障体制提供重要补充,成为社会弱势群体的重要支持因素,这有助于实现社会公平,具有维护社会稳定的控制功能;其次,社区志愿服务可以促进社区成员的互动,满足社区居民的多方面需求,体现了"以人为本"的社区理念,具有社会整合功能。

(六) 社区居民

社区居民是社区服务的重要主体。动员和吸纳社区居民参与社区服务,充分发挥其主体能动性,这对于培养社区成员的参与意识和互助精神、提升社区服务能力、推动社区发展具有十分重要的意义。从现实效果看,它有利于改变少数人付出、多数人受益这种"单向受益"的社区服务模式,使之转变为社区居民既是服务者又是受益者的"双向受益"的社区服务模式。

具体来看,社区居民参与社区服务的形式有以下几种:(1) 单向服务,由作为服务者的居民自愿为被服务者提供服务;(2) 双向服务,一般是由社区内的非营利组织牵线搭桥,将相互需要对方帮助的人们联系起来,使之取长补短,各得

---

① 参见夏建中主编:《社区工作》,中国人民大学出版社2005年版,第175页。

其所;(3)通过"楼道关照"、"邻里互助"等方式广泛参加互助服务;(4)通过参加非营利组织和志愿者组织为社区、为他人提供服务;(5)社区居民以兼职人员身份,业余时间为社区提供一定的服务;(6)以个体从业者身份,在社区内开展便民利民项目,提供社区居民所需要的经营性服务。

二、社区公共服务的机制

社区公共服务的机制是指构成社区服务系统的各个社区服务主体、服务对象相互作用的过程。具体而言,就是指社区公共服务的提供和消费方式。按照提供对象的不同,社区公共服务的机制分为三种:行政机制、市场机制和社会机制。

(一)社区公共服务的行政机制

社区公共服务的行政机制是指社区服务产品由政府无偿提供,消费者主要通过政府相应的制度安排获得产品的社区公共服务过程及方式。其方式有:

1. 政府直接提供服务

在社区公共服务的发展中,由政府机构无偿(或低偿)向服务对象直接提供产品或服务的形式并不鲜见。尤其在我国,政府部门及其下属机构往往扮演着社区公共服务的安排者和生产者的角色。

2. 政府资助

政府资助是指政府对社区服务机构或组织的资金投入,具体的资助形式包括资金支持、免税或其他税收优惠、低息贷款、贷款担保等多种方式。归纳起来,其方式有五种:(1)投资性资助,即在社区服务基础设施兴建时,政府给予一次性投资;(2)补贴性资助,即对福利性社区服务单位,按照有关规定在财政预算中给予全额或差额拨款;(3)对社区公共服务项目提供低息贷款或贷款担保等;(4)实物性资助,主要是指政府无偿提供社区公共服务的场所和设施等;(5)工作性资助,即政府各工作部门根据各自的工作需要,对自身领域内的社区服务所作的资金投入。

3. 政府购买服务

政府购买服务是指政府部门为满足一定社区服务对象的需求而向各类社会服务机构直接购买服务的行为。这种方式有利于实现政府财政效率的最大化。当前政府购买社区公共服务主要包括:由政府部门出资,向民办福利院、敬老院、托老所购买服务,对确有需要又无力承担费用的对象提供居家养老服务;在继续教育和培训方面,向民办培训机构购买服务,提供面向下岗失业人员的职业资格培训和劳动技能培训,面向社区居民的文化教育、普法教育及简单实用技能培训等;对其他社会急需发展但投入有限的社区教育、卫生、文化、科技、体育等社会事业,也可通过政府购买服务等有效措施予以补贴、资助。

4. 凭单制度

社区公共服务的凭单制度主要是指政府围绕特定物品而对特定消费群体实施的补贴。可以通过凭单方式提供的物品有住房、食品、医疗保健、家政服务等。在通过凭单提供社区公共服务过程中，关键的问题是资格确认和供给数量的确定。

社区公共服务的行政机制是由政府主导的，因此它是以政府强大的财政实力为依托实现的，可以较快地改善社区公共服务的环境，在短时间内完善社区公共服务设施。但是，社区公共服务具有刚性特征，政府必须持续不断地加大投入，政府财政支持压力较大；同时，从我国现实情况看，社区服务的项目及资金数额易受政府政策及其偏好的影响，与社区居民实际需求之间有可能存在距离；另外，政府提供社区公共服务还存在效率低下的弊端。

(二) 社区公共服务的市场机制

社区公共服务的市场机制主要是指服务组织或机构按照市场需要提供服务、消费者通过市场获得服务的形式。例如，社区便民服务中的有偿性服务，实行用者付费的办法，随行就市，按质论价，提供服务。其具体形式可以是公司制，由公司统一签订服务合约，统一招聘人员，确定工资和待遇；也可以是管理承包制，即公司统一规定服务标准、收费价格和业务培训，由服务人员自己联系服务客户，自己收费，向公司交管理费；还可以是合伙制，全部由从业人员协商定价，共同管理，共担风险，按比例分配营业收入和利润。具体来说，社区公共服务市场机制的形式有：

1. 市场交换

市场交换是指消费者根据自己的需求和收入水平，直接在消费市场上购买自己所需要的物品或服务。目前社区公共服务中的便民利民服务大多属于经营性的有偿服务，应当采用市场交换的方式予以满足。城市社区中有许多提供这类服务的组织，如"便民餐馆"、"便民超市"、"便民维修站"、"便民理发店"等。政府应支持和培育相应的市场，以方便社区居民的生活。由于社区便民利民服务存在很多可供开发的商机，许多商业服务机构开始将其服务向社区延伸，参与社区服务的经营。从性质上说，政府组织和社区居民自治组织不属于市场竞争的主体，不应直接参与这种主要由市场主导的竞争服务，其作用应当体现在协助和支持有关部门加强市场监管，协调便民利民服务过程中的相关关系，为这类服务的开展创造良好的外部环境和条件等方面。

2. 用者付费

社区公共服务中的用者付费制度是指政府部门对某种物品或服务确定"价格"，由使用者或消费者按实际消费量进行支付。对于那些消费上具有一定的可分割性的公共物品和服务，可以采取这种方式。采用用者付费形式的主要目的是通过付费把价格机制引入到社区公共服务中来。用者付费的优点是能够克服免费提供公共服务所导致的对资源的不合理配置和浪费,使价格信号能够在社区公共服务领域发挥作用;其主要缺点是收费水平难以准确确定,管理成本较高而且程序复杂,并且在得到一种最优化的收费标准的过程中,也有可能发生资源误置。

3. 合同外包

合同外包是指政府确定某种社区服务项目的数量与质量标准,对外承包给企业或非营利机构,承包方按照与政府所签订的合同提供公共服务,政府以财政拨款购买承包方所生产的产品和服务。政府预测和评估社区对公共物品和服务的需求状况,向企业或非营利组织购买物品和服务提供给社区中的目标群体,并负责检测和验收所购买的物品和服务。随着试点经验越来越多和越来越成熟,这种方式将成为政府提供社区服务的一种基本的和普遍的形式。合同外包的优势是可以降低服务成本,减轻政府工作压力;同时,也可以培养非营利组织,提高社区服务效率。在城市社区内部可以采用合同外包形式的服务项目是多种多样的,如垃圾收集和清运、路灯维修、马路维修、福利机构(如养老院、孤儿院等)服务、医疗保健服务、文化娱乐服务等。

4. 委托经营

委托经营是政府将自己所负责的有关社区服务机构通过招标方式委托给非营利组织或企业去运营的社区服务形式。例如,上海市浦东新区潍坊新村街道将街道的社区科普中心、街道图书馆和街道敬老院,通过招标委托给新区青年商会、新区社会投资经营公司等公司进行管理就属于这种情况。在此过程中,街道办事处确定社会公益目标并监督其落实情况,受托企业则以市场运作的方式进行运营。在这里,如果接受委托方是营利性的企业(尽管其盈利水平要受到政府的一定限制),那么我们就把此时的委托经营归属于市场机制;如果受托方是非政府、非营利性的民间社会组织,那么我们就将此时的委托经营归属于社区服务的社会机制。

建立在竞争基础上的社区公共服务的市场机制不但有助于满足社区居民需求的多样化服务,而且能提高服务的质量和水平。但是,市场机制毕竟是一种受利益直接驱动的机制,对于那些急需社区服务的弱势群体而言,单纯依靠市场就难以解决问题;同时,目前社区内部有利可图的项目还比较有限,过于依赖市场也会引发服务供给不足的问题。

(三) 社区公共服务的社会机制

社区公共服务的社会机制主要是指各类社会组织(如非营利组织和社会中介组织等)以志愿或自治的形式提供社区服务的过程及其方式,它包括社区内的志愿者服务活动、邻里互助等。其实现的机制丰富多样,以下介绍两种常见的

社区服务机制:

1. 社区资源共享

社区资源共享是我国社区建设与社区服务中最为常见的社会化形式,主要是指志愿者组织、社区非营利性组织(如居民小社团)、社区自治组织与驻区单位之间,取长补短、互通有无,以相互协商、互惠互利的合作方式贡献各自资源,实行社区服务供给的过程及其方式。其中,由社区自治组织代表社区与驻区企事业单位之间进行资源贡献,是目前社区服务社会机制建设中的重点。社区范围内资源共享的目的是通过整合社区资源实现社区资源的优化配置。在社区内,除了居民住户以外,还有一些服务性、经营性的组织,如学校、医院、企业、商店以及一些群众团体和社会团体等。目前,驻区单位为社区提供共享资源的方式一般有:为社区提供服务或开放相应的设施或服务资源;为社区公益金提供资助,提升社区公共物品的质量与水准;筹集社区救困资金,服务于社区弱势群体;为社区提供人力支持,共同进行社区管理和维护社区安全等;为社区有限提供就业岗位,为解决社区内再就业弱势群体的工作问题作贡献;将自身闲置资源转用于社区服务,缓解社区服务资源短缺问题。在目前阶段,为了鼓励驻区企事业单位主动参与社区资源共享,需要政府制定一定的优惠政策予以鼓励和引导,如对单位或个体兴办社区服务业的税收减免政策、社会兴办社区服务安置下岗职工的资金扶持政策、单位服务设施面向社区开放的税金、工商管理费减免等鼓励政策等。在资源和权力不为任何一方所垄断而是分散于不同利益群体的条件下,依靠传统的行政命令难以实现资源的共享与整合,需要通过建立面对面的协商机制解决面临的共同问题。

2. 社区志愿服务

社区志愿服务是社区服务社会机制的重要形式。当今世界,社区志愿服务人数的多少、服务质量的高低,已经成为一个国家社会文明程度的重要标志之一。社区志愿服务的内在动力在于志愿者的志愿精神。目前,我国社区志愿服务的受益对象主要是老、弱、病、残、下岗职工等困难群体。此外,全体社区居民也是受益者。社区志愿服务在社区的主要活动形式是社区志愿行动和邻里互助行动。从我国现已开展的社区志愿服务的动员方式看,大致可以归结为两类,即自发性志愿服务和规定性志愿服务。前者是志愿者基于个人自愿而开展的义务服务,而后者则是公民依据法律、政策规定或应组织的响应而开展的义务服务。[①] 从现实情况看,规定性志愿服务所占比例较大,真正意义上的志愿服务还没有广泛建立。就服务水准而言,目前志愿服务普遍存在专业性不够强的问题。社会亟待建立一套制度化的志愿服务激励机制和专业化的志愿服务组织机制。

---

① 参见李雪萍:《社区服务指南》,武汉出版社2004年版,第115页。

第三节 社区社会保障管理

社区社会保障是以社区为依托、以社区居民为主要保障对象的社会保障,属于社会保障体系的一部分。在计划经济时期,我国城市中的社会成员大都隶属于相应的单位,单位是公民的最终归宿,医疗卫生、退休养老等基本生活问题都由单位解决,是明显的"单位保障制"。随着市场经济体制的发展,"单位保障制"的弊端日益突出。首先,"单位保障制"给企业的发展带来了严重的负担。其次,"单位保障制"的保障对象极其有限。计划经济体制下,社会保障的对象是全民所有制企业、事业单位和机关的人员,而对其他社会成员无所考虑,因此它不是真正意义上的社会保障。随着现代企业制度的逐步建立,一方面,公民的社会保障逐渐脱离原有的单位保障模式,走上社会保障的道路;另一方面,在国有企业改革中,越来越多的人因失业和下岗失去了原有的单位保障,一些效益不好的企业也无力承担对它们的离退休人员和在职人员的有效保障,其中一部分人被安置到了社区,要求社区承担起对这部分人的保障工作。这些都要求我国应大力促进社区社会保障事业的发展。

一、社区社会保障的概念

从 20 世纪 80 年代开始,就有许多学者提出了"社区社会保障"的概念,其中有代表性的观点有:

社区社会保障是指社区承担或实施的社会保障工作,它以国家的社会保障制度为基础,以社区作为社会保障制度的基本落脚点,以社区居民为社会保障对象,以保障居民的基本社会权利和需求为根本任务。[①]

社区社会保障是指由社会工作者调动社区资源,组织和协调社区有关方面,以国家的社会保障制度为基础,采用社会工作的专业技巧和方法,以社区居民为对象,争取并保障其基本生活条件和福利水平,达到社区稳定、社会发展的目的。[②]

社区社会保障包括社会福利服务业、便民利民服务业、职工社会保险管理服务业、社区卫生与医疗保健服务业、社区文化、教育与职业技术培训、救助与扶贫工作、社会互助、社区志愿者服务、优抚安置与双拥共建、社区治安、社区矫正制度、社区性社会福利经济、城镇住房建设和村镇住房建筑与规划、社区公益性与

---

① 参见徐永祥:《社区发展论》,华东理工大学出版社 2001 年版,第 53 页。
② 参见周沛:《论社会工作中的社区保障》,载《江海学刊》2003 年第 2 期。

公共性事业。①

社区社会保障是满足社区需求的保障机制，是给予社区以尽可能大的施展空间，推动社区自行调集配置各种人力、物力和财力资源，特别是自然形成由政府部门、企业部门和营利部门共同参与的合作机制，以协调本社区的社会保障供求关系，满足社区的需求。②

社区社会保障是在社区范围内，以全体社区居民为对象，以发挥社区居民的互助性、参与性为主，充分开发利用社区资源，全方位、多渠道吸收各种资源，为社区成员的生存和发展提供基本保障。③

社区社会保障是社会保障体系的一部分，是以社区为依托、以社区居民为保障对象的社会保障，包括了从社会救济、医疗保险、养老保险、失业保险到社会福利等诸多社会保障内容。④

上述关于社区社会保障的认识尽管不尽一致，但有异曲同工之处，有些甚至是相互补充的。首先，社区社会保障不是社会保障在社区层次的简单再现，其基本功能是在社区层面为社区成员提供基本的保障网络。对无法从国家统一的社会保障网络得到足够保障的社会成员而言，这种网络将成为家庭保障之外的有益补充。其次，社区社会保障面向社区全体居民，这就使所有社会成员都能够享受到社会保障并维护其基本的生存权和发展权。最后，社区社会保障得以运行的保障是社区居民的互助性和参与性，它以充分发挥本社区的资源为基础，多渠道、多方面地吸收社区外部资源。社区社会保障不仅能为社区居民的基本生活提供保障，还能培养社区居民的凝聚力和归属感，创造良好的社区环境，提高社区的自治水平，实现个人、社区和社会的和谐发展。总的来说，社区社会保障具有区域性、灵活性和创新性，利用的资源形式更多，服务更贴近居民生活。

二、社区社会保障的职能

随着社会保障制度的逐步完善，企事业单位只依法缴纳社会保险费，不再承担发放基本社会保险金和管理社会保障对象的日常工作。为实现社会保障管理和服务的社会化，社会保障对象要与企事业单位脱钩，由社区组织统一管理，社会保险金实现社会化发放；要大力加强社区服务组织建设和基础设施建设，强化社区服务的功能。根据这一思路，社会保障将不再以企事业单位作为唯一的实

---

① 参见刘继同：《从身份社区到生活社区：中国社区福利模式的战略转变》，载《社会科学》2003年第6期。
② 参见杨团：《中国的社会化社会保障与非营利组织》，载《社会学》2000年第5期。
③ 参见高山：《社区社会保障——社会保障制度发展的新途径》，载《武汉冶金管理干部学院学报》2006年第1期。
④ 参见娄成武主编：《社区管理学》，高等教育出版社2002年版，第307页。

施基础,社区将成为新的社会保障载体。当前,社区社会保障的职能主要体现在以下三个方面:

1. 社区的社会保障设施建设

社区的社会保障设施包括社区服务中心、幼儿园、托儿所、教育机构(包括小学和中学)、老年人服务机构(包括养老院、老年人服务中心等)、医疗卫生机构等社会服务与福利机构的场所与设备,同时还包括诸如图书馆、微机室等条件较好的社区建设的文化娱乐福利设施,以及社区再就业中心等有时代特色的保障设施,这些都是社区社会保障功能得以发挥的"硬件"基础。社区要承担或发挥应有的社会保障功能,离不开这些"硬件"设施,它们是社区社会保障功能的物质基础,需要不断加以完善。

2. 社区服务组织建设

社区服务组织类型多样,服务内容涵盖社区生活的方方面面,与社区成员生活息息相关。具有社区社会保障功能的社区服务组织,如社会保险金发放机构、各类社会福利机构(如社区医疗站、养老院等)以及再就业指导与培训机构等,是未来社区建设的重要方面,承担着社会保障的基本功能。对社区服务组织的建设是对社区"软件"的建设,通过这些服务组织的细致工作,能使社区成员充分感受到社会大家庭的温暖。基层政府和社区自治组织应在社会保障体系建设中发挥中坚作用。大量社区服务志愿者的出现,表明了社区成员自我建设意识的增强。社区内部的各种群众团体、俱乐部等在强化居民社区意识方面也起着正式组织难以替代的作用。

3. 社区意识的培育

社区意识是指社会群体及个人对于社区在心理上的自觉感受和认同。社区建设需要社区成员的共同参与。社区的社会保障功能在很大程度上是在社区内部实现的,如社区内的互助组织、社区成员自发的帮扶活动等。但是,此类内部保障实现的前提是社区居民有较强的社区建设参与意识,有高度的社区认同感,进而以社区为"家",把他人的困难看成是自己的困难。各种社区服务中心效能的充分发挥也离不开服务对象社区意识的提高。因此,提高居民社区共建意识是社区建设的核心。

三、社区社会保障的内容

社区社会保障是社会保障体系的一部分,一般把它划分为社会救济、医疗保险、养老保险、失业保险、社会福利和优抚安置六项内容。

(一) 社区社会保障的基本体系

1. 社会保险

社会保险是以国家为主体,对有工资收入的劳动者在暂时或永久丧失劳动能力,或虽然有劳动能力而无工作,即丧失生活来源的情况下,通过立法手段,运用社会力量,给这些劳动者以一定程度的收入损失补偿,使之继续维持基本生活水平,从而保证劳动力再生产和扩大再生产的正常运行。它包括养老保险、医疗保险、失业保险、工伤保险、生育保险、残障保险等。在医疗保险方面,我国正在探索医疗保险制度的改革,实行属地医疗,推广家庭病床,加大城市社区医疗的比重,形成"小病不出门、出门找社区"的多层次医疗体系。城市社区医疗应当在城市社区社会保障中发挥独特作用。在养老保险方面,应逐步实现养老金的社会化发放,需要包括城市社区在内的组织协同银行等金融机构一起做到社区成员的社会化管理,使他们逐步与原来的单位脱离,真正实现社会化的管理模式。在失业保险方面,我国《劳动和社会保障事业发展"十五"规划》要求社会保险对象的管理和服务社会化,即在试点的基础上逐步将用人单位剥离出来的社会保障事务性工作(社会保险和经办就业服务机构承接的部分除外)移交给街道和城市社区组织。一些经济较发达、社会化程度较高和管理较为规范的城市社区试点地区,已经在积极探索退休人员从单位转向社区管理的途径和方法,为辖区离退休人员、失业人员和生活困难者提供"老有所养、失业有保障、就业有援助、危难有救助"的社会化管理和服务平台。失业保险已经是城市社区工作的重要内容之一。

2. 社会救济

社会救济也称"社会救助",是指国家和社会对无劳动能力和失去生活来源的人,以及因自然灾害等原因造成生活困难者给予短期或长期的物质帮助。社会救济主要包括贫困救济和灾害救济。城市社区要保障各种失业、受灾和残疾孤弱人员最基本的生活需求,这是城市社区社会保障的最低线。城市社区应该负责居民对社会保障金的申请工作,并对提出申请的城市社区居民进行条件审查,对符合条件的予以确认并发放社会救济金。社区不仅应该在资金上给失业或下岗人员以帮助,还应对他们提供再就业能力的培训。社区有能力提供就业岗位时,应优先安排社区内的失业人员。对那些属于优抚对象的成员,即无生活来源、无劳动能力和无法定赡养人的"三无人员",社区应利用自身的优势,给他们更多的照顾,提供各种无偿的服务。

3. 社会福利

在我国,社会福利是社会保障制度的一部分,主要是面向社会弱者提供带有福利性质的社会服务和保障,其主要内容为社会养老。在城市社区社会保障体系中,社会化养老服务是其重要组成部分。这种服务一般采取就近原则,充分满足老年人对于地缘心态的心理要求。目前在城市社区所开展的老年服务主要有:建立老年福利设施,满足老年人科学健身和文化教育的需要;建立便民利民的服务设施。各城市社区建立的服务中心所开设的法律咨询、医疗咨询和家政服务等机构,可以采用无偿、低偿或有偿的方式满足不同群体的需求。有条件的地方还要实行退休人员的城市社区化管理,把城镇退休人员的日常管理工作转入职工户口所在地城市社区进行统一管理,为他们提供所需要的福利服务。

(二) 社区社会保障的补充体系

以上社会保险、社会救济、社会福利三者是社会保障体系的基本组成部分,根据我国具体国情,我国政府还采取了其他一些保障形式作为补充,主要有:

1. 优抚安置

优抚即国家和社会依照法规对那些为保卫国家的安全而作出贡献和牺牲的优抚对象在物质上给予优待和抚恤。安置是指国家和社会对复员退伍军人在生活和就业上给予妥善安排和照顾。优抚安置的对象有:革命烈士家属,因公牺牲、病故、失踪军人家属,革命军人家属,革命残废军人,带病回乡的复员退伍军人,革命残废工作人员,以及参战负伤致残的民兵民工等。

2. 社会互助

社会互助是由政府提倡、引导企业或社会团体组织举办,社会成员之间进行互助互济的一种保障制度。我国《国民经济和社会发展"九五"计划和2010年远景目标纲要》把"发展社会救济、社会福利、优抚安置、社会互助、个人积累等多层次的社会保障,初步形成适合我国国情的社会保障制度"作为我国的社会保障政策和发展目标。

四、我国社区社会保障的实施

经过二十多年的发展,我国社区社会保障事业取得了很大的进步。但是,由于历史的原因,社会保障资金缺口很大,社区社会保障仍面临严峻的挑战。在《国民经济和社会发展第十个五年计划纲要》中,我国政府把健全社会保障制度作为社会主义市场经济体制的重要支柱,并要求在"十五"期间基本建成独立于企业和事业之外的资金来源多元化、保障制度规范化和管理服务社会化的社会保障体系,这反映了探索适应我国社会的社会保障之路是社会发展状况的迫切要求。当前,我国社区社会保障制度的实施措施有:

1. 发挥政府在社区社会保障建设和管理中的关键作用

政府应通过积极的财政政策保证社区福利设施的维修、养护和更新。在财政政策中,尤其要保证税收政策的切实可行,照顾到社区组织特别是非营利组织的发展后劲。政府应将社区服务设施纳入今后的城市公共设施配套建设规划之中,要为一些社区组织机构的设立提供土地、必要的房屋建筑和服务设施以扶持和鼓励其发展。从公共产品供给的角度看,政府应该成为社区医疗保健组织、就业服务中心、就业培训等机构资金的主要提供者或全部提供者,对失业人员提供必要的培训资金和生活费用。此外,政府还应支持大部分承担社区服务的非营利组织的服务成本等。

2. 在社区建立系统的社会保障服务网络

针对城镇社区居民老龄化的问题，应该积极完善针对老年人的服务保障体系。相关社区设施的建立可通过利用社区现有的场所、机构开展，对于那些过去由政府建立、现以专项盈利为目的的社区机构应转变方向。社区建立新的服务机构，如家庭护理中心等。可采用逐步实施的办法，先由政府筹建，条件成熟后可允许企业或集团出面建设或个人出资建设，服务人员应由政府招聘人员、下岗人员和志愿者三部分组成。部分服务项目可视具体情况采取收费制度，收费标准应由政府严格把关，以达到以实业养事业、以服务养服务的目的。

针对社区失业问题的严峻现实，应该大力开展社区再就业服务。一是通过建立各种服务组织和机构，开辟多种多样的就业岗位，建立社区再就业中心，为失业人员提供就业机会；二是建立社区再就业培训机构，通过建立专项失业培训基金解决培训经费问题，同时也可以通过适当的收费实现有偿的就业指导服务。

3. 发展社会服务

华东理工大学徐永祥教授对社区服务的性质和功能作了全新的解释：社区服务实际上是"社区社会服务"的简称，是指政府、组织与个人等在社区开展的福利性服务和公益性服务，以及社区居民之间的互助性服务、社区照顾、残障人士服务、儿童与青少年服务、贫困家庭的救助与资助、单亲母亲及遭虐妇女的社会帮助、家庭治疗、志愿者服务等。社区服务的价值功能或价值标准主要体现在三个层面：一是维系弱势人群的社会尊严、生存权利和生活能力，限制不平等，提高社会的公正度和稳定性；二是满足社区居民的公共利益需求，提高居民的福利水平和生活质量；三是促进社区的人际交流和人际关怀，改善社区的人文环境，提高居民的道德文化素养。

4. 发展社区非营利组织

社区非营利组织是发展社区公益性事业的依托。它是由社区居民、企业甚至政府部门自我创办的，按照创办机构的不同性质，大致可以分为政府创办的和民间创办的两类。非营利组织在社区的任务是：满足社区居民的各种要求，推动社区建设与发展，帮助解决社区存在的问题。社区非营利组织的功能是：(1) 维护社区治安与各项秩序，维护社区环境，使社区居民安居乐业——安全功能；(2) 保持社区特征与社区凝聚力，对社区资源进行组合与分配——生存功能；(3) 进一步开发社区资源，使社区能够通过与外界的不断交流，持续满足社区居民不断增长的需求，创造性地解决社区面临的各种问题——发展的功能。当前，我国非政府组织参与社会公益事业发挥的作用，说明了社会各界蕴藏着丰富的可资利用的资源。但是，总的来说，与发达国家相比，我国的非政府组织参与社会公益事业还刚刚起步。要推动非政府组织参与社区社会保障，首先要将其视为社会保障体系中的有机组成部分;其次,政府应对其进行政策扶持和引导,实现对非政府组织参与者的优惠和鼓励,同时根据法律的规定保护非政府组织的发展,积极引导其参与社会公益事业。

5. 积极培养社区社会保障人才

社区社会保障工作需要既认同当前社区社会保障工作的基本价值理念,又具备足够的责任心和专业技能的工作人员完成。社区社会保障工作的开展必须采取多种方式培养符合这些条件的工作人员,以确保社区社会保障制度实施的效果。从整体上看,我国社会工作教育还不发达,选择受过社会工作教育的人从事社区社会保障工作的机会很少。现实中,社区社会保障工作的从业人员呈增长趋势,但总体上业务素质不高,专业技术结构不合理,一般管理人员偏多,而专业技术人员尤其是中高级技术人员偏少。因此,社区社会保障特别需要培养为社区社会保障服务的专门人员,这是社会保障实现社会化管理的重要条件。[①]

第四节 社区公共服务的比较

社区公共服务源于西方工业化国家。第二次世界大战以后,西方发达国家的社会结构、家庭结构、人口结构和生活方式发生了巨大变化,老年人问题、残疾人问题、妇女儿童保护问题、失业和贫困问题进一步突出,居民生活需求不断上升,对高质量的社区服务提出了要求。这一时期西方发达国家建立的社会福利制度,也大大促进了社区公共服务的扩大与发展。

一、主要社区服务经验介绍

1. 英国的社区照顾

英国的社区照顾(Community Care)是当代西方发达国家社区服务工作的典范。作为一种社区服务运动,社区照顾兴起于20世纪50年代,主要是针对"院式照顾"而提出的。所谓"院式照顾",是指政府雇用大批工作人员在大型福利院中对无依无靠的老年人和残疾人实行集中照顾。院式照顾较好地解决了被照顾者的日常生活需要问题,但是它使被照顾者脱离了他们长期生活的社区,难以满足他们的精神生活需要,受到人道主义者的批评,同时也使政府财政负担越来越重。在这种情况下,社区照顾模式得以广泛推行。在社区照顾模式下,被照顾者能够像正常人那样在自己熟悉的社区环境里生活。到70年代,社区照顾在英国各地已经相当普遍;到90年代,政府先后颁布《照顾白皮书》和《国家健康服务与社区照顾法令》,进一步强调社区照顾的目的在于实现在"自己的家或'像

---

① 参见谭晓辉:《论当前我国社区社会保障的建设》,载《云南行政学院学报》2006年第3期。

家似的'环境中供养人们"。

社区照顾的具体形式主要有以下几种:(1)由地方政府出资兴办社区服务中心。该中心设有老年人服务、残疾人服务和学龄前儿童服务等项目,工作人员大都是政府雇员,活动经费主要来自政府拨款,基本上属于无偿服务。(2)开办老年公寓。这是政府为社区内有生活自理能力但身边无人照顾的老人提供的一种服务,其收费标准大体相当于政府发给每位老人的养老金。(3)家庭照顾。这是政府为使老人留在社区、住在家里而采取的一种措施,即由家庭成员照顾,政府发放适当的津贴。(4)设立暂托所,实行短期护理。这是为了解决因家人有事外出或离家度假而得不到照顾的老年人、残疾人的短期照顾问题而设立的。暂托所的照顾服务可以是几小时,也可以是几天或几周。(5)上门服务。这是对居住在自己家里但生活不能完全自理的老人提供的一种服务,服务项目包括上门送餐和做饭、洗衣、洗澡、理发、打扫卫生等。(6)开办社区老人院,集中收养生活不能自理又无家人照顾的老年人。英国的社区照顾对许多国家和地区的社区服务产生了很大影响。

2. 美国的社区服务

美国的社区服务规模非常庞大,主要由两部分构成:一是政府提供的服务,二是社区志愿者提供的服务。政府提供的社区服务主要局限于满足居民的基本生活需要,如水、煤气、电、通讯设施、绿化、保洁和照明等,一般由政府出资,委托或承包给专业公司。明确的法律责任和由政府专业职能部门指派代表组成的社区顾问团能够保证居民及时得到社区服务。一旦居民反映的水、电、交通等问题得不到及时结局,居民就有权对专业公司提起诉讼。

美国社区服务的另一部分是由志愿者提供的。美国社区志愿服务活动的标准是每个志愿者每周参加无偿社区服务工作4小时。在社会生活的各个领域,志愿者们的身影无处不在,他们之中有专业技术人员、退休人员、政府官员、普通市民、大学生和中学生等。有统计资料表明,在美国,有50%以上的成年人和70%的大学生参加了各种类型的社区志愿服务活动,服务内容包括老人、儿童、残疾人等弱势群体的照顾,服务项目包括免费送餐、咨询服务和安慰电话等。

美国社区服务的设施很多,仅以社区老年服务设施来说,有提供综合性长期服务的养老院,有提供饮食服务的食品供应所和上门服务所,有为贫困老人服务的收容所和暂住所,有为体弱多病的老年人设立的服务性公寓、一般护理公寓、护士护理公寓等。

3. 我国香港地区的社区服务

我国香港地区的社区建设始于20世纪70年代,至今,其社区政策形成两条主线:一是基层组织建设,即通过民政系统(区议会)组织基层力量巩固政权,维持政治秩序;二是福利系统建设,即通过政府福利机构和社会服务组织形成福利服务系统,由受过社会工作培训的工作人员负责开展各种服务与活动。

香港政府从事社区工作的部门很多,主要集中在民政事务局、社会福利署、食物环境卫生署、教育署和警务署等部门,均采取垂直管理形式,无中间统管环节(如内地的街道办事处)。这些部门虽各自履行职责,但相互合作。香港政府每年在社区建设方面都有较大的投入,且逐年递增。以2004—2005财政年度为例,政府拨出的社会福利经费总预算为331.66亿港元,其中264.25亿港元为部门开支,提供给非政府机构的经常资助为67.41亿港元。另外,由奖券基金拨出的非经常开支,2004—2005年度预算为11.66亿港元,比上一年度增幅12.1%。

香港社区服务设施齐全,服务机构网络化。政府在人口2万以上的社区设立社区会堂,在人口超过10万的社区设立社区中心。目前,香港共有44所社区会堂和38所社区中心,由民政事务总署负责管理,社区的许多服务项目都在社区会堂或中心进行。社区中心的工作重点在于通过策动基层参与,增强居民对社区的认同感,同时发掘居民领袖才能,进而解决社区问题。现在,香港共有18个区议会,2004年议员总人数529名;有70个分区委员会和3103个互助委员会。这三级咨询机构积极参与社区建设,是当地社区与民政事务处之间的桥梁,在所属社区扮演重要角色。同时,在香港的17个区中有26个服务机构,2500多个中心,工作人员主要由受过高等教育的专业社会工作者和义务工作者组成,有高等学历的工作人员占很大比例,保证了服务工作的高水平高质量。在经费方面,活动经费的80%由政府资助,还有一部分来自社会公益金,同时还接受热心公益事业人士的赞助。有了稳定的经济来源,香港的社区服务工作蓬勃发展起来,有效地解决社会及市民遇到的困难和问题,保证社会整体的稳定。

在服务内容上,系列化的服务涵盖香港居民家庭生活的方方面面,并关怀其人生的各个阶段,深受居民的信赖。香港社区服务的服务对象包括从幼儿、青少年、成人到长者,从残疾人士、患病人士到孤寡老人、单亲家庭、新来港居住人士;服务领域涉及劳工、就业、教育、医疗、健康、家庭、房屋、市区重建、交通、扶贫、国际救援等;服务类别分九大类:家庭及儿童服务、青少年服务、康复服务、医务社会服务、安老服务、社区发展、违法者辅导服务、社会保障、临床心理服务。香港社区服务的服务内容主要包括:(1)新来港人士服务。如组织求职培训,内容包括就业市场分析、工作要求和态度、港式英语、广东话发音、日常办公用品应用、找工途径和见工技巧等。通过就业安置、就业适应服务和工作技巧训练,发挥支援网络功能,使他们尽快融入香港社会。(2)消除贫困服务。如办合作社,为个人和家庭提供项目和无息贷款等。(3)家庭助理服务。包括家政指导,照顾幼儿、老人和伤残人士,帮助家庭清洁、购物、送餐、接送孩子入托上学等。(4)家庭生活教育服务。包括儿童教育、青少年心理咨询、婚前教育、两性生活调适、单亲家庭援助等,旨在促进家庭健康发展。(5)社区老人服务。包括老人职业培训、医疗救助、实施老人优惠计划、购物、房租等给予照顾，开展老人运动日等活动。在香港社联的倡议与努力下，政府确定每年11月的第三个星期日为"长者日"。(6) 康复服务、弱智人士暂居服务。开办弱智特殊学校，举办"复康周"，开发弱智人士的潜能；推出伤残人士康复巴士，帮助伤残人士参与社交活动并积极融入社区。(7) 学校社会工作服务。帮助有思想障碍、遇到各种困难的学生解决问题；假期、节日组织学生开展丰富多彩的校外活动，使他们健康成长。(8) 辅助就业服务。帮助政府开展技能培训，进行职业指导、就业安置及跟踪服务。(9) 医疗服务。[①]

专业化的社会工作者和广大的社区义工是香港社区公共服务蓬勃发展的重要支柱。香港社工的全称为"香港注册社会工作者"，是指经过香港社会工作者注册局注册，从事社会工作的人。截至2005年1月1日，香港社会工作者注册局所注册的社工总人数为11892人。其中，女性8571人，占72.1%；40岁以下人士占65.6%；政府部门人员占15.8%，非政府部门人员占62%；取得社会工作学位的6539人，占55%。香港社工职业化程度非常高。从20世纪70年代开始，香港正式提出严格的入职要求，规定凡从事社会服务的人员必须接受社会工作专业训练，助理社会工作主任以上职级的社会工作岗位，只准聘用具有社会工作学位的人士担任；已在职人员限期参加进修，获取社工专业学位。此后十余年间，社区培训机构陆续增加，香港社会福利署也进一步完善和健全社工职级制度，并逐渐形成了完整的社工培训制度和社工职级体系。到20世纪80年代，香港的社会工作专业化、职业化制度建设基本确立。90年代，香港政府还颁布了《注册社会工作者工作守则》、《纪律程序》、《评核准则及认可学历》等政策法规，规定社工注册条件有两项：一是持有获注册局认可的社会工作学位、文凭，或具备《社工注册条例》规定的社工年资；二是非持有认可学历但现正担任或已接纳担任社工职位，须在注册后两年内提交修读计划，以获取为注册局认可的社会工作学历。同时，法规对社工的职业道德、专业水平、社工及服务对象的权益保护等方面也作了明确规定。优厚的薪酬、严格的职业标准、勤奋的工作和敬业的服务使得社工在香港成为一个普遍受人尊重的职业群体，为香港社区公共服务的发展作出了重要贡献。

与此同时，在香港还活跃着一大批社区公共服务志愿者，即社区义工。自20世纪80年代至今，参加过志愿工作的市民占香港总人口的20%，大约100万人。据统计，截至2003年，香港义工组织共300多家，义工总人数18064人，义工参加服务总人次102999人次，义工总服务时数410178小时，义工服务受惠总人次达2838411人次，训练服务使用总人次共27972人次。除此之外，香港的非

---

① 参见牛丽华、易虹：《香港的社区服务系列化》，载《中国妇运》2001年第2期。

政府机构也是本地社区服务的主要力量,它们和政府之间逐渐从过去的"伙伴关系"发展到如今的"合约关系"。据统计,现在全港志愿承办社会福利的团体有 346 个,雇员超过 3 万人,占全港所有社会福利人员的 80%,提供近 90% 的福利服务,受惠人数达 200 万。如不将社会保障和康复服务计算在内,受资助非政府机构所获得的津助约占香港社会福利及康复服务方面总开支的 79.2%。

二、中外社区服务模式的比较

欧美等西方发达国家和地区社区服务发展的历史较长,社区服务积累了丰富的经验,形成了自己的特色,许多方面值得我们借鉴。中外社区服务在运作模式上存在以下差异:

1. 观念的差异

文化模式、家庭观念、社区观念对社区服务的需求状况和服务模式有深刻影响。在家庭观念方面,"养儿防老"是我国的传统观念;而在欧美各国,人们的家庭养老观念比较淡薄。在美国,只有不到 3% 的人认为老年人应当与其家庭成员一起生活。相反,欧美各国人们的社区观念非常浓厚。美国居民要求社区提供服务的居多,而亚洲居民更乐意接受政府提供服务。对我国广西 1000 户居民的问卷调查显示,当居民家庭生活发生困难时,希望由市、城区政府解决的占 44.8%,希望由企业或单位解决的占 33.4%,希望由街道办事处解决的占 1.8%,希望由社区志愿服务团体解决的占 20%。[①]

随着我国家庭结构的转型,传统的家庭保障观念也逐渐受到挑战。不过,从我国国情看,家庭保障仍将是很长一段时期内社会保障的重要组成部分。

2. 经费来源不同

在社区服务的经费来源上,我国与欧美发达国家存在很大差距。在欧美发达国家,社区服务的经费主要来自于政府拨款。在瑞典,政府和地方福利机构开办的养老院有 1600 个,福利开支占国内生产总值的比例高达 60%。美国每年用于老年人的社会福利费用约 1550 亿美元,占整个财政预算的 74%。

在我国,中央和地方政府对社区服务的投入微乎其微,按人口平均值根本无法和欧美发达国家相比。总的情况是,国家福利体制的结构调整明显滞后,政府对福利保障和福利服务的资源分配不足。当然,我们也能看到,一些走福利国家道路的欧美国家,其社会福利包括社区的财源主要来自国家,给国家财政带来了沉重的负担。近二十年来,许多国家总的趋势是把社会福利工作推向社会,中央把权力下放到地方,再由地方政府委托给私人团体、慈善团体、教会或个人承办,政府给予适当资助。

---

① 参见陈漪等:《社区经营与社区服务》,中国社会出版社 2005 年版,第 107 页。

3. 管理体制的差异

我国社区服务的管理体制侧重于政府和政府业务部门直接参与。《全国社区服务示范城区标准》第5条规定:"区、街道分别建立政府领导、民政主管、各有关部门及辖区内企事业单位的代表参与的社区服务领导或协调机构,在民政部门建立办事机构,形成各相关部门齐抓共管、各负其责的管理机制。"

1990年,美国政府公布新的《国家健康服务和社区服务办法》,对社区服务的管理体制也作了明确、统一的规定:"联邦政府负有领导和指导地方社区服务的职权,在政策制定、行政管理和服务推广方面发挥作用。"这一规定保证了非政府组织在开展社区服务方面成为美国社区服务发展的主力。英国利物浦市社区服务的管理体制是:市政当局设有社会服务部,在市、城镇还设有群众性的志愿者服务协会。利物浦市志愿者协会年会(代表会性质,是协会的最高权力机构)下设理事会和常务理事会,常务理事会下设办公室,办公室内设高龄老人护理和成人安置部、社区专家部、社区项目部、支持生活部等,具体分工负责老人护理及生活扶助、成人安置、弱势群体及残疾人工作安置、癌症及精神病患者护理、社区设计及服务规划等各项业务。

从我国与国外社区服务管理体制的比较中可以看出,国外社区服务的管理,从管理机构到具体运作,比较突出社会性,即社会工作由社会承办,政府主要实施宏观调控,具体运作由民间组织实施;而我国社区服务管理体制则强调各级政府和政府业务部门参与管理,其方法就是派代表参加,而这些代表又是在各自岗位上的在职人员,无法把全部精力放在社区服务和社区建设上,充其量最多只能发挥一定的行政协调能力。

4. 服务模式不同

西方国家社区服务强调"以人为本",即按照个人需求设置服务设施。借着不同类型的服务及多边的工作手段解决各类不同对象的问题,让每个人的潜能得到充分发挥。这种服务模式实施高度的分门别类,不同的服务类别因其特定服务对象的需求而建立服务设施。以美国老年人服务为例,从服务的性质划分,可分为综合性、医护性、生活服务性、娱乐活动性、居住性、学习性等;从服务方式划分,可分为上门服务、户外服务、直接服务、间接服务等;从服务对象上划分,可分为不同年龄对象、不同活动能力对象、不同民族对象等;从时间上划分,可以分为短期性、长期性、白昼性、全日性等;从经营者及其标准划分,可分为政府性、民间性、营利性、非营利性、宗教性、慈善事业性等。各地社区根据上述分类,分别设置相应的服务设施。

在我国,社区服务的运作考虑到社会的需求,以社区为范围统筹安排。以老年人服务为例,许多城市设置的老年公寓一般都强调综合性,是融生活照顾、医疗护理、文娱、学习为一体的多功能社区服务设施。

一些专家认为,高度分门别类、"以人为本"的服务规划及服务模式,在福利服务发展初期,尤其是在规模的建立及专业化的发展上发挥过很大作用。但是,自20世纪50年代至今,社会发展一日千里,这套"以人为本"的模式应用于90年代的社会存在很多不足的地方:(1)服务界限分明、分工精细但协调不足;(2)资源运用及经济分类过细,致使出现重叠现象;(3)服务使用者的需要未能全面照顾到,未能达到全面照顾个人需要的标准;(4)对社区需要不敏感。在以个人服务为基础的规模及模式下,不同类别的服务部门已建立了其独特的服务目标、服务规划及标准、服务内容及方式,各服务单位就在这个政策的框框内为社区提供服务,欠缺灵活性,以致对社区不断变化的需要及社区与社区之间的差异和特性未能作出有效的回应及充足的照顾。正因为如此,现在许多西方国家,如英美等国,提出了服务的"整合"问题。即把不同部分的同类的服务项目结合之后变成一个新的整体,而其中的每个组成部分在结合过程中亦必须作出某种程度的改变,并与其他组成部分共同变成一个与原来截然不同的新整体。

第五节 我国社区公共服务的展开与展望

一、我国社区公共服务的兴起与开展

我国社区公共服务是在民政部的积极倡导下发展起来的。新中国建立至今,社区公共服务的发展经历了三个阶段。

(一)我国社区公共服务的酝酿产生阶段

我国社区公共服务最早开始于20世纪50年代后期。当时主要是个人依附于单位获得国家的资源分配,但是许多社会成员因政治身份不合格而无法进入国有或集体单位,成为传统计划经济体制下的社会弱势群体或边缘群体。如所谓的"右派"、有海外关系的家庭子女等不能被招工、上大学或参军,只好通过街道、居委会组织进行安置,在本社区内实现生产就业、获取生活来源。因此,在当时,社区服务还只是主流社会生产组织方式的补充和辅助,是社会边缘、弱势群体生产就业、生活来源的基本形式,而不是指向一般居民的社会福利、服务事业的组成部分。

改革开放以后,随着经济体制改革和政府职能的转变,城市社区公共服务广泛兴起并迅速发展起来。市场经济的发展既给社会经济形势带来了巨大的变化,也推动着城市社会结构的变化,城市化步伐加快,城市人口迅速增加,家庭结构的小型化、人口结构的老龄化和生活方式的多样化成为城市的普遍发展趋势。计划体制下的社会福利制度受到冲击。企业逐渐将原来承担的社会职能剥离出来还给社会,在多种经济成分中出现的无主管单位人员也迫切要求社区满足其

社会服务的需求。另外，城市经济总体实力不断增强，社区服务供给获得了日趋强大的经济保障。1983年，第八次全国民政会议召开，民政部门开始酝酿城市社区福利工作的改革，提出了国家和社会的力量相结合、以多种形式办社会福利事业的新思路。1984年，民政部再次在漳州会议上明确了"社会福利社会办"的指导思想，提出要使社会福利事业从单一的、封闭的国家包办的体制转变为国家、集体、个人协办的体制；要面向社会，多渠道、多层次、多形式地发展社会福利事业。1985年，民政部推广了上海市民政部门创造的"四个层次一条龙"的福利服务网络经验，即市、区、街道、居委会共同合作，形成每个街道有一厂（福利工厂）、两站（孤老服务站、精神病医疗站）、两所（托老所、伤残儿童寄托所）、两组（孤老保护组、精神病人看护组）的社会化服务网络。在此基础上，民政部提出在城市开展社区服务工作的构想与要求，将社区服务定位为"在社区内为人们的物质生活和精神生活所提供的各种社会福利与社会服务"。1987年，民政部在武汉召开的部分城市社区服务座谈会上，进一步明确了社区服务的内容、任务以及社区服务和民政部门的关系，标志着我国社区公共服务的兴起。

（二）我国社区公共服务的发展阶段

随着民政部对社区公共服务指导思想的确立，许多地方民政部门开始在本地区选择一些社区和街道进行试点工作，包括建立社区服务的指导、协调机构，制订社区公共服务的发展规划，并探索基层社会公共服务的模式。1989年，民政部在杭州召开了全国城市社区服务工作经验交流会，总结推广了全国各地开展社区服务的经验，形成了进一步开展社区服务的新思路：(1) 要加强社区服务的宏观指导，制订规划，健全法制；(2) 要上靠政府，下靠基层社区，争取社会各界的广泛参与；(3) 要因地制宜，注重实用，讲求实效，服务设施和项目以小型分散为主；(4) 要以社会效益为目的，以经济效益为手段，走"以服务养服务"的道路。尤其是随着《城市居民委员会组织法》的通过，法律明确规定"居民委员会应当开展便民利民的社区服务活动"，进一步推动了社区服务向基层社区的延伸。到1989年底，我国已有3267个城市街道开展了社区服务工作，占当年全国城市总街道数的66.6%；到1992年底，全国已有70%多的城市街道开展了社区服务工作；到1993年底，这一比例上升到80%以上，全国城市社区服务设施已达到11.2万个，其中老年人服务设施2.4万个，残疾人服务设施0.9万个，优抚对象服务设施1.6万个，综合性的服务中心和其他便民利民服务设施6.3万个。

（三）我国社区公共服务社会化、产业化阶段

随着社区公共服务的推广，资金短缺与服务亟待扩展的矛盾日益突出。为了巩固社区服务的成果，扩大规模，提升档次，国家计委、民政部、体改委、财政部等中央14部委于1993年8月联合下发了《关于加快发展社区服务业的意见》，提出把社区服务作为第三产业，要求给予政策扶持和优待，向社会化、产业化和

法制化的方向发展,鼓励社会上企事业单位、民办企业、个人及海外资金投入社区服务设施的建设中,实行价格放开、市场调节的运行机制,提出分类划分社区服务为社会福利服务、便民利民服务和街企事业单位双向服务等三类服务分别进行不同的经营管理。这明确了社区服务是保障社会体系和社会化服务体系中的一个重要行业,明确了社区服务的发展目标和基本任务,是我国城市社区服务发展历程中的一个重要里程碑。1995年,民政部颁布《全国社区服务示范城区标准》,规范了社区服务的分类管理和发展体系,使社区服务发展走上了社会化、法制化和产业化的道路。

二、我国社区公共服务的现状

经过几十年的发展,我国城市社区公共服务的发展已经取得了巨大的成就。城市社区服务不仅遍布于全国各地的街道里弄,而且融入到城市居民的生活中,成为全社会认同的公共事业。同时,社区公共服务也成为国家国民经济和社会发展规划的重要组成部分。具体来说,我国社区服务的成就主要表现在以下方面:

(一) 创造了社会公共服务生存和发展的外部环境

随着1993年民政部等14部委联合颁发的《关于加快发展社区服务业的意见》明确了社会服务的资金和税收等项目,社区公共服务被纳入到国家和各级政府的发展规划,并在计划立项、税收减免、用房用地、资金支持、编制用工等方面出台了一系列倾向政策和措施,为社区服务的发展营造了良好的外部环境。例如,对凡是由民政部门所办,专门为优抚对象、残疾人、老年人提供服务的社区服务项目,创办初期免征两年能源交通基金和预算调节基金;对育婴托儿、医疗保健、婚姻介绍、殡葬服务项目的收入免征营业税,所得税按国家统一的减免规定执行。2000年,党中央、国务院转发《民政部关于在全国推进城市社区建设的意见》,进一步把拓展社区服务视为社区建设的重要目标和重点发展项目。此外,《社会团体登记条例》、《老年人权益保障法》、《未成年人保护法》、《残疾人保障法》等法规都对社区公共服务起到了重要的规范和指导作用。

(二) 建立了具有中国特色的社区服务投资机制、发展机制和内部运行机制

由于社会经济制度和文化背景的不同,各国社区服务的运行机制是不一样的。我国的城市社区服务由我国国情所决定,逐步形成了政府主导、社会参与的运行机制。其中,政府的主导作用,一是表现为倡导发展社区服务事业,制定社区服务的发展规划和政策措施;二是对社区服务进行宏观管理和业务指导,保证社区服务健康发展;三是以"项目经费"等多种方式资助和引导社会各界开展群众迫切需要的社区服务项目;四是兴办社区公益事业,履行政府为社区服务的各项职能,尤其是社区社会保障的职能等。在政府的号召和动员下,社会各方面广

泛参与，并逐渐形成了社区居民、社区内单位和民间组织等多个参与主体。其中，社区居民既是社区服务的最大受益者，也是最基本的参与力量。在许多社区，不同程度参与社区服务活动的居民已经占到成年居民总数的一半以上。社区内的企事业单位和民间组织也成为社区服务的重要力量。

不仅如此，我国已经基本上建立起了以社会集资为主、政府资助为辅的多层次、多途径、多种经济成分并存、多种方式共同兴办的社会服务投资机制和发展机制，使社区服务发展的资金和软硬件设施都能落到实处。为了适应市场经济的需要，社区服务在保障其福利性和公益性的前提下，采取"两条腿走路"的方针，以社会效益为主，兼顾经济效益，用经营服务的部分收入支持和弥补福利经费的不足，增强社区服务自我积累、自我发展的能力，形成了良性循环、良性发展的内部运行机制。

（三）加强了社区公共服务队伍的建设，构筑了社会服务的网络

社区服务队伍的来源不断丰富，数量不断增多，专业化程度不断提高，形成了一支由专、兼职服务人员和广大志愿者组成的社区服务大军。社区志愿者队伍不断壮大，有助于形成良好的社区互助和社区参与的氛围，全国各地都建立了社区服务志愿者组织。截至2005年底，我国有社区服务从业人员357.8万人，其中安置下岗失业人员138.8万人；社区志愿组织约7.5万个，社区志愿者人数达1600多万人。

这支社区服务队伍活跃在社区服务的各个领域，把社区服务的对象从弱势群体扩大到全体社区居民，把服务内容从单一分散的服务发展到包括养老、助残、优抚、医疗康复、婚丧嫁娶、居民生活、信息及治安防范等多层次、多方位的系列化服务，创造了无偿、低偿和有偿服务相结合，设施服务和互助服务相结合的社区服务形式，建立起了市、区、街、居互相联系、相互贯通的社区服务网络，在城区、街道、居委会三个层面分别建立了社区服务中心、社区服务站和各种专项的社区服务设施。截至2005年底，我国有城区852个，街道6152个，社区79947个，其中建立社区服务中心7804个，各类社区服务设施19.8万个，便民利民网点70.4万个，"星光计划"老年活动之家3.2万个，初步形成了区、街道、社区的三级服务网络。

（四）成功地走出了一条"社会福利社会化"的发展道路

二十多年来，社区公共服务实践了"社会福利社会化"的发展思想，其资金不再完全依赖国家财政拨款，而是更加强调社会政府、集体和个人的共同承担，既开展了面向弱势群体的福利服务，又开展了面向全体社区居民的公益性便民利民服务，把社区居民的各种服务需求和各种矛盾在社区内就地解决，把专业服务和志愿者的社会互助活动紧密结合，广泛发动社区居民和辖区单位为社会提供无偿、低偿和有偿服务；坚持以街道为主体，以居委会为依托，鼓励和支持单

位、个儿或其他经济成分兴办、管理社区服务,并开始试验将社区服务设施交由民间社会服务团体运作和管理。社区服务社会化的探索和实践大大丰富了"社会福利社会化"的思想内涵,充实和发展了它的精神实质。

三、我国社区服务发展中存在的问题及对策

(一) 我国社区服务发展中的主要问题分析

社区服务作为社会发展和社会变革的产物,正在经历着一个由自发型向自觉型、由经验型向科学型、由国家(政府)单一社会福利结构向多元结构的转变。我国社区服务在取得巨大成绩的同时,依然存在着许多制约社区公共服务的因素。

1. 社区公共服务体制不顺,缺乏总体的计划性

由于我国现行的行政管理体制是垂直领导的模式,社区单位(条)与街道办事处(块)对社区服务的认识尚未完全认同,而街道办事处只是基层政府的派出机构,权力覆盖面小,渗透力差,无力将社区内各个部门有效地组织起来共同开发社区资源,这就造成社区服务体制不顺、条块分割的问题突出,对社区服务的健康发展是极其不利的。

从全国社区服务的实践看,依然有不少地方社区服务的发展方向、规模、速度还缺乏宏观的把握,尚未将社区服务完全纳入到本地区的社会发展总体规划和城市第三产业的发展规划中,社区服务基本设施的建设也没有被列入城区公共设施建设的配套规划中,社区服务的发展缺乏总体的计划性、目标性。

2. 社区服务资金来源不足

资金来源困难是当前制约社区服务发展的首要因素。到目前为止,我国社区公共服务的支出既未纳入国家财政预算系列,也未归入政府预算或其他事业经费预算中。社区服务的经费来源主要包括政府资助、居委会自筹、当地有奖募捐自留福利资金和社区服务的有偿服务收入。但是,从实践情况看,中央和地方对社区的投入微乎其微,按人口平均根本无法与欧美发达国家相比。总的来看,国家福利体制的结构调整明确滞后,政府对福利保障和福利服务的资源分配不足。社区服务的福利性决定了其利润有限,难以吸引投资。二十多年来的社区服务实践表明,兴建社区服务设施和开展社区服务活动,大都依赖区、街、居委会千方百计筹集资金,许多区、街道和居委会经济实力有限,而社区服务项目以低偿或无偿为主,自身积累能力较差,甚至难以维持现有设施正常功能的发挥。

3. 社区服务项目欠缺

一般来说,社区人力资源的多寡和专业化程度,直接决定了社区服务项目的数量和质量。从我国目前的情况看,社区服务的项目还不多,且大都集中在社区保洁、社区绿化、老年人照顾、残疾人照顾、贫困家庭照顾、婚姻及职业介绍、计划

生育辅导等方面。即使是这些服务,体力劳动和经验性的服务远多于知识含量和技能含量高的专业化服务。至于社区居民急需的专业化服务,诸如老年人心理与行为辅导、问题青少年的行为矫治与辅导、暴力家庭与单亲家庭的辅导与治疗、弱智儿童辅导、精神障碍者回归社会辅导、刑释人员的社会化辅导、居民的康复辅导、职业培训与就业指导等知识含量高的专业化服务,则普遍没有开展起来。

由于社区服务项目的这种片面性,导致社区居民对社区服务缺乏强烈的参与意识。目前,我国社区公共服务的发展还停留在行政动员型的参与阶段,群众的参与度、自治度都比较低,很少有主动、自愿、积极的参与。

4. 社区服务队伍的整体素质不高

社区服务的开展和发展,吸引了大批失业人员、家庭妇女、有劳动能力的残疾人和离退休人员加入到服务队伍中,这是可喜的一面。但是,我们也应该看到,目前社区服务队伍的整体素质还是比较低的,专业技术人员、专业社会工作者和管理人员严重缺乏。大多数社区服务者没有受过系统的专业训练,不能很好地根据居民的实际需求设置相应的服务项目和服务方式,使得一些服务设施处于闲置或半闲置状态。有统计数字显示,我国的 110 万社区服务人员中,专业技术人员和专业管理人员分别仅占 10% 和 6%[①],严重影响了社区服务项目的扩展和服务质量的进一步提高。

5. 社区服务观念落后

由于目前社区服务体制的落后和社区服务项目的欠缺,导致社区居民对社区服务的认同感不强。大多数群众还停留在过去对单位的归属感上,社区意识不强,参与程度不够。有些居民即使意识到了社区服务的意义,也不愿从事社区服务工作,许多人把社区服务看做是老弱病残和文化程度不高的人从事的职业。社区服务工作者的权益没有合法的保护途径,收入很低。同时,一些地方政府和民政部门的领导受传统观念的束缚,对社区服务的认识滞后,在实际工作中对发展社区服务的重视不够、投入不多、力度不大,组织机构、政策、措施、资金、场地等方面的条件得不到很好的落实。

(二)解决我国社区服务问题的对策

关于如何解决我国社区服务发展中存在的问题并进一步发展社区服务,是一个需要理论工作者和实践工作者共同探讨的问题。针对上述社区公共服务发展中存在的问题,进一步发展社区服务的思路有如下几个方面:[②]

---

① 参见时正新、朱勇:《中国社会福利与社会进步报告》,社会科学文献出版社 1998 年版,第 53 页。
② 参见唐忠新:《中国城市社区建设概论》,天津人民出版社 2000 年版,第 181—184 页;李森主编:《城市社区建设概论》,山东大学出版社 2001 年版,第 153—156 页。

1. 积极探索和完善社区公共服务社会化和产业化的发展道路

社区服务的社会化意味着"社区服务社会办",它强调政府、企事业单位、居民群众等社会力量共同参与,而不是政府包办。社区服务的产业化意味着社区服务发展为产业的过程,意味着社区服务逐渐成为名副其实的第三产业。社区公共服务要进一步适应市场经济的要求,加快由政府包办向政府为主、多方参与的市场化经营方向转变。要实现社区服务的社会化和产业化,首先要求政府出台和完善一系列的优惠政策,吸引和鼓励政府有关机构、社会中介组织、企事业单位和各界人士共同投资兴建社区设施,使各类投资主体不因投资社区服务事业而明显影响其经济效益。其次,要进一步完善无偿、低偿和有偿相结合的社区服务管理制度,不断发展新的社区项目。最后,要在为各类弱势群体和优抚对象提供福利服务的同时,努力开拓为广大居民群众和辖区单位提供服务的项目。

2. 加强组织管理和规划管理

科学制订社区服务发展规划,要把社区服务列入区政府和街道工作目标管理序列。建立社区服务行业管理组织或社区服务指导中心,对不同运营性质的社区服务单位实行不同的管理方式,并有一套科学、合理的统计指标体系。建立政府领导、民政主管、各有关部门及辖区内企事业单位代表参加的社区服务领导或协调机构,在民政部门建立办事机构,形成齐抓共管、各负其责的管理体制。制定社区服务管理办法或实施细则,对社区服务单位实行认证制度,发放统一的社区服务单位证书,并实行年度检查。区、街道和社区服务中心分别配备一定数量的行政或事业编制的专职社区服务人员,具体负责社区服务的组织管理工作。社区服务项目的设置要从社区居民的需求出发,立足民政,面向社会,确保福利服务,首先满足老人、残疾人、优抚对象、少年儿童等特殊群体的需求。同时,合理安排经营性服务项目,服务于社区全体居民,制度化地开展社区互助服务,加强设施管理,建立区、街道一级具有指导、示范、辐射、培训等多种功能的社区服务中心。另外,要建立场所固定的社区服务站,动员本社区的机关、团体、企事业单位内部福利设施向社区居民开放。

3. 加强政策扶持和资金筹集

各级政府要增加对社区服务业的投入,广泛吸收社会资金和引进国外资金用于发展社区服务业。各级民政部门要通过社会福利有奖募捐增加对社区服务业的投入,使其基本建设、更新改造投资的比重得到提高。各级财政部门可将社区服务中心视为社会福利事业单位,并根据本地区的财政状况,在其开办期给予适当补助。对于核定社会福利事业费开支的社区服务单位,要按照有关政策在经费上继续给予支持。可在"社会福利事业单位经费"项的说明中,增加对社区服务业补助的内容。对育婴托儿、医疗保险、婚姻介绍、殡葬服务项目的收入减免营业税,所得税按国家统一减免规定执行;对敬老院、盲人按摩诊所、盲人学校、弱智儿童学校、伤残儿童寄托所、残疾人职业技术培训中心、残疾人活动中心、康复中心、残疾人用品供应服务站、民政部门管理的具有社会福利性质的老年人公寓等减免固定资产投资方向调节税。对效益好、有偿还能力的社区服务企业所需资金,银行按照银行信贷原则给予适当支持。对不具备法人条件的经营单位,依法办理营业执照;对具备法人条件的经济实体,给予办理企业法人登记。各级卫生行政部门对社区卫生保健和社区康复组织要积极支持,发给卫生或医疗许可证。各级城市规划部门要在城镇规划中安排社区服务建设项目。在新社区建设和旧区改造中,要将社区服务设施纳入公共设施配套建设规划,严格进行规划实施。对购买或租赁专门用于具有社会保障性质的社区服务的房屋,可在当地政府掌握的微利房、成本房中考虑;对居住区内用于非社会保障性质服务的房屋和设施,可采取不同方式,实行有偿使用。建立以社会筹集为主、政府资助为辅的多层次、多途径、多种经济成分并存的社区服务业投资体制。

4. 进一步完善社区服务形式

社区服务对象和服务项目的多样性决定了社区服务形式的多样性。在多元化的服务形式中,尤其应该重视邻里互助、设点集中服务和协同包户等形式。邻里互助具有节约资金、节约场地、方便及时等优点,有助于增进邻里之间的友情,是社区服务的主要形式之一。但是,它一般局限于解决简单的日常生活问题,需要设点集中服务以弥补其不足。设点集中服务主要是通过兴建有关服务设施开展社区服务,例如许多城市街道兴建的社区服务中心、卫生服务中心、老年人活动中心、便民服务点等。实践证明,逐步加强这些硬件建设是继续深化社区服务的一项重要任务。此外,对于那些老、残、孤、困等特殊群体,还可以实行协同包户服务,即社区主体共同协作、分工负责,向服务对象提供无偿或低偿的服务。同时,还应该多提供一些老年人心理与行为辅导、问题青少年的行为矫治与辅导、暴力家庭与单亲家庭的辅导与治疗、弱智儿童辅导、精神障碍者回归社会辅导、刑释人员的社会化辅导、居民的康复辅导、职业培训与就业指导等知识含量高的专业化服务。

5. 加强社区服务队伍建设

社区服务队伍是开展社区服务的首要条件。只有拥有了一支有社区专职工作者、兼职人员和志愿者组成的训练有素的服务队伍,才能有效地开展社区服务工作。针对当前专职社区工作者专业化水平不高的现象,我们应当坚持培养和借鉴的两手方针,一方面充分利用国内高校有关专业的教学和科研优势,加紧培养并向社区积极输送社区服务的专门人才,积极开发、引进具有相关学科知识的专门人才投身于社区服务;另一方面要鼓励具有社会工作专业和其他相关专业技能的人才积极参与社区服务。在当前社区专职工作者尚不充足的情况下,充分动员居民群众中蕴藏的力量,通过给予适当的报酬把他们吸引到社区服务中来。

实践证明，在社区服务事业中，志愿者是开展社区工作的一支重要力量。动员广大居民群众，尤其是青年人，积极从事社区服务事业，是社区工作的一项重要内容。可以借鉴西方发达国家的经验，鼓励青年学生，尤其是大中专院校的学生，积极开展社区志愿者服务活动。例如，在美国，学生如想获得中学毕业文凭，必须参加至少 75 个小时的社区服务工作；在日本等国家，除了在大学和专科学校设置了社区服务的课程之外，在某些高中学校也增设了社会福利课程，教授学生掌握护理老人和残疾者的知识。

四、我国社区公共服务的展望

我国社区公共服务从一开始就与西方国家偏重于"慈善事业"式的发展模式不同，肩负着福利服务和方便人民生活的双重任务，发挥着社会保障和社会服务的双重功能。从 20 世纪 80 年代开始，我国的城市社区服务主要是依托区、街道、居委会三级共同体和法定社区组织开展起来的。在其实践过程中，逐步形成了政府主导、社会参与的运行机制。我国社区公共服务将朝着以下几个方向发展：

第一，服务主体由政府主导向多主体投入转变。

新形势下的社区服务既不是单纯的政府行为，也不是单纯的民间活动，而需要政府、社区居委会、民间组织、企事业单位和居民群众共同参与。《全国社区服务示范城区标准》第 5 条明确规定："区、街道分别建立政府领导、民政主管、各有关部门及辖区内企事业单位的代表参与的社区服务领导或协调机构，在民政部门建立办事机构，形成各相关部门齐抓共管、各负其责的管理体制。"社区服务由政府主导向多主体投入的转变是适应社会主义市场经济的需要，也是适应"小政府，大社会"的改革趋向。

第二，由公益服务为主向有偿服务为主转变。

社区服务最初主要以公益服务为主，随着市场经济的建立与发展，家务劳动社会化、市场化的发展趋势日益明朗，出现了一批新兴的有偿服务公司，如物业公司、修理服务公司、求助中心等。它们主要是为了承担从政府职能中转移出来的有偿服务，发挥管理、服务与中介作用。

第三，由临时性就业向稳定型就业转变。

就社区服务工作岗位的性质而言，临时性就业过多，缺乏对社区内下岗职工强劲的吸引力。随着大批有偿服务公司的出现，提供了大量收入相对稳定的用工岗位，解决了社区内下岗职工再就业过程中的后顾之忧，使他们能够安心地在新工作岗位上工作，实现了由临时性就业向稳定型就业的转变。

第四，由分散化经营、零星服务、个别活动向产业化、实体化、规模化和社会化转变。

政府通过出台和完善一系列优惠政策,吸引政府有关机构、社会中介组织、企事业单位和各界人士共同投资兴建社区服务设施,发展公有民营、民办公助、股份合作制、个体私营等各种类型的社区服务事业,发展新的社区服务项目,扩大社区服务的规模,从而使社区服务向产业化、实体化、规模化和社会化方向转变。

第五,进一步坚持社区服务的社会福利性及社会福利社会化的发展方向。

要正确处理社区服务经营性与福利性的关系,坚持经营性与福利性相结合,保证社区服务的宗旨,实现社区服务的持续发展。正确处理福利性服务和经营性服务的关系,即无偿、低偿、有偿服务的关系。首先明确哪些用于福利性服务,哪些用于经营性服务。在我国目前社区服务的三种类型中,福利服务是面向老年人、残疾人,以及无依无靠、无劳动能力、无收入来源的"三无"民政对象的服务。他们是社区的弱势群体,不具有支付能力或支付能力很低,因此需要提供无偿服务。便民利民和公益性服务是面向社区全体成员的服务,随着人民生活水平的提高,绝大部分接受社会福利服务的是具有支付能力的人,他们不一定要求提供免费服务,只要求提供高质量、高满意度的服务。随着社区服务项目的扩展和服务对象范围的扩大,如果继续提供无偿或低偿的社会福利服务,政府的财政支付能力难以承受。因此,按照市场化经营,提供收费服务就成为必然。应该指出的是,低偿、有偿服务以经营性为主,同时也具有福利服务的性质。福利性和经营性是社区服务的两个不同方面,缺一不可。福利性是社区服务的基本属性,经营性是保证社区服务福利性的手段,不能以经营性的社区服务代替和改变福利性的社区服务,而应以经营性服务的收入支持和弥补福利性服务经费的不足。

第六,进一步加强社区服务行业管理。

各级民政部门要根据国家产业政策,制定发展社区服务业的规划和政策,实行行业宏观管理,进行业务指导和提供服务;要建立社区服务统计指标体系,进行科学评估;要抓紧制定与产业政策相配套的各项法规,促进社区服务业走上法制化、产业化的道路。各级政府卫生主管部门要重视、支持初级卫生保健和社区康复的发展,开展健康教育,动员群众参与;对符合国家卫生法规的社区服务卫生保健、康复单位,优先发给卫生或医疗许可证,并加强指导和管理。各级政府体育行政部门要重视、支持社区体育事业的发展,加强对社区体育活动的管理和技术指导。政府要按照政事分开的原则,以产业化、社会化为方向,赋予社区服务单位经营、用工、分配自主权。

> **关键术语**

社区,公共服务,社区社会保障,社区照顾,社区社会救济。

> **思考题**

1. 社区公共服务与社会公共服务有何区别与联系？
2. 如何理解社区公共服务的营利性？
3. 欧美发达国家社区公共服务的经验对我国社区公共服务的发展有何启示？
4. 我国社区公共服务产业化的发展方向如何？
5. 如何进一步推动我国社区公共服务的发展？

> **参考书目及文献**

1. 娄成武、孙萍主编：《社区管理学》，高等教育出版社2006年版。
2. 蔡禾主编：《社区概论》，高等教育出版社2005年版。
3. 夏建中主编：《社区工作》，中国人民大学出版社2005年版。
4. 汪大海、魏娜、郇建立主编：《社区管理》，中国人民大学出版社2005年版。
5. 陈漭等：《社区经营与社区服务》，中国社会出版社2005年版。
6. 陈漭、徐越倩、许彬：《社区公共事业管理》，北京邮电大学出版社2007年版。
7. 葛寿昌等著：《社区保障与社会福利》，上海大学出版社2000年版。
8. 郑功成主编：《社会保障学》，中国劳动社会保障出版社2005年版。

> **拓展阅读书目**

1. 黎熙元、童晓频、蒋廉雄：《社区建设——理念、实践与模式比较》，商务印书馆2006年版。
2. 唐忠新：《社区服务思路与方法》，机械工业出版社2003年版。
3. 徐永祥：《社区发展论》，华东理工大学出版社2001年版。
4. 〔英〕特韦尔威特里：《社区工作》，陈树强译，中国社会出版社2002年版。
5. 杨文秀、杜亚平主编：《社区卫生服务》，高等教育出版社2004年版。

案例分析

"没有围墙的养老院"

助　餐

"阿婆,饭菜到喽!"

11月7日上午11时,阳光和煦。跟随送餐员吴开先,我们来到上海普陀区铜川路1781弄78号301室。

阿婆名叫陆金凤,89岁,特困老人。老吴所送的饭菜,是旁边真如敬老院刚出锅的。

饭桌上的餐盒依次打开:红烧鸡腿、西葫芦炒肉丝、杭白菜、热腾腾的米饭。阿婆挪开热切的目光,步履蹒跚地进入另一房间,摇醒儿子:"快起来趁热吃。"

阿婆不易。4年前,儿媳患癌症病故后,在私企开车的儿子又出车祸,每周2到3天沉睡不起。自己每月有460元政府救济金,儿子有350元低保金,孙子早出晚归打工。日子虽紧巴,也能过得去,但做饭成问题。

"送餐上门是阿婆家头号需求。"经过评估,真如镇助老服务社委托附近敬老院每天送顿午饭,每月饭费,政府埋单。

"对请不起保姆、住不起养老院、生活又不能完全自理的低收入老人,我们推出社区居家养老服务,助餐就是其中一项。"普陀区民政局社会福利科科长张大建介绍说,鉴于养老院的伙食卫生且合老人口味,他们发动区内20余家养老院,为周边有需求的老人或老年人日间服务中心送餐。

"送餐员每天上门看看老人情况,我才放心。我们这里是没有围墙的养老院。"真如镇居家养老服务中心评估员陈国芬说。

助　洁

"这两位民政干部太好了,真是名实相符:陈国芬——'为国分忧',吕雪君——'雪中送炭是君子'!"在金汤路59弄90号403室刚落座,主人夏老师就向记者感慨。

夏老师今年80岁,儿女不在身边。他称赞陈、吕二人,在于"她们办实事,讲实效"。

79岁的老伴身患数病,心脏起搏器已戴5年,夏老师每隔一周去华山医院给她拿药,经济变得拮据起来。陈国芬评估他家情况后,把提供的服务定为"助洁"——政府出钱,派助老服务员上门打扫卫生,每周3次。

作为独居的高龄老人,如何面对城市生活中其他的尴尬与不便?对此,夏老师笑笑,用手一指,"它是我们的保镖,神通广大!"床头柜上巴掌大的"安康通",是为60岁以上老人安装的免费求助电话。

暑热逼人的8月，家里的空调坏了。夏老师求助"安康通"。1小时后，技师上门！原来，"安康通"享有优先权。

今年中秋，当金州小学四年级的学生们带来糖果和节目时，当了一辈子小学教员的夏老师感动了。他出一题，与孩子们互动，上联是"一支粉笔，两袖清风，三尺讲坛，四季耕耘四十载"，下联为"五谷丰登，六六大顺，七彩人生，八秩诞辰八十春"。"小朋友，你们猜猜，我做什么工作？做了多少年？今年多大了？"孩子们反应快：您是老师，工作了40年，80大寿啦！老人慨叹："我叫夏应时，生不逢时，老来逢时！"

"解决困难群体的'老有所养'，是我们近年来的工作重心。"张大建说："党的十七大报告提出加快推进以改善民生为重点的社会建设，让人民群众看到了美好前景。站在新的起点上，我们将更加自觉、更加坚定地探索、创新养老模式，满足更多群众的殷殷期待。"

政府连线

上海60岁以上人口比率已逾20%。上海的"十一五"规划确定了"9073"养老格局：到2010年，90%的老人将实现家庭自助养老，7%的老人享受社区居家养老服务，3%的老人享受机构养老。后两者是需要政府帮助的困难人群。从2004年起，社区居家养老服务纳入市财政支出，在全市铺开。目前，已建成社区助老服务社233个，居家养老服务员2.5万名，到"十一五"末，将有25万老人受益。

——上海市民政局副局长高菊兰

(资料来源：《人民日报》2007年11月8日第1版)

? 案例思考题

1. 案例中关于特殊人群的服务主要有哪些？结合现实生活，列举出其他的特殊社区服务类型。

2. 政府购买社区服务的理论依据是什么？

3. 社区服务是否可以引进市场机制？如何防范其消极性？

4. 我国政府购买社区服务的实践尚未全面开展，请你谈谈其中的主要障碍，以及克服这些障碍的对策建议。

第五章　社区公共事业管理

【内容提要】 社区公共事业的发展是为了保障人的基本需求和促进人的全面发展。社区公共事业的发展与完善是社区建设的重要组成部分。本章从社区教育、社区文化、社区卫生三方面介绍了社区公共事业管理的内涵、主体、原则、目标及方法,重点介绍了社区公共事业推进中的资源配置和策略方法。社区公共事业的推进要同时注意政府和社会两方面的作用,其中政府的作用处于主导性地位,但在运作过程中应引入社会化和市场化的机制,以达到优化资源配置、提高服务效率的目的。

第一节　社区公共事业概述

一、公共事业的内涵

社会生活不可能是单个人的孤立的生活,人们依靠以生产关系为基础的社会关系的联结,组成一定的社会共同体(如国家、城市、社区)。只要在同一个共同体中,成员之间必然存在一定的共同利益,这就是我们常说的"公共利益"。只要存在公共利益,就必然存在实现和维护公共利益的活动,于是出现了公共事业。我们可以从下述几方面理解公共事业的基本内涵:

第一,公共事业基本内涵的确定与不同类别社会产品的特性有关。一般根据效用是否可分割、消费上是否竞争、受益上是否排他三大指标,将社会产品分为公共产品、准公共产品和私人产品三大类别。公共产品是指其物品和劳务的利益由社会成员共同享有,而不能由任何一个人单独享有,是具有非排他性、强制性、无偿性和不可分割性的社会产品。纯公共物品和劳务与政府公共行政密切相关,诸如国际、司法、政务等属于此范畴。私人产品是具有排他性、非强制性、有效性和可分割性的物品,与市场和企业行为密切相关。准公共产品是指具有一定的公共产品特征但同时又有某些私人产品属性,且总体上偏向于公共产品的物品。也就是说,凡不符合纯公共产品和纯私人产品定义的、用于区分的基本特性不完整的产品和劳务,均可列入公共事业范畴。

第二,公共事业基本内涵的确定与形成"公共事业"这一概念的历史沿革密切相关。我国的"公共事业"这一概念或者提法,实际上是由计划经济体制下特有的"事业"发展演变而来的。在我国的计划经济体制下,"事业"是一个行业性概念或行业集合性概念,特指"事业单位"①之"事业",其基本内涵主要是指社会中政治、经济、军事之外的社会活动领域,它以国家财政支持、特殊事业体制、部门管理、单位制度为标志特征。"事业"单位人员的劳动是非生产性劳动,没有生产收入,不直接创造价值,不进行投入产出的经济核算。计划经济体制下"事业"的内涵,直接影响了当代中国社会主义市场经济条件下的"公共事业"的内涵。可以说,我国现代的"公共事业"是对计划经济体制下"事业单位"之"事业"的继承和延续,两者的核心内容有很强的连贯性,都包括公共教育、公共卫生、公共性科学研究与技术应用、文化与体育、人口资源与环境保护以及部分共用事业等,其中的教育、科学、文化、卫生等"文教"部门都是其最重要、最有代表性的领域。

第三,公共事业基本内涵的确定还取决于政府与市场的定位。从政府与市场的关系看,政府与市场是性质完全不同的两种体系,即政府是一个人为设计、集中决策、分层管理的组织体系,而市场是一个自发形成、分散决策、自由竞争的组织体系,两者都能以自己的方式对社会资源配置产生作用,且各有所长。市场经济的实践已表明,市场本身存在着缺陷,主要表现为不能自发地形成有序的宏观经济,不能自动地提供高质量的公共产品和公共服务等。恰恰是在这些方面或领域,作为社会公共部门核心的政府最能发挥其长处,必须针对这些市场缺陷,科学界定职能,积极进行干预。现代政府的职能定位主要是宏观经济调控、社会管理和公共服务。其中,社会管理和公共服务与公共事业密切相关:一如提供公共物品,如国防、治安、公共教育、公共文化设施;二如消除外部效应,即政府通过补贴或直接投资基础研究、公共教育等促进积极外部性的产生,也可通过直接管制等手段防止污染等消极外部性的产生,此即环保事业;三如调节收入及财产的再分配,政府可以通过财税政策及社会保障制度调节收入及财产再分配,解决公平以及社会经济发展战略问题,同时对涉及大众基本生活质量的水、电、煤气等传统的公用事业以及通讯行业等进行特殊的管理。显然,政府科学界定其职能以弥补市场机制缺陷,保证社会公共利益和社会公平所形成的公共事务,从一个特定的侧面显现了市场经济条件下公共事业的基本内涵。

第四,公共事业基本内涵的确定必须注意公共事业行为主体的非单一性。在市场经济条件下,政府行政部门不再是公共事业唯一的提供组织,公共事业提供组织走向了社会化、多元化,但是政府的主体作用仍旧不容置疑。从这个角度,我们可以将公共事业的提供组织分为两种:一种是行政性组织,它们掌握行

---

① 1998年,国务院发布《事业单位登记管理暂行条例》,将事业单位定义为:"国家为了社会公益目的,由国家机关举办或者其他组织利用国有资产举办的,从事教育、科技、文化、卫生等活动的社会服务组织。"

政权力,承担着公共事业管理的行政职能。如承担教育事业管理的教育行政部门、承担文化事业管理的文化行政部门、负责医疗卫生事业管理的卫生行政部门等,它们是公共事业的组织和管理核心,是第一位的行为主体。另一种是社会性组织,它们承担部分公共事业管理的职能,但不是政府的构成部分,不掌握行政权力。如社会中的各种行业协会、慈善机构、红十字会、城市(镇)公用事业部门(自来水、电力、煤气、公交)等,它们是公共事业的具体组织、运行、管理机构,是第二位的行为主体。这两类公共事业提供组织的共同特点是不以营利为目的,具有非营利性。

综上所述,可以得出当代中国社会主义市场经济条件下公共事业的基本概念:所谓公共事业,是指体现社会全体或大多数成员的需要,关系到社会成员共同利益的非经济、非政治的社会公共事务。

公共事业的最大特点是公共性。其公共性主要表现在:第一,公共事业的受益对象是全体社会公众,具有公众性;第二,它的服务内容涉及所有社会成员的共同需要,具有公用性;第三,它的服务目标是实现公众的共同利益,具有公益性;第四,一般情况下,社会公众在享受公共事业所提供的服务时是不需要交费的,有时为了弥补公共事业的经费不足,或者为了平衡在享受公共事业所提供的服务方面实际存在的差异,也会采用收费的办法,但是特定的管理政策决定了这种收费绝不是以营利为目的的。[①]

二、社区公共事业的内涵

根据上述公共事业的基本内涵,可以从以下几个方面理解社区公共事业:

第一,与上述公共事业一样,社区公共事业的核心内容也是教育、科技、文化、卫生等几个方面,其宗旨是满足社区居民需要,服务对象是社区全体居民,也具有公众性、公用性、公益性、非营利性特征。

第二,社区公共事业提供组织包括政府(主要是街道)职能部门、社区自治组织居民委员会、社区非营利组织(协会、社会团体等)、城镇公用事业部门等。但是,由于社区公共事业是与群众利益紧密相关的事业,这些组织在社区公共事业的提供过程中负有不同程度的责任。政府职能部门应主要负责规划和指导,社区居民委员会和社区内的非营利组织应积极发挥其主导作用。社区公共事业的提供组织体系应该是一个政府和非政府组织共同参与、管理环节和实施环节既统一又分离的管理系统。

第三,社区公共事业的发展规划应回应国家对整体公共事业发展的规划和要求。国家公共事业的发展制约着社区公共事业的发展水平,社区公共事业的

---

① 参见崔运武:《论当代中国公共事业管理的基本内涵和价值》,载《思想战线》2002年第1期。

发展水平又反过来影响国家公共事业的整体发展。社区公共事业的发展水平也能够反映一个国家公共事业的发展水平。

第四,社区公共事业的管理应要求居民广泛参与。这种参与一方面表现在社区居民对管理目标设定的影响上;另一方面表现为公众对公共事业管理决策过程的影响,居民通过法律法规对公共事业管理行为进行约束,并通过各种渠道对公共事业管理进行监督。这种参与还表现在社区居民通过一定的非政府组织对一定层次和内容的公共事业进行管理。

第五,社区公共事业的管理必须引入市场化。公共服务市场化是公共事业管理的发展方向。公众对社会事务管理和公共服务的要求日益提高,业务范围也越来越宽,这就意味着仅靠公共财政难以维持整个公共事业的运转。这一状况在社区表现得尤为突出:一方面,社区是我国的自治管理层面,公共财政惠及的领域有限;另一方面,社区公共事业涉及面广,政府的公共财政资源无法面面俱到。

第二节 社区教育管理

一、社区教育的兴起

现代社区教育是20世纪初在美国兴起的。[①] 1915年,美国教育家杜威提出了"学校是社会的基础"的思想。不久,这一思想由曼雷和莫托在美国密执安州付诸实践。他们的实践方案是把学校和社区沟通起来,使学校成为社区教育的一种资源,被社区利用,为社区服务。根据美国的社区教育经验,社区教育的推行不仅要靠教育部门,同时还要有社区其他各部门和各方力量的协作和参与;社区教育的内容应从社区居民的需要出发,体现当地群众的需要和利益。自美国的实践之后,社区教育的内涵被不断完善和发展,并在很多国家被倡导和实践,现已成为世界现代教育的一种趋势和潮流。

20世纪二三十年代,社区教育被引入我国,一批有识之士积极倡导乡村教育。晏阳初在河北省定县开展"平民教育运动",主张扫除文盲,推进生产教育、卫生教育和公民教育。梁漱溟在山东省邹平县开展"乡村建设运动",建立乡村实验区,各村设村学,把政治、经济、教育融为一体,实行政教合一。陶行知在南京晓庄开展"生活教育运动",创建了晓庄师范学校,主张"教学合一",为农村社会培养人才,服务农民。这一时期的乡村教育实践将教育从学校辐射到广大农村社会,注重学校和社会两方面的结合,体现了社区教育的理念与思想,可以说

[①] 参见汪大海、魏娜、郇建立主编:《社区管理》,中国人民大学出版社2005年版,第230页。

是我国社区教育的最初实践。

现代意义上的中国社区教育兴起于20世纪80年代的上海。1986年,上海市普陀区真如中学在与地区工厂共庆教师节时,应地区工厂的要求成立了厂校挂钩、合作共建的组织——"真如中学社会教育委员会"。1988年3月,上海市闸北区的新疆、彭浦两街道同时宣告成立社区教育委员会。第二年,社区教育委员会在闸北区普及,并成立了闸北区社区教育委员会。以20世纪80年代上海的社区教育委员会的出现为重要标志,我国的现代社区教育开展起来。

以社区教育理念推行的转折为标志,我国的现代社区教育可以划分为三个阶段:第一阶段从20世纪80年代到1992年,这一时期的社区教育主要体现为单向的中小学教育的社会化,以社区为载体推行青少年的社会教育,社区教育的内容主要包括中小学的思想道德教育,学校、家庭、社会(社区)三结合教育,社区教育的对象主要是青少年;第二阶段以1993年在北京召开的全国社区教育研讨会为标志,社区教育开始走向教育和社会(社区)的全方位结合,社区教育成为大教育观的载体,从提高青少年素质的学校社区教育逐步拓展为提高社区全体成员素质的教育,社区教育的内容大大拓展;第三阶段是以本世纪初"学习型组织"、"学习型社区"理念的提出为标志,社区教育实现了研究范式与内容的转向,进一步强化了教育与社区的互动,社区教育内容的深度和广度大大提升。随着我国经济的发展和人们物质生活的丰富,社会对知识的需求将不断增强,建设知识型社会、学习型社会是我国未来的发展趋势,社区教育的作用将日益突显。

二、社区教育的含义与内容

(一) 社区教育的含义

"社区教育"这一概念虽然已被世界各国确认,但是对其含义的界定,仁者见仁、智者见智,各有侧重点。

马丁(J. Martin,1987)从社会平等的角度提出:(1) 社区教育是提供教育机会给每一个人,以便实现更充实、更有益的生活;(2) 社区教育是修正现存的教育系统,以益于一些不利者或被剥夺者;(3) 社区教育是社会上一些弱势者的凝聚行动,使他们能分析其情境,并且达成政治的改变。[①]

弗莱彻(C. F. Fletcher,1985)从教育的社会化角度对社区教育提出以下几点看法:(1) 社区教育就是在教育领域内的社区参与;(2) 社区教育还指把教育中心纳入社会生活的主动服务中;(3) 社区教育就是把中、小学和高等学校转变为适合一切年龄人的教育中心和娱乐中心的过程。[②]

---

① 参见厉以贤:《社区教育的理念》,载《教育研究》1999年第3期。
② 同上。

哈格雷斯(D. Hargreaves,1985)则从社会化教育角度这样提到社区教育：(1)发展社会和教育再分配策略,以创造更公正和公平的社会;(2)促进地方的政府机构和志愿机构之间更密切地协调和合作;(3)支持地方主动推进社会发展,使人们更有能力控制自己的生活;(4)鼓励更开放、更民主地获得教育系统的人力和物力资源;(5)重新界定课程和学习过程的观念,教育是产生个人自主和促进社会合作的方法。①

我国学者对社区教育含义的解释也是多种多样的。教育部的官方定义是："在一定区域范围内,充分利用各类教育资源,旨在提高社区成员整体素质和生活质量,促进区域经济建设和社会发展的教育活动。"②有学者则将社区教育定义为："在国家法规规范下,以社区全体成员为对象,以提高社区民众的整体素质和生活质量、促进社区稳定建设和持续发展为宗旨的社区内各种教育的总和。"③也有学者把社区教育理解为一种教育体制、社会组织形式。④还有学者将社区教育视为一种社会管理机制和组织管理⑤,它是旨在提高全民素质、共建社会文明、促进地区各方面协调发展的教育社会一体化体制;是地域内的主导机构组织协调学校和社会等各个方面,相互结合,双向服务,实现教育社会化和社会教育化的机制。

综合国内外学者的看法,我们认为,首先,社区教育具有地域属性,即主要在社区范围内开展,满足的是本社区居民的需要。其次,社区教育具有人本属性,社区教育的对象是社区全体居民,以满足社区居民的教育需求、提高社区居民的素质、提升社区居民的生活质量、促进社区居民全面发展为目的。再次,社区教育具有开放性与多元性,体现为社区教育在资源上要求整合现有的教育机构或其他实体,在教育方式上要求与社区生活相结合,在组织形式上要求更加灵活多样以适合社区居民的不同需要,在教育人群上要求涵盖所有年龄层次。最后,社区教育的内容具有广泛性。社区教育是一个大教育概念,既包括学校教育,又包括家庭教育和社会教育;既包括成人教育,又包括青少年教育和老年人教育;既包括职业培训等基本教育,又包括精神文化和主体发展性教育。社区教育是教育社会化和社会化教育的结合体。

据此,我们可以将社区教育定义为:在社区范围内,依托社区资源,以全体社区居民为对象,为满足社区居民教育需求、提高社区成员整体素质、促进社区全面协调发展而进行的各种形式的教育活动。

---

① 参见厉以贤:《社区教育的理念》,载《教育研究》1999年第3期。
② 转引自邵宏:《社区教育新视野》,浙江人民出版社2006年版,第1页。
③ 杨立菘:《各国社区教育概论》,上海大学出版社2000年版,第4页。
④ 参见黄焕山、郑柱泉主编:《社区教育概论》,武汉出版社2005年版,第11页。
⑤ 参见黄云龙:《社区教育管理与评价》,上海大学出版社2000年版,第14页。

(二) 社区教育的内容

社区教育的具体内容是多方面、多层次的,各个社区根据自身实际情况所提出的教育内容可能差别很大。结合我国实际,总结各地实践,本书认为我国社区教育的内容包括以下四类:

1. 公民教育

公民教育是社区教育的重要内容。在社区中开展公民教育,大大拓宽了公民教育的途径,必将成为我国公民教育的重要组成部分。我国公民教育的首要内容是社会主义道德建设。党的十四届六中全会指出:"社会主义道德建设要以为人民服务为核心,以集体主义为原则,以爱祖国、爱人民、爱劳动、爱科学、爱社会主义为基本要求,开展社会公德、职业道德、家庭美德教育。"这是当前条件下我国开展公民教育的应有之义,也是我国社会稳定与和谐的重要思想保证。在进行社会主义道德建设的过程中,要注意将社会主义道德要求和我国道德文化传统相结合,这样一方面可以大力弘扬我国优秀的道德传统,保留我国传统文化的精华;另一方面,由于传统道德在人民群众中有深厚的根基,将两者相结合更能促进社会主义道德建设的顺利进行。其次,我国公民教育的内容还包括进行公民意识教育。公民意识是公民对自己的社会地位、社会权利和社会责任的一种自觉认识。在社会经济生活中,公民意识要求公民既能维护自己的个人利益,又能积极参与和公共利益相关的公共事宜,如社区建设、环境保护和其他公益事业。因此,积极开展公民意识教育能够取得公共事务参与率提高、社会生活更加和谐的良好效果。最后,我国公民教育的内容还应该包括民主法制教育和国防教育。

2. 个体发展教育

个体发展教育的目的是解决社区居民的发展性需求,促进社区居民更好地实现其社会价值。现代社会生活节奏加快,个体需要不断学习才能与时俱进,社区教育应提供给居民"充电"的机会,如为成年人举办外语学校、电脑技能培训班,为青少年提供课外学习、社会实践的机会,为老人提供书法、音乐、舞蹈的培训等。社区教育还可以在人的全面发展的视野下进一步为居民的发展、超越提供空间,如鼓励发明创造与试验创新,引导居民寻求个人价值的实现。

3. 实用生活教育

实用生活教育主要是引导社区居民养成健康、科学、文明的生活方式,提高社区居民的生活质量。其教育内容可以包括体育健身、卫生健康、烹饪技能、营养调配、家电维护、盆景栽培、环境保护、资源利用以及生活情趣教育等。由于其贴近居民生活,可以通过社区内居民之间的交流完成。

4. 职业谋生教育①

职业谋生教育的主要目标是满足社区公民就业谋生的需求，主要内容是职业教育。社区教育要关注社区居民的生存状况，尤其是下岗职工、弱势人群、外来人员、农村贫困人口等的谋生需要。职业谋生教育的内容在城市和农村有不同的表现形式。对城市社区而言，主要体现为经济体制改革后各级政府开展的再就业教育，如在职人员的岗位培训、下岗职工的再就业培训、外来人员的培训等。农村则要针对"三农"问题，重点搞好减轻农民负担、增加农民收入工作。农民科技普及教育是其职业教育的主要内容，如农村农业技术培训，外出打工人员技能培训、健康教育等。与城市相比，农村就业教育要因地制宜，有针对性地解决当地社区的就业矛盾。职业谋生教育的关键是要转变职业观念，从"就业教育"走向"创业教育"，即培养创业意识、创业能力的教育，从而实现"输血"向"造血"功能的根本转变。

三、社区教育的模式

（一）国外社区教育的模式

社区教育在国外发展较早，北欧、美国、英国、日本等现都已形成了各具特色的社区教育模式。这里，我们介绍斯堪的纳维亚模式、日本模式和美国模式。

1. 斯堪的纳维亚模式

这是以北欧各国，如丹麦、瑞典、挪威、芬兰等国为代表的社区教育模式。早在1844年，丹麦教育家格隆威就创办了世界上第一所"民众高等学校"，后来成为世界近现代史上最早成熟的社区教育模式。北欧社区教育的主要特点是以各级各类民众学校为教育载体，紧密联系地方和社区，强调面向社区内的所有成年人，充分利用学校开放的教育资源，特别是大学的教育资源优势，对社区民众实行全员终身教育，以体现福利国家的特征。这一模式被称为社区成人教育的"斯堪的纳维亚模式"。

2. 日本的社区教育模式

日本是推进终身教育政策比较早的国家之一。日本把社区教育定义为："《学校教育法》所规定的学校教育活动之外，以社会全体成员为对象的有组织的教育活动。"②日本的社区教育模式具有两大特点：

（1）社区教育设施十分完善。全国各地普遍分布着以公民馆、图书馆、博物馆为主的社区教育设施，其中又以公民馆的分布最为广泛，每一个小学通学区域内就有一所公民馆。这些分布广泛、设备齐全的教育设施为日本开展各类社区

---

① 参见张广斌、戴忠信：《社区教育研究：价值定位与内容选择》，载《成人教育》2006年第10期。
② 岳杰勇：《中国社区教育未来发展模式探索》，载《成人教育》2006年第9期。

教育提供了基础保证,也为20世纪80年代以后日本政府顺利推行"终身教育"提供了载体。

(2)社区与高校的关系极为密切。日本高校也有专门的社区教育理论研究机构,社区教育的理论研究水平较高。高校设置社区教育专业,培养专门的社区教育人才。日本的高等教育机构很早就向社区开放,校外公开讲座在日本的大学盛行,讲座的内容不仅包括对各种各样的前沿性理论和观点的介绍,也涉及普及性的公共知识,受众十分广泛。

3. 以美国为代表的社区教育模式

在美国,社区教育一般被认为是为整个社区内各种年龄、各种职业、各种类型居民所提供的非正规的教育服务。美国实施社区教育的主要基地是社区学院,其最大特点是社区性。

社区学院把自己看做是社区的一部分,特别重视教育和社群的关系,为社区发展服务是其最高宗旨。社区居民也十分关心社区学院的发展。美国的社区学院兼具多种职能,一般的社区学院都具有职业技术教育、补偿教育、社区教育、大学转学教育和普通教育五大职能。在美国,州政府负责社区学院的宏观管理,如资金提供、规划审核等,而具体管理则由社区学院管理委员会(或称"董事会")负责。社区学院管理委员会的主要职责包括聘任院长、制定学院规划、提供设施设备、与相关机构沟通联系等。同属这一类型的还有加拿大、英国等国家。

综上所述,国外开展社区教育的主要做法和经验是:(1)设置专门的社区教育基地,这些基地是实施社区教育的主要途径;(2)普通学校承担部分社区教育的职能,实现教育社会化;(3)广泛利用社区内的公共设施,实现社区教育的资源共享;(4)对社区教育立法,用法律形式明确规定社区教育各方的权利和义务,并在资源和项目上对社区教育予以支持;(5)社区教育内容丰富,形式多样,有讲座、讲习会、函授班、短期大学等。

(二)中国社区教育的模式[①]

我国自20世纪80年代开始社区教育的实践以来,各地(特别是一些大城市,如上海、杭州、北京)积极努力探索,逐步形成了社区教育的四种模式:

1. 以街道办事处为中心进行的联动型社区教育模式

这种模式是目前我国社区教育的主要模式。在这种模式下,街道作为所辖行政地域的社区教育组织者、实施者、监督者、协调者,以社区服务及社区文化为着眼点进行各种休闲、文化、活动类的社区教育。其运作方式为:(1)街道办事处相关职能科室按行政方式布置、检查社区教育工作;(2)成立社区教育委员会,由当地党政领导挂帅,有关职能部门及驻区单位参加社区教育工作,即"街

---

① 参见汪大海、魏娜、郇建立主编:《社区管理》,中国人民大学出版社2005年版,第239—241页。

道牵头,社会参与,双向服务"模式。这种模式带有较强的行政管理色彩。

政府主导和社会参与是这种模式的两大特点,其中街道办事处作为政府的派出机构,在社区教育中占主导地位:(1) 政府指导,街道办事处作为地方政府的派出机构,在社区教育中占据主导地位,将社区教育,更确切地应称为"寓教育于其中的社区文化",作为街道办事处一项重要工作纳入目标体系并借助行政手段推进;(2) 社会参与,动员驻区各界参与社区教育,发挥各界,尤其是学校、青少年宫、图书馆、读书会、市民学校等的资源优势,力求形成"共建、共管、共享"的格局。

这种模式便于街道办事处发挥主导作用,并可在一定限度内调动社会各界资源,但易于产生流于形式的弊端。

2. 以学校为中心的辐射型社区教育模式

这种模式是由教育系统内部发展起来的。在这种模式下,中小学作为区域性社区教育的组织者、协调者,利用自身办学资源和优势,进行校外活动。其运作方式为:(1) 以学校为主体,组织本校或社区内中小学生参加各种形式的课外教育活动;(2) 由学校牵头,组建社区教育协调委员会("三结合"教育委员会),定期研究学校课外教育工作,参与学校课外活动的协调与管理,并向社区居民开放校内外文体设施,即"协调课外活动、开放文体设施"模式。这种模式带有浓厚的校外补偿教育性质。

学校主导、资源共享、社会参与是这种模式的特点:(1) 学校主导,中小学校作为区域性社区教育的组织者或牵头单位,实施以在校中小学生为对象的社区教育;(2) 资源共享,将社区居民请进校内,共享学校文体设施建设成果;(3) 社会参与,邀请社会各界参与校内或校外活动。

这种模式能够较充分地利用中小学办学资源,教育行为较为规范。但是,学校在调动社区资源方面存在组织层面的先天不足,致使其"社区资源整合"作用极其微小。社区居民将以学校名义开展的社区教育活动往往定位在"保育"或课外活动层面上,难以真正起到社区教育作用。

这种模式近年出现一种新的变化趋势,即成人教育,尤其是地区所属成人高等学校参与到区域性社区教育中来,并日益突显出其不同于中小学的特有功能与价值。

3. 以社区学院为载体进行的综合型社区教育模式

这种模式是近年来在北京、上海等地出现并日益引起关注与较大争议的新型教育模式。在这种模式下,社区学院作为区域性社区教育的龙头单位,通过理事会和文明市民总校以及学历教育、非学历教育手段进行文化性、职业性、专业性社区教育。其具体运作方式为:接受街道办事处、民政局或区域内单位委托,通过专业开发、课程开发、项目开发等多种手段组织教育教学活动。

这种模式是教育系统内部成人高等教育体制改革和借鉴西方发达国家社区学院成功经验两者相互作用的产物，是一种区域性、多层次、开放式、综合性、大众化的集区域高教、成教、职教等为一体的新型大教育模式。它融学历教育与非学历教育、职业资格证书教育与休闲文化教育、各界委托项目教育与居民自治教育于一体，成为一种新型的前途光明而又与我国现行高等教育体制不同的社区教育办学实体。社区学院以社区成人（在职或转岗从业人员）为主要教育对象，可为其提供专科、本科层次的学历教育和多层次、多类型、多样化的非学历教育。

这种模式易于与区域内政府职能部门和驻区单位进行业务沟通，易于进行系统内的资源重组，发挥前两种模式所没有的成人高教办学优势。但是，这种模式也同样存在第二种模式的不足。此外，在与现有高教管理体制的相融性、传统学校教育综合改造、社区教育的投入与产出、社会各界对社区学院的认可度、理事会作用发挥等诸多方面，这种模式也存在众多不解决就会阻碍其正常发展的重大问题。

4. 以地域为边界进行的自治型社区教育模式

这种模式近期亦有较大发展。在这种模式下，由社会各界共同组成的社区教育协调委员会对本社区的教育工作进行总体协调和具体策划。其运作方式为：由驻区各行各业较有影响并且热心社区教育的单位或由某一功能齐全的单位牵头组成专门机构，利用各成员单位在各自行业的影响和资源开展"社区是我家，建设靠大家"式的社区教育活动。

这种模式中，驻区各界参与社区建设，社区教育意识强，居民自治意识初见端倪。然而，由于组织松散，这种模式难以形成持久而有效的核心和合力。这种模式较适用于行业主体单一且占据驻区主导地位的"同质社区"。

我国的社区教育模式具有多样性。这是因为每一个社区的经济、文化发展水平都有所不同，每一个社区的地域环境和条件也不尽相同，所有这些都决定了社区教育的多样性。社区教育在初级阶段必然要经历多种模式的试验过程，只有通过不断总结与探索，才能得以充实、完善和发展，才能在社会教育化和教育社会化的新体制中发挥出重要作用。

四、我国社区教育发展的策略

世界各国的经验都表明，社区教育作为一项公共事业，它的发展不可能脱离政府的作用，政府有必要设立一个专管机构推动社区教育的发展。日本在其社区教育的启动阶段，设立生涯学习局（终生学习局）主管全国的社区教育工作，推动了社区教育的快速发展。美国州政府设有社区学院委员会及其日常办公机构，为社区教育的整体协调服务。据北京师范大学厉以贤教授考察，我国的社区教育管理体制是混乱的、不统一的，多数地区的社区教育属于教育部门或者街道、政府系统管理,个别地区由团体系统或是关心下一代工作委员会等系统管理。① 在这种情况下,各种教育因素不能有效整合、协调和互动,社区教育的发展较为缓慢。为了推动社区教育的快速发展,我国迫切需要自上而下构建一个强有力的社区教育管理部门。

根据我国的层级管理体制,首先,应该在中央一级行政单位设立社区教育管理机构。长期以来,我国的教育管理体制是"板块"制的,把教育划分为各种"板块",构成独立系统,进行垂直领导。所划分的教育"板块"大致可分为幼儿教育、基础教育、高等教育、职业技术教育、成人教育等。从这些"板块"所涵盖的范围看,社区教育划分到其中任何一个板块都是不恰当的。因此,有必要在中央一级行政单位设立一个独立的社区教育司,专门负责统筹协调社区教育工作,如可在教育部下设社区教育司。其次,在地方一级的行政单位,包括省、市、区,设立社区教育委员会。社区教育委员会不应是虚设的,不应是咨询和参谋机构,也不应是教育部门中的一个具体职能部门,而应是一个由政府领导牵头,能切实统筹和协调教育、民政、工会、共青团、妇联等各种教育因素的综合行政部门。这样,既有利于各方力量的集结,又有利于社区教育活动的开展;既可以避免长期以来社区教育管理体制上条与块的分化,又可以改变管理机关过多导致的各自为政、职责不清、相互推诿现象。社区教育委员会可以在街道一级设立办事机构,以便于社区教育的具体实施和管理。最后,在居委会层面,还可以成立一个由社区居民选举产生的"社区教育自治委员会",它可以与社区精神文明建设委员会、社区计划生育委员会等并列,作为社区居民自治委员会(居委会)下设的社区教育咨询机构,直接对教育委员会提出建议与意见。社区教育自治委员会可以增强教育委员会的代表性,最大限度地满足社区居民的根本愿望和需求,突出以社区居民为主体的发展思路,符合社区建设由社区居民参与以及弘扬和尊重人的学习权利的理念。

建立了自上而下、强而有力的领导体制,社区教育的发展就犹如有了一个中心轴承,将获得巨大的推动力。但是,社区教育具有地域性的特点,我国各地的情况又都千差万别。因此,社区教育的发展不可能采取中央统一推进的模式,地方政府应该发挥更为重要的作用。我国可以采取"中央引导、地方推动、社区落实"的社区教育推进模式:中央政府为社区教育把握方向,做好引导;地方政府根据本地实际情况,因地制宜地采取措施推动社区教育的发展;社区居民自治委员会则负责调动人们的参与积极性,尽力使每一个居民都参与到社区教育中来。

---

① 参见厉以贤:《论社区教育的视角与体制》,载《教育研究》1995年第8期。

1. 中央引导

中央的作用体现在：

第一，加强社区教育法制化建设。社区教育要发展，必须依靠法律给予其明确的定位，这样社区教育才有明确的目标和职能，否则就可能造成其发展方向的迷失和发展动力的疲软。早在1999年，国务院批转的教育部《面向21世纪教育振兴行动计划》就已明确表示，2010年我国要"基本建立起终身学习体系"。党的十六大和十七大也都分别提出了"构建终身教育体系，形成全民学习、终身学习的学习型社会"的总体要求。这表明，我国关于社区教育以及终身学习体系的法制化问题已经十分迫切，急需早日提上立法日程。我国社区教育基本法的制定，可以采取以下两种思路：一是可以借鉴我国地方法制建设的经验和教训。近年上海、江苏等地建立的地方性终身教育法规，对于促进当地社区教育的发展起到了良好的作用，总结其经验和教训能为国家整体制定终身教育法律法规提供借鉴。二是必须加强我国社区教育方面的研究，为社区教育立法提供理论基础。例如，社区教育的内涵、定位、培养目标、课程设置方面的研究，社区教育权利论、自主性、平等性、公益性等方面的研究，社区教育与高等教育、职业教育的关系研究等。现有的高等院校、科研机构可以作为研究的主要力量，通过对其政策、资金等方面的倾斜，构建专业化的理论研究队伍，创办专门的学术期刊交流成果，丰富理论研究载体，提高总体研究水平，从而改变我国社区教育的混乱无序状态，给予其明确的目标和定位。

第二，在全社会树立终身教育的观念。"终身教育、终身学习"的思想，自古有之。我国早在孔子时代就有终身教育的思想意识。近代的著名教育家陶行知也倡导终身教育，他主张"活到老，干到老，学到老，用到老"。处于现代社会中，由于科学技术突飞猛进，知识的更新速度加快，社会对人才资源的要求越来越高，个体的学习不可能一次性完成。终身学习观点主张教育、学习贯穿于整个人生，激励人们突破时间、空间的限制，始终坚持学习，以实现个人或社会的适应机能和革新机能。因此，终身教育观念在20世纪60年代以后被世界各国普遍接受。但是，我国民众对于终身学习的认可和实践程度并不高。因此，政府应该大力宣传终身教育理念，在全社会发扬"活到老，学到老"的精神，以便帮助人们形成终身学习的观念。

第三，建立社区教育评估激励机制。社区教育的发展需要由较为科学、完善的评估标准引导，需要建立相应的激励机制作为动力。评估标准应成为一个评价体系，不同的对象适用不同的评价标准。但是，不论何种对象，至少应包括组织架构、硬件设施、资金保障、人员配备、参与程度、制度规范、创新举措、实际效果等评价要素。中央一级的社区教育司应主要负责这项工作。

2. 地方推动

地方政府要把社区教育作为社区建设的重要内容纳入地方经济社会发展规划,把社区教育摆在基础建设的重要位置,根据本地社区经济、社区发展总体规划制订出本地社区教育发展的总体计划,使社区教育有目标、有组织、有计划地实施。地方政府应该给予社区教育委员会政策支持,通过制定协调政策、建立联席会议等方式,动员社会各界参与社区教育。例如,在市、区两级建立社区教育联席会议,由市长、区长或分管副市长、副区长任市、区两级社区教育委员会的主任,民政、教育及街道、乡镇等部门、单位的领导任委员,全力支持社区教育的发展。

地方社区教育委员会要积极发挥作用,其首要任务是进行教育资源的整合。社区教育资源主要由四个要素构成,即教育教学的场地与设施资源、人力资源、课程资源和资金资源。前三个要素是社区教育乃至一切教育活动得以开展的最基本要素,资金要素则是社区教育的支撑和保证。

促进高职院校参与社区教育,是解决社区教育的场地与设施资源、人力资源、课程资源的最有效路径。长期以来,我国实行"板块"化的教育管理体制,对各个高职院校实行自上而下的垂直管理。这种管理体制统得过死,管得过严,严重束缚各种教育因素的手脚,限制了教育的发展空间。随着我国社会、经济管理体制由计划型向市场型转变,"条"状管理模式逐步向"块"状转移,"单位制"逐步转向"社区制",这就要求高职院校服务于地方,为本地区的社区教育发展作出必要的贡献。

第一,社区教育可以充分利用高职院校的文体设施、科教设施及丰富的文化资源。据统计,截至 2007 年 4 月 26 日,我国共有高职高专院校 1109 所,全国大部分地市已至少有 1 所高职院校,①社会化程度较高。高职院校拥有的教学面积、教育设施设备基本接近普通本科院校的水平,教育硬件资源丰富,具备为社区教育提供资源的条件。高职院校可以通过开放学校的多媒体教室、普通教室、会议室等为社区成员的培训、学习等活动提供支持。教育资源的开放时间可以选择在晚上或是双休日。尤其是对于学校所在区域的本地居民,学校更应考虑最优惠的条件,如免费入校听讲座、免费使用图书馆资源等。

第二,高职院校可以为社区教育提供教师资源。建立高职教师"社区教育积分制"②,鼓励每一位高职院校教师深入社区,可以是进行各类知识宣传,可以是给社区居民讲座、授课,也可以是进行定期或不定期的帮教等。教师参与社区

---

① 参见刘占文、温景文:《我国高职教育的现状和发展趋势分析》,载《教育与职业》2007 年第 35 期。

② 蒋敏、谭洛明:《高职院校应成为社区教育的主要力量》,载《职业时空》2007 年第 11 期。

教育是免费的,但这些信息应反馈给教师所在的学校,并以"社区教育积分"换算工作量,积分较多者还可在年度考核时适当给予"优秀"、"先进"之类的奖励。这一制度解决了街道、社区在聘请教师、讲座主讲人方面的资金难题,同时也建立了高职院校参与社区教育的长效机制,使得社区教育能够延续下去。"社区教育积分制"是将高职院校的教育资源推向社区的一个推动力,使高校的软环境变为社区的软环境、社会的软环境,在结合中小学教育、老年大学等教育形式后,为逐步建立起学习型社会创造良好条件。

第三,高职院校可以为社区教育提供课程资源。高职院校有极其丰富的课程资源和系统化的课程管理经验,其专业设置齐全、贴近社会、实用性突出,课程开设形式多样,远程教育发达,学制与普通高校相比更加灵活,这些都为社区教育的开展提供了基础。与高职教育相比,社区教育的内容更加丰富多彩,所面对的人群也更加广泛。因此,我们有必要认真研究社区教育课程的特殊性,开展大规模的社区居民学习需求调查,开展课题研究,开发新课程,编写课程教材,逐步完善社区教育课程资源。

需要指出的是,利用高职院校的各种资源完善社区教育网络,可能会造成社区教育被边缘化的倾向,社区教育被看做是高职院校的"副业",突显不出社区教育的地位与作用。为了防止这种现象发生,社区教育在依托高职院校发展的同时,也要注重自身的实体建设。例如,可以采取与高职院校合办"社区学校"的形式,一个学校,两块牌子,高职教育和社区教育并重,齐头并进;也可以通过改建、合并高职院校与社区现有教育资源的方式,建立能够独立承担社区教育任务的社区教育实体——社区教育中心,招聘专职的教职管理队伍,形成独立的运作体系。

资金保障是社区教育发展的基本条件。2004年12月,《教育部关于推进社区教育工作的若干意见》指出,我国社区教育的资金要充分发挥政府扶持和市场机制的双重作用,采取"政府拨一点,社会筹一点,单位出一点,个人拿一点"的办法,建立以政府投入为主、多渠道投入的社区教育经费保障机制。即我国的社区教育经费可以采取以下三种方式筹集:一是政府投入。地方政府要保障必要的社区教育经费,并列入经常性财政开支,努力按照社区常住人口人均不少于一元的标准落实社区教育经费。政府的投入应是社区教育经费的主要来源。二是建立"社区教育基金会"。政府应制定、调整相应的政策,允许公益事业以基金会的形式筹资,接受各类捐赠,并依法对基金会的资金来源和使用情况实行必要的监管。市、区政府应从政策上鼓励企业、工商业及个体资助社会公益事业,凡赞助社区教育者,应给予一定的税收补偿和优惠,从而调动企业、工商业等赞助社区教育的积极性。三是社区居民参加各种教育、学习活动时应适当缴纳一定的学费,作为社区教育必要的资金补充。

3. 社区落实

社区教育要落到实处,不仅要做好社区教育的基础设施建设,更为关键的是要提高社区居民的学习积极性,让社区居民参与到社区教育中来。社区组织(社区教育自治委员会)可以通过对终身教育理念的宣传,激发社区居民的学习热情,营造居民共同的学习愿景,鼓励居民成立各种学习型组织,最终建立"人人学习、时时学习、处处学习"的学习型社区。

学习型社区的建设需要通过长时间的规划和努力才能完成,其中关键是要营造共同的学习愿景。目前,越来越多的社区居民认识到,要想在知识化社会中很好地生存,就必须不断学习,提高自身的素质。因此,社区组织不能仅将社区教育作为一项政府指定的任务来抓,单方面依靠组织的力量推动社区教育的发展,而是应当加大终身教育理念的宣传,让社区教育理念深入人心,化作居民共同的理想与目标,化作整个社区的共同愿景。社区内的居民,无论是刚入学的儿童还是退休的老年人,无论是外来人员还是本地居民,无论是在职人员还是失业人员,都以最大的热情投入到学习中来,这样社区教育才能取得事半功倍的效果。

根据居民的不同兴趣,鼓励居民建立不同类型的学习型组织,是将社区教育落到实处的另一有效方法。学习型组织包括学习型企业、学习型单位、学习型团体、学习型楼组、学习型家庭,也包括学习型居委会、学习型村委会、学习型街道、学习型乡镇等。一个社区如果广泛建立起了学习型组织,那么通过社区居民之间的相互影响,全员性学习问题就在很大程度上解决了。所有社区都广泛建立学习型组织,就为学习型社区的建设奠定了基础,也为社区教育的顺利开展铺平了道路。

第三节 社区文化管理

一、社区文化的含义与特点

(一)社区文化的定义

社区文化的本质是文化,社区只是其属性。因此,要对社区文化作出界定,就需要从文化的含义谈起。

"文化"在我国是一个古已有之的词汇。《周易》中就有对文化的表述:"刚柔交错,天文也;文明以止,人文也;观乎天文,以察时变,观乎人文,以化成天下。"汉刘向在《说苑·指武》中将"文化"二字连用:"圣人之治天下也,先文德而后武力,凡武之兴,为不服也,文化不改,而后加诛。夫下愚不移,纯德之所不能化,而后武力加焉。"可以看出,"文化"在我国古代主要指文治教化,与"武功"

相对应,专指教育人的知识本身、教化和人的自我知识修养等。在西方,"文化"指的是经过人类耕作、培养、教育、学习而发展的各种事物或生活方式,是与大自然本来存在的事物相对而引申出的概念,涵盖范围较为宽泛,显示出整体性。1871 年,英国人类学家爱德华·泰勒(Edward Tylor)在他的《原始文化》一书中,首次将文化作为一个中心概念提出,并把文化表述为"一个复杂的总体,包括知识、信仰、艺术、道德、法律、风俗以及人类在社会中所获得的一切能力与习惯"①。美国文化人类学家克鲁伯(Kroeber)和克拉克洪(Kluckhohn)等将文化定义为"历史上所创造的生存样式系统,其中既包含显性样式也包含隐性样式"②。《大英百科全书》将文化的概念分为两类:一类将文化等同于"总体的人类社会遗产";另一类"是一种渊源于历史的有利于生活结构的体系,这种体系往往为集团的成员所共有",包括集团的语言、传统、习惯和制度,有激励作用的思想、信仰和价值,以及它们在物质工具和制造物中的体现。③

随着近代西方思想的传入,我国的"文化"一词的内涵逐步与西方相统一。现在,我们一般从广义和狭义的角度理解文化。广义的文化是指人类社会历史实践过程中所创造的物质财产和精神财产的总和;狭义的文化仅指精神层面的内容,如哲学、艺术、道德、宗教、礼仪、制度等。将广义的文化与狭义的文化结合起来理解,可以总结出文化的三个基本特征:首先,文化与行为有着密切的关系,它在很大程度上决定着人们的行为,并激励和限制行为的结果;其次,文化是后天习得的,可以继承,生生不息;最后,价值观是文化的核心。

对于社区文化,国内外尚无一致的说法。学者们主要的解释包括"生活方式说"、"社区特色说"、"文化活动说"、"群众文化说"、"广义狭义说"等。④ 正如对文化的概念可以从狭义和广义两个方面去理解,我们对于社区文化的理解也可以从狭义和广义两个方面把握。

广义的社区文化是指社区居民在特定的区域内,经过长期实践而创造出来的物质文化和精神文化的总和。狭义的社区文化则专指社区精神文化,即社区居民在特定区域内、长期实践过程中逐步形成和发展起来的价值观念、生活方式、行为模式和群体意识等。具体地,社区文化可以包括五个方面的内涵:

第一,社区文化是社区共同的文化认同,是在社区共同体中间逐渐凝聚起来的相同文化体验、认识。这种认同既包括其他人对该社区的文化共性的认识和标识性的总体把握,也包括生活在社区里的公众对本社区共同文化的感知和

---

① 转引自张在兴:《中西"文化"概念研究的反思》,载《长安大学学报(社会科学版)》2005 年第 1 期。
② 同上。
③ 参见喻云涛:《文化、民族文化概念解析》,载《学术探索》2001 年第 2 期。
④ 参见汪大海、魏娜、郇建立主编:《社区管理》,中国人民大学出版社 2005 年版,第 152—153 页。

理解。

第二,社区文化包括群众文化体育活动,它属于文化事业的范畴,既是指各级政府及文化事业单位自上而下组织开展的群众文体活动,也指群众自发的、自娱自乐的文化活动。

第三,社区文化包括社区的文化体育设施,诸如社区的博物馆、图书馆、文化馆、电影院、群众活动广场、公园、居委会文化活动室等硬件设施,各种公益文化活动通常以此为依托展开。通常,文化设施越先进、丰富,社区文化就越发达。

第四,社区文化是社区的历史文化资源的综合,如社区内既有的传统文化遗产、文化古建筑、音乐绘画、民俗、风土民情等。

第五,在社区内开展的以科学知识的普及、职业技能的培训、法律知识的宣传、生活知识和技巧的传授为主要内容的社区教育活动都属于社区文化的范畴。

(二) 社区文化的特点

社区文化作为一种"亚文化",除具有一般社会文化的普遍特征外,由于构成要素的异质性,它还有着区别于其他"亚文化"的地域性、群众性、多元性和共享性等特征。

1. 地域性

社区文化是一定的地理环境、生产方式、社会形态等因素相互作用的产物,它的形成和发展无不带有本社区特有的印记。一方面,社区文化的发展水平受到所在地区整体发展水平的限制,是一定地区经济和政治发展水平的反映,其发展的速度、规模不可避免地会打上该地区整体发展的烙印,从而具有了与所处地区相一致的地域性特征;另一方面,尽管受到所在地区整体环境的影响,但是即使处在同一地理区域,不同的社区仍旧有着区别于其他社区文化的个性特征。因此,所谓的社区文化的地域性特征只具有相对性意义,处在同一地区的各个社区文化具有该地区的一般文化特征;同时,不同的社区文化又有着自己相对独特的文化氛围。虽然城市、乡村文化都具有地域特征,但是与城市相比,乡村文化的地域特征更为明显,不同的乡村由于历史的长期积淀形成了其特有的风情。比如,江南水乡的乡村社区文化与北国山区的乡村社区文化就会形成鲜明的对比,表现出一方水土的特色。

2. 群众性

社区文化是地道的群众文化、群众演出、群众创作、群众竞技、群众娱乐、群众教育,都是以群众为主体。群众既是策划者、表演者,也是观众和评判员。例如,我国武汉市汉阳区一个社区的群众,在一位业余演员的倡导下,利用各家各户居室的阳台,边纳凉边搞对歌比赛,社区文化搞得声情并茂,其乐融融。社区文化的群众性特点将其与被少数人垄断的"贵族"文化和以营利为目的的市场文化区别开来,它是扎根于群众的社区居民自娱自乐和自我教育的文化。譬如社区教育,它不同于专门化的学校教育,而是以社区为课堂,运用群众喜闻乐见和就近方便的形式,自讲自听,自演自看,讲用对照,重在实效。群众既是受教育者,也是教育者。另外,如社区文化补习、法律知识竞赛、典型报告、科技示范、民主选举、对失足青少年的帮教等,都是群众自己教育自己、自己提高自己的表现。

3. 多元性

社区文化在居民构成、文化内容、管理体制、模式等方面均呈现出多元性特点。在居民构成上,既有当地居民,又有外来居民;既有经商的,又有从教的;等等。在文化内容上,既带有长期以来形成的传统的民俗内容,也有从外界带来的异域文化以及现代都市文化的内容。在管理体制上,既有国有的、集体的文化事业,也有个体的、合资的等多种所有制并存的文化事业。在模式上,也表现出多样化的特点,呈现出"百花齐放"的态势。

4. 共享性

社区文化是全体社区成员在实践活动中共同创造的,社区居民不仅是社区文化活动的参与者、创造者,也是社区文化活动成果的维护者、受益者。因此,社区的各种文化资源业已成为了大家的公共财产和财富,社区文化为社区成员所共享是理所当然的事情。社区居民享受公共的社区文化资源的同时,也在相互交流中增强了彼此的友谊,在互帮互助中创造了良好的社区氛围。另外,对于共同创造的文化成果,社区成员大多会产生认同感和遵从心理,自觉接受社区文化对自身行为的约束。任何反文化的叛逆行为均有可能遭到其他人的反对,并被视作异己,受到社区群体的抵制和排斥。因此,社区文化的共享性既有助于社区凝聚力的形成,又会使居民产生强烈的归属感和认同感,从而增强社区的向心作用。

二、社区文化的功能

社区文化的功能是指社区文化对人们的社会生活和心理行为的影响作用。社区文化建设愈来愈为社区成员所重视,因为社区文化有其特殊功能,这种特殊功能主要可概括为引导功能、约束功能、凝聚功能、娱乐功能、激励功能、改造功能。

1. 引导功能

社区文化的引导功能是指社区文化对社区成员的思想和行为的取向具有引导作用,使之符合社区理想和目标。社区文化的引导功能既表现为对社区成员个体的思想行为的引导作用,同时也表现为对社区整体的价值取向和行为起导向作用。这种导向作用之所以能够实现,是因为社区文化有巨大的吸引力和渗透力。一个社区的社区文化一旦形成,它所包含的主导性行为方式和价值取向对社区居民的行为与价值选择起着不容低估的作用,不断地引导和归并着社区居民的个体行为方式和价值取向,使之逐渐趋向一致。社区居民的信仰选择、道德选择、职业选择、婚恋选择和生活方式选择等诸多方面,无不渗透着社区文化的影响。

2. 约束功能

社区文化的约束功能是指社区文化对社区成员的思想、心理和行为具有约束和规范的作用,主要分为硬约束和软约束两种。所谓硬约束,是指社区内的各种规章制度、公约、守则等,它要求全体居民必须遵守。所谓软约束,则是通过社区文化的认识、调节、评价作用实现的,它使居民通过提高认识而产生一种自律行为。这种规范功能所涵盖的范围是法律约束所难以达到和不可替代的。

3. 沟通功能

社区文化不仅具有增强社区内人际沟通的功能,还有助于社区与社区、社区与社会之间的沟通。社区文化是社区居民之间互相联络、增进感情、加深了解、沟通关系的纽带和桥梁。现代生活方式与传统生活方式相比,劳动分工越来越细,人与社会的接触面越来越窄,人际关系趋于淡化,社会交往相对减少。社区文化的各种活动方式把社区成员吸引到一起,易于使社区的居民们投入到更为广阔的人际交往空间中去,通过各种文化活动共同创造一种亲善、和谐的氛围,密切人与人之间、人与社区之间、社区与社区之间的联系。

4. 凝聚功能

社区文化的凝聚功能是指社区成员在共同目标、利益和信念的基础上,通过共建机制,使社区各种力量相互作用、相互吸引,从而形成一种特有的集聚、凝结的社区合力和整体效应。社区文化对社区居民的心理行为的潜移默化作用,以及在一定文化背景下制定的政策措施对社会关系的调整作用,均可视做对社区内的相关关系和居民心态行为的整合功能。社区文化犹如粘合剂,把社区内的成员"黏合"在一起。社区通过多种文化活动吸引居民参与,使他们从生疏到认识,从认识到熟悉,增加认同感和归属感,从而产生一种凝聚力,形成共同的理想和希望。

5. 娱乐功能

社区文化的娱乐功能是指社区文化能给人们消遣提供一种轻松、舒适的环境的作用。人们不仅有物质方面的需求,更有精神方面的需要。随着改革开放和社会主义现代化建设的不断发展,人们的生活水平逐步提高,对精神生活有了更高的需求。社区文化恰恰在很大程度上满足了人们对精神生活的需求,为他们提供了场地。社区居民在紧张繁忙的一天工作之后会感到精神倦怠、身体疲劳,社区文化活动将为他们提供一个轻松、愉快和舒适的环境,使他们从劳累和压力中解脱出来,得到精神上的享受,并以饱满的精神投入次日的工作。

6. 传承功能

社区文化具有传承功能。一定的社区文化,总是凝聚着该社区居民的集体智慧和创造精神。大至传统戏曲、民歌民谣、风俗习惯,小到手工艺品、窗花剪纸等,都是社区居民对社区文化和民族文化的历史贡献。社区文化是在社区中产生,在社区居民中逐代传承而发展至今的。社区文化的这种传承功能表现在两个方面:一方面,它将社区中居民创造的人文精神固化下来,代代相传,使优秀的社区文化得以延续;另一方面,它吸收、融合社会主导文化,承袭以往的优秀社区文化,并加以革新、改造,再流传下去,发扬光大。社区文化在其传承过程中,也影响和塑造着一代又一代的文化传承载体——社区居民,使其人格心理特征无不深深地打上社区文化的烙印。

7. 改造功能

社区文化的改造功能最直接的表现是解决精神方面的社会问题。如对于居民中的封建迷信思想及活动,只能用科学道理和事实加以解释和纠正。当前,我国社会主义市场经济新体制必然伴随着拜金主义、自私自利、以权谋私、道德滑坡等社会问题,造成社会污染。加强社区文化,开展各种文化活动,能够净化社会环境,改善社区居民的精神风貌,为改革开放和社会主义现代化建设创造更加有利的社会环境。

三、社区文化建设及其推进方式

开展社区文化建设,不仅是大力发展社会主义先进文化、实现经济社会协调发展的重要保证,也是培养和发展人们文化消费需求、提高全民族科学文化素养的重要举措。社区文化建设的根本要求是在全社区形成共同理想和精神支柱,不断丰富人们的精神生活,增强精神力量,用科学的理论和正确的舆论导向营造健康文明的社区环境。

社区文化建设是社区建设的精神依托和灵魂所在。正确认识社区文化建设的意义,探索科学的社区文化建设方法,确立健全的社区文化建设机制,实现社区文化建设的健康发展,既是社区文化建设的重要任务,也是构建和谐社区的需要。

(一) 社区文化建设的意义

推进社区文化建设,对于提升社区精神文明,不断满足居民日益增长的文化生活需要,有效解决社会转型期社区面临的一系列新问题,实现现代化城市管理机制的有效运作,具有极其重要的意义。

第一,社区文化建设是构建和谐社区的精神依托。社区和谐是城市和谐的基础,在建设社会主义和谐社会的过程中,和谐社区的构建具有极其重要的地位,而社区的和谐度是与社区文化建设的状态紧密关联的,因为和谐社区需要文化的支撑,社区文化是构建和谐社区的灵魂所在。随着城市现代化进程的加快,快速的生活节奏和相对封闭的居住空间限制了社区居民之间的交流,而社区文化建设能够促进居民之间的相互交往与沟通,使社区居民在形式多样的社区文化活动中通过心灵的交流建立互信与互爱,增强居民的社区认同感和归属感,有助于在一种彼此相知、相容、平等、友爱与和睦的关系中强化社区的亲和力和凝聚力。社区文化建设有助于提高市民的整体素质,培育居民的现代公民意识和健全的社区理念,使之以健康合理的心态审视自身、他人和社会以及三者之间的关系,从而确立关心社区和社区公益活动的强烈意识,以高度的社区责任感和强烈的集体主义精神关怀社区,把社区视为自己生活的家园,形成"我为人人,人人为我"的社区风尚,营造出诚信友爱、互谅互助、和睦相处的社区人际关系。

第二,社区文化建设是推动社区精神文明建设、构建和谐社区的需要。党的十四大报告指出:"进一步开展军民共建、警民共建文明单位等群众性活动,把精神文明建设落实到城乡基层。"社区文化建设是社区精神文明建设的有机组成部分,也是我国精神文明建设的有效途径和方法。推进社区文化建设,对于提升社会主义精神文明,促进社会主义物质文明建设和精神文明建设协调发展具有重要意义。

第三,社区文化建设是满足居民日益增长的文化生活需要的内在要求。改革开放以来,随着社会经济的巨大进步,居民的物质生活水平有很大程度的提高,继之而来的是文化生活需要的提升。这既是经济和社会进一步发展的客观需要,又是居民变化了的生活状况的内在要求。对科学文化知识、健美的体魄、富有文化气息的生活以及优雅的生存环境的追求,已成为居民生活的主旋律。社区形式多样的文化活动的开展以及社区文化市场的繁荣,在一定程度上能够为居民提供丰富的精神食粮。

第四,社区文化建设是解决社会转型期社区面临的一系列新问题的重要途径。中国社会正处在一个转型时期,人们在收入来源、利益取向、价值观念、生活方式等方面日益呈现出多元化的趋向,诸多因素的相互碰撞必然导致许多新的社会矛盾和问题。社区文化建设能够不断提高社区居民的科学文化知识水平和思想道德境界,使他们树立正确的世界观、人生观和价值观,强化自己的精神免疫力和在市场经济浪潮中把握自我的能力,形成科学、健康、文明的生活方式,自觉抵制各种不良行为、错误思想和迷信邪说的影响。

(二) 社区文化建设的管理体制和运行机制

我国社区文化建设可以采取"党政部门指导监督、社区文化委员会运作、社会各方参与"的管理体制和运行机制。

第一,党政部门指导监督。要坚持党对社区文化建设的导向作用。党组织对社区文化的运行与发展方向应给予监督和引导。社区文化属于意识形态领域，有着明显的价值取向。建设社会主义精神文明、培育"四有新人"，是社区文化建设不可动摇的大方向。社区文化必须和社会的主流文化取得协调，否则受落后社区文化影响的居民就很难融入和适应主流社会。以先进文化引导社区文化沿着正确的方向前进，仍然是党政组织所不能推卸的职责，为此要加强基层社区党组织的建设，发挥其思想上的核心引导作用。

政府对社区文化事业的发展应给予支持、关心、帮助和指导，设立一个由文化局、文物局、文明办、教委、科委和科协、体委、园林局、旅游局共同组成的社区文化指导委员会，统筹规划和指导社区文化事务。政府应着力在社区文化建设的宏观管理上下功夫，其作用主要体现在：制定社区文化发展规划；运用行政、法律等手段对社区文化的发展实施有效的宏观控制；针对市场和民间力量不愿或无力涉及的社区文化建设，担负起政府管理和服务的职责，如大型标志性社区文化设施、社区历史文化遗产保护、社区文化风格的确定、社区环保意识的培养等。但是，社区文化建设的主体应是社区自治组织，政府决不能干预太多，一些具体的微观管理、运作应由社区组织进行。

第二，社区文化委员会运作。社区文化建设的主体应是社区自治组织。社区应设立社区文化建设委员会，主导社区文化工作。社区文化建设委员会是党委、政府指导下的非政府、非营利性的文化社团组织，隶属于社区居民自治委员会，其主要职责是承担社区文化建设具体层面的工作。社区文化建设委员会对社区文化设施、经费实行统一管理，对社区文化资源进行市场化配置，推进社区文化社团的建设，组织开展社区各种大型的文化活动，并指导、培训群众团体开展丰富多彩的文化娱乐活动。

社区文化建设委员会应转变观念，实行社会化、市场化运行方式。政府虽然给予社区文化建设一定经费、人员支持，但是仅仅依靠政府的支持是远远不够的。社区文化建设采取政府投入与社会投入、民间投入相结合，专业人员与志愿者人员相结合，无偿、低偿、有偿相结合的运作机制。社区文化建设委员会应该挖掘公益性服务中心微利项目，适当拓展一些有偿服务和文化经营项目，实行"以文补文、多业助文"的经营机制，以增强社区文化建设的力量。

社区文化建设委员会依托各种社区文化社团开展具体工作。社区文化社团是一种以文化休闲与健身锻炼为目的的居民兴趣组织，由群众自我管理、自我运行，具有独立性。以社区文化社团作为社区文化建设的中间力量，既可以提高居民的自我组织水平和独立开展活动的能力，又可以带动居民参与社区文化活动的积极性，而且无须政府较大的投入就可以收到良好的效果。社区文化建设委员会应该依据形势，积极为现有的社区文艺团体的经常性活动创造有利条件，引导和鼓励它们向有益健康、文明、科学的生活方式发展，并根据社区居民的新需要进一步壮大群众性的文艺团体，如组建各种球队、棋牌队、健美队、艺术创作队、气功健身队等,充分发挥社区居民各自的爱好特长,使他们在社区内外文体活动中得到交流和提高。有条件的社区还可以分期分批将有一定基础和培养前途的社区居民送到专业艺术院校或社团深造,以带动整个社区文化和社区精神文明建设的发展。

第三,社会各方参与。社区文化建设既是社区建设的重要领域,又是经济社会意识形态领域的重要阵地。因此,加强社区文化建设不能仅仅局限在社区范围内,而应该置于更广阔的社会背景下。既可以在本社区范围内形成单位与居民的互动、居民与居民间的联动,也可以跨社区实现社区与社区间的联动、本区与外区间的联动,实现社区文化资源共享、优势互补、互惠互利,进而提高社区文化建设的组织化程度,确保整个城市社区文化建设健康有序地发展。

(三)社区文化建设的方法

要使社区文化建设开展得有声有色,必须采取一系列措施,如开发社区文化资源、制定社区文化发展规划、组织开展社区文化活动等。只有这样,才能使社区文化活动的水平不断提高。

1. 开发社区文化资源

社区文化资源包括社区内的各类文化人才、社区文化活动场所、社区文化设施设备、社区文化传统以及社区文化活动的已有实践。社区文化资源的开发过程就是社区文化资源调查、发现和整合的过程。

社区文化资源调查是社区文化资源开发的第一步。社区文化领导部门应组织专门力量,利用查询社区保存的文字材料、实地走访等不同方式,对社区的文化资源进行全面的调查摸底,特别是对本社区的历史文化传统、群众喜爱的文化活动形式、已有的社区文化设施设备、社区内的文化活动人才和文化社团等几项内容进行彻底调查,以弄清楚本社区的文化资源状况。

社区文化资源的整合要分两方面进行:一是做好社区文化人才的整合。在社区文化建设中,文化队伍一般是由文化组织管理队伍、文化艺术队伍和群众文艺骨干组成,而这支队伍的整体素质如何,将直接关系到社区文化建设和社区精神文明建设的状况。其中最为关键的、能够带动社区居民参与热情的是群众文艺骨干,所以要积极发掘社区内已有的文化活动人才,特别是对既有组织能力又有参与热情的文化人才要积极利用,培育其成为社区文化活动的带头人。对于已有的文化社团,也要给予帮助和支持,促使其更快更好地发展。二是做好社区活动场所、设施设备的整合,做到资源共享。文化设施的数量和质量是社区文化品味和经济实力的重要反映。在计划经济时期,单位承担很多的社会职能,因此大多数单位都拥有自己的文化设施和场地。现在,单位的社会职能弱化,社区承担更多的社会职能,但社区的文化设施和场地严重不足。因此,要千方百计地密切与辖区内各单位的联系,争取各单位将文化活动场所向群众开放。尤其是要探索在市场经济条件下"共建、共享"、"互利、互惠"的新形式,使社区内的文化活动资源得以共享、共用。当然,仅靠现有的文化资源的整合还是远远不够的。与发达国家相比,我国的社区文化设施还是显得过少,因此各地应因地制宜,建立一批新的文化设施,以满足人们日益高涨的文化需求。

2. 制定社区文化发展规划

在对社区文化资源调查、发掘、整合的基础上,社区还应制定社区文化发展规划,增加社区文化发展的科学性、系统性、连续性和实效性。社区文化规划从时间上可以划分为长期规划和短期规划,从内容上则可以划分为整体性规划和专项规划。长期规划要为社区文化的发展设立长远目标,设立远景规划,从整体上把握社区文化的发展方向;短期规划可以是年度计划,对年内需要做的工作给予具体安排,如本年度的文化场地和设施的建设,文物保护工作,文化市场管理,大、小型文化活动的开展等。整体性规划通常包括指导思想和基本原则、总体目标和基本任务、阶段性目标和具体任务、落实检查和考核措施;专项规划是对本社区文化活动的某一方面的具体规划,包括项目目标、工作重点、负责机构、落实措施、评价标准等,着眼点更小,更为细致,也更具有可操作性。无论是长期规划、短期规划,还是整体性规划、专项规划,都要对其进行科学的可行性论证。在论证过程中,既要听取领导和专家学者的意见,又要听取有经验的社区文化工作者和广大社区成员的意见。规划制定完成后,应该通过各种媒介公布给社区居民。

3. 组织开展社区文化活动

社区文化活动要收到良好的效果,不仅应注重活动的品质,更加要注意统筹兼顾,调动社区各个层面居民的参与热情。社区文化活动的组织开展要坚持以下几个原则:

(1) 老与少相结合。社区文化建设应该抓住老人与儿童这两个大的群体,从而带动中青年群体参与社区文化活动。这种"抓两头、促中间"的做法是由老年人和儿童的特点决定的。社区成员中老人和儿童所占的比例较大,在很多小区,他们占总人口的一半以上,这一群体自然要受到关注和重视。此外,与中青年相比,老人和孩子有充裕的时间参加社区活动。

(2) 大与小相结合。这里说的"大"是指大型的社区文化活动,需经过专门的精心策划组织,参与者众,影响面广,如体育节、艺术节、文艺汇演、入住仪式、社区周年庆等;"小"是指小型的社区文化活动,是指那些常规的、每日每周都可能开展的、有一定的组织安排的社区文化活动,如每日的晨练、休闲、娱乐等,通常由兴趣小组组织。大活动和小活动要合理搭配,合理安排。

(3) 雅与俗相结合。所谓"雅与俗相结合",是指社区文化活动应当注重社区成员不同层面的需求,高雅与通俗同在,崇高与优美并存,满足不同层次的兴趣爱好，兼顾不同类型的文化品味。这就要求社区文化部门充分做好社区文化调查工作，真正摸清社区成员在想什么、需要得到什么样的文化服务、愿意参加怎样的社区文化活动。

(4) 远与近相结合。这里说的"远"是指组织开展社区文化建设要有超前的意识、发展的眼光和整体的目标；"近"是指要有短期周密的安排、落实和检查。社区文化对塑造社区精神、引导居民生活方式等具有极其重要的作用。随着人们生活水平的提高和社会的不断进步，社区成员的价值观念、消费观念等都在悄悄地发生着变化，社区文化部门应把握时代的脉搏，以敏锐的目光洞察社区将要面临的变化，超前一步为住户提供服务。同时，在社区文化开展中，短期安排也非常重要，每一次大型活动事先都要有计划，事后都要有分析。只有对社区文化活动的开展过程进行有效的控制，才能真正做到切实可行、行之有效。

在坚持上述原则的基础上，社区文化建设委员会要以本社区群众性社区文化活动为依托，在继承自己传统文化特色的基础上，创造丰富多样的社区文化活动形式。

发扬地区传统特色文化活动，是社区文化建设的主要形式之一。我国民间传统特色文化活动丰富多彩，各社区可根据自己的具体情况，通过各种文化艺术节的形式挖掘一批具有浓厚民族民间文化特色的项目，如狮舞、龙灯、行街等。社区可以专门扶持一定的民间特色活动家庭或者社团，指导、支持、配合他们举行传统文化活动，培养居民对于传统特色文化活动的兴趣，壮大传统特色文化活动的队伍。社区文化建设委员会也可以加强研究，促进传统特色文化活动的推陈出新，将现代气息和传统文化结合起来，扩大传统文化活动的受众，打造具有地区特色的文化品牌。

开展节庆文化活动，是丰富社区文化建设的另一重要形式。传统节日是传承中华民族文化的重要载体。随着经济的快速发展，人们越来越重视我国的传统节日。2008年，我国政府把清明节、端午节和中秋节列为国家法定节日，传统的节庆文化将进一步得到弘扬。我国传统节日历史悠久，内容丰富，仅端午节就有"兰汤洗浴"、"挂系艾蒿、菖蒲"、"饮药酒"、"吃粽子"、"赛龙舟"等九项民间习俗。这些习俗都可以成为社区文化活动的挖掘点。社区文化建设委员会如果能在传统节日来临时，组织群众开展各种文化活动，营造浓厚的节日氛围，将传统节庆文化、习俗的弘扬和精神文明建设结合起来，不仅能丰富社区文化活动的内容，也能提升社区文化活动的层次，使我国的社区文化建设获得跨越式发展。

另外，根据时代特点，开展群众喜闻乐见的文化活动，如举办卡拉OK大赛、舞蹈比赛、书画展览、相声大赛等，也都能起到丰富文化生活、提升精神文明的作用。

4. 搞好社区文化市场

搞好社区文化市场是繁荣社区文化的重要手段，而社区文化市场涉及文化设施的有偿服务、文化的产业化、文化市场的管理和文化消费的引导。①

（1）有偿提供社区文化活动场地和服务设施

社区文化服务要主动适应市场经济发展的新形式，由过去单一的无偿服务向部分有偿或者完全市场化服务转变。社区文化服务的产业化是社区服务产业化的重要内容，是社区经济的重要组成部分。提供场地和设施，开展各种文化培训班，是社区文化有偿服务的主要方式。社区文化的有偿服务减轻了政府的经济负担。

（2）大力发展社区文化产业

社区文化消费既是一种文化行为，又是一种经济行为，而提供消费性服务是一项重要的第三产业，而且正在成为经济发展的支柱型产业。社区文化产业包括民俗产业、文艺产业、教育产业和体育产业。社区民俗产业包括传统的小吃、民间手工艺品、民间节庆、宗教文化等活动；社区文艺产业包括文学作品的销售，书法、美术、摄影等作品的展览和拍卖、文化展览，以及游乐场、娱乐城等休闲娱乐经营；社区教育产业包括私立学校、老年大学、高教自考、职业培训、各种知识学习班及技能培训班等；社区体育产业包括健身活动、竞技观赏和保健用品等消费的供给。文化产业的运作和管理要逐步规范化、法制化，要完全按市场经济方式运行，由文化企业提供服务，其服务原则是经济效益和社会效益兼顾。

（3）加强社区文化市场的管理

社区文化市场是社区文化的重要组成部分，是社区居民进行文化消费的必要场所。健康的文化市场经营活动有利于丰富人们的精神生活，提高人们的文化素质、身体素质、道德素质和精神文明水准。然而，有些文化市场的经营者唯利是图，不讲道德良知和社会责任，以色情、淫秽、赌博、暴力等低级糜烂的商品和服务招揽顾客，严重污染了社会空气。此外，文化市场中还存在不少偷税漏税现象，严重干扰了正常的经济秩序，造成了国家税收的大量流失。这些不良现象弥散到社区文化市场，干扰了社区文化的正常发展。因此，对文化市场一定要依法管理，防止不良现象的滋生蔓延。

（4）提倡健康高雅的社区文化消费观念

文化消费是经济和文化发展的必然走向。健康高雅的文化消费能促进社会的文明进步，而低级糜烂的文化消费则会污染人们的心灵。目前，社区文化消费活动中存在的严重问题是高品位文化消费场所和活动较少。为此，一方面，要通过社区文化活动的开展，满足人们的求知欲和审美情趣；另一方面，要努力创造

---

① 参见白志刚：《社区文化与教育》，中国劳动社会保障出版社2001年版，第106—109页。

条件,在社区内开办健康高雅的文化消费场所,如茶室、健身房、美术画廊、文学之家等。

第四节　社区卫生管理

一、我国社区卫生服务的兴起与发展

新中国成立以后,我国实行"三级医疗预防保健制度"[①],基本解决了城乡居民的医疗卫生问题。因此,社区卫生服务一直未得到发展。然而,20世纪90年代以后,随着我国市场经济体制的建立和企业改制的进行,旧的卫生体制被打破,传统的医疗卫生服务已经不能满足居民多元化的需求。重构新型医疗保健网络,发展以社区卫生服务为基础的医疗保健体系,成为迫切需要。自20世纪90年代以来,中共中央、国务院等采取了一系列措施以促进社区卫生事业的发展。

1997年1月,中共中央、国务院下发的《关于卫生改革与发展的决定》指出:"改革城市卫生服务体系,积极发展社区卫生服务,逐步形成功能合理、方便群众的卫生服务网络。"这是我国第一次正式提出开展社区卫生服务。

1999年7月,卫生部、国家计委、教育部、民政部、财政部、人事部、劳动保障部、建设部、国家计生委和国家中医药局10部委联合印发《关于发展城市社区卫生服务的若干意见》(以下简称《若干意见》)的通知。该《若干意见》指出:各级政府要切实加强对社区卫生服务的领导,要把积极推进社区卫生服务列入政府工作目标,纳入当地经济与社会发展总体规划和城市社区两个文明建设规划,作为社区建设和社区发展的一项重要内容予以统筹规划、组织实施;社区卫生服务是城市卫生服务体系的基础,劳动和社会保障部门要把符合要求的社区卫生服务机构作为职工基本医疗保险定点医疗机构,把符合基本医疗保险有关规定的社区卫生服务项目纳入基本医疗保险支付范围;参保人员在社区卫生服务机构和大中型医院就诊时可实行不同的医药费用自付比例,引导参保人员在社区卫生服务机构诊治一般常见病、多发病和慢性病,促进社区卫生服务机构与上级医疗机构之间形成有效的双向转诊机制;到2010年,在全国范围内,建成比较完善的社区卫生服务体系,成为卫生服务体系的重要组成部分。

2002年8月,卫生部等11部委联合印发《关于加快发展城市社区卫生服务的意见》。该意见指出:实行政府调控与市场配置卫生资源相结合,推进城市卫

---

① 三级医疗预防保健制度指的是我国计划经济体制下实施的医疗预防保健制度网络体系。它由街道卫生院(所)、工厂保健站构成的初级网,区级医院、专科防治所、保健所、企业职工医院构成的二级网,以及省市级综合医院、大企业医院、医学院附属医院构成的三级网组成。

生资源配置结构的战略性调整,加快部分卫生资源向社区转移,逐步完善医院和社区卫生服务机构的资源配置比例,增强社区卫生服务供给能力;鼓励企业事业单位、社会团体、个人等社会力量多方举办社区卫生服务机构,健全社区卫生服务网络。从2003年开始,卫生部等部门开始在全国创建社区卫生服务示范区,逐渐涌现出像天津、上海、北京等一批具有一定工作特色的城市。

2006年2月,国务院印发《关于发展城市社区卫生服务的指导意见》,进一步明确了发展城市社区卫生服务的指导思想、基本原则和工作目标,在完善社区卫生服务功能、建立健全社区卫生服务网络、构建两级城市卫生服务体系、加强人才队伍建设、完善运行机制、加强监督管理、发挥中医药优势与作用、纳入城市经济社会发展规划、加大财政投入、发挥社区卫生服务在医疗保障中的作用、落实部门职责、加强政府领导等方面提出了政策措施,并指出社区卫生服务是实现"人人享有卫生保健"的基础。

截至2006年2月,全国95%的地级以上城市、86%的市辖区和一批县级市开展了城市社区卫生服务。全国已设置社区卫生服务中心3400多个,社区卫生服务站近12000个。一个以社区卫生服务中心为主,社区卫生服务站为辅,医疗诊所、医务室为补充的社区卫生服务体系框架正在形成。

二、社区卫生服务的含义和内容

(一) 社区卫生服务的含义

1999年《若干意见》对社区卫生服务作出了这样的界定:社区卫生服务是社区建设的重要组成部分,是在政府领导、社区参与、上级卫生机构指导下,以基层卫生机构为主体,全科医师为骨干,合理使用社区资源和适宜技术,以人的健康为中心、家庭为单位、社区为范围、需求为导向,以妇女、儿童、老人、慢性病人、残疾人等为重点,以解决社区主要卫生问题、满足基本卫生服务需求为目的,融预防、医疗、保健、康复、健康教育、计划生育服务等为一体的,有效、经济、方便、综合、连续的基层卫生服务。

根据这个界定,我们可以从以下六个方面进一步理解社区卫生服务:

第一,社区卫生服务不仅仅包括疾病诊治等一般的医疗服务,还包括预防、保健、康复、健康教育、计划生育服务等在内,是一个大卫生服务概念。

第二,社区卫生服务以诊治常见病、多发病、慢性病为主,提供的是基本医疗服务。

第三,社区卫生服务以预防医学为导向,防重于治,主动性更强。

第四,社区卫生服务具有连续性,是一个动态过程。

第五,社区卫生服务机构办在社区,就近服务居民,并且其服务费用较为低廉,因此社区卫生服务具有可及性。

第六,社区卫生服务不是卫生产业,不以营利为目的,更加具有公益性。但是,它也有别于政府领导下的社会福利机构。在我国现阶段,它只能是一项政府领导下,实行一定财政、政策扶持的社会公益事业。

可以看出,社区卫生服务与传统医院提供的医疗服务有很大不同。社区卫生服务承担了最基本的公共卫生工作,是整个公共卫生体系的"网底"。传统医院(特别是传统大型医院)则是以发展高精尖技术、治疗疑难病症为主。二者的具体区别如表 5.1 所示:

表 5.1　社区卫生服务与传统医院提供的医疗服务的区别

	社区卫生服务	传统医院提供的医疗服务
服务理念	以人为本、以健康为中心	以疾病和病人为中心
服务对象	群体、所有人	个体、病人
服务内容	"六位一体"	单纯医疗
服务方式	主动上门、按需服务	被动服务
服务特征	常见病、多发病为主的全科医疗	专科疾病及疑难重症诊疗
服务手段	适宜技术	高技术
服务成本	较低	较高
服务重点	疾病预防及慢性病管理	疾病治疗

(二) 社区卫生服务的内容①

如上所述,社区卫生服务是一个大卫生概念,其主要内容共包括六个方面,是融预防、医疗、保健、康复、健康教育、计划生育服务"六位"为"一体"的综合性服务。

1. 社区预防

社区预防是社区卫生服务中心(站)在政府领导、社区参与和上级卫生机构的指导下,广泛宣传动员社区居民,采取综合措施,预防、控制疾病,保障和提高社区居民的健康水平的过程。积极开展社区预防工作,有利于将社区预防服务落实到社区、家庭和个人,提高居民的健康水平。

社区预防工作包括以下几方面的内容:(1) 广泛深入地开展卫生宣传工作;(2) 开展计划免疫工作,按规定程序实施免疫预防接种;(3) 认真落实疫情报告制度,做好疾病监测工作;(4) 积极开展防疫保健工作和爱国卫生运动;(5) 结合自身业务,协助卫生执法部门实施卫生监督、监测;(6) 开展社区居民健康检查和社区居民健康状况评价工作;(7) 积极控制社区不良行为因素和不良生活方式。其中,预防接种、计划免疫、疫情报告和疾病监测是社区预防的工作重点。

---

① 参见汪大海、魏娜、郇建立主编:《社区管理》,中国人民大学出版社 2005 年版,第 126—136 页。

2. 社区医疗

社区医疗是社区卫生服务的"重头戏"。它指的是全科医生在全科医学理论的指导下，运用相应的中西医技术，为社区居民提供的基本医疗服务。与传统的基层医疗服务相比，社区医疗最大的特点是：以社区为范围、家庭为单位，提供连续的和人性化的医疗服务。社区医疗是现代医学模式的具体体现。

根据有关文件的规定和我国开展社区医疗服务的实践，社区医疗的主要内容包括以下五个方面：(1) 开展常见病、多发病以及诊断明确的慢性病人的治疗，并根据患者的病情需要，及时做好会诊和转诊等协调性服务；(2) 为社区居民建立档案资料，及时掌握居民及其家庭成员的健康背景资料，并以签订家庭卫生服务合同的形式，开展家庭健康咨询、家庭保健、指导慢性病患者康复等服务；(3) 提供急诊服务和院前现场抢救；(4) 提供家庭出诊、交通护理、家庭病床等家庭卫生服务；(5) 开展缓和医疗服务，为临终患者及其家属提供周到的、人性化的服务。其中，慢性病防治、地方病防治、职业病防治是社区医疗的重点。

3. 社区保健

社区保健是社区卫生服务中心(站)协同有关机构，根据社区人群的文化和社会特点以及存在的卫生问题和健康需求，制订和实施社区保健计划，并进行检查和评估的过程。社区保健属于基本卫生保健。社区卫生服务人员要以各种方式宣传卫生保健知识，使居民养成健康的生活方式。

社区保健包括八个方面的基本内容：(1) 针对主要卫生问题，传授预防和控制的方法；(2) 增进必要的营养，供应充足的安全饮用水；(3) 提供清洁的卫生环境；(4) 开展妇幼保健工作，包括计划生育；(5) 实施免疫接种，预防传染病；(6) 预防和控制地方病；(7) 医治常见病和创伤；(8) 供应基本药物。

社区保健工作的重点是社区内的儿童、妇女、老人等弱势群体的保健。儿童保健的主要任务是根据儿童不同时期生长发育的特点和保健要求，对儿童进行系统的、必要的保健指导，促进儿童健康成长，如儿童的计划免疫、防治婴儿常见病、提倡母乳喂养、普及儿童保健知识等。妇女保健工作主要是针对妇女不同生理时期的不同特点，着重做好妇女青春期保健、生育期保健和更年期保健工作。老年人保健包括老年病的防治、老年人健康体育活动的举办、老年人饮食调节和营养搭配等。随着老年人口的逐渐增多，老年人保健将越来越成为社区保健的一个重要方面。

4. 社区康复

社区康复是社区卫生服务中心(站)充分利用社区资源，运用各种有效措施，为康复对象提供有效、可行、经济、全面的康复服务，使他们能够重返社会的过程。

社区康复的对象主要是残疾人、慢性病人和老年人，其内容主要包括：

(1) 残疾预防。残疾预防指依靠社区的力量,落实各项有关残疾预防的措施,如给儿童服食预防小儿麻痹症的糖丸,进行其他预防接种,搞好优生优育和妇幼卫生工作,开展环境卫生、营养卫生、精神卫生、保健咨询、安全防护、卫生宣传教育等工作。这些工作一般都要与卫生院、社区医院的初级卫生保健工作结合进行。(2) 残疾普查。残疾普查指依靠社区的力量,在本社区范围内挨家挨户进行调查,查出本社区的残疾人员和他们的分布情况,做好登记,进行残疾总数、分类、残疾原因等的统计分析,为制订残疾预防和康复计划提供资料。(3) 康复训练。康复训练是社区康复工作最基本的内容,指依靠社区的力量,在家庭和社区康复站,对需要进行功能训练的残疾人开展必要的、可行的功能训练。例如,生活自理训练、步行训练、家务活动训练、儿童游戏活动训练、简单的语言沟通训练、心理辅导等。(4) 教育康复。教育康复指依靠社区的力量,帮助残疾儿童解决上学问题,或组织社区内残疾儿童的特殊教育学习班。(5) 职业康复。职业康复指依靠社区的力量,对社区内还有一定劳动能力的、有就业潜力的青壮年残疾人,提供就业咨询和辅导,或介绍到区、县、市的职业辅导和培训中心,进行就业前的评估和训练,并对个别残疾人指导自谋生计的本领和方法。(6) 社会康复。社会康复指依靠社区的力量,组织残疾人与非残疾人一起的文娱体育和社会活动,以及组织残疾人自己的文体活动;帮助残疾人解决医疗、住房、交通、参加社会生活等方面的困难和问题;对社区的群众、残疾人及其家属进行宣传教育,使他们能正确地对待残疾和残疾人,为残疾人重返社会创造条件。(7) 独立生活指导。独立生活指导指依靠社区的力量,协助社区内残疾人组织起"独立生活互助中心",提供有关残疾人独立生活的咨询和服务,如有关残疾人经济、法律、权益的咨询和维护,有关残疾人用品用具的购置和维修服务,以及有关残疾人独立生活技能咨询和指导等。

5. 社区健康教育

社区健康教育是以社区为范围,以居民为对象,运用健康教育理念和方法,普及医药科学知识,提高社区居民的健康意识和自我保健能力的过程。社区健康教育是社区卫生服务的灵魂,是初级卫生保健的首要任务,其根本目的是通过有组织、有计划、有系统的社会活动和教育活动,使人们自觉采纳有益于健康的行为和生活方式,消除或者减轻影响健康的危害因素,预防疾病,促进健康,提高生活质量。

社区健康教育的内容包括:(1) 向居民宣传、普及医药卫生知识;(2) 向居民宣传、讲解国家有关卫生法规和政策;(3) 对育龄夫妇进行计划生育、优生优育和妇女卫生教育;(4) 为居民介绍食品卫生和合理的膳食搭配;(5) 向居民宣传良好的行为方式和生活习惯;(6) 开展健康咨询活动;(7) 实施家庭护理指导等。

要使社区健康教育收到良好的效果,必须综合运用语言、文字、形象、电化等各种教育方法。语言教育方法,又称"口头教育法",包括口头交谈、健康咨询、专题讲座、小组座谈和大会报告、演讲等。文字教育方法包括写标语、发传单、办墙报等。形象化教育常有图片、照片、标本、模型、示范、演示等,其特点是直观性、真实性强,如身临其境,印象深刻,从而加强健康教育的效果。例如,通过展示畸形胎儿标本,可强烈激发人们妊娠保健及优生优育意识。电化教育方法包括利用职业性信息传播机构的广播、电视、电影等传媒手段,以及投影、幻灯、VCD、录音带、录像带等电化教材介绍健康知识。

6. 社区计划生育技术服务

社区计划生育技术服务是社区卫生服务中心(站)向社区居民宣传生育知识,开展遗传咨询,提供婚前检查、产前检查,传授节育方法及相应医疗服务的过程。

社区计划生育技术服务的内容包括计划生育、优生优育咨询以及与计划生育有关的临床医疗服务。具体如下:(1)生殖健康、优生优育、预防艾滋病等科学知识的宣传、教育、咨询;(2)提供避孕药具相关的指导、服务;(3)对已经施行避孕、节育手术的,提供相关的咨询、随访;(4)向育龄群众提供安全有效的、符合国家规定的计划生育技术服务和避孕药具。

三、社区卫生服务的开展方法

社区卫生服务的开展需要依照一定的科学方法。从宏观上说,可以利用"社区动员、社区诊断、社区计划"[①]三大方法对社区的整体情况进行把握;从微观上说,可以利用建立居民健康档案、开展社区预防与保健工作、提供基本医疗服务、定期回访检查的方法给居民提供方便、高效的卫生服务。

(一)宏观工作方法

1. 社区动员

社区动员是把满足社区居民需求的社会目标转化成社区成员广泛参与的社区行动的过程。它是宏观工作方法的第一步,同时也贯穿于健康促进项目的全过程。社区动员的对象十分广泛,各级政府领导、卫生局等有关部门、社区成员、社区非政府组织和社区卫生专业人员都包括在内。做好社区动员工作,就是要做好对这些对象的动员和组织工作。

(1)开发领导。争取各级政府领导的重视和支持是社区卫生工作顺利开展和可持续发展的重要条件。应通过多种方式和途径向各级政府领导宣传社区卫生服务对保护人民健康和发展社会经济的重要意义,争取把社区卫生目标作为

---

① 参见赵志强:《社区卫生与医疗》,中国劳动社会保障出版社2001年版,第93—101页。

各级政府的工作职责、议事日程。

（2）建立和加强部门间的合作。保护人民健康涉及社会生活的各个方面，单靠卫生部门不可能解决与健康有关的各种问题。应在政府协调和统筹安排下，通过部门间协商，明确共同目标，加强合作，共享专长、技能和资源，提高效率和效益。

（3）动员社区、家庭和个人参与。社区是健康促进的基本场所。社区的基层组织（居民委员会、居民小组）是健康促进的重要力量，应注意发动他们参与健康促进项目的各种活动。家庭是社会的细胞，对家庭成员要宣传个人的健康责任，人人享有基本卫生保健的权利，人人也都有参与的义务。应提供各种机会使他们能经常可靠地参与决策过程，学习能影响环境和行为以保护健康的知识和技能。

（4）发挥非政府组织的作用。非政府组织，如妇、青、老、工会、学会、协会、志愿组织等，在社会发展中的作用日益重要。应注意通过多种形式——邀请参加会议、分发简报、个别接触等，提高非政府组织领导者对项目意义的认识，鼓励他们提意见、参与决策、运用适当的方式向广大居民宣传社区卫生的有关信息。

（5）动员专业人员参与。社区医生、护士等专业人员的积极参与和努力工作是社区卫生服务顺利开展的保证。社区卫生专业人员不仅要有高超的医疗技术，还应该学会人际交流技巧、传播艺术和公关技能，以便与社区群众之间建立起和谐的、相互信任的人际关系，促进社区动员目标的达成。

2. 社区诊断

社区诊断是参照临床诊断思维，对社区居民的需要和需求进行调查研究，掌握有关信息，分析社区健康问题产生的原因，了解解决社区问题的资源，提供适应社区需要和需求的资料，制订社区卫生计划的过程。

社区诊断的步骤是：确定信息→收集信息→分析信息→作出诊断。

第一步，确定信息。社区诊断需要了解的信息主要包括：社会人口学信息、流行病学信息、环境与行为信息、教育与组织信息、管理与政策信息。社会人口学信息包括人口数量、人口构成（性别构成、年龄构成、学历构成、职业构成等）和人口增长率（生育率、死亡率）。流行病学信息包括流行病负担和卫生服务需要，如传染病发病率、伤害发生率、患病率、两周患病率、残疾率、病伤种类构成比、病伤严重程度构成比等。环境与行为信息包括社区居民的工作、生活环境和居民与健康有关的行为（如吸烟、饮酒、体育运动等）的信息。教育与组织信息包括居民卫生健康教育的开展状况和社区已有卫生机构的工作状况的信息，如卫生防疫机构、人员的现状分析。管理与政策信息主要包括现有社区卫生政策、现有卫生管理政策、政策的受益面及实际覆盖面、政策的受损面及可能性等方面的信息。

第二步,收集信息。收集信息的时候,一方面可以利用现存的资料,包括各卫生局、卫生防疫站、医院、计划生育站、统计局年报资料、疫苗接种资料、人流资料、出生死亡资料、发病率和患病率等,也包括有关健康普查、慢性病普查、医院病历记录、卫生监测记录等;另一方面可以利用定性和定量方法收集资料,通过专题小组讨论、访谈、咨询、抽样调查、普查等方法获取新的资料。

第三步,分析信息。对收集到的信息资料,在开始分析之前应先完成收集资料的质量评价工作。也就是说,先评价收集到数据的可靠性,之后再进行数据的分析工作。数据分析的方法主要有统计学分析、流行病学分析、归纳综合分析三种。其中,统计学分析方法可以得到社区每年的门诊平均数、高血压人群的分布,各个年龄群体对健康知识的了解程度等;流行病学分析方法可以确定某种疾病的致病因子、传播方式、易感人群、危险因素和暴露因素以及环境决定因素;归纳综合分析方法可以将散乱的信息进行提炼、概括,得到条理化的、清晰的分析结果。

第四步,作出诊断。社区诊断结果一般表现为社区诊断报告的提交。社区诊断报告的内容包括社区基本情况、调查的内容和方法、调查的结果和分析、发现的问题和原因、解决问题的方法和策略。报告的要点主要有社区优先卫生问题、社区重点干预对象、社区重点干预因素、社区综合防治策略与措施。

3. 社区计划

社区计划是在社区动员、社区诊断的基础上,针对社区存在的健康问题,根据社区卫生资源等条件,决定未来社区卫生服务工作的过程。社区卫生计划应当吸收社区领导、居民代表、群众团体代表、医务人员和有关专业部门(如环境、物价、交通、城建)的代表参加。这样做不仅有助于集思广益,还有助于同心协力地实现计划。社区计划一般要经过以下步骤:

(1) 明确现存的卫生问题。从社区诊断报告中,可以了解到社区现存的卫生问题及需要优先解决的卫生问题。

(2) 确定解决问题的目标。在明确了问题以后,还应确定,在目前形势下,能够在多大程度上解决问题。目标既不能定得太高,也不能太低,它应该是经过社区卫生工作人员努力后所能够达到的。

(3) 提出实现目标的策略。制定策略时,应该从大局出发,着眼于未来,不要纠缠于细枝末节。制定策略的关键在于分析问题产生的原因。社区卫生问题产生的原因多种多样,如资源短缺、地理位置偏僻、技术落后、资金缺乏、人员不足、文化习俗限制等,对这些原因进行排序即可发现解决问题的策略。

(4) 提出解决问题的办法。提出办法是为了落实策略。办法是可操作的,应该比较详细,其内容应该包括制订计划的理由,具体工作,实施计划的地点、时间、主体以及方法。

(5) 确定工作日程。在提出各种办法的基础上落实工作计划,要具体落实到工作安排,包括每项活动的具体内容、所需资源(人员、资金、设备、交通)、活动及其完成时间与进度等。如果分工负责,还要列出负责人、执行人和检查人。

(二) 微观工作方法

1. 建立居民健康档案

居民健康档案是记录居民健康状况的系统化文件或资料库,包括个人病患记录、健康检查记录、各年龄阶段的保健记录、个人和家庭一般情况记录等。一般来说,居民健康档案分为三个部分,即个人健康档案、家庭健康档案和社区健康档案。其中,个人健康档案在全科医疗中应用十分频繁,使用价值也最高。建立一个好的居民健康档案是具体开展社区卫生服务的基础性工作,是全科医生深入了解服务对象的主要方法之一。

居民健康档案信息的采集工作一般采用以下两种方法:一是开展入户调查,直接到居民家中收集信息资料。居民健康档案涉及某些私密信息,为了得到居民的积极配合,顺利地收集有关的资料,社区医务工作者在入户调查之前应做好和当地居委会的协调工作,如通过张贴或发放"告居民书"的形式告知区域住户。入户调查时,工作者应佩戴有关证件,严格按照事先制定的调查表或者调查提纲逐项询问。二是结合日常业务工作收集信息。当居民到社区卫生服务机构寻求卫生服务时,做好建立居民健康档案的宣传工作,取得居民的配合,就地完成健康档案的建立工作。

居民健康档案的建立是一个动态的过程。随着居民个体心理、生理状况的不断变化,健康档案的信息应不断更新,及时补充。社区医务工作者可以在为居民提供服务时,详细记录本次就诊所发现的健康问题,以更新档案信息。社区医务工作者还必须进行定期的家访和社区调查。2008年1月,卫生部公布的《社区卫生工作管理制度(试用稿)》规定,居民健康档案每年至少随访记录四次。按照此项意见,社区医务工作者可以采取季访或者月访的形式,保证所有居民的健康档案及时更新,无一遗漏,从而实现对居民健康的连续性、全程管理。

2. 开展社区预防与保健工作

按照我国传统医学"未病先防、已病防变、病后防复"的预防保健思想,社区预防与保健工作可以包括"病因预防、临床前期预防、临床期预防"三级预防保健策略。其中,"病因预防"涉及环境、生活方式、卫生服务提供、生物遗传四大因素,涉及面十分广泛,在我国尚未系统开展,它将成为我国社区预防与保健工作的重点。根据三级预防的原则和疾病危险因素的分类,社区预防与保健服务应该是多方面的综合干预。"个体、家庭、群体三位一体"的社区预防保健策略值得提倡。①

（1）个体预防。由于人生不同阶段的生理特点和接触环境是不同的，因此应当根据各个人生阶段的不同特点提出不同的预防策略。对于儿童，主要是做好产前保健、保证哺乳期的母乳喂养、按时进行免疫接种、教育和培养儿童养成良好的生活习惯。对于青壮年，主要是提倡良好的生活行为方式，改善城市、家庭、学校、工作场所的环境卫生，避免接触有害因素。对于老人，主要是通过各种方式使他们的预期寿命得到延长，愉快、安全、卫生地度过晚年。另外，在个体预防保健中，必须强调自我保健的作用。自我保健是指自己掌握健康的主动权，自觉减少自身创造的健康危险性，积极参与决策自己的保健行为，主动进行自我医疗照顾。对于纠正不良的生活行为，只有发挥个人的有效能动性，才能最大程度地创造健康的生活条件。自我保健是最经济、最充分的保健方式。

（2）家庭预防。家庭对遗传和生长发育、心理情绪和性格、卫生习惯和行为方式等都有很强的影响作用。因此，以家庭为单位开展预防与保健工作在整个社区保健中尤为重要。有的干预因素，如平衡膳食和食盐控制，只有在家庭范围内才可能实施。有的个体行为只有在家庭成员的监督、帮助下才能纠正，如劝阻吸烟者戒烟等。

（3）群体预防。群体预防是指以群体为对象进行干预。根据不同群体的不同需求，社区医务工作者通过了解不同人群的健康状况、特征及变动趋势，明确和推测人群中现在和将来出现的健康问题，以及引起这些健康问题的原因，由此制定和实施社区健康项目。如针对在校学生，开展青少年健康教育、心理健康指导；针对青壮年，开展工作压力调试、体育运动；针对患有慢性病的老年人，开展饮食保健讲座、康复运动等。

3. 提供基本医疗服务

社区卫生服务有别于综合性医院、专科医院以及专业预防保健机构提供的"院式服务"。社区医疗服务的主要提供者是全科医生。他们工作于社区，可以根据社区居民的不同需要开展灵活多样的服务：（1）可以对有需要的家庭进行预约上门服务，直接到病人家里送药、会诊、输液等；（2）可以根据居民的需求，选择适宜的病种，开设家庭病床，进行规范的管理和服务；（3）可以启动特别服务号码，开通家庭医疗求助热线，向社区居民提供就医指导；（4）可以与综合性医院和专科医院建立合作关系，及时把重症、疑难杂症病人转到合适的医院诊治，同时接受综合性医院和专科医院转回的慢性病和康复期病人，进一步进行治疗和康复。全科医生应根据社区居民的需求变化，不断探索新的服务方式，以满足居民的卫生保健需要。

---

① 参见傅华主编：《社区预防与保健》，人民卫生出版社 2000 年版，第 4—6 页。

除了全科医生提供服务以外，社区还应该建立专科医生巡诊制。虽然全科医生能在一定程度上满足居民的医疗需要，但对于一些专科性疑难杂症，处理起来并不是很得心应手。本着以病人为中心的宗旨，可以从上级医院派出有经验的专科医生或专家，定期或者不定期到各社区医院坐诊，以弥补全科医生对疑难杂症诊断治疗水平不高的缺陷，提高社区卫生服务质量。

4. 定期回访检查

社区卫生服务以老年、妇女、儿童和慢性病人为重点服务对象，以治疗小病、慢性病和预防疾病为主要工作任务，以提供连续性的医疗服务为特点，因此有必要建立社区医疗回访制度。对在社区医疗机构寻求治疗的患者，以打电话或家访的形式，对患者进行跟踪调查，帮助病人尽快恢复健康。这样既提高了卫生服务质量，也有助于改善医患关系。

四、社区卫生服务的发展策略

2006年8月，卫生部在其发布的《多部门共同努力，大力推进城市社区卫生服务工作》中，指出了当前我国社区卫生服务存在的主要问题：一是社区卫生存在"重医轻防"的倾向，防病功能落实不够；二是"小病"医疗在社区的目标尚未实现；三是一些社区卫生服务机构注重收入高、收益大的服务项目，"以药养医"、"以医养防"的问题比较突出。究其原因，"一是一些地方政府及有关部门对社区卫生服务模式及特点认识不足，重视不够。二是投入不足，运行机制错位。由于缺乏政府对社区卫生机构的经费投入，部分社区卫生机构通过医疗服务自筹资金、自负盈亏，导致出现重治轻防、诱导需求、过度医疗等问题。三是缺乏高素质人才。由于人员待遇低、工作条件差、缺少业务进修机会，很难吸引并留住有用之才。在东中部大城市社区卫生服务机构的医生中，具有本科学历的仅占1/5，难以取得社区居民的信任。"

这些问题的存在，导致我国社区卫生资源短缺、发展滞后，群众在社区不能得到有效的医疗保健服务，加剧了"看病难"和"看病贵"的现象。继续推进我国社区卫生工作，应该从以下几个方面考虑：

1. 加快推进社区卫生服务和医疗保险相结合

这也是我国的社区卫生管理做法。早在1999年，卫生部等10部委联合印发的《关于发展城市社区卫生服务的若干意见》指出："劳动和社会保障部门要把符合要求的社区卫生服务机构作为职工基本医疗保险定点医疗机构，把符合基本医疗保险有关规定的社区卫生服务项目纳入基本医疗保险支付范围。""两个纳入"①政策的贯彻实施,将带来社区卫生服务和医疗保险相结合的双赢局面。一方面,医疗保险可以为社区卫生服务提供稳定的客户群和持续的资金来源,将在很大程度上解决社区卫生服务市场需求问题和筹资问题,有利于促进社区卫生服务的成长和发展;另一方面,社区卫生服务能降低道德风险,提高医保基金的使用效率。

2. 加强全科医生的培养

根据社区卫生服务工作的服务范畴,医务人员面临的疾病种类多而复杂,因此需要培养一大批经验丰富的全科医生。培养全科医生,可以采取"教育"加"培训"的模式。"教育",就是要加强高等院校的全科医学的学科建设,培养全科医学人才;"培训",是指对已经在社区卫生服务站工作的医务人员进行全科培训。由于高等院校人才培养需要较长的周期,因此"培训"是目前培养全科医生的主要途径。经过一定的全科医学知识培训、具有一定临床经验、掌握临床综合技能、能够独立诊治不同类型疾病患者的全科医生到社区卫生服务站工作,将很快提高社区医疗服务站的诊疗水平,彻底改变基层医疗网点诊疗水平低下的局面。

3. 积极开展预防保健工作

我国社区卫生事业存在严重的"重医轻防"现象。究其原因,主要是市场化方式的医改思路影响了国家对卫生事业的投入。社区卫生机构普遍存在投入不足、资金短缺的问题。为了平衡收支和维持运转,社区卫生机构往往忽视更具公益性质的社区预防和保健,而专注于有盈利收入的社区医疗。因此,构建新型的社区医疗卫生服务体系,首要的是解决认识问题,切实把社区医疗卫生服务看做是一项社会公益事业,加大政府对社区卫生事业的投入,特别是加大对预防、保健等很难看到显著效果的卫生事业的投入,完善各类卫生防疫站、疾病检测中心、保健站,充实其人员,更新其设备,将社区预防与保健工作真正落到实处。

4. 完善双向转诊制度

国外经验表明,通过社区卫生服务与上级医疗机构的有效转诊体系,完全可以把社区居民80%左右的基本健康问题有效解决在基层社区,既方便了患者,又满足了居民的基本医疗需求和多样化的卫生服务需求。② 1997年中共中央、国务院下发的《关于卫生改革与发展的决定》就提出了"建立双向转诊制度"。2002年卫生部等11部委联合印发的《关于加快发展城市社区卫生服务的意见》提出:"参保人员在社区卫生服务机构就诊费用的个人自付比例应低于在二级

---

① 所谓"两个纳入",就是《关于发展城市社区卫生服务的若干意见》中提出的"把符合条件的社区卫生机构纳入定点医院,把符合要求的卫生服务项目纳入支付范围"。

② 参见郝晓宁、李士雪、李湘江:《美国社区卫生服务运行机制和管理模式研究》,载《医学与哲学(人文社会医学版)》2006年第8期。

医院和三级医院就诊自付的比例。"利用较低的自付比例,引导参保人员在社区卫生服务机构诊治一般常见病、多发病和慢性病,促进社区卫生服务机构与上级医疗机构之间形成有效的双向转诊机制。

5. 加快卫生资源向社区转移

城市的市、区两级卫生事业基本建设投资要打破框框,加快向社区转移卫生资源,既要允许、鼓励大中型医院举办社区卫生服务机构,发挥企事业单位医疗机构的作用,又要将现有的一批小医院转型或改造为社区卫生服务机构,还要引导社会力量兴办社区卫生服务机构,建设多样化的社区卫生服务网络。

关键术语

社区公共事业,社区教育,社区教育模式,社区文化,社区文化管理,社区文化市场,社区卫生,社区预防,社区医疗,社区保健,社区健康教育,计划生育技术服务。

思考题

1. 怎样理解社区公共事业?
2. 社区教育的含义和内容分别是什么?
3. 西方社区教育的模式与我国有何差异?
4. 如何完善我国的社区教育?政府在推动社区教育发展中应该起到什么作用?
5. 如何理解社区文化的含义?社区文化包含哪些内容?
6. 社区文化的功能有哪些?
7. 社区文化活动开展的方法、步骤有哪些?
8. 怎样理解社区卫生?
9. 我国社区卫生服务的基本内容有哪些?
10. 社区卫生工作的方法有哪些?

参考书目及文献

1. 袁方主编:《社会学百科辞典》,中国广播电视出版社1990年版。
2. 莫邦豪:《社区工作原理和实践》,香港集贤社1994年版。
3. 梁春涛、叶立安主编:《中国社区教育导论》,天津人民出版社1993年版。
4. 黄云龙:《社区教育管理与评价》,上海大学出版社2000年版。
5. 汪大海、魏娜、郇建立主编:《社区管理》,中国人民大学出版社2005

年版。

6. 白志刚：《社区文化与教育》，中国劳动社会保障出版社2001年版。
7. 赵志强：《社区卫生与医疗》，中国劳动社会保障出版社2001年版。
8. 傅华主编：《社区预防与保健》，人民卫生出版社2000年版。
9. 崔运武：《论当代中国公共事业管理的基本内涵和价值》，载《思想战线》2002年第1期。
10. 厉以贤：《社区教育的理念》，载《教育研究》1999年第3期。
11. 张广斌、戴忠信：《社区教育研究：价值定位与内容选择》，载《成人教育》2006年第10期。
12. 苏民：《面向21世纪社区教育模式探索》，载《北京成人教育》2001年第7期。
13. 岳杰勇：《中国社区教育未来发展模式探索》，载《成人教育》2006年第9期。
14. 梁万斌：《社区文化内涵分析》，载《徐州建筑职业技术学院学报》2004年第6期。
15. 龚贻洲：《论社区文化及其建设》，载《华中师范大学学报（哲学社会科学版）》1997年第9期。
16. 刘占文、温景文：《我国高职教育的现状和发展趋势分析》，载《教育与职业》2007年第35期。
17. 蒋敏、谭洛明：《高职院校应成为社区教育的主要力量》，载《职业时空》2007年第6期。
18. 张在兴：《中西"文化"概念研究的反思》，载《长安大学学报（社会科学版）》2005年第1期。
19. 喻云涛：《文化、民族文化概念解析》，载《学术探索》2001年第2期。
20. 李屏南、文军：《社区文化与社区精神文明建设论略》，载《湖南师范大学社会科学学报》1999年第4期。
21. 郝晓宁、李士雪、李湘江：《美国社区卫生服务运行机制和管理模式研究》，载《医学与哲学（人文社会医学版）》2006年第8期。

拓展阅读书目

1. 韦克难：《社区管理》，四川人民出版社2004年版。
2. 吴开松等编著：《城市社区管理》，科学出版社2006年版。
3. 厉以贤：《论社区教育的视角与体制》，载《教育研究》1995年第8期。
4. 何红玲：《开展社区教育工作有效途径的探析》，载《河南大学学报（社会科学版)》2005年第6期。

5. 姚岚、姚建红:《社区卫生服务纳入城镇职工基本医疗保险若干问题的思考》,载《中国卫生经济》2001年第5期。

6. 洪鉴:《论建设和谐社区文化的重要作用及建设措施》,载《西南民族大学学报(人文社科版)》2005年第10期。

7. 王平:《社区文化建设的多维度思考》,载《毛泽东邓小平理论研究》2006年第7期。

案例分析

"贫血"的社区卫生

按照卫生部对社区卫生服务机构的设置原则,社区卫生服务机构属非营利性医疗机构,是为社区居民提供预防、保健、健康教育、计生技术、医疗、康复(六位一体)服务的基层服务机构。目前,大多社区卫生服务机构一方面要为自身生存获取收入,另一方面还要承担社区卫生支出。资金短缺、发展缓慢是大多数社区医院面临的问题。缺钱,不仅造成了社区医院缺乏必要的设备,甚至连基本的仪器都不具备。仅有政策,没有足够的投入,社区医院将如何生存?

"不收挂号费,不收诊断费,不收床位费",这是很多社区医院执行的"三不"政策。

就拿河北省来说,该省很多社区医院收费执行的是县级医疗机构收费标准的80%,遇到低保家庭、残疾人还要酌情再减。在石家庄市,有相当一部分社区医院是企业职工医院和区级医院外派出来的,派出医院本来就不景气,根本没有更多的力量投入到社区医院。一家社区医院从1999年开办到现在,甚至没有一分钱的外来资金收入。

其实,资金缺口不是偶然现象。2004年,广州市荔湾区华林街社区医疗服务中心的创建,得到了政府较大的财政支持,资助数额占收入的4%左右,而去年前6个月政府补贴仅占2.2%。无论哪一个数字,都远未能达到广东全省医疗机构8%的平均政府补贴率。"门诊+防疫+出诊"是荔湾区社区医疗服务中心收入的来源。所谓出诊,就是设置家庭病床,按照相关规定,社区全科医生一次出诊收费是17—20元。这个大部分居民还能承受的费用,对社区医院来说基本上是没钱赚,并且一个月也只有七八次出诊。

位于北京市东城区的朝阳门社区卫生服务中心,生化仪、B超、心电图的使用期都已经在10年以上,属于超期服役。按照规定,这些设备5—7年就需要更换。但由于每年近400万元的资金缺口,医院只能继续透支使用这些设备。

现在,与社区医院竞争的还有众多大大小小的私人诊所。但是,私人诊所只提供单纯医疗,而社区医院除了医疗,还义务承担着社区的预防保健、康复、健康教育、计生指导的任务。社区医院远比不上大医院,在效益上也争不过私人诊所。

低廉的收费加上政府要求的相当分量的义务工作,社区医院想要盈利很难,负债经营是社区医院目前的主要问题。没有钱,陈旧的设备就无法更换。社区医院只能自己想办法解决资金缺乏的问题。

广州市天河区慢性病防治中心棠下医疗保健中心的大部分收入便是依靠体检在支持着。在该中心,学生的体检费用(常规检查)是10元左右,其他人群的体检(套餐)为60元,比起区里其他二级医院,便宜了40%—50%。即便如此,体检收费仍是该中心的主要经济来源。

北京龙潭社区卫生服务中心有20多张床位,全院120名医务人员专科以上的医生只有30多人,副主任医师只有4—5人。医院每年收入约1500—1600万元,但70%以上的收入来自药费,医疗技术收入很少。

(资料来源:茅竞伟:《资金:贫乏的生存之源》,载《当代医学》2006年第4期)

❓ 案例思考题

1. 社区卫生的资金问题应该如何解决?
2. 社区卫生还存在哪些问题?结合案例分析问题产生的原因及其对策。
3. 在提高社区卫生服务水平上,政府的作用应该是怎样的?
4. 在社区卫生事业的发展上,市场机制和社会机制应该发挥怎样的作用?

第六章 社区公共安全与社区矫正

【内容提要】 社区公共安全是微观层次的政治秩序,直接关系到普通居民的生活需要。社区治安、综合治理、社区警务改革是社区公共安全体系中的重要环节和根本任务。本章主要介绍了四个方面的内容:一是通过对社区公共安全含义的梳理,探讨社区公共安全的机制;二是围绕社会治安的机制,探讨社区综合治理的相关问题;三是通过对社区警务改革和社区警务模式的论述,探讨现代社区警务的发展方向;四是比较分析各国社区矫正制度。

第一节 社区公共安全概述

我们正处于一个不同于传统常态社会的风险社会,不仅受到不断发展的科学技术的挑战,而且面临着经济社会发展的系统化风险。随着2003年"非典"、2004年禽流感等突发性事件的发生与解决,公共安全日益受到人们重视。在社区建设中,虽然我国已取得了一定成绩,但各种安全隐患仍然存在,做好社区公共安全工作迫在眉睫。社区公共安全是社区建设的主要方面,是社区建设得以健康、有序发展的保证。社区公共安全是政府和百姓都特别关注的、十分重要的社会问题,它直接关系到全社会成员的生存和生活质量。

一、社区公共安全的内涵

(一)公共安全的概念

从管理学角度分析,公共安全问题包括了自然因素、生态环境、公共卫生、经济社会、信息安全等问题。这是现代公共安全观的体现,已经超出传统国家的军事和国防范畴,而涵盖了网络安全、物种安全、人民健康、生态环境、科技安全、资源保护、贸易顺畅、金融稳定等方面。[①]

从法学角度分析,对公共安全的含义大体有四种不同观点:第一种观点认为,公共安全是指故意或者过失实施危害或者足以危害不特定多数人的生命、健康或重大公私财产的安全[②];第二种观点认为,公共安全是指故意或者过失实施

[①] 参见雷仲敏:《我国城市公共安全管理模式构想》,载《上海市经济管理干部学院学报》2004年第1期。

[②] 参见肖扬主编:《中国新刑法学》,中国人民公安大学出版社1997年版,第317页。

危害不特定多数人的生命、健康或者重大公私财产的行为①;第三种观点认为,公共安全是指故意或者过失实施危害不特定多数人的生命、健康、重大公私财产以及公共生产、工作和生活的安全②;第四种观点认为,公共安全是指故意或者过失实施危害或足以危害不特定多数人的生命、健康、重大财产安全、重大公共财产安全和法定其他公共利益的安全。③

以上两种视角的考察,前者试图从管理理论的角度对影响公共安全的因素给予科学的归类,后者则力求从法学理论角度对公共安全的含义给予科学的界定。我们认为,无论是从管理理论还是从法学理论考察分析公共安全的含义,其总体方向和基本观点并不是互相排斥的,而是互为补充的。从多侧面、多层次分析理解公共安全的含义,有利于我们多角度、全方位、完整准确地理解和把握公共安全的科学含义。我们认为,现代公共安全的含义,是一个可以而且应该从多角度、多侧面进行分析研究的复杂的系统和体系。

(二) 社区公共安全的内涵

社区作为城市社会生活的基本单元,其公共安全、公共秩序问题必须引起高度重视。在当前全球化背景下,社区面临更多的不确定性因素。因此,应大力加强社区公共安全建设,采取有效措施,促进社区生活、工作环境和质量的提高,努力建设安全社区。"安全社区"是世界卫生组织(WHO)在1989年召开的第一届事故与伤害预防大会上通过的《安全社区宣言》中首次提出并在全球推广的概念,主要从卫生健康方面界定和规范安全社区。

本质上,安全社区即社区的公共安全。④ 这应该是一个更高层面、更大范畴的概念,它不仅包括传统意义上的治安,即社区刑事案件的预防、社区劳教劳改释放人员的矫正、社区不良青少年和吸毒人员的教育、社区外来人口管理、社区消防安全事务,还应当包括新形势下的一些安全问题,主要是市容环卫和环境保护方面的安全、公共安全、信息网络安全、发生紧急事件和危机时的社会各方面的安全,包括重大突发性自然灾害、重大突发性工业事故、重大突发性社会骚乱、重大突发性政治危机乃至战争威胁及战争状态。这就要求我们更加有效地配置现有资源,以便更好地应对不断增多的公共安全事务。

二、社区公共安全的特点

影响和危害社区公共安全的因素和事件纷繁复杂,危害程度各有差异,但这

---

① 参见高格主编:《刑法教程》,吉林大学出版社1987年版,第273页。
② 参见赵廷光主编:《中国刑法原理》(各论卷),武汉大学出版社1992年版,第174页。
③ 参见蔡士良:《对刑法中"公共安全"含义的探讨》,载《湖北公安高等专科学校学报》2000年第5期。
④ 参见杨寅主编:《公共行政与社区发展》,浙江人民出版社2005年版,第24页。

些事件是有一些共同特征的。综合相关研究者对此所作的研究成果考察和分析,社区公共安全的特征包括以下几个方面:①

(一) 突发性

这些事件会突然发生,并且在何时、何地或何种情况下发生具有极大的不确定性。这对我们防止公共安全事件的发生和选择采取应对措施的时机和地点增加了难度。因此,制定公共安全应急措施,建立健全公共安全应急体制,具有特殊意义。

(二) 危害的灾难性

这些事件会带来突然性的损害,对社会大众的财产和生命有时会带来灾难和毁灭,而且这种损害是刚性的、不可逆转的。一旦发生,必须动员必要的力量和资源进行紧急救援,力争把损失减少到最低程度。

(三) 范围的广泛性

不少突发事件涉及范围广。比如,2003 年的"非典"疫情扩散到全国二十多个省市区,并波及欧美。为此,有必要建立区域性或全国性的应急机制,在有些条件下还应与其他国家或有关国际组织建立联系,共同抗击突发事件。

(四) 影响的关联性

这些事件发生后会影响和波及经济社会的多个部门、方方面面,往往会造成连锁反应。例如,大洪水不仅影响农业,而且影响教育、交通运输、工业生产、商业流通等。洪水退去后还可能造成大面积的流行病疫情爆发,房屋和基础设施损毁,影响建筑业等。为此,必须采取一系列应对措施,统筹全局。

(五) 原因的复杂性

公共安全事件的发生不以人的意志为转移,它由多种原因、多种因素、多种条件构成,而且这些原因、因素和条件往往相互联系、相互影响甚至相互转化。因此,既要进行科学分类管理,又要加强相互协调和沟通,采取科学、系统、综合的措施应对。

(六) 演变的隐蔽性

如 1998 年的特大洪水,在很大程度上是由于长期以来对森林的过度采伐和对植被的破坏,导致了区域自然生态失衡。公共安全事件的发生都有一个量变过程,具有隐蔽性。科学的做法是,应当极其重视这一量变过程,加强科学研究,提前预防,防止量的扩张和质的突破。因此,我们要倡导预防为主的方针。

三、社区公共安全体系的建立和健全

社区公共安全关系到人民群众的切身利益。为了保障社区居民安宁、祥和

---

① 参见左然:《突发公共安全事件的类型和特点》,载《中国党政干部论坛》2003 年第 9 期。

的生活,必须努力建立健全社区公共安全体系。结合社区发展的规律和社区管理的实际需要,社区公共安全体系的内容包括以下六个方面:

(一) 建立完善的社区公共安全制度体系

1. 制定社区安全防范公约

社区安全防范公约是社区内各种力量围绕社区安全问题进行共同讨论、共同拟订、共同遵守的关于参与社区公共安全管理各项工作的章程。公约明确社区内各种力量在社区安全工作中的义务,包括出人、出资参与社区安全工作,定期及时缴纳治安费,加强自家安全防范工作,勇敢地与危害社区安全的行为作斗争等。

2. 实行安全岗位责任制

安全岗位责任制是规定社区不同岗位上的人员对本岗位上的安全工作应承担的责任和应享受的权利的一种制度。它要求每一个人员,在自己的职责范围内,对安全防范切实负起责任,并且把它与个人的政治荣誉、经济利益挂起钩来,在安全防卫方面也做到责任权利的统一。安全岗位责任制是一个社区安全与否的关键,是社区安全防范工作制度的核心。各社区应根据自己的实际情况,制定出各个岗位的制度,并认真执行,使之真正成为促进社区安全的重要措施和手段。

3. 健全社区公共安全的行政管理制度

社区公共安全在社区管理中的强化,需落实到以政府为主体的行政管理体系中,①要强化政府的社区公共安全意识、责任和体制。政府主要领导和分管领导应把社区公共安全当做大事,统筹全局。各有关部门要认真负起责任,把社区公共安全管理当成重要工作,既有日常安排,又有应急措施。需要指出的是,很多措施的落实并不需要建立新的机构,而仅仅需要将之落实到政府的相关部门即可。

4. 建立健全社区公共安全的物质和财政保障制度②

预防为主和应对不同类型的突发性公共安全事件,需要不同的物资储备。从行政管理的角度看,这些储备是公共产品,需要把公共安全保障所需经费纳入年度财政预算。全国及各省、市、自治区财政预算中要有应对突发事件的准备金,同时应鼓励企业和个人投资捐赠,为公共安全提供强劲的物质保障。

5. 推进社区公共安全服务制度

本质上,这是社区自治的范畴,其主要内容有:加强社区信息中心建设,依托社区居委会等基层组织,挖掘和利用社区资源,建立并完善收集、反映社情民意

---

① 参见左然:《建立健全公共安全应急体制和制度》,载《瞭望新闻周刊》2003 年第 24 期。
② 参见刘铁:《公共安全与公共管理》,载《学习与探索》2004 年第 5 期。

的工作体系,对社区安全实施动态化管理;加强对刑释解教人员、社区矫正对象的帮助、教育和转化工作;深入开展社区预防少年违法犯罪工作,加强对社区闲散青少年的教育管理,降低各种反社会行为的发生;做好社区消防工作,提升社区消防安全水平;加强社区环境保护,开展"绿色社区"创建活动,建设资源节约型、环境友好型社区。①

6. 健全社区公共安全的教育、宣传、培训制度

教育部门应在大、中、小学开设公共安全知识课程;社会媒体要充分利用现代信息手段,如电视、广播、互联网等,对不同类型的公共安全预警预防制度和应急措施进行广泛宣传和普及;各类公共安全指挥系统应定期进行不同范围、不同级别突发事件的应急预演。在高度重视专家和专业队伍建设的同时,建设公共安全志愿者队伍,充分发挥产业工人、在校大学生、民兵预备役人员等的重要作用,进行注册管理和定期培训,与专业化队伍相互补充,提高全民的公共安全意识、知识水平和公共安全保障能力。

(二) 建立健全社区公共安全的管理机制

1. 组织领导机制。根据世界卫生组织的安全社区标准,各社区应成立相应的组织,分别承担相应的职责。例如,火灾防救组、疾病防救组、刑事案件防范组、现场搜救组、现场救护组、事故防范组、后勤保障组、减灾救灾组等。

2. 危机处理机制。建立危机处理预案,根据情况及时灵活处理。

3. 信息支持机制。建立信息动态管理系统,随时掌握社区信息,及时把各类安全隐患消灭处理。

4. 绩效管理机制。对社区安全管理人员,要调动他们的工作主动性与积极性,并根据他们的德、能、勤、绩综合表现评定他们的工作水平与能力,对优秀的要予以奖励,对造成重大安全事故的要使其承担相应的行政责任与法律责任。

5. 监督监管机制。对涉及社区公共安全的危险源加强责任监管,从制度上约束和减少危险发生,建立人防、物防、技防相结合的社区安全防范机制和防控网络。

(三) 建设社区公共安全的文化体系

安全社区建设的关键是安全文化的普及。现代的安全文化不仅是一种安全意识,也是一种安全技能,更是一份安全责任心。其中,社会管理者的安全责任心最为重要,是"责任追究制度"与"安全责任"的具体体现。安全文化是一个大的概念,主要涉及形态、对象、领域三个方面:

1. 社区公共安全文化的形态方面。安全文化包括安全观念文化、安全行为文化、安全管理文化和安全物态文化。安全观念文化是安全文化的精神层,安全

---

① 参见刘雨辰:《加强城市社区安区的对策与建议》,载《中国民政》2007 年第 6 期。

行为文化和安全管理文化是安全文化的制度层,安全物态文化是安全文化的物质层。(1)从精神层面来说,应采取多种形式,利用电视、网络、报刊、电台等媒体进行社区安全宣传,营造全社会重视社区安全的良好氛围,提高社区居民的安全防范意识与安全应变能力,实现由被动教育到主动教育的质变。(2)从制度层面来说,应完善相关的规章制度,包括各类伤害预防制度、安全健康检查制度、安全设施的定期维护和检修制度、社区安全健康规范、伤害数据记录和统计分析制度等。(3)从物质层面来说,要加大安全投入,完善安全设施,不仅要有丰富多彩的活动,还要有硬措施,软硬一起抓。

2. 社区公共安全文化的对象方面,即具体的个人,是对某一特定的对象加以衡量。对于不同的对象,所要求的安全文化内涵、层次、水平是不同的,其具体的知识体系需要通过安全教育的培训建立。

3. 社区公共安全文化的领域方面,即地区、行业、企业,由于受生产方式、作业特点、人员素质、区域环境等因素影响,造成了安全文化内涵和特点上的差异性及典型性。

(四)努力营造社区安全防范体系

凡事预则立,不预则废。规划的重要性不言而喻。因此,要做好社区公共安全规划。社区公共安全建设必须规划先行,明确社区公共安全建设规划与战略,高起点规划。在营造社区安全防范体系时,应该确立以下营造设计原则[①]:

1. 系统的原则:各单位设计如警方系统、社区治保组织系统、各单位保卫组织系统、邻里守望系统、物业管理系统等,都要有本身的系统性,能独立运作。

2. 连续的原则:各系统的组成均具有连续性,不断裂。例如,社区治保组织一般只照顾社区主要道路与进出口,而邻里守望一般照顾相邻不远的居住楼,各单位一般管理自身安全防范,但各系统之间应该都能相互连接,无裂隙。

3. 整体的原则:各单位系统与社区安全防范整体对应,都是社区整体的有机组成部分,不存在空白点与盲点。整体性使社区具备一种扩大了的家庭的特征,这也是增强社区认同感的基础,使居民能够意识到自己与社区存在一种精神心态上的相依关系。这需要在社区中形成一个有象征性的中心,成为社区内凝聚力的源泉。美国在社区设置"警察小店",新加坡建立的是"邻里警察站",日本实行的是"岗亭",我国实践中称之为"警务室"。虽然叫法不同,但它们都是警察工作的前沿阵地,而且也是拉近警察与社区成员关系的一个很好的纽带。

4. 耦合的原则:各单位体系相互作用、彼此影响、联合共生、有机协调,合理安排社区安全防范的资源,以最小的成本、最大的产出达到社区公共安全战略的

[①] 参见庄琳、胡建刚:《论社区安全防范体系的整体构建》,载《河南公安高等专科学校学报》2003年第6期。

实现。

(五) 建立健全社区公共安全保障体系①

贯彻预防为主、常备不懈的基本指导方针,改变重治轻防的现状,切实加大预防预警的人力、物力、财力、装备、科研的投入,化解各种危机和风险,尽可能把潜在的威胁社区公共安全的突发事件消灭在萌芽状态,阻止或减缓突发事件的发生,降低其激烈程度并缩小其覆盖范围。

1. 建立分级制度。在总结自身经验教训和广泛借鉴国外成功做法的基础上,通过对可能危及社区公共安全的突发事件的范围、影响程度进行科学分级,制定分级预案,进行分级预防和应急处理,依法规范和宣布突发事件的级别,科学应对。

2. 建立和完善应急制度。在管理过程层面,主要包括信息采集和自动汇总机制、网络应急指挥机制、联席协调、信息沟通和反馈、资源动员机制;在社区公共保障领域,包括交通运输保障机制,社会治安保障机制,经济安全应急体制,学习、生产和工作场所安全应急体制,环境安全应急体制,公共卫生安全应急体制等。

3. 建立和完善非程序化决策机制。通常,影响公共安全的突发事件具有紧急性和灾难后果的迅速蔓延性,解决和控制的最佳时机稍纵即逝。因此,必须给最先接触的一线人员临机决断的权力。

4. 建立公共安全基金制度及民间援助制度。建立涉及不同公共安全类型的基金,同时制定相应的政策鼓励企业和个人捐资捐赠,建立健全符合农村和农民特点的各种组织和制度。农村和农民是我国公共安全保障的重点之一,必须特别重视,采取有效措施,并有专项经费给予保证。

(六) 构建社区安全服务的社会化体系

社区安全的社会化必须通过一定的载体实现。这个载体就是社区安全服务的社会化体系。它由社区自身的安全服务力量和外来为社区安全服务的社会力量两大主体构成。

1. 社区自身的安全服务力量

社区自身的安全服务力量主要有三个:(1) 社区内的辅警组织。社区内的辅警组织是指经过公安机关审批,按照有关规定组建的,辅助公安机关开展安全防范、专门从事安全服务的社会治安力量,具体包括单位内部保卫组织及其保卫干部等。社区内的单位内部保卫组织是单位内部的保卫组织,是组建单位自身的职能部门,具体负责本单位各项保卫工作,并配合公安机关打击侵害企业的刑事犯罪活动,是维护单位内部治安秩序的专门工作机构。(2) 社区内的群众组

---

① 参见刘铁:《公共安全与公共管理》,载《学习与探索》2004年第5期。

织。社区内的群众组织是指由兼职从事安全保卫工作的人员组成的群众性治安保卫组织，其成员特点是在职、不脱产，不是专门从事安全保卫工作的人员，具体包括社区的治安保卫委员会、治安联防组织、义务消防组织、志愿者服务队等。社区治安保卫委员会是不脱离生产的群众性治安保卫组织，是公安机关联系群众的桥梁，其任务是在基层党委和政府的领导下，在公安机关的指导下，维护社区治安，提供社区安全服务。社区治安联防队是群众性的治安防范组织，一般是在城镇街道、单位和乡村党政组织的领导下，把辖区或单位内的治安积极分子组织起来，定时或不定时地进行治安巡逻，分析研究治安情况，维护治安秩序。义务消防组织即社区的义务消防队，它在公安派出所的领导下，协助专职消防组织做好社区的消防管理工作。社区的志愿者服务队主要是参与邻里关照、看楼护院、户院联防和分段巡察等。(3) 社区的个体居民。社区的个体居民主要是做好自我保护，即加固自家门窗、妥善保管现金及贵重物品、落实各项安全防范制度等，目的在于提高门户抗御犯罪活动的能力。

2. 为社区安全服务的外来社会力量

随着社会主义市场经济的建立和发展，购买有偿服务也成为我国治安保卫工作领域的一种工作方式，"花钱买平安"的观念正在为人们所接受。社区公共安全也不例外。因此，在社区安全服务领域，除了充分发挥社区内各主体的积极性和创造性外，还应引进有偿服务方式，充分发挥社区外来力量的作用，为社区安全提供有偿服务。这些力量包括：(1) 社区外来辅警组织——保安服务公司。保安服务公司是通过对社会各界提供有偿服务的方式实施安全保卫措施，保护客户安全的服务型企业。(2) 社区设计建设公司。社区设计建设公司是指承担社区各种建筑物的设计和建设的建筑公司。根据"防卫空间理论"，通过对社区建筑物和环境的设计，消除各种犯罪情境，完善物理防范系统。(3) 社区物业管理公司。社区物业管理公司是指受社区业主委员会授权并与其签订责任书，根据责任书规定的职责权限开展社区物业管理事宜的公司。这种管理行为是有偿服务的企业行为，是市场经济行为。社区物业管理公司在社区公共安全服务工作中的职责是由与业主委员会签订的责任书内容所决定的。

第二节　社区治安综合治理

社会公共安全体系是由无数个社区公共安全体系组成的，社区治安是社会公共安全的微观基础，也是社区公共安全的主要方面。社会治安要持续稳定地发展，综合治理这一手段是关键。在我国，社区治安综合治理具有特殊的意义。这是因为，社区是我国最基层政权联系广大人民群众的桥梁与纽带，也是党和国家各项方针、路线、政策和社会治安综合治理措施的落脚点。因此，在社区建设中加强社区治安综合治理,对于促进我国经济和社会协调发展,提高广大人民群众的生活水平和生活质量,扩大基层民主,减少违法犯罪,维护社会稳定,推动改革与发展,具有重大意义。

一、社区治安综合治理的提出与演进

社区治安综合治理,系指党和国家根据我国现阶段社区治安出现的新情况和新问题,科学总结我国社会治安工作的实践经验,为适应现代化建设客观要求所作出的基层治安决策。综合治理要求动员全社会力量,使专门机关与全社会共同对违法犯罪等社会治安问题进行多角度、多层次、多手段的防治,是科学管理社会治安的行为,也是各行业、跨部门、全社会范围的系统工程。总体上,我国的治安管理工作是在社会治安综合治理的总体框架之内进行的,而且社会治安控制能力在不断增强,控制方式和手段呈现出多元化的特点,比较科学的社会治安综合治理模式已经形成。社会治安综合治理的发展可以划分为这样几个阶段:

(一) 经验积累阶段

从新中国建立初期到"文革"前的 17 年,我国公安工作长期坚持党委领导下的群众路线的工作原则和党群结合、专群结合的工作方针,形成了独具特色的公安工作优良传统,包括坚定不移地依靠广大人民群众、依靠社会力量解决治安问题的精神。这个时期,社会治安状况总体上呈现出比较稳定的状态,为以后的社会治安管理提供了积极的借鉴经验。在我国的社会治安实践中,走群众路线和坚持党群结合的工作原则,为社会治安综合治理方针的形成提供了科学的思想基础和宝贵的实践经验。

(二) 正式提出阶段

中共十一届三中全会以后,虽然扭转了混乱的政治社会局面,社会治安也取得了一定的成效,但并没有根本解决问题,刑事犯罪率持续上升,重大恶性案件的发案率明显增加,尤其是青少年犯罪成为这个时期突出的社会问题。1979 年 6 月,中宣部等八个单位联合向中共中央提交了《关于提请全党重视解决青少年违法犯罪问题的报告》。中共中央于 1979 年 8 月批转了这个报告,并要求在党委领导下,把宣传、教育、劳动、公安、文化等部门及工会、共青团、妇联等各个方面的力量统一组织起来,通力合作,着眼于预防、教育、挽救和改造,积极解决青少年犯罪问题。在这个文件中,虽然未正式提出社会治安综合治理的概念,但通篇贯穿了综合治理的思想。可以说,1979 年 8 月,中共中央转发中宣部等八个单位《关于提请全党重视解决青少年违法犯罪问题的报告》的通知,标志着我国社会治安综合治理方针思想的形成。

1981 年 5 月,中央召开京、津、沪、穗、汉五大城市治安座谈会,会后转发的

《会议纪要》明确指出:"争取社会治安根本好转,必须各级党委来抓,全党动手,实行全面综合治理"①,还对实行社会治安综合治理的重要性、必要性作了原则性的表述,而且第一次明确提出"综合治理"是解决社会治安问题、实现长治久安的根本途径。

1982年1月,《中共中央关于加强政法工作的指示》再次强调和肯定了"综合治理"的方针。1982年8月,中共中央批转的《全国政法工作会议纪要》中又提出了综合治理的各项要求,从此综合治理的方针在党中央的文件里被进一步明确地规定下来。严厉打击严重刑事犯罪是综合治理的首要环节,加强对青少年的教育是综合治理的重点,加强基层基础工作是综合治理的基础,加强公安司法队伍的工作是综合治理的关键。此后,综合治理的内容被不断丰富和完善。

1983年9月2日,全国人大常委会作出了《关于严惩严重危害社会治安的犯罪分子的决定》。中共中央办公厅在《关于印发"严厉打击刑事犯罪活动,实现社会治安根本好转"(宣传纲要)》的通知中指出:综合治理包括很多内容。但是,运用专政手段,依法严惩严重刑事犯罪分子,是综合治理中首要的一条,采取坚决打击的办法,再辅之以其他方法,才能收到综合治理的效果。这就意味着当时选择了一种以严厉打击为首要方式、辅之以其他方法的综合治理模式。此后,为了打击各种猖獗的犯罪活动,全国公安机关的"严打"斗争一刻也没有停止,各地集中统一行动接连不断,各种专项斗争十分频繁。各部门、各警种围绕着"严打"这根指挥棒,结果是"打疲了民警,打油了罪犯",弱化了防范和管理,荒废了基层基础工作,却未从根本上改变社会治安形势严峻的局面。社会治安综合治理面临着新的挑战,需要根据时代发展的规律而作出相应的调整。

(三) 市场经济转轨阶段

面对社会治安问题日益复杂的现实,从中央到地方,不少人开始对"严打"斗争中存在的问题进行反思。1990年10月,中央领导明确指出:在开展"严打"的同时,必须把治安防范工作提到应有的位置,努力克服"重打轻防"的倾向,从根本上减少刑事犯罪和治安问题。② 此后,公安部于1990年10月8日发出了《关于加强治安防范工作的通知》,指出各级公安机关要切实把防范工作摆上议事日程,并确定一名领导同志专门负责,要经常分析研究治安防范工作,从指导思想、工作部署、力量安排和经费装备等方面,切实加强治安防范和基层基础工作,做到"打中有防,防中有打"。这意味着在我国的探索实践中,选择严打的同时关注了预防,并且逐渐以二者结合的方式落实综合治理方针。随着《中共中

---

① 转引自晓渡:《总结交流经验,参与社会治安综合治理——首次全国人民调解工作会议在京召开》,载《人民日报》1981年8月27日。
② 参见侯利敏:《社会治安综合治理方针的提出与发展》,载《华北水利水电学院学报(社科版)》2003年第4期。

央、国务院关于加强社会治安综合治理的决定》和《全国人大常委会关于加强社会治安综合治理的决定》的公布,我国社会治安综合治理工作从此逐步走上了依法实行社会治安综合治理的道路,为向社会主义市场经济顺利转轨提供了公共安全的基础。

随着市场经济的逐步深入,社会治安综合治理的重要性越发突出。例如,城市社会治安中的外来人口与公共安全问题成为综合治理的重要任务。由于大量农民涌入城市,城市失业人员增多,再就业难度加大。于是,城市本身固有的和农村涌入的富余劳动力形成一个特殊的社会群体。其本身的不安定性和不可避免的盲目性,使这一群体成为社会治安不稳定的重要隐患。我国面临的社会治安形势更加复杂。但是,全社会达成这样的共识,即社会治安综合治理走规范化、科学化和现代化道路。

二、社区治安综合治理的特征与原则

(一) 社区治安综合治理的特征

所谓社区治安综合治理,是指在各级党委和人民政府的组织领导下,动员社会各方面的力量,如政府有关部门、司法机关、人民团体、有关社会团体、学校、家庭、城市居民委员会、农村村民委员会等,调动一切积极因素,采取政治的、经济的、思想的、组织的、文化的、教育的、行政的、法律的等多种手段,一方面努力抵制、减少与消除产生违法犯罪行为的因素,坚持"治本";另一方面有效地预防、制止与惩处各种违法犯罪行为,不放松"治标",标本兼治。各方面共同参与,各负其责,做好防范工作,同违法犯罪进行斗争,为人们身心健康发展创造良好的社会环境,使综合治理收到最大成效。社区治安综合治理具有以下特点:

1. 社区治安综合治理组织机构的多样化。传统的社区治安综合治理是以封闭的行政化管理为基础的。目前,社区治安综合治理的管理组织呈现出协调化、多样化的趋势,不仅有各级党委、政府的领导,还有社区警务人员、治保会、群防群治服务队、社区保安等多种基层组织参与管理。

2. 社区治安综合治理手段与途径的多样化。传统的社区治安综合治理手段主要是行政命令、行政管制。随着社会的发展,行政手段的使用越来越呈现出局限性,亟待开发更多样式、更有成效的综合治理手段。因此,经济的、思想的、文化的、法律的、教育的等各种手段得到采纳,并取得了良好效果。

3. 社区治安综合治理对象的明确性。既要有效预防、制止与惩处各种违法犯罪行为,也要抵制、减少与消除产生各种违法犯罪行为的因素;既要"治标",也要"治本"。只有明确社区治安综合治理的对象,才能有的放矢,提高成效。

4. 社区治安综合治理目的的唯一性。开展社区治安综合治理,根本的目的是建设平安社区。只有社区的安全得到保障,才能使人们的身心得以健康发展,才能为人们营造良好的生活环境,才能从根本上保证社会的安全和稳定。

(二) 社区治安综合治理的原则

1. 依法治理原则

坚持依法治国方略,就必然要求坚持依法治理社区的原则,这是社区治安工作的指导原则。社区作为社会的基本单元,必须通过合乎法律要求的治理切实贯彻依法治国方略。

2. 群防群治原则

社区治安综合治理必须坚持群防群治原则,具体是指发动和依靠群众做好犯罪预防和治理工作。这要求在实际工作中,坚持群众路线,依靠群众治理,将群众的物质利益和奉献精神相结合,调动和发挥社区群众的力量,提高群众的防范意识,组织群众性的安全防范网络。这也是社区治安综合治理的基本方法。

3. 专群结合原则

专群结合就是把公安机关的职能作用和广大群众的主动精神结合起来,保护社区安全,维护社区稳定。由于社区治安形势复杂、任务繁重,在开展社区治安综合治理时,必须要有专门机关的技术装备和战斗力为后盾,同时依靠社区居民的支持和配合,充分发挥广大群众的主观能动性。

4. 打防结合、以防为主原则

"打"就是指各级政法机关利用国家赋予的权力,通过刑事司法程序揭露、证实、惩治各类犯罪的执法活动。"防"就是以政法机关为主,机关团体、社会各界群众广泛参与,运用多种手段消除产生犯罪的原因和条件,防止和减少犯罪行为发生的活动。打击是维护治安的首要手段,是社会治安综合治理的前提条件。但是,维护治安仅凭这一手段还不够,而应该采取多种手段进行防范。打击和预防应该结合起来,并坚持以预防为主,消除社区治安的隐患。

5. 标本兼治、重在治本原则

社会治安问题是个综合性的社会问题,维护社会治安,既要治标,又要治本。治标是指对已发生在社区内的各种违法犯罪案件的处理,解决各种社会治安问题;治本是指从违法犯罪的根源入手解决问题。重在治本是综合治理思想的中心思想,也是社区治安的根本思想。要在消除违法犯罪的土壤上下功夫,从根本上预防和减少犯罪。

三、加强社区治安综合治理的管理措施

(一) 切实加强组织建设,实行领导责任制

社区治安综合治理既然是一项各级政府部门领导下的工作,那么就必须加强社区治安综合治理领导组织的建设,建成一个有权威、善决策、能指挥、能协调、能查究的坚强领导核心。同时,要明确各级部门与领导的责任分工,实行领

导责任制。

1. 健全综合治理领导责任制。通过层层签订党政领导社区治安综合治理责任书的形式,进一步明确各级各部门及其党政领导在社区治安综合治理中的职责任务。责任书的内容要结合实际,体现工作重点与特色,并有明确的任务和工作目标。同时,要建立科学有效的考核机制,确保考核与各级党政主要领导的政绩考核有机地结合起来。

2. 完善激励与约束机制。各级组织、人事部门可以把主要干部抓社区治安综合治理的实绩与干部任免、升降、奖惩直接挂钩。同时,应大力表彰真抓实干、成绩显著的地方、部门和单位及其领导,宣传他们的事迹和先进经验。

3. 严格执行责任查究制度。对于因领导干部工作不利或失职导致社区治安出现重大事故的,对负有责任的领导干部应进行责任查究。

4. 加强督促和检查。各级部门要采取经常检查和定期检查相结合的办法,切实抓好社区治安综合治理各项工作的落实。

(二) 加强社区治安防范

1. 加强社区治安防范管理,消灭犯罪死角。要加强对枪支弹药、爆炸物品、危险物品等特定物品的管理。要加强对车站码头、集贸市场、文化娱乐等特殊社区场所的治安管理。建立民警巡逻值勤制度,设立专门的联防队伍和治安组织,由专人负责,及时发现情况,及时处理。要重视基础设施建设,加固门窗,增强黑暗地带的照明亮度。要加强治安巡逻,改变过去惯用的白天巡逻、警车巡逻、警服巡逻、宽阔街道巡逻的做法,实施以夜间巡逻、步行巡逻、便衣巡逻、僻静的案件多发地带巡逻为主,打防结合,不给违法犯罪分子可乘之机。

2. 加强物业公司管理人员与业主委员会的防治工作。社区治安综合治理是一项与人民群众息息相关的社会工程,社区的每个成员都应该参与其中。我国已通过了《物权法》,赋予了物业管理公司及其管理人员以及业主大会、业主委员会明确的法律地位。因此,作为社区组成元素之一的物业管理人员和业主委员会对社区治安综合治理的有效开展是有重大作用的。落实到具体,就是要整顿物业保安队伍的看护工作,实行治安防控专业化。同时,业主委员会的成员都是本社区的常住人口,他们对于流动人口的来去以及动向比较了解,很容易做好登记与盘查工作。

(三) 加强宣传和教育

1. 积极宣传社区治安综合治理,让人们充分认识到社区治安综合治理的重要性。加强社区治安综合治理,为人民群众提供一个安定的生活条件和工作环境,符合广大人民的利益,对于维护社会稳定、巩固党的执政基础都具有不可估量的意义。这不仅是一个社会问题,也是一个重大的政治问题。一方面,作为社区治安综合治理工作领导部门的各级政府与党委必须在思想上提高认识、加强领导,不能把社区治安综合治理当做走过场的工作,也不能空喊口号,而是应当把这项工作看做是关系老百姓生活的大事,纳入重要的议事日程,坚持不懈,认真研究,解决好社区开展综治工作中存在的困难和问题。另一方面,社区治安综合治理并不仅仅是政府部门的工作,必须有广大人民群众的参与才能做好。因此,作为社区的基本组成元素,每个个体也要进一步提高认识,意识到没有大家就没有小家,积极地投身社区治安综合治理中。

2. 加强思想道德和法制教育,提高公民素质。社会治安的根本好转,乃至全社会的进步,从根本上取决于人的素质的提高。只有使公民树立正确的世界观和人生观,增强遵纪守法意识,才能从根本上消除违法犯罪。无数事例充分表明,许多人之所以走上违法犯罪的道路,通常是因为其思想道德素质低下,自我观念恶性膨胀。特别是一些青少年,言语粗俗,举止野蛮,拉帮结派,恃强凌弱,危害极大,更是暴露出了这个方面的问题。我们要花大力气提高和培养广大干部群众的思想道德素质和遵纪守法意识,并把青少年作为我们工作的重中之重,着力培养好。只有抓紧这个根本,社区治安综合治理工作才会取得根本性的胜利。

(四)群防群治,增强社区治安综合治理的群众基础

1. 动员社区自治力量参与社区治安的综合治理。每个社区的居委会、治保会、调解委员会等基层群众组织应当加强对社区人员的管理,承担社区开展治安综合治理工作的日常办事活动。这些群众组织的优势在于其组成人员来自于社区的常住人口,他们居住在社区,熟悉本社区的人口、公共场所、各单位等基本情况,有利于深入群众、发动群众,便于听取群众意见和建议,收集、反馈与社区治安有关的各种信息,也便于开展互看互助、守楼护院等治安联防行动。从社区自治的角度而言,上述群众基层组织可以成立一支与社区治安防范工作相适应的群防群治服务队,协助社区警务人员开展工作。

2. 广泛发动群众,营造社区治安综合治理工作的雄厚基础。广大人民群众的积极参与是做好社区治安综合治理工作的保证,任何措施最终还是要依托人民群众才可能达到综合治理的目的。因此,社区治安综合治理必须走群众路线,具体的思路有:(1)社区党组织要动员、组织社区的党员干部,积极参加各种群众性的法制宣传、教育和安全防范等综合治理工作,充分发挥先锋模范作用。党员干部要积极主动地在社区建设中施展才华,树立榜样,积极参加社区的法制宣传、教育、安全防范等义务服务活动。(2)要通过搞好社区管理,提供优质服务,开展多种形式的活动,引导和组织社区内的单位、群众为社区治安综合治理献计出力,参加到社区建设中来。要充分利用社区治安资源,发动社区党团员、志愿者、老同志等组成各种各样的群防群治队伍,自觉把社区治安综合治理的各项措施落到实处。要通过法规、制度等形式,把参加社区志愿者活动的规范固定下

来。(3) 群防群治队伍的功能应加以拓展,把群防群治队伍由单一的防范员转变为集治安员、调解员、帮解员、联络员、宣传员等多种职能于一身的角色。发挥他们对各类有危害人员以及违法人员的帮助教育工作,以及收集、上报影响社区稳定和治安安全的各类信息,并定期排查调处各类不安定因素和矛盾纠纷,预防和控制群体性事件和因民事纠纷引发的治安、刑事案件发生,利用社区各种宣传阵地和渠道,开展法制教育宣传活动。

(五) 强化特殊群体的教育与管理工作①

1. 加强对城市社区流动人口的管理。相对于社区常住人口而言,流动人口往往是治安事件与犯罪的多发群体。因此,一方面要保护流动人口的合法权益,另一方面必须积极引导流动人口有序流动。要改变对流动人口统一大清查的管理方式,把流动人口管理作为一项特殊的市场资源,融入市场经济运作中去。具体而言,就是要加强对出租房屋、用工单位、集贸娱乐场所等流动人口落脚点和活动场所的管理,加强对暂住人口登记、查验、办证等各项基础工作。加大清查整顿力度,有效落实管控措施,打击藏匿、混迹其中的违法犯罪人员,消除治安隐患。同时,要加快流动人口计算机信息管理系统建设的步伐,切实提高流动人口管理和服务的科技水平。对流动人员还要十分重视法制宣传与教育工作,寓教育于管理。

2. 加强劳动力市场管理。有效保障外来劳动力人口的合法权益,指导劳动力有序流动,是做好社区治安综合治理的重要工作。要进一步加强和规范劳动力的法制教育,适时组织力量不间断地开展盲流清理和收容遣送工作,促进社会的安定稳定。

3. 加强刑事解教人员安置帮教工作。要把安置帮教工作作为社区治安综合治理的重要内容,规范刑事解教人员基本情况的采集录入、信息查询和各部门的信息共享。积极动员社区热心公益事业的老同志、党员干部等力量,多渠道、多形式地做好刑事解教人员的就业安置工作。同时,司法、劳动部门要通过设立就业指导站、就业培训中心等途径,加强对刑事解教人员的就业技能培训,认真帮助他们解决生活出路。社区民警也要建立定期考察回访制度,努力减少和预防重新犯罪。积极采取有效措施,做好管制、缓刑、假释以及保外就医人员的管理、教育、改造工作。

(六) 积极探索创建新型社区,创建文明安全社区活动②

本着便于服务管理、便于资源利用、便于居民自治的原则,政府规划部门要

---

① 参见蒋扬帆:《新时期社区治安综合治理工作的方法》,载《福建政法管理干部学院学报》2005年第1期。
② 同上。

科学合理地规划社区,把社区治安综合治理工作的各项措施落实到创建新型社区、文明社区的活动中。具体来说,每个社区要建立健全社区党组织、社区居委会、社区议事监督委员会等基层组织机构,扩大民主自治,强化社区服务职能,逐步规范社区创建工作机制,使社区工作有人抓、有人管。创建新型社区还要加强人防、物防和技防建设,逐步形成比较严密的治安防控网络,不断强化治安防控体系,完善巡警、联防人员、社区群防群治服务队等组成的防范网络。同时,积极探索新形势下动员组织群众参与社区治安综合治理的新载体和打击、预防犯罪的新途径,推动社区综合治理上新台阶。

建设新型社区还要发挥社区内机关、学校、部队、企事业单位"共有、共享、共建"的优势,充分发掘、合理配置社区内的人、财、物等各类资源,共同参与社区的治安综合治理工作。这样才能形成"打、防、控一体化"机制,强化对社会的全面控制,建立文明安全的新型社区。

第三节 社 区 警 务

"社区警务"的英文说法是"community-oriented policing"或"community problem-oriented policing",即"社区导向警务"或"社区问题导向警务",一般简称"社区警务"。[①] 传统的反应型警务是以案件为导向,主要处理已发生的案件,在发案后快速反应,被称为"消防救火式警务"。社区警务是在发案之前,以社区的问题为导向,由警察与公众共同研究社区中存在的消极因素、容易激化的矛盾以及可能导致犯罪的问题,提前介入,超前进行综合治理,从而消灭犯罪的隐患,预防犯罪的发生。

社区警务20世纪70年代发端于英、美、法、加、澳等国,随后被德、法、日、新加坡等国借鉴创新。在社区的公共安全体系中,社区警务突出了社区居民和当地社会组织的参与、合作,形成了一种以治本为主、治标为辅的警务发展战略模式。我国于20世纪80年代开始引入"社区警务"的概念,并投入实践尝试。由于社区警务与我国公安工作的传统特点和优势契合,不论是警察哲学、警务理念,还是警务策略或治安防范对策,均有共同的价值取向,因此社区警务获得了我国政府、警察机关及警务工作人员的广泛认同,有关社区警务的理论观点和警务实践层出不穷。

---

① See Michael S. Scott, Problem-Oriented Policing: Reflections on the First 20 Years, U.S. Department of Justice, Office of Community Oriented Policing Services, 2000.

一、社区警务的含义和特征

(一) 社区警务的含义

最早提出这一概念的美国休斯敦警察局认为:社区警务是基于警方和社区之间的一种相互作用,旨在共同发现和解决社区问题。[①] 社区警务在警方和社区之间建立一种联盟,特别是制订各种社区联防计划,使社区更多地参与警方的工作,通过双方的努力,建立起伙伴关系,共同防范违法犯罪。社区警务工作的核心在于最大限度地挖掘社区民众资源,使之成为社会治安的轴心,构筑社区防范网络,使社区犯罪控制的力量回归社区民众,减少犯罪主体对社区生活环境构成的危险及破坏力,增加社区民众的安全感,创造更美好的邻里生活。

有学者认为,社区警务是指社区警察以社区为载体,以预防犯罪为指导思想,以社区公众为预防犯罪的主体,以"社区问题"为导向,警民联合共建多元化安全防范体系,充分体现人本主义和人文关怀,最终实现社区长治久安的一种警务战略思想。[②]

也有学者认为,所谓社区警务,是指以社区为范围,以警民联手协作为手段,通过立足社区,与社区建立合作伙伴关系,形成以社会为主体的预防与控制网络,有效维护社区治安秩序和社会稳定的警务体系。[③]

还有学者认为,社区警务是一种警察哲学和服务理念[④],旨在建立警察和社区居民之间更紧密的合作关系,促进警务工作的开展,最终更好地服务社区、服务人民。它是建立在警察与社区居民共同发现问题、提出对策、解决当前存在的各种社会治安问题的基础上,以提高警察服务品质和整个社区生活质量为共同目标,其实质是一种以治本为主、治标为辅的预防犯罪的社区警务战略思想。英国警察学家约翰·安德逊有一个独特的比喻——"社区警务树",即树干是警察机关,树枝、树叶、果实是警察机关各部门和各警种;树干的土壤是社区,警察这棵大树的根扎在学校、工厂、企业、居民区之中。[⑤] "社区警务树"所体现的关系是:警务的成效依赖于社区,社区是抑制犯罪的主体,也是警察建设的源泉,所有警察工作离不开社区。其实质与我国公安机关历来坚持专门工作与群众路线相结合的方针,始终把公安工作扎根于群众之中,组织、动员和依靠广大人民群众预防犯罪、维护治安、服务群众的精神内涵是相一致的。

[①] 参见苏华:《西方社区警务与我国社会治安综合治理析评》,载《新疆职业大学学报》2004 年第 1 期。
[②] 参见张先福:《论新时期社区警务建设》,载《山西高等学校社会科学学报》2005 年第 8 期。
[③] 参见黄容:《实施社区警务战略若干问题的思考》,载《福建公安高等专科学校学报》2003 年第 2 期。
[④] 参见孔令驹:《中外社区理论与社区警务》,载《江苏警官学院学报》2004 年第 2 期。
[⑤] 叶元杰、严文斌:《关于社区警务战略理论与实践的思考》,载《公安教育》2003 年第 1 期。

本书认为,"社区警务"应该是一个集合概念,它包括三重含义:

(1) 警务哲学或警察理论。在借鉴和吸纳系统科学、犯罪学、社会管理学、信息科学以及社会治安综合治理等学科理论的基础上,深入探讨社区各类机构与团体在维护社会秩序、保障社区安全等方面的重要作用;通过抑制社区成员违反社会规范和规划行为,稳定社区的秩序,保持社区良好的社会风气,维护警察在社区工作中的地位和作用;通过社区工作体现警察的职能与价值,最终达到减少犯罪的目的,是维护良好社会治安秩序的一种警察哲学或警务理论。

(2) 警务发展战略和策略。它要求在警方内部关系的协调及组织机构、管理制度、工作方式的转变和革新方面,在资源配置、队伍培训、工作绩效的评定以及奖惩标准的制定等方面都作出调整。对于警务发展的战略定位,在积极预防的思路上,依托警察与公众的合作和配合,使其具有柔性化和伙伴化的功能。社区警务代表了一种基本的警务策略,即警察通过接近社区、接近公众、延长有警时间和扩展有警空间,增强公众的安全感;可通过警察发起、主办或参与社区公共活动,如社区会议、警民共建活动等增进警民关系,促使警民在良好沟通的基础上形成有效的合作关系。

(3) 警察工作的方式与方法。简单地说,社区警务就是警察在社区工作。社区警务思想要求警察从"反犯罪战士"的单一角色转变为"战士"与"服务员"的双重角色,深入社区,形成全民皆警的社会氛围,从而有效减少违法犯罪行为。其实质是要将公安机关的公共安全管理活动从对社会成员的控制和管理向为其服务和彼此合作衍化。

(二) 社区警务的发展脉络

1. 传统社区警务的基本思想

社区警务的基本思想最早产生于 1829 年。[①] 为了应对工业革命后犯罪率日益增长与城市治安秩序不好的状况,时任英国内政大臣的罗伯特·皮尔向议会提交了《大都市警察法》并得到通过,从而创建了现代职业制服警察。同时,他还提出了职业制服警察的工作原则:第一,警察的职责是预防犯罪;第二,警察履行职责的权力来自于公众的认可;第三,公众的尊重和认可意味着公众愿意在警察执法时进行合作;第四,警察通过执法寻求公众的支持;第五,警察与公众打成一片,形成警察就是公众、公众就是警察的良好关系;第六,检验警察工作的标准是犯罪和骚乱的消失,而不是警察应付这些问题的表面能力。皮尔在这些原则中把警察的职能与公众的认可联系起来,这意味着警察有责任使社区自己管理自己的事务,警察的合法性需要社区认可,警察工作的目的就是要提高社区的生活质量。这正是社区警务的本质。

---

① 参见曹春艳、岳光辉:《中西社区警务之比较研究》,载《株洲工学院学报》2004 年第 3 期。

2. 现代社区警务的基本思想

世界范围内经历了四次警务革命：第一次，以 1829 年英国伦敦大都市警察的现代职业化为标志；第二次，以 19 世纪末 20 世纪初美国的警察专业化为标志；第三次，以 20 世纪 30 至 70 年代欧美各国的警察现代化为标志；第四次，从 20 世纪 70 年代至今，以社区警务为标志。[①] 现代社区警务源于西方第四次警务革命，强调以全社会的力量抑制和预防犯罪，重视与社会其他部门的协调与合作，形成崭新的主动式警务风格。

第一次警务革命时期，"警察"这一概念是相当泛化的，几乎是行政人员的同义词，它是和平的、平民化的、非军事的。警察和公众是一种邻里关系，警察不仅关心犯罪问题，而且关心公众的生活质量。例如，调查青少年争斗，为公众提供安全感等。

第二次警务革命时期，警察逐步转化为强制的、专职的、军事化的，经过专业化运动，已成了打击犯罪的战士；警察队伍被认为是一支训练有素、高度专业化的队伍；警察工作突出打击犯罪的职能，而忽视了其他服务性职能。

第三次警务革命又强调警察现代化，以美国为代表。20 世纪 30 年代，美国社会进一步向城市化、工业化发展，汽车的普及加快了人们流动的速率，公众所看到的是熟悉的汽车中坐着不熟悉的警察，以后又有了车载台与对讲机。技术革命改变了警务风格，警察体现出一种被动反应式工作作风，不到处奔走，只需坐在警察局接受报警。警察与公众的联系大部分是刑事的而不是非刑事的。警察逐渐失去了公众的支持，公众也对警察失去了信心。

第四次警务革命的警察概念出现回归，警察重新公众化，他们不仅要打击和防范犯罪，还要深入到社区中为公众服务，从而进入社区警务阶段，即对专业化警务进行反思之后向社区警务回归。现代社区警务是一种以治本为主、治标为辅的警务发展战略，它是对传统的专业化警务战略的经验和教训进行反思后的一种选择。首先是对现代警察产生以来的警务思想的深刻反思。前几次警务革命大多是在社会公共安全需求的巨大压力下被动进行的，警察受报警电话的驱使，对案件作出事后反应；警察过分强调专业化，逮捕罪犯的数量多少和警察接到报警后到达现场的速度是警察工作的主要评价标准，依靠增加警力和装备现代化提高工作效率，使警察注重提倡勇敢顽强的精神，而忽视建立良好的警民关系，为公众以至社会提供必要的服务，结果是打不胜打、防不胜防。其次是对专业化警务具体的运作方式、方法的反思。例如，专业化警务单纯强调警察装备现代化，巡逻也强调车巡而不重视步巡。20 世纪 60 年代以前，乘车巡逻在各国流行，尽管它能提高工作效率，但却使工作质量下降了。这种巡逻方式使警察与公

[①] 参见张昭端：《论社区警务的地位与作用》，载《武汉公安干部学院学报》2004 年第 2 期。

众的联系减少,从而使警察对社情、案情的了解也不如过去深入,其结果是警察的声望在公众中日益下降。第四次警务革命到来,人们又开始对传统的徒步巡逻产生了兴趣,并恢复警察步行巡逻,同时要求警察巡逻时还必须与社区各种机构经常联系,与社区进行各种联谊活动。这对改善警民关系、增强公众安全感、帮助公众排忧解难起到了促进作用。

(三) 社区警务的特征

社区警务的总体特征是以预防和减少犯罪为目标,把警务工作的重点由传统的事后打击转移到事前防范上,依靠社会公众力量抑制犯罪。它的基本特征是:

1. 警务工作社会化[①]

在警力不足的情况下,要把有限的警力投入到社区,最大限度地发动群众,引导群众参与治安工作,向社区要警力、要公共安全资源、要遏制违法犯罪的能量,从而走出长期存在的警察孤军作战的局面,使公众成为维护社会稳定的力量资源。社区警务理论告诉我们:产生犯罪的根源在社区,抑制犯罪的根本力量也在社区。社区是社区警务的载体,也是构成社会的有机体。

2. 警民关系伙伴化

警民关系的好或坏、密切或紧张直接影响警务工作的成败。警察应深入社区,平等地与社区居民一同研究治安情况、制定治理方略,同保社区平安,社区警察的专职就是干好社区公共安全工作;同时,社区居民向警方反映情况、提供信息,以达成相互沟通、理解、支持与参与,保障社会的安宁。

3. 警务对策前置化

社区警务理论认为,超前式警务优于被动式警务,超前式警务强调走向社区,研究在先,预防在前。警务对策的前置不仅是打击刑事犯罪的措施的前置,也不仅是保障公共安全措施的前置,还包括社会经济的发展、社会和谐、民主气氛、法治环境等的前置。

4. 警察形象柔性化[②]

警察不再只是英武、铁面无私的严厉执法者,还应当是和蔼可亲、善解人意、扶危济困的社会工作者;警务方略上也不再是以暴制暴的硬碰硬,而是以社区教育、人际沟通、严密防范等方式缓解社区治安压力。

5. 立足社区

社区警务是公安机关贯彻群众路线、密切联系群众的有效途径,它要求警务工作立足于社区、扎根于社区,把警务活动自觉融入社区管理。充分利用社区资

---

① 参见廖斌:《论社区警务的社会化》,载《甘肃政法学院学报》2004年第6期。
② 参见陈曙光、邓云:《论社区警务的"五化"特征》,载《江西公安专科学校学报》2003年第3期。

源,教育引导社区居民参与警方合作,参与到社区防范事务中来,警民共同研究情况、交流信息,探求解决社区治安隐患和预防、控制犯罪的途径,将警勤行为与社区管理行为有机地结合,使社区警务与社区管理成为紧密结合的统一体。

6. 服务为先

社区警务要求警务工作必须从为社区居民提供全方位的警勤服务入手。这种服务是目的,体现了人民警察全心全意为人民服务的宗旨;同时又是手段、途径,通过提供服务,加强警民沟通,改善警民关系,以获得更多社会力量对警务工作的支持与配合,从而增强维护治安的社会基础,更好地预防和打击犯罪。社区警务服务于群众的特征,要求警务工作的出发点和落脚点就是全心全意为人民服务,以服务社区群众为职责。

7. 公众参与[1]

社区警务的核心就是要号召、组织群众,以多种形式参与预防犯罪,维护社会治安。西方国家开展社区警务工作采取的公众参与预防犯罪的形式有邻里守望、街道守望、预防小组、青年行动团体、志愿组织等,公民甚至还可申请加入一种业余义务性的兼职警察组织以维护社会治安。在我国,则是警民共同参与,构筑社会治安综合治理体系。

8. 预防为主[2]

社区警务将预防犯罪作为首要工作,注重社会预防、控制犯罪机制的建设。它的衡量标准不是打击了多少犯罪,而是预防了多少罪案的发生,挽救了多少可能违法犯罪的人员。社区警务不是以打击犯罪为主,而是以防范管理为主;警务方式不是被动反应型而是主动先发型,不是单纯执法型而是综合服务型。衡量社区警务工作成效的唯一标准只能是"发案少、秩序好、社会稳定、群众满意",而不能以侦破打击的数量作为衡量社区警务工作成效的标准。社区警务必须体现以防为主的精神,包括防止社区居民受到不法侵害,防止社区发生各类案件和治安灾害事故,防止社区居民走上违法犯罪的道路。

二、现代社区警务的原则和导向

(一) 现代社区警务的基本原则

1. 以人为本原则

社区居民是社区警务的依归、出发点和落脚点。社区警务要建立在群众的基础上,否则无从谈起。社区民警要树立以人为本的思想,在开展社区警务工作

---

[1] 参见叶元杰、严文斌:《关于社区警务战略理论与实践的思考》,载《公安教育》2003年第1期。
[2] 参见孙廷华、陈孟豪:《社区警务应全面体现"预防为主"》,载《上海公安高等专科学校学报》2003年第5期。

时,坚持"立警为公、执警为民",始终恪守为民宗旨,努力体现便民原则,着力追求利民实效。这样才能建立以社区民警为核心、以治保会为骨干、以居委会为依托、以社区建设为载体的社区治安防范体系。

2. 共建共享原则

社区警务建设要处理好与社区的关系,两者应该建立互利互动的关系,实现社区共建共享。一方面,社区警务要依靠社区居委会组织发动社区各部门、各单位和居民共同参与社区治安的防范和治理,使社区治安资源和社区治安利益得到共享,形成社区综合治理的局面;另一方面,社区民警要将自己及社区警务工作融入社区工作和生活,成为社区的一部分,切实履行职责,为推动社区建设和发展营造良好的治安环境。

3. 循序渐进原则

实施社区警务战略,开展社区警务建设,是一项既紧迫又长远的任务,必须常抓不懈。多年来,受传统思维模式影响,社区警务重打击轻预防、重打击轻管理、重打击轻建设、重打击轻服务等急功近利的思想常常自觉不自觉地浮现出来,体现在工作部署、力量安排、成绩评估、提拔奖励等各个环节上,干扰、冲击、削弱着社区警务的发展。我们应该总结经验,吸取教训,稳步推进社区警务战略,坚定不移,持之以恒地加强社区警务建设。

(二) 现代社区警务的导向

1. 以社区为导向

社区作为社会整体的一个子系统,它的发展状态对于社会的协调发展具有很大影响;社区自己的协调发展也需要社区内部各构成要素与整体的相互影响。整个社会的稳定依赖于每个小社区的稳定,因而警察工作的主体和重心应在社区,要充分利用社区的有限资源确保社区平安。具体包括:

(1) 充分依靠社区的群体、住户和个人。社区人民群众中有千万双眼睛,公安机关打击和预防犯罪,维护治安秩序,绝对离不开人民群众。倡导警察重返社区,重塑公众形象,可以密切警民关系,取得人民群众对打击犯罪、预防犯罪更有力的支持,也可以拓展警务主体,增加防控力量。

(2) 充分利用社区的环境。安全文明社区是应我国社会结构重建的内在要求而出现的新型社区组织形态。安全文明社区的本质就是自治,它能充分地代表公众的共同意愿,在社区中具有更强的影响力和组织动员群众的能力。警察机关要把安全文明社区作为防范的载体,根据社区的环境状况,全面落实社区的人防、物防、技防措施,真正实现社区的文明、安全。

(3) 利用社区的人际关系。社区群体是一种组织化和制度化的人的构成关系,不同的构成关系就形成了不同的社区网。社区群体作为个人与社会之间的桥梁,因其内部成员间的相互作用而产生了一定的结构模式。当社区群体具有了内聚力,社区成员通过内聚力而整合为一体,成员就会把群体的目标自觉地看成自己的目标,并将群体规范内化为自身的行为准则。社区公众依靠血缘或业缘等关系结成各种群体和组织,它们是人们社区生活的载体。对这些载体的合理开发、利用是社区警务建设的重要内容。

2. 以服务为导向

（1）从公务员的义务看。我国公务员是各级国家行政机关中依法行使国家行政权、执行国家公务的工作人员。按照行政法的规定,公务员具有两个方面的义务:一是密切联系群众,倾听群众意见,接受群众监督,努力为人民服务;二是正确运用人民赋予的权力,为人民谋取利益,真正做到秉公尽责。警察从本质来说是公务员,必须把为民服务放在警察工作的首位。

（2）从现代行政合同思想看。行政合同是行政主体为行使行政职能、实现特定的行政目标,而与公民、法人和其他组织,经过协商,相互意见表示一致所达成的协议。行政合同是适应现代行政管理发展需要的一种特殊的行政行为。公民与国家之间订立权利、义务合同,国家保障公民的某些权利,公民就履行配合社会管理的相应义务。警察是国家的专政工具,代表国家行使管理社会治安的行政权力,同时也必须履行为人民服务的义务。[①]

3. 以治本为导向

社区警务强调将注意力从以打击犯罪为主转移到以预防犯罪为主,从强调警察的专业性转移到重视改善警民关系、广泛发动公众参与。[②] 把综合预防犯罪作为遏制犯罪的根本措施,而不是简单地依法寻找、处罚罪犯;要着眼于违法犯罪未萌之前,而不仅仅奔忙于犯罪发生之后;要以多种方式动员全社会力量预防犯罪,而不是只依靠司法机关单纯打击犯罪。

三、社区警务的理论基础和作用

（一）社区警务的理论基础

1. 日常活动理论

日常活动理论起源于对被害者的研究,后发展成为对日常社会活动与犯罪行为关系的解释,由学者库肯和佛勒松于 1979 年提出[③]。该理论认为,非法活动的发生在时间、空间上是与日常生活的合法活动相匹配的,因此日常活动的内涵影响了犯罪发生的机会,即犯罪发生的前提是犯罪者与被害者在同一时空下

[①] 参见田显俊:《对社区警务基本思想的几点思考》,载《四川警官高等专科学校学报》2003 年第 2 期。

[②] 同上。

[③] 参见陈志新:《对社区警务产生重要影响的有关研究及理论》,载《辽宁警专学报》2003 年第 2 期。

产生接触,接触促进了犯罪可能发生的机会。

日常活动理论认为,直接掠夺性(如抢劫、抢夺)犯罪行为的发生需要同时具备三个要素:具有能力及倾向的犯罪者、合适的标的物以及足以遏止犯罪发生的抑制者不在场。其中,"合适的标的物"要依犯罪人而定,包括价值、可见性和可接近性。"足以遏止犯罪发生的抑制者不在场"并不单指警察不在场,而泛指一切足以抑制犯罪发生的抑制力的缺乏。在传统的警务工作中,只加强对第三个因素的控制,即注重"消除犯罪得逞的实际机会",而忽视了对另外两个因素的控制。但是,警力有限,不可能"无处不在",要预防犯罪,还应把另两个因素控制起来。警察机关通过宣传教育,使居民加强自身防范意识,避免成为"合适的标的物";通过组织社区巡逻、邻里守望小组增加"抑制者","遏止"犯罪的发生;通过组织协调社区各方面的力量,帮教违法青少年,使其消除不良倾向,引导他们向正确的方向发展,这样才能从根本上减少犯罪案件的发生。

日常活动理论的犯罪构成三要素,为社区警务中的预防犯罪提供了理论基础,同时它也有助于警察机关树立侦防并重观念,克服重侦查、轻防范的思想。所以,日常活动理论对于社区警务的兴起产生了深远的影响。

2. 破窗理论

破窗理论起源于对犯罪被害恐惧的研究,后发展成为一种维护社会秩序、预防犯罪的理论。[①] 1967年,学者比德曼在研究有关犯罪被害恐惧本质时认为:"行为不检,扰乱公共秩序的行为与重大犯罪一样,都会造成一般大众犯罪被害恐惧感。"[②]

1969年,在美国旧金山进行了一项实验:把一辆完好的车停在街道上,结果第一个星期车子完好无损;第二个星期一个车窗玻璃被打坏,在随后不到四个小时的时间里,车子被偷得仅剩下轮胎。1982年,犯罪学家威尔森和凯林在美国《大西洋月刊》上发表文章,首先使用了"破窗"字眼。"破窗"是一种形象的比喻:一个无人居住的房屋窗户被人打破一块,如果不及时修补,则表示该房屋无人管理和不为别人所关心,可以任意破坏。打破一块玻璃变成一种试探行为,不出数日,此房屋所有的窗户都将被打破。轻微的违法及扰乱公共秩序的行为犹如"破窗"一样,如不及时制止就会演变成越来越严重的犯罪行为。同时,轻微违法行为与重大犯罪一样,都会引起公众的恐惧感,因为恐惧感往往来自于公众日常生活的直接感受。如果这些轻微的违法行为不能被及时制止,一方面,违法者从无人管理中得到"鼓励",因而会实施更加严重的犯罪行为;另一方面,公众

---

① 参见赵可:《国外警学研究集萃》,中国人民公安大学出版社1999年版,第435页。
② 转引自罗启斌:《"破窗户"原理与社区警务》,载《广州市公安管理干部学院学报》2005年第2期。

就会产生犯罪恐惧感,对社会、法律失去信心,失去正义感和道德感,社区治安将更加恶化。

破窗理论说明:维护社会秩序必须从轻微违法的小事抓起,防微杜渐。对轻微违法行为的处理,其意义不仅仅在于对违法行为本身的处理,更重要的是对行为者和有潜在违法犯罪倾向者的教育,使其不再实施违法犯罪行为,改邪归正。同时,认真及时地处理轻微违法犯罪行为,可以增强公众对警察的信心,使其愿意与警察合作,提供情报信息,还可以增强社区的凝聚力,树立良好的道德风尚。破窗理论产生后,很快被应用到实际警务工作中,并取得了良好的效果,现已成为社区警务战略中的一个重要观念。

3. 社会学的社区解体理论[①]

这种理论认为,随着现代化和城市化进程的推进,社区已不能满足人们日益增长的需求。人们的生活半径越来越大,血缘关系和地缘关系的重要性不断下降,而正式组织已成为社会生活中新的权力和影响中心,这势必造成人们对地区性社会生活的参与度下降并缺乏与邻里等社区其他成员的有机联系。这种社区关系的疏离最终必将导致社区功能的退化,使其只剩下居住地的物理意义,社区实际上名存实亡,形成解体的状态。社区解体是一种社会关系的病态现象,在都市尤甚,因此常被列为都市病的一种,需要寻求新的社区整合机制加以克服。社区警务便是这种整合机制的内容之一。

4. 犯罪学的人群自然监视理论

犯罪学家注意到,农村的犯罪率普遍低于城市,他们将这种犯罪率地区性差异归因于社区控制力的强弱。他们认为,一个社会交往频繁、公共性社会生活丰富、相互熟悉的社区对犯罪行为有天然的控制力。农村社区因为是熟人社区,因而更加安全。相反,在城市社区,由于成员之间彼此缺乏有意义的互动连接和沟通,形成一种特有的矛盾现象,即在高密度聚居的同时,却又互相疏远,对公共事务缺乏关注和参与的动机,因而形成人群高密度聚集的同时彼此又缺乏联系的社会生态关系,使各种违法犯罪活动大行其道,得不到有效遏止。所谓犯罪源头在社区、抑制犯罪的因素同样在社区的理念,正是由此而产生的。

5. 政治学的社群自治理论

政治学家认为,现代化进程中,随着契约型社会关系的形成和公民法权的确定,公民倾向于自主选择生活方式和自我管理、自助服务,社区自治功能逐步凸现,全能型政府机制让位于协商和民主型的社会管理机制。这意味着社会秩序的维持需要借助社区中介团体、自愿者团体和功能团体的媒介作用以提高社区的组织化程度。社区自治也意味着公民义务意识的觉醒,而这恰恰构成了公民

---

① 参见宋践:《对我国社区警务的理性思考》,载《山东公安专科学校学报》2003年第5期。

积极参与社区公共事务的动力。①

6. 组织管理理论

现代大型组织基本是按照科层原则建构和管理的,这种原则使大规模社会组织能够在处理事务的过程中具有合理性、统一性、效率性,而且保证了组织内部的秩序井然。但是,科层制本身的问题是"合理主义管理的不合理性",即表现为过度注重形式化程序,否定组织成员之间的情感联系,缺乏调适能力,推崇等级性绝对服从。这些科层制的负面作用是使组织脱离大众,难以发挥其应有的职能。警察机关是一种典型的科层制组织,它的机关化趋势、警察的冷漠和权威人格难免成为公众批评的焦点。如果要想获得公众的深度信任,必须在工作机制上增加向公众的开放程度,拉近与社区的距离。

(二) 社区警务的作用

1. 社区警务使人们重新认识警察工作,更好地监督警务活动

过去的增加警力、购置装备、改善技术等措施,并没有降低发案率,也没提高破案率,这使人们认识到科学技术、器材装备的局限性。社区警务是一种立足于社区的治安行为,它也向人们展现了使犯罪不断增加的经济、政治、文化等多元因素,警察对其的抑制作用不是决定性的。人们开始理解警察工作,尊重警察劳动,这就改善了警民关系。同时,在社区居民参与社区警务活动中,由于社区警务的公开和透明,有利于人们监督警务活动。

2. 社区警务使社区主体积极参与,节省了政府的投入和成本

社区警务的成功之处就是最大程度地激活了"邻里守望"制度及"联防巡逻"制度,充分利用了社区资源推行警务多元化和治安群体多元化,实施混合警务。社区各种主体受到鼓励和动员,都积极参与社区警务,呈现出"警力有限,民力无穷"局面,全民皆警,使违法犯罪活动得到较好的预防和抑制,这既缓解了警力紧张的现状,又节约了政府对犯罪预防的经费投入。

3. 社区警务能够有效地预防犯罪,增强社区居民的安全感

社区警务也是一种立足于预防犯罪的新型警务模式,具有主动性、防范性、服务性特点。社会治安问题是社会经济领域各种矛盾和问题的综合反映,产生犯罪的根源在社会,抑制犯罪的根本也在社会,维护社会治安的主体是全体社会成员,具体到基层就是社区居民,警察只是其中的一部分。社区警务强调预防为主、警民合作的原则,实质上是从执法反应型向主动防范型转变。社区居民在社区民警带领下,运用各种方法和手段,通过多种途径,积极开展社区治安防控体系建设。通过及时收集掌握治安信息,加强人口管理和治安管理,服务社区群众,以达到维护社会治安、以小治安累积大治安的目的,极大地增强了社区居民的安全感。

---

① 参见宋践:《对我国社区警务的理性思考》,载《山东公安专科学校学报》2003 年第 5 期。

4. 实施社区警务,能够及时有效地解决人们的纠纷,保障社区安宁

推行社区警务,让社区民警长期扎根于基层社区,对及时发现并妥善处理人民内部矛盾也能起到积极的推动作用:一是社区民警能够及时掌握各种有可能引发社会不良反应的信息资料,并对各种民间团体、集团组织和社区重点人员的宗教信仰、家庭现状基本做到心中有数;二是社区民警能够根据自己掌握的各种情报信息,及时分析、了解矛盾产生的根源、矛盾发展的后果、已客观存在的矛盾在目前的条件下可能转化的各种不良倾向,并制定各种应付良策;三是社区民警立足基层,以心交心,以诚待民,能够最大程度地引导群众正确看待利益调整,以理性、合法的方式表达利益诉求,从而保障了社区的安宁与稳定。

5. 推行社区警务,有利于基层警务规范化建设

当前,我国基层警务工作还存在着工作重点不明、职责不清、警务体制与社会形势不适应等问题,必须改革和加强基层警务工作。"警务前移、警力下沉、融入社区、服务群众"的总要求,使社区警务要获得群众支持,必须规范警务,自觉接受群众监督,通过规范化建立运作规范、整体联动、责任明确、反应灵敏的社区治安防控体系,推进基层警务的规范化建设。

6. 实施社区警务,为社区建设提供保障

社区建设事关社会的建设和发展,必须高度重视。社区建设包括社区服务、社区卫生、社区文化和社区治安建设。加强社区治安是为了适应社区建设提出来的,是公安机关的任务和职责,其主要措施就是实施社区警务战略。通过实施社区警务战略,维护社区治安稳定,以小治安积累大治安,促进整个社会的稳定,为社区建设提供安全保障。

四、国外社区警务模式及借鉴

(一)国外社区警务模式

1. 美国社区警务模式

20世纪初,科学技术成果被广泛应用到警务工作中,从而掀起了所谓的"第三次警务革命",其主要标志是装备现代化。装备现代化的结果是疏远了警民关系,失去了群众对警务工作的了解和关注,犯罪率不断上升。因此,休斯敦警察局在70年代率先提出回归社区警务。[①] 随后,一些警察局迅速进行了关于社区警务的实验。底特律市警方从70年代开始在市区设立专门行使治安防范职能的小警所,至80年代末,总数已达百个。休斯敦市临街设置社区派出所,进行联络市民的巡逻。纽约市从80年代起增设区域固定、责任明确的社区步行巡警,至1996年底,总人数已达5000余名,占全市总警力的1/6。社区警务已越出

[①] 参见夏菲:《论美国社区警务的理论与实践》,载《河北法学》2005年第12期。

单纯的治安问题的局限,从清除犯罪死角出发,把工作延伸到社区卫生、环境等领域之中。美国的社区警务要求警察与社区群众保持密切的关系,共同解决社区内的各种犯罪问题,为社区群众创造一个安定的居住环境,提高社区的生活质量。

2. 英国社区警务模式

20世纪70年代,英国实行社区警务后,在大部分地区设立专职社区警察并明确规定,每名社区警察管辖的区域范围不超过一平方英里,在农村则视治安复杂情况而定。[1] 同时,在社区建立咨商委员会。[2] 咨商委员会一般由社区警察、教会、学校及其他社区组织共同组成,其工作内容主要有:(1) 问题调查,通过调查摸清社区存在的犯罪与治安问题及其发展趋势;(2) 情况交流,警方定期或不定期以各种形式向社区公布一定时期内社会治安状况以及采取的对策措施等,社区也向警方反映群众的意见,提供各类信息,以达成相互沟通、理解、支持,如艾克赛特的《社区新闻》向居民通报社区治安情况,介绍治安防范知识等;(3) 在不违背社区意愿的基础上,共同制订解决存在的容易导致犯罪发生的问题的方案,改进社区环境,有效组织维护社区秩序的各项活动。

3. 澳大利亚社区警务模式

澳大利亚自1986年第2期《澳大利亚警察杂志》刊发了《目前社区警务的发展状况》一文后,昆士兰、新南威尔士州警察局开始推广实施"邻里守望"计划,随后又推广到乡村守望、海上守望和商业区守望。[3] 1991年,昆士兰警察总部正式成立社区警务处,之后又易名为"社区警务援助部",负责制订计划,指导社区警务工作。1989年11月,新南威尔士州在总结过去"邻里守望"计划经验教训的基础上,采取了下列措施:建立巡逻管理队,向社区分发报警表,开设警民电话联系网等;同时还规定,警方要与社区同心协力维护社会治安,加强社区和警方的相互沟通和各邻里守望区的经验交流,地方警察和社区共同分担邻里守望职责。该州推行的"乡村守望"计划规定,参与的家庭必须在其财产上打标记,同时和城市居民一样,做好家庭的安全防范,严防偷盗和破坏。"海上守望"计划的具体措施包括:给船只和船上设施打标记,保护船只和船上财产,保护乘客人身安全,加强安全和预防犯罪的教育,加强沿海管理和污染控制。"商业区守望"计划是指商业社区与当地警方结合,努力减少对商人、职员及顾客的危害。

---

[1] 参见胡建刚:《论英国社区警务战略思想的形成与推进》,载《河北科技大学人民警察学院学报》2003年第2期。
[2] 参见刘堂生:《国外社区警务的特点与借鉴》,载《湖北警官学院学报》2003年第3期。
[3] 参见马丽华、陈晓宇:《谈澳大利亚的社区警务》,载《公安教育》2004年第9期。

4. 日本社区警务模式

日本的基层警务机构是交番和驻在所。① 交番设于城市地区。据统计,至1997年4月,日本共有交番6500个,与人口的比例为1∶3000,平均每个交番管辖面积为160平方公里。驻在所设于农村地区,共有8300个,与人口的比例为1∶5000。全国交番、驻在所警力约113001人,占总警力(28万人)的40%。交番、驻在所的勤务主要有守望、巡逻、巡回联络等。守望勤务的工作内容有:犯罪预防与情报收集,交通指挥与缉查取缔,解答各种疑问,提供问路服务等。巡逻的主要目的在于对居民的日常生活中可能发生的危害加以防止,在事件发生时快速反应、处理,了解居民的愿望与意见。巡回联络是由警区的警察对管区内的公司、学校以及家庭逐一访问,为居民提供犯罪预防以及灾害、事故预防的服务。日本警察厅还确立了"交番相谈员制度"②,其主要职责是代替社区警察在交番和驻在所负责居民的来访和接待工作,协助社区警察做好社区工作。相谈员一般由具有公务员身份、经验丰富、精通警察业务的退休警官担任。

(二) 国外社区警务的特点

1. 社区警务工作立足于社区

国外社区警务的基本要求就是加强警民合作,社区警察深入到社区中去,取得居民的信任和支持。如前所述,英国警察学家约翰·安德逊以"社区警务树"阐述社区警务的本意,其画面是一株大树,树干代表社区,树根扎在教堂、学校、工厂、企业之中。社区警务树体现出以下基本关系:(1) 警务的成败依赖社区;(2) 社区是打击与抑制犯罪的主体,也是警察建设的源泉;(3) 所有警察工作,包括巡逻、刑事侦察、交通管理等,都离不开社区。

2. 动员和鼓励群众参与

西方社区警务普遍在社区建立咨商委员会,这是社区警务中最关键的一环。通过咨商委员会,充分调动社区居民广泛参与。在此基础上,咨商委员会的代表讨论和协商社区警务计划,落实社区警务工作。如果没有社区代表参与讨论和协商,就不是真正的社区警务。

3. 社区警务工作内容涉及社区工作的许多方面

西方社区警务工作内容不仅涉及与警察工作直接有关的一面,而且还涉及社区工作的其他许多方面。如美国犯罪学家凯林和威尔森提出的著名的"破窗户"理论认为,社区警务应当延伸到社区的卫生、环境等领域之中去。有资料表明,西方社区警察只以少量的时间参与社区的警务活动,而以大量的时间进行与社区警务毫不相干的工作。

---

① 参见刘堂生:《国外社区警务的特点与借鉴》,载《湖北警官学院学报》2003年第3期。
② 参见雷鸣霞:《国外社区警务浅述》,载《公安研究》2003年第5期。

（三）国外社区警务的基本运作方式

1. 合作。加强警察与社区的联系与协作，建立警方—社区咨商委员会，这是国外社区警务的一种基本形式。

2. 问题调查。调查社区存在的犯罪与治安问题，并预测其发展趋势。

3. 情况交流。包括社区向警方反映意见、提供信息和警方向社区公布一定时期内社会治安状况以及警方采取的对策措施情况，以达成相互沟通、理解、支持，保障社区的安宁。

4. 解决问题。警方与社区共同制订解决存在的容易导致各类犯罪及事故发生的问题的方案。

5. 创办社区刊物。如美国芝加哥的《公开通报》、英国艾克赛特的《社区新闻》，向社区居民及时通报社区治安情况，宣传治安防范知识等。

6. 重视对青少年的教育和保护。西方的很多国家都很重视青少年的教育工作，并开展多种形式的法制教育，以预防青少年犯罪。英国伦敦市约340所学校开展"校防计划"。澳大利亚要求社区警察与学校保持经常性联系，以制止不法分子对学生的骚扰侵害。

（四）国外社区警务的基本理念

1. 以人为本的理念

西方社区警务工作从一开始就致力于最大限度挖掘民众资源，千方百计通过民众的广泛参与达到预防与控制犯罪的目的。因此，社区警务充分体现了以人为本的理念，所以能被公众广泛接受。

2. 服务的理念[①]

国外社区警务要求警察必须懂得自己的全部工作就是服务，而服务的对象就是社区的民众。警察再也不能以管理者自居，而应实实在在为民众办事、为民众服务。

3. 防范第一的理念

国外社区警务的提出是建立在反思传统警务方式的基础之上的。过去是案件发生在哪里警察就出现在哪里，尽管警力增加不少，装备也逐步现代化，结果还是"防不胜防，破不胜破"。在此情况下，实施了一种新的警务方式，这就是回归社区警务。通过警察与社区公众的有机结合，共同探讨和解决可能影响和制约社区正常生活质量的各种问题及潜在的治安隐患，把防范工作做在前头，不给犯罪分子提供条件和机会，把防范提到了前所未有的高度。

（五）国外社区警务的借鉴

国外社区警务实行了三十多年，取得了令人瞩目的成就。我国在借鉴国外

---

① 参见刘堂生：《国外社区警务的特点与借鉴》，载《湖北警官学院学报》2003年第3期。

经验的同时,要考虑两个因素:一是由于具体国情的差异,国外的经验对我国的借鉴作用是有限的,是不能够全盘照抄照搬的;二是任何成功的经验都要完成与本国具体国情相结合的本土化过程,才有可能取得预想的效果。目前,我国的社区警务建设尚在起步阶段,一些地方实行了好几年,但存在不少问题。因此,借鉴国外的成功经验,对于建立具有中国特色的社区警务制度不无裨益。

1. 提高对社区警务的思想认识

社区警务作为一种适应时代要求的警务战略,是现代化世界警务工作的发展方向,已经为许多国家和地区所认可。国外社区警务在实践中形成的经验(包括理念),对我国具有很强的借鉴作用。如社区警务立足于社区,与社区建立长期合作关系,这与我国早在20世纪50年代提出的派出所民警立足于管段,依靠居委会、治保会,全面熟悉辖区的人口是一致的;社区警务倡导警察形象柔性化、警民关系伙伴化,这与我国坚持做到的与群众打成一片,建立警民鱼水情关系也是一致的;社区警务要求警务工作社会化,强调公众参与,长期以来我国公安工作的路线就是群众路线;社区警务要求治安对策前置化,强调治本,把防范放在首位,通过预防减少各类案件的发生,这也是我国长期坚持的"预防为主"的方针。因此,我国要在坚持自身已被实践认可的方针的基础上,学习借鉴国外有益的经验。

2. 利用市场力量整合社区资源,推动社区警务发展①

犯罪是一种社会现象,预防犯罪和控制犯罪是社会的共同责任。社区群众在维护社会治安、预防犯罪方面具有警察机关不可替代的作用。现在,单纯由警察出面组织调动群众力量是非常困难的。这是因为,随着教育、住房、医疗、养老等制度的改革,原来计划经济条件下所形成的单位功能发生了根本性的变化。单位过去的福利保障功能逐步消失,并逐步转向社区。因此,社区对市民来说,越来越具有依赖性。同样,社区也必须给市民提供归属感和安全感。由此可见,社区民警要把工作的着力点放在激活、整合社区资源上,充分发挥市场机制的作用,用市场的观点、市场的途径、市场的办法,整合社区资源,实现资源共享,从而推动社区警务的发展。

3. 建立和完善社区警务法律法规

法律是建立和规范社区警务的保证,没有严密而统一的法律法规,社区警务就无法操作和实施。与国外相比,我国还没有这方面专门的法律,立法滞后的问题已经明显地摆在面前。由于缺乏明确的法律规范,各地区、各部门在社区警务实施中存在各行其是的状况,有的还流于形式。因此,当务之急是加快立法,使社区警务制度化、规范化、法制化,特别是对社区警务的资金来源、运作方式、管

---

① 参见刘堂生:《国外社区警务的特点与借鉴》,载《湖北警官学院学报》2003年第3期。

理制度、管理机构、实施步骤等问题,都需要通过立法加以明确,尽快使社区警务走上有法可依、依法运作的道路。

4. 实行社区警务制度的改革创新

各国国情的不同和各地情况的差异,决定了推行社区警务只能从实际出发,积极创新,而不能照抄照搬国外的模式,也不能只搞一种模式。应鼓励各地因地制宜,积极借鉴国外经验,在实施形式、组织体制、运作程序、管理制度等方面进行探索创新,不断完善提高。要大胆探索在不同地区(城市或农村)实行不同的社区警务工作模式;建立和完善社区警务的考评体系,将责任区民警的个人收入与其岗位责任工作实绩挂钩,建立按劳分配与按绩分配相结合的激励机制;不断完善社区警务的管理机制,建立严密有效的管理制度,促进社区警务的规范发展。

5. 加大政府对社区警务的政策扶持

随着社区警务的全面深入开展,已经凸现出以下问题:一是人员编制问题,我国警力普遍不足,而社区警务必须要配足警力,按照一区一警,一个民警管理3000人(实有人口)的标准,其缺口是相当大的[①];二是财力紧缺问题,现在有些地方的公安机关经费困难问题已经严重困扰正常工作的进行,有些地方政府无法保障派出所的经费需求,对派出所实行"断奶自养",让其自谋出路,靠罚没款和拉赞助维持;三是社区资源整合问题,预防犯罪是一个社会问题,是一个系统工程,必须组织全社会的力量参与,要将社区的各种资源进行有效的整合,形成合力。以上问题已经严重影响社区警务的正常运行,亟待政府出台相应的政策加以解决,保证社区警务的有效运作。

第四节　社　区　矫　正

社区矫正是近年来兴起的一种新型的矫正模式,通过把罪犯置于开放环境,即在社区中进行教育改造实现,既能够达到惩戒罪犯、彰显法律权威的目的,又能够使罪犯与社会的发展保持协调一致,实现从犯罪人向社会人的转变。社区矫正制度能够克服监禁刑矫正模式存在的诸多弊端,有利于提高犯罪人再社会化的质量,对于我国完善社会主义市场经济,全面建设小康社会,建设社会主义政治文明,实现人的全面发展有着重要意义。当然,必须看到,我国社区矫正制度尚处于探索阶段,要想很快确立适应我国发展要求的社区矫正制度,并非易事。

---

① 参见赵晓明:《建立"一区一警一保安"模式,积极推进社区警务建设》,载《北京人民警察学院学报》2004年第2期。

一、社区矫正的内涵与对象

社区矫正于 20 世纪 70 年代末首先在欧美国家产生。在美国,法院对违法情节较轻微的犯罪嫌疑人大多判以"缓刑",通过社区矫正的方法进行矫正,而并不投入到监狱服刑。在我国,社区矫正正成为新的行刑方式。社区矫正是指利用各种社会资源,对罪行较轻、主观恶性较小、社会危害性不大的罪犯或经过监管改造、确有悔改表现、不致再危害社会的罪犯,在社区中进行有针对性的管理、教育和改造工作。

随着社会政治、经济各方面的发展,人们的刑罚理念也得到更新,过去的报应刑罚理论的观念逐渐为目的主义的刑罚理念所替代,以往监禁刑为主的刑罚执行方式正在向监禁刑和非监禁刑相结合的刑罚执行方式转变。这种新的刑罚理念更加重视维护罪犯的人权、行刑的效益和效果。目前,世界各国在刑罚执行方面广泛地采用社区矫正这种方法。社区矫正的行刑方式在发达国家已成为一种较为成功的经验,我国在试验过程中一定要不断地学习和总结它们的经验与教训,使它们的经验本土化,这样才能更好地完善有中国特色的社区矫正制度。

(一)社区矫正的概念

社区矫正是一种与在监狱执行的狱内矫正相对的行刑方式,[①]是将符合一定条件的罪犯置于社区内,由专门的执行机关在相关的社区组织、社会团体、民间组织以及志愿者的协助下,在有关判决、裁定或决定规定的期限内,矫正其犯罪心理和行为恶习,并促进其顺利回归社会的非监禁的刑罚执行活动。它使罪犯能够较好地由监禁状态经过半自由状态而过渡到完全自由的状态,是一种多层次、有条件、分阶段回归社会的制度。社区矫正在我国还是个新事物。目前,总体来说,社区矫正工作在我国还处于试验阶段,面临着相关法律法规及其他配套措施、专业社区矫正人员还明显缺乏等问题。

理论上一般认为,社区矫正是一种不使罪犯与社会隔离并利用社区资源改造罪犯的方法,是所有在社区环境中管理、教育、改造罪犯的方式的总称。简而言之,社区矫正是对罪犯在社区中进行针对性管理、教育、改造的工作。从最高人民法院、最高人民检察院、公安部、司法部《关于开展社区矫正试点工作的通知》等正式文件看,社区矫正有三层含义:一是社区矫正是一种非监禁刑罚执行活动;二是社会矫正是针对罪行较轻、主观恶性较小、社会危害不大的罪犯或者经过监管改造、确有悔改表现、不致再危害社会的罪犯的刑罚执行活动;三是社区矫正是由专门的国家机关在相应社会团体和民间组织以及社会志愿者的协助下进行的。

---

① 参见郑杭生:《社区矫正与当代社会学的使命》,载《江西社会科学》2004 年第 5 期。

有学者认为,社区矫正是"在社会环境下,由国家有关部门联合社区组织和社会志愿人员,对符合条件的犯罪人或有犯罪危险的人进行行为矫治、生活扶助的活动"①。也有学者认为,社区矫正"是指针对被判处非监禁刑罚的罪犯,在判决、裁定或决定规定的期限内,将其置于社区之内,由专门的国家机关在相关的社会团体和民间组织以及社会志愿者的协助下,矫治其犯罪心理和行为恶习,防止其再度违法犯罪,并促进其顺利回归社会的管理、教育、改造活动"②。

无论怎样给社区矫正下定义,其理念是一致的,即让罪犯在社区环境中接受矫治和感化,学会遵守法律,改变罪犯的观念和行为,重新回归社会。当然,同时更要兼顾社会安全问题。从这一理念出发,必然要涉及被矫治者的范围、执行矫治职责的机构和人员、社区范围内的群众等多方面的问题,而目前对这些问题的认识尚未统一。特别是对执行矫治职责的机构和人员、社区范围内的群众安全等问题的认识,更存在不同观点,这对我国全面实行社区矫正制度有一定的影响。

(二)社区矫正的对象及任务

按照《关于开展社区矫正试点工作的通知》的明确规定,社区矫正的适用范围是被判处管制、被宣告缓刑、被暂予监外执行、被裁定假释和被剥夺政治权利并在社会上服刑的五种罪犯。被暂予监外执行的情形,具体包括:有严重疾病需要保外就医的罪犯;怀孕或正在哺乳自己婴儿的妇女;生活不能自理,适用暂予监外执行不致危害社会的罪犯。在符合上述条件的情况下,对于罪行轻微、主观恶性程度不大的未成年犯、老病残犯,以及罪行较轻的初犯、过失犯等,应当作为重点对象,实施社区矫正。

在我国,社区矫正的主要任务是按照有关法律法规,加强对社区服刑人员的管理和监督,确保刑罚的有效实施;矫正社区服刑人员不良心理和行为;帮助社区服刑人员解决在就业、生活等方面遇到的困难。

二、社区矫正的产生和发展

(一)社区矫正的产生和发展

刑罚是人类应对犯罪现象的一种重要手段,以监禁刑为主导的刑事制裁体系有其存在的历史必然性。但是,运行到后期,监禁刑暴露出严重的缺陷,它严重违背了人道,使被监禁人的身心受到损害,并且成本非常高等等。这些足以引起人们对监禁刑的反思,试图改变并弥补其不足。1841年,美国马萨诸塞州波士顿市的奥古斯塔向波士顿法院提出对酗酒者暂缓处分,由他保释,进行感化教

---

① 胡陆生:《社区矫正的比较研究》,载《河北法学》2005年第4期。
② 张昱:《试论社区矫正的理念》,载《法治论丛》2005年第1期。

育的请求。① 这一请求得到批准,将酗酒者的判决时间推迟了三个星期,交由奥古斯塔感化教育。这些人重返法庭受审时,一般会因为行为的改善而获得宽大处理。从此,这种社区矫正工作正式产生。1879 年,美国马萨诸塞州制定法案,授权波士顿市设置专职矫正社会工作者。1889 年,该项制度延伸到州高等法院,使马萨诸塞州成为全美第一个在全州范围内开展矫正工作的州。1925 年,美国国会通过《联邦观护法案》,在全国范围内建立了矫正社会工作制度。在英国,最初是由志愿者开展社区矫正工作,至 1925 年制定《刑事裁判法》,设置"感化委员会"负责辖区内矫正工作,从而形成了社区矫正基本制度。二战后,社区矫正得到了快速发展。总体上看,欧洲国家走在前列。

(二) 我国社区矫正的发展

我国的社区矫正试点工作刚刚开始,在法规、机构、人员、设施、矫正措施、评估手段、适用对象和资源配置等方面都处于探索阶段。2002 年 8 月,我国在上海开展全国第一个社区矫正工作的试点,取得成功。2003 年,在北京、天津、江苏等六个东部省市进行社区矫正试点工作。2004 年,试点工作在另外六个省展开,并取得了一定成就。在上海的试点社区,设立了市级、区级和街道三级领导体制,让罪行较轻或者经过监狱改造有悔改表现的罪犯,有条件地重返社区,由街道一级的机构在非政府组织、社会团体、志愿者的帮助下,实施矫正犯人的心理和行为的具体工作,切实改善了犯人的处境和出路,取得显著成效。这是我国在司法人权领域取得的一项重要进展,意义重大。然而,社区矫正制度还不能在我国大面积铺开,最大障碍是城乡发展不平衡,广大农村地区缺乏实施社区矫正的条件和资源。所以,目前的试点基本上限于大中城市和东部发达地区。

(三) 社区矫正在我国大有可为

1. 社区矫正有助于完善我国刑罚制度,更好地完成刑法任务和实现刑罚目的

按照现行《刑法》等有关法律的规定,我国采用主刑、附加刑相结合的刑罚体系,主刑包括管制、拘役、有期徒刑、无期徒刑和死刑五个刑种,其中管制属于非监禁刑,拘役、有期徒刑、无期徒刑属于监禁刑;附加刑采用剥夺政治权利、没收财产、罚金三种方式,均属于非监禁刑。同时,在刑罚的适用中还可以采用判处缓刑的方式,在刑罚的执行过程中对符合相关法律规定条件的犯罪分子实行假释、保外就医、监外执行等。因此,可以说,我国与世界大多数国家一样,也是采用监禁刑、非监禁刑和死刑的基本刑罚体系。但是,在这个基本体系中,各国的侧重点是不同的。纵观我国的刑罚历史以及新中国建立后刑法的发展,我国对监禁刑和死刑的适用十分重视,而对非监禁刑则比较忽视,如主刑中的管制刑

---

① 参见张昱、费梅苹:《社区矫正实务过程分析》,华东理工大学出版社 2005 年版,第 2 页。

几乎是形同虚设,被判缓刑的人在犯罪者中所占的比例也很小,被假释、保外就医、监外执行者更是非常有限,大部分罪犯还是被投入监狱等劳改场所进行改造。建立社区矫正制度,可以完善我国刑罚制度,有助于完成刑法任务和实现刑罚目的。

2. 社区矫正可以节省政府成本,提高矫正效果

监禁矫正存在一系列弊端,如监管场所有限,监管成本过高,还不利于犯罪人矫正等。实行社区矫正,本着对罪犯进行有效教育、改造的目的,不失为一种对非监禁刑执行的有效方式。在监狱生产不能盈利的地方,还可以大大减少国库对矫正的开支,从而可以节省政府监禁矫正的成本;同时,由于社区矫正可以减少监狱人口数量,从而使狱中环境得以改善,对监禁矫正可以产生良好效果,也可以提高社区矫正的效果,降低重犯率,更好地维护社会治安。社区矫正不仅是对罪犯人权的一种尊重,还降低了矫正罪犯的成本。[①]

3. 社区矫正有利于矫正对象重返社会

在社区矫正中,矫正对象可以不进监狱而在社区进行改造,他们大多数时间居住在社区,和正常人一样生活,平时吃住在自己家里,可以回原单位工作,也可以自谋职业;如果没有自谋职业的能力,还有矫正社会工作者对其进行就业指导。矫正对象所在的基层司法所作为其监管机构,将分派监狱警察、社区工作人员、心理学工作者、志愿者对其进行帮助。对矫正对象来说,他们可以比较早地恢复工作和学习的自由,而且可以尽早与家人团聚,从而提高矫正效果,减轻家属在犯人服刑期间的经济负担和精神痛苦。

4. 社区矫正促进了社会的稳定和发展

在和平时期,社会稳定的直接因素主要是犯罪问题,控制犯罪是实现社会稳定的重要手段。[②] 社区矫正有助于矫正对象重返社会,减少了犯罪,促进了社会稳定。政府在将矫正对象交给社会时,由各种社会组织承接,并由这些组织为矫正对象提供矫正服务,提高了社会解决问题的能力,从而使社会得到发展。

三、国外的成熟社区矫正制度

(一)澳大利亚社区矫正制度

1. 澳大利亚社区矫正的依据、范围

澳大利亚社区矫正制度是依据其国家的《刑法》、《刑事诉讼法》以及各州制定的相关法律建立并实施的。社区矫正的对象、种类、适用以及适应新形势和犯

[①] 参见曹云飞、武玉红、杨一宁:《试论我国的社区矫正制度》,载《上海公安高等专科学校学报》2005年第3期。

[②] 参见范燕宁:《社区矫正的基本理念和适用意义》,载《中国青年研究》2004年第11期。

罪的新特点开展的各个方面的改革都有明确的法律或者政策方面的依据。澳大利亚社区矫正的执行基本上来自地方法院的判决。澳大利亚社区矫正的执行机关是司法部门。① 联邦政府设有司法部、州政府设有司法委员会,负责刑罚的执行工作,其中设有专门负责社区矫正的工作部门。

澳大利亚《刑事诉讼法》对量刑的原则、量刑的目的、刑期等有明确规定,同时也赋予法官自由裁量权。法官在考虑到各种因素都不适用时,才考虑监禁刑,能不送入监狱的尽量不送。社区矫正在澳大利亚被广泛运用,有两倍于监禁的犯人在社区服刑。社区矫正适用于三种人:一是轻刑犯,二是未成年犯,三是过了法定的监禁刑期经批准获得假释的犯人。职务犯罪、杀人等严重暴力犯罪、使用武器犯罪、累犯、同伙犯、有组织犯、连续犯、贩卖毒品犯罪、重伤害等严重刑事犯罪不适用社区矫正。

2. 澳大利亚社区矫正的运作程序

澳大利亚社区矫正的种类主要有:定期监禁、工作释放、家庭监禁、缓刑、罚金、补偿金、没收财产、社区服务令、报告中心、保证金、咨询辅导、法庭警告、限制自由、保释、假释等。② 进入社区矫正的人来自三个渠道:一是被地方法院直接判决非监禁刑的;二是法院判决执行完监禁刑后再执行非监禁刑的;三是假释委员会决定假释的。经地方法院判决非监禁刑进入社区矫正的一般程序是:警方向地方法院提起诉讼,设置专门法庭的地方也可直接向法庭起诉;地方法院作出决定后,移交给相对应的社区矫正工作部门;社区矫正工作部门接收后,首先对其进行危险性评估,然后根据评估的结果,制订矫正计划,由专人负责执行矫正计划,完不成计划的送回法庭。执行完监禁刑后再执行非监禁刑的和假释委员会批准假释的进入社区矫正的程序与地方法院判决非监禁刑进入社区矫正的程序基本相同,唯一不同的是,如果违反了有关规定或者不能完成矫正计划,直接收入监狱。

(二) 加拿大社区矫正制度

1. 加拿大社区矫正的基本状况

加拿大的社区矫正分别由联邦矫正局和省级矫正机关负责管理。加拿大内政部下设矫正局。矫正局负责对联邦矫正机构和假释委员会的管理,负责对刑期在两年(含两年)以上的罪犯的关押和社区矫正的管理。省和地区的矫正机关则负责对刑期不满两年的犯人的监禁和社区矫正。加拿大社区矫正适用的对象主要是缓刑和假释人员,执行的方式包括一般的监督、家中监禁、电子监控、中途住所等。加拿大的社区矫正在刑罚执行中占很大的比例,体现了目前国际行

---

① 参见李冰:《澳大利亚的社区矫正制度》,载《中国司法》2005年第1期。
② 参见访澳考察团:《澳大利亚社区矫正制度介绍》,载《法律适用》2005年第10期。

刑现代化的趋势。

2. 加拿大社区矫正的主要特点

(1) 加拿大有比较健全的社区矫正法规

加拿大《刑法典》对有关刑事犯罪、惩罚和相关的刑事程序有较为详尽的规定,其中包括有关社区矫正的规定。1992年,加拿大政府专门颁布了《矫正和有条件释放法》,这是目前指导加拿大社区矫正的主要法规。[①] 该法的第一部分是加拿大矫正局对于监狱矫正与社区矫正的规定,第二部分是对于全国和省假释委员会工作的规定,第三部分是对于矫正调查者(负责犯人申诉的联邦检察官员)的规定。除此之外,还制定了实施细则——《矫正和有条件释放条例》,对《矫正和有条件释放法》的有关规定作了进一步的详细说明。加拿大在矫正领域也遵守《联合国囚犯待遇最低限度标准规则》、《公民权利与政治权利国际公约》等国际公约的规定。

(2) 两级垂直管理体制和明确的专业化分工

加拿大联邦级的矫正局负责对联邦矫正机构(加拿大已将监狱统称为矫正机构)和联邦社区矫正的管理,省级矫正机关负责对省一级矫正机构和社区矫正的管理。垂直管理的好处是有利于加强业务方面的领导,减少地方的干预,有利于工作人员的专业化管理和素质的提高。同时,矫正机关也注重与当地警察、法院、预防犯罪和社会发展组织机构的合作,目的是合力维护加拿大的公共安全。在垂直管理体制下,专业化分工明确是加拿大社区矫正工作的一大特色。如在联邦的假释办公室,设有高级假释官、行政经理、项目管理者、普通假释官、特别任务主任、心理学工作者、牧师、电脑技师、个案管理工作者等。假释官又分为监狱的假释官和社区假释官。监狱的假释官帮助每一个罪犯制订假释计划,帮助他们获得假释。社区假释官负责对社区假释人员的管理。

(3) 社区矫正与非政府组织参与的社会救助紧密结合

社区矫正是一项刑事执法活动,大多数机构是由政府出资运作,但是也有相当的非政府组织出资积极参与社区矫正以及社会救助工作。参与的组织有企业性组织和非政府组织。另外,社会工作者和志愿者也积极参与社区矫正的工作。在加拿大,志愿者人数较多,他们通过不同的形式帮助矫正对象。加拿大各级政府每年对志愿者中的优秀者给予精神方面的奖励。

(4) 监狱管理与社区矫正的密切衔接

加拿大矫正机构的管理模式充分考虑到罪犯对社会的回归。联邦矫正机构分为高度、中度和低度安全警戒三种,关押对象是两年以上的罪犯。罪犯首先经

---

① 参见刘强:《国外和我国港台地区"社区矫正"法律规范的殷鉴》,载《探索与争鸣》2003年第10期。

过分类中心,根据犯罪的严重性及社会危害性程度,分别送到不同等级的监狱。但是,即使是分到高度安全警戒的矫正机构,在服刑两年后,也可根据情况进行调整,进入中度或低度矫正机构。当然,如果表现不好,还会再进入高度矫正机构。这样非常有利于调动罪犯服刑改造的积极性。联邦低度安全矫正机构是没有任何狱墙一类的屏障的监狱,它的设计类似于一个社区,目的是大大降低罪犯从戒备森严的矫正机构进入社区的障碍。由于他们把矫正机构当成罪犯回归社会的预备学校,因此重点不是对罪犯进行矫治,而是通过让罪犯更多地与社区接触检验罪犯在高、中度矫正机构的矫治效果。他们积极为罪犯创造就业机会,加强对罪犯的就业技能培训。在加拿大,矫正机构均设有专门的假释官,在罪犯入监后,帮助罪犯制订假释计划,并采取一些矫正措施,帮助罪犯早日获得假释。除少数危险犯外,大部分罪犯都可获得法定假释。因此,绝大多数罪犯都可以通过假释的形式提前出狱,这样使他们既能早日适应社会的生活,同时又受到一定的监督和矫治;既有利于他们回归社会,又有利于社会的稳定。

(5) 加拿大社区矫正注重个别化的管理、教育和服务

加拿大社区矫正出于有利于公共安全和罪犯重归社会的目的,注重对罪犯的特点及犯罪原因进行全面分析,同时考虑罪犯的工作历史、教育背景、心理需要、精神状况及个人成长经历等情况与犯罪的关系。

在对罪犯的社区矫正监管方面,根据每个人的不同情况分别采取严管、中管和宽管的措施,不同的管束制度可根据罪犯情况的变化而调整。如果罪犯不能按约到社区矫正办公室会面或超出限定的活动区域,或继续有违法行为等,达到一定程度,可对罪犯给予收监处理(并不需要因为重新犯罪)。

在对罪犯的矫治方面,注重一对一的教育,以及开展多种形式的矫治项目。矫治项目包括理智处理问题和康复的课程、提高认知的技能、对激怒和情感的控制、重新进入社区的训练、心理的辅导和矫治、精神病方面的治疗等。另外,还有对滥用毒品、酒精的矫治项目,对性罪犯的矫治项目(包括上课、个人辅导、强化的监管、定期报告),对家庭暴力的矫治项目(包括进行宗教辅导以及继续提供文化方面的教育)等。

在对罪犯的帮助和服务方面,为罪犯提供不同形式的培训,包括建筑与环境的清洁、厨师、电脑维修等项目;同时积极帮助犯人寻找工作,通过一些公司的帮助,为犯人提供就业机会;为生活贫困、工作暂时不能解决的罪犯提供临时性的吃住场所。

(三) 英国社区矫正制度

英国是近代世界监狱改良运动和刑罚执行社会化的发源地。[①] 19 世纪末

---

① 参见司法部基层工作指导司:《英国社区矫正制度》,载《中国司法》2004 年第 11 期。

20世纪初,社区矫正制度在英国刑事立法和司法中已经确立,各种非监禁刑进入了司法实践领域。① 这一制度根据社会生活的改变和犯罪情况的变化,逐渐发展、成熟起来,目前成为一项由法律明确规定、适用刑种多样、有专门机构和人员进行管理监督、有社会组织参与、矫正措施规范、行刑效果理想的较为完备的法律制度。英国在社区矫正制度中确立的保护公众的安全和利益、矫正和适当惩罚相结合、注重犯罪对受害者的伤害和影响、使罪犯重新回归社会及预防和减少重新犯罪等矫正原则,在英美法系国家中具有较强的代表性,得到世界各国刑事司法界的一致认可和推崇。

1. 英国社区矫正工作机构和任务措施

(1) 机构设置和人员构成

英国在中央一级负责社区矫正的工作机构为内政部国家缓刑局,②它由负责社区矫正执行和资源设施装备的两个部门组成。国家缓刑局接受内政大臣直接领导。在全国设有地方缓刑服务局,直接由国家缓刑局指导、管理和监督。缓刑机构工作人员称为矫正官,属国家公务员序列,由内政大臣任命,接受国家缓刑局的统一管理。中央和地方的缓刑机构的工作经费和人员工资由中央财政支出。

英国还设有地方假释委员会,受内政部缓刑局领导,负责对符合条件的服监禁刑的罪犯适用假释;同时代表地方政府和民众对地方缓刑服务局的工作进行监督和影响。另外,根据未成年人社区矫正工作的特点,英国成立了全国未成年人司法委员会,负责未成年人社区矫正刑罚的适用,以及与有关部门、社会各界的沟通和协调工作。

(2) 工作任务和矫正措施

英国社区矫正工作机构主要任务的完成和矫正措施的实施,是由国家缓刑局及其分支机构、地方假释委员会和全国未成年人司法委员会共同完成的。在工作中,国家缓刑局及其地方分支机构承担主要任务,包括以下几个方面:

第一,判决前介入。在案件判决前,对未决犯的犯罪性质、犯罪原因、经济状况、家庭关系、人格情况等进行专门调查。在此基础上,为法院对案件的审理提供专项报告,作出评估和分析,对案犯是否适用社区矫正刑罚作出概括性论述和处理建议。这种评估分析报告对法官的量刑起到至关重要的作用。

第二,监督和考察被判处社区矫正刑罚和假释的社区服刑人员。社区矫正机构接收本辖区的社区矫正人员后,要按照社区服刑人员的特点制订矫正方案。

---

① 参见孙晓芳:《英国社区矫正制度评介》,载《人民司法》2004年第3期。
② 参见郭惠群:《英国的社区矫正及其对我们的启示》,载《北京人民警察学院学报》2005年第4期。

此方案依据犯罪的类型和社区矫正刑罚的判决裁定内容制订。矫正方案制订后,交由专门的矫正官对特定的对象进行分组或个案矫正和监督。社区服刑人员必须严格执行矫正方案,若违反了方案的规定,矫正官会提请法官根据情节轻重程度进行处理,法官可以对原判刑罚作出调整,情节严重者,就有可能被收监。

第三,管理缓刑集体宿舍。缓刑集体宿舍是介入监禁刑和非监禁刑之间的一种比一般缓刑要严格的刑罚处罚措施。从其性质来说,缓刑集体宿舍也是缓刑的一种,它适用于那些有轻微犯罪行为的未成年犯。但是,这些未成年犯多为吸毒者,在社会上服刑,不利于社会安全,所以将其集中起来加以管教。另有一部分无家可归的社区服刑人员,也集中在缓刑集体宿舍食宿,由矫正官指导其接受矫正考察。

第四,领导和管理监护中心。社区矫正机构充分利用所在社区的资源,并与所在地的地方政府、社会团体建立紧密联系,为社区服刑人员提供教育、培训、就业指导、娱乐及讨论场所,以促进社区服刑人员加强与社会的沟通和联系,提高其社会认知能力和水平。

第五,为社区服刑人员提供帮助和服务。矫正机构与有关社会福利机构、医疗服务机构、志愿者机构、劳工组织和企业家联合会等相关部门建立联系,为社区服刑人员提供帮助和服务,包括戒毒、精神康复和心理治疗,提高其自我认知能力,纠正其人格褊狭,增强其自尊心和社会责任感;同时,为社区服刑人员提供技能培训,帮助他们获得社会福利、救济,提供就业岗位与就业咨询服务。

第六,定期将社区服刑人员的表现情况向法院作出书面报告,根据服刑人员的矫正表现,提出减刑、定期解除和收监执行的建议和意见,由法官对社区服刑人员实施奖惩和作出解除矫正、收监执行或者变更有关裁定或判决。

2. 社区矫正刑罚的适用和种类

(1) 社区矫正刑罚的适用

现行英国刑事法律规定,依据刑罚适用的轻重,刑罚体系分为三个层次:一是罚款,二是社区矫正刑罚,三是监禁刑。社区矫正刑罚属于中等强度的刑种,适用于具有中等危害程度的犯罪行为的罪犯。当法官认为,根据犯罪行为的严重程度不必判处监禁刑,但是也不能满足于仅仅判处罚金等轻微刑罚时,应当对犯罪人适用社区矫正刑罚。社区矫正刑罚是司法实践中普遍适用、占据重要地位的一个刑种,法院判决犯罪人社区矫正刑罚的比例呈逐年上升趋势。

(2) 社区矫正刑罚的种类

社区矫正刑不是单一型的刑种,而是复合型的刑种,是一个多元化的刑种群,由多个单个的社区矫正令组成。这些矫正令是立法机关在近一个多世纪以来,随着刑罚学研究的不断深入,在不同的时期逐步分别确立的。司法机关在个案审判中,对某个被告人宣告的社区矫正刑,可以包括一个或多个社区矫正令。根据 2000 年英国国会通过的最新的《刑事法院量刑权限法案》规定,社区矫正刑包括社区恢复令、社区惩罚令、社区惩罚与恢复令、宵禁令、毒品治疗与检测令、出席中心令、监督令以及行为规划令等。[①]

四、国外社区矫正制度对我国的借鉴与启示

(一) 修改我国《刑法》、《刑事诉讼法》,制定统一刑事执行法

英国的刑罚执行均由专门的法律作出明确、具体的规定。英国通过各种法令,对刑种的设置,执行方式和监管执行机构设置,人员的经费来源、任免、奖惩等作出了统一规定,涵盖了社区矫正刑罚执行的全部内容。我国的刑罚执行由《刑法》、《刑事诉讼法》、《监狱法》、《人民警察法》、《未成年人保护法》、《预防未成年人犯罪法》、最高人民法院司法解释、国务院条例和司法部门的有关规章等分别作出规定,分散、繁琐、重复和缺失同时并存,操作性不强。我国应借鉴英国社区矫正立法,着手研究和制定一部专门的刑事执行法,对刑罚执行的性质、方式、内容、程序、机构设置、人员编制、经费、罪犯的权利义务等作出明确的规定,填补我国刑罚执行法律的空白,建立具有中国特色的刑罚执行法律制度,推动我国刑罚体制的改革和完善,明确我国非监禁刑的种类和期限,为法院判决提供法律依据。随着形势的发展,我国现行《刑法》、《刑事诉讼法》等有关非监禁刑执行的法规,已经不完全适应目前的实际需要,应对其进行必要的修改。[②]

(二) 明确定位社区矫正工作、社区矫正机构和社区矫正工作者

社区矫正是对犯罪人在社区执行法院判决的活动。由于社区矫正是在社区中进行,因此需要社会工作者和自愿者的积极参与,需要充分利用社区的资源做好这项工作,也需要正确处理刑事执法和社会工作的关系。社区矫正机构的设置涉及社区矫正工作的归属和效率问题。加拿大社区矫正机构是矫正局的一个组成部分,这一设置也为美国、澳大利亚、德国、俄罗斯等许多国家和地区所认可。它体现了刑事执行一体化原则,值得我国学习和借鉴。社区矫正工作者是在社区的刑事执法人员。因此,他们首先需要具备刑事执法方面的知识和能力,这对于帮助罪犯认罪服法、稳定社区以及对犯罪的控制至关重要。

(三) 社区矫正需要加强针对性

为了提高监管和改造的针对性,首先需要进一步了解罪犯的有关情况,包括犯罪原因、个人成长经历、社会环境因素和个人生理和心理方面的因素。在监管方面,要体现出宽严相济、区别对待的原则;在改造方面,需要对每一个罪犯制订

---

① 参见陈梦琪:《英国社区矫正制度评析》,载《青少年犯罪问题》2003 年第 6 期。
② 参见王顺安:《社区矫正的立法建议》,载《中国司法》2005 年第 2 期。

矫正计划,并采取多种形式尽可能使其思想有所转变和提高。为实现这一目的,需要提高社区矫正工作者的专业素质,令其学习和掌握社区矫正工作的技能和方法,与有关部门和人员紧密配合,进一步提高工作效率。

(四)刑罚执行权的统一、完整行使

英国刑罚执行统一由内政部(行使司法部职能)承担,形成法院行使司法审判权、检察官行使监督检察职能、警察部门负责治安、司法部负责刑罚执行的分权、制衡的法律体系。英国刑罚执行权的依法、统一和完整行使,保证了刑罚执行的权威、规范和有效。我国刑事司法领域长期存在"重实体、轻程序,重审判、轻执行,重打击、轻防范"的刑事理念。这客观上造成:(1)我国行刑权过于分散,在现行的司法体制中,人民法院、公安机关和司法行政机关均在一定范围内行使执行权,造成行刑主体过于分散;(2)侦察权、公诉权、审判权和执行权交叉行使,造成侦察、执行合一和审判、执行合一,不利于互相监督和制衡;(3)执行机关之间的有机协调和统筹规划难以落实。行刑权是国家刑罚权的重要组成部分,行刑活动是刑事司法的重要环节,是行政权和司法权的统一。我国应借鉴英国的做法,通过司法体制改革和修改完善相关法律,将执行权归属于一个政法部门统一行使,改变我国执行部门分散和不统一的现状。目前由司法行政机关牵头组织的社区矫正试点工作正是在这方面进行的改革和尝试。从执行权的属性和公检法司分工负责、相互配合的司法体制看,执行权交由司法行政机关统一行使较为合理和科学,有利于行刑机关权威的树立和权力的有效行使,有利于公检法司的相互监督和制衡,符合执行权的本质属性,符合我国刑罚执行的原则要求,是世界各国的通行做法。

(五)专门机构和专职人员负责非监禁刑的执行

英国在内政部和地方设立归属内政部直管的监狱局和缓刑局,分别负责监禁和社区矫正刑罚执行。非监禁刑执行机构的工作人员均为国家公职人员,称为矫正官,具有专业资格,经考试录用,专职从事刑罚执行工作。我国目前进行的社区矫正试点工作属非监禁刑的刑罚执行活动,具有较强的政治性、法制性和社会性,应建立与其性质、地位相适应的社区矫正工作组织体系和工作者队伍。目前,开展试点工作的省市已成立了社区矫正管理机构,如上海专门在司法局成立了社区矫正工作办公室,北京由监狱劳教工作联络处行使对社区矫正试点工作的管理职能,其他几个省市则是由司法局基层处负责管理。但是,要在全国范围内推行试点工作,需着力加强社区矫正组织体系建设,研究建立自上而下的、统一协调的社区矫正组织体系。建议在条件具备时,在司法部设立社区矫正工作管理局,负责全国社区矫正工作的指导、管理和协调工作;在省(区、市)司法厅(局)专门设立社区矫正指导管理机构,管理社区矫正工作;市(地、州)、县(市、区)司法局也应设立相应的社区矫正工作机构;在街道、乡镇由基层司法所直接负责社区矫正工作。在基层负责社区矫正工作的基层司法所的规范化建设和队伍建设更需要得到加强。社区矫正工作者不仅要具备合格的政治素质，还要具备社区矫正工作所需法学、教育改造学、心理学等方面的知识。要通过多种形式，加强培训工作，使他们尽快符合开展社区矫正工作的要求。同时，应加大基层司法行政部门的人才引进力度，引进一些法律、心理学等方面的专业人才，弥补现有力量在专业知识方面的欠缺。随着执行工作的开展，将来应建立社区矫正工作人员的任职资格和考试制度，实现社区矫正工作者的专业化、专职化。

关键术语

社区公共安全，社区治安综合治理，社区警务，社区矫正。

思考题

1. 试述社区公共安全的内涵及特点。
2. 如何加强社区综合治理的管理措施？
3. 简述社区警务的原则和作用。
4. 简述社区矫正的内涵和对象。

参考书目及文献

1. 赵勤、周良才主编：《社区管理》，中国劳动社会保障出版社2007年版。
2. 娄成武、孙萍主编：《社区管理学》，高等教育出版社2006年版。
3. 韦克难：《社区管理》，四川人民出版社2003年版。
4. 鲍日新、刘泽雨、董慧主编：《社区管理理论与实践》，大连海事大学出版社2004年版。
5. 〔美〕肯尼思·J.皮克、罗纳德·W.格伦思：《社区治安与犯罪问题解决》，闫月梅等译，中国社会出版社2004年版。
6. 徐景和、兰成水编著：《综合治理百问》，山西经济出版社1999年版。
7. 上海市社会治安综合治理委员会办公室、上海市社会治安综合治理研究所编：《为了上海长治久安——综合治理理论研究》，文汇出版社2001年版。
8. 刘琳丽、杨宝宏主编：《社区警务教程》，甘肃民族出版社2004年版。
9. 杨瑞清、李新钰、胡建刚主编：《社区警务教程》，中国人民公安大学出版社2007年版。
10. 李斌杰、谷福生编著：《社区警务工作300问》，中国法制出版社2006年版。

11. 杨玉海、葛志山、刘知音主编:《社区警务》,中国人民公安大学出版社 2005 年版。
12. 刘强主编:《社区矫正制度研究》,法律出版社 2007 年版。
13. 胡虎林主编:《社区矫正实务》,浙江大学出版社 2007 年版。

拓展阅读书目

1. 杨寅主编:《公共行政与社区发展》,浙江人民出版社 2005 年版。
2. 詹成付主编:《社区建设工作进展报告》,中国社会出版社 2005 年版。
3. 谢健等:《城市社区建设研究》,浙江大学出版社 2004 年版。
4. 李学举:《社区建设工作谈》,中国社会出版社 2003 年版。
5. 郭翔等编:《综合治理的理论与实践》,中国政法大学出版社 1984 年版。
6. 熊桂桃、董菁菁主编:《治安学》,中国人民公安大学出版社 2002 年版。
7. 张兆瑞:《社区警务论:社会治安综合治理的社区化理论与实践》,中国人民公安大学出版社 2003 年版。
8. 连春亮、张峰主编:《社区矫正概论》,法律出版社 2006 年版。

案例分析

爱联派出所社区警务室"小广播"发挥大作用

"下面介绍如何防止飞车抢夺和外出乘坐公共汽车时如何防盗。飞车抢夺的特点是……"11 月 25 日下午 17 时 30 分许,爱联派出所新屯警务室,老远就听到广播喇叭在播放治安知识和安全防范常识,声音十分亲切、悦耳。

爱联派出所各社区警务室都设有"小广播站",在一些市场等人流密集场所安装了对外广播喇叭,专门宣传介绍治安防范知识,对近一段时期内辖区治安情况进行通报,提醒广大居民和劳务工提高警惕,还进行一些案例分析等,而且已经坚持了一年多,取得了良好的效果,辖区内治安形势始终保持稳定、案发率下降的趋势。

龙岗公安分局爱联派出所辖区外来人口多,文化素质、法制观念参差不齐,治安形势较差,各类案件时有发生。对此,该所民警在抓好分局布置的法制宣传栏、广发各种治安防控宣传卡片等意识防范工作的基础上,想出了许多治安防范的"点子","小广播"就是其中之一。派出所出资 10 万元,在 5 个社区的市场等人流密集场所安装了 15 个对外广播喇叭,建立了 5 个社区"警民心连心"警务广播站,对公众开展法制教育和治安防控宣传,进一步深化意识防范工程。警务广播站播出的节目内容包括:常用法律知识宣传、社区治安情况通报、治安防范知识、多发案例分析，以及警察文化、警民同乐等栏目。由派出所及各警务室针对辖区治安形势提供素材、街道电视站协助录制、派出所领导负责审核把关的广播节目定期定时向社区群众及广大劳务工播放。为避免影响辖区群众及广大劳务工正常的工作、休息，播放节目的时间基本定在双休日、节假日的下午17时至19时，特殊情况加播。为了贴近外来务工人员的日常工作和生活，吸引广大外来工积极参与，警务广播站避开传统法制宣传刻板的说教模式，采取女主持人以案说法的方式，播出的节目幽默风趣而具有深刻的教育意义，深受广大外来工的喜爱。

社区警务广播站开播一年多来，已成为爱联派出所社区警务建设的一个重要组成部分。在广大警民的共同努力下，辖区治安形势明显好转，已开创了爱联派出所辖区群众参与社区治安防控的一片新天地。记者随机采访了广播喇叭能覆盖的康平五交化工门市部老板郭某。他说，这小喇叭可真有大作用，它让自己掌握了很多防火、防盗、防煤气中毒等知识，特别是过去这里一些偏僻路段，夜里抢劫、盗窃事件时有发生，有的地方各种电线经常被割盗，还有专门偷汽车电瓶的，自从有了广播，不光是宣传了治安防范知识，喇叭一响，犯罪分子也害怕，早跑得远远的啦。

（资料来源：http://www.sz-qb.com/newscontent/49193127/2007-11-29-14-56-28.asp）

? 案例思考题

1. 结合本案例对该社区的警务建设进行评论。
2. 我国社区警务创新的措施有哪些？
3. 结合实际谈谈我国社区警务创新的意义。

第七章 社区物业管理

【内容提要】 本章通过介绍物业的内涵,使读者了解物业管理的基本原则、管理主体、管理手段与途径;社区物业管理的功能分析,物业管理具有社区自治的成分,其基层民主性体现在物业管理的机构与职责以及与政府组织、社区自治组织的关系上;社区物业管理的内容及其性质说明,服务本位是渗透于社区物业管理过程的基本原则,既决定着社区管理的内容,也代表了社区物业管理的发展趋势。

第一节 社区物业管理概述

一、物业管理的概念

(一) 物业与物业管理

1. 物业的范畴

尽管我国古代典籍中有"物业"一词,且与现代物业有类似的含义,[①]但是在当时还仅仅是一个静止的概念,且内涵相对狭小。当代所使用的"物业"为法律意义的概念,系指以产权为基础、以土地及土地上的建筑物形式而体现的不动产,既可指单元性的地产,也可指单元性的建筑物。因此,物业强调以共有所有权为纽带、以各业主的专有所有权为核心的权利体系。在这个意义上,"物业"对应于英文的"Real Estate"或"Real Property",它有四个有机组成部分:[②]

第一,供居住或非居住的建筑物本体(即房屋及其结构),包括自用部位和共用部位。比如,产权内的房屋、共用楼道等。

第二,附属设施,包括自用设备和共用设备。前者系指由建筑物内部业主或使用人自用的门窗、卫生洁具,以及通向总管的供水、排水、燃气管道、电线等设备;后者的共用设备指建筑物内部全体业主共同使用的供水、排水、落水设施、照

[①] 《宋会要辑稿·食货》卷六一中有'应有已经正典物业……'之规定。而且,在宋代人们还把'物业'与'不动产'联系起来,宋代的立法对动产与不动产作了区分,称动产为物或财物,称不动产为业或产业;称动产所有权为物主权,称不动产所有权为业主权,如《宋刑统·名例律》规定:'器物(动产)之属,须移徙其地……地(不动产)即不离常处,理与财物有殊。'《宋刑统》卷十三《户婚律·典卖指当论竞物业》转引唐代敕文:'应典卖倚当物业,先问亲房。亲房不要,次问四邻,四邻不要,他人并得交易。'"参见娄成武、孙萍主编:《社区管理学》,高等教育出版社 2006 年版,第 336—337 页。

[②] 参见李春涛、蔡育天主编:《物业管理基础教程》,上海三联书店 1999 年版,第 2 页。

明灯具、垃圾通道、电视天线、水箱、水泵、电梯、邮政信箱、避雷装置、消防器具等设备。

第三,附属公共设施,指物业区域内业主共有、共用的设施,如道路、绿地、停车场、照明灯具、给排水管道等设施。

第四,建筑地块,指物业所在的特定面积的土地。

由此观之,物业主要用以泛指各类房屋、附属设施以及相关的场地,既可以是整个住宅小区的全部与住宅相关的整体产业,也可以是非住宅用的综合大楼、写字楼、商业大厦、加工业厂房、仓库、商店、饭店、宾馆、教学楼、医院、体育场馆等。国务院于2003年颁行的《物业管理条例》第2条就把"物业"界定为"房屋及配套的设施设备和相关场地"。在国内的物业管理实践中,物业有居住物业和非居住物业的区分。国内一些城市更是明确对物业作出了规定,如《深圳经济特区住宅区物业管理条例》、《上海市居住物业管理条例》的规定等,尽管没有统一的名称,但已经对居住区的物业作出了区分。

2. 物业的特征

不管是何种类型的物业,其基本特征都是类似的。

首先,物业具有耐久性的特征。物业的建造年限和使用年限都很长,多则百余年,少则数十年。我国的《物权法》规定,居民住宅建设用地的使用期限是70年,建设用地使用权的期限届满,建设用地使用权消灭,建设用地使用权人需要继续使用土地的,可以在期限届满前一年申请续期。这说明了物业的相对持久性。尤其是对那些具有历史意义、经典的、保护价值高的物业,其耐久性的特征更加突出。其次,物业具有固定性的特征。无论是物业中的房屋,还是附属设备与设施,总是依附于土地,需要建设在特定的地块之上,具有明确的区域性和不可移动性的特点。① 最后,物业是一个高价值性的物质实体。无论是物业中的房屋,还是物业所包含的附属设施以及所占用的土地,都是财富的体现,都凝聚了高额的劳动,具有高价值的特点。无论是居住物业,还是非居住物业,其使用价值和(经济)价值都非常可观。在城市的物业中,这一特征表现得更加明显。

3. 物业管理的含义

在我国,物业是个新事物,物业管理的历史也不长,规范的物业管理始于21世纪初。2003年,我国出台的《物业管理条例》对物业管理的概念作出明确界定:"本条例所称物业管理,是指业主通过选聘物业管理企业,由业主和物业管理企业按照物业服务合同约定,对房屋及配套的设施设备和相关场地进行维修、

---

① 特殊情况下,物业亦可移动。例如,为了配合上海市政工程建设,著名的上海音乐厅需要动迁,但因其剧场价值、人文价值而没有被拆除,而是实施整体"搬迁",向东南方向平移66.4米。相对于上海音乐厅的单位物业而言,的确有位移的结果。但是,这是非常规情景下的可移动性,无法否定物业的固定性特征。

养护、管理,维护相关区域内的环境卫生和秩序的活动。"根据这一规定,可以把物业管理界定为:具有法定权限的管理主体,为了维护和实现业主的利益而对物业进行有效的、专业化的组织、协调、控制等服务的过程或行为。

从这个定义中,可以得出物业管理的四层内涵:

第一,物业管理的主体具有法定资格。从法律文本的角度而言,法定的物业管理主体是企业,即具有独立法人资格的物业管理企业,其法律依据有国家相关的法律法规、业主选聘及其授权。在物业管理的实践中,其主体大致由三类人组成:一是物业公司的所有者,即出资成立物业公司的股东,他们是物业公司的所有权者,也是决定物业公司运作的决策者;二是物业公司的管理者,他们受股东的聘任,接受公司的授权管理物业,如经理等人员;三是普通员工,他们受聘接受任务,完成物业管理的日常任务,如保安、保洁员、园丁等。当然,所有的管理主体除了具备法定的资格之外,还要有执业资格,如我国《物业管理条例》第33条规定:"从事物业管理的人员应当按照国家有关规定,取得职业资格证书。"

第二,物业管理的客体是完整的物业本身,指已经建成、验收合格并已经投入使用的物业。在实际管理中,物业的客体以独立的单元性物业或者由若干单元性物业组成的物业区域作为管理的标的。例如,体育馆的物业是独立的单元性物业,而居民小区则是若干单元性物业组成的物业区域。

第三,物业管理本质上是一种服务。物业管理公司本身不提供任何房屋及其附属设施设备,而只是承揽物业区域内包括房屋、设施与设备的维修养护在内的许多社会职能,为业主或物业使用人的日常生活提供全方位、多功能的服务。作为交换,业主只需根据收费标准按时交纳管理费和服务费,即可获得相应服务。这样既方便了业主,也便于社区的统一管理。因此,物业管理实质上是以服务为交换条件的商业行为,它的每项业务、每个进程都是有偿的,以其提供的服务获得市场的利润。尽管物业管理公司一般是微利的,但物业管理仍然是以营利为目的的管理行为。

第四,物业管理是一种专业性的管理行为和管理过程。物业管理作为房地产综合开发的延伸和完善,所提供的是专业化的管理和服务。物业管理的专业服务体现为以下五个方面:一是分工专业化,物业管理的对象内容非常微观,专业分工细致有助于为业主提供专门的服务;二是服务人员专业化,各工种的从业人员须取得相关的证书,才有资格上岗,如保安须持有地方公安机关批发的上岗证;三是管理的组织机构专业化,如负责物业安全的保安由保安公司负责培训和派遣,由物业公司聘用;四是物业管理的使用工具专业性,如保洁、管道、水电等所使用的专门工具;五是物业管理制度和工作程序科学化、专业化,任何规范的现代管理都有一套行之有效的管理制度和工作程序,物业管理也不例外,如维修业务需要遵循的工作程序包括业主报修申请、登记安排人员、上门服务、验收签字、回访等。

4. 物业管理与社区物业管理

本质上,物业管理是一种通过提供服务而获得相应报酬的管理,是非生产性的企业管理。国际标准化组织(1SO)于1987年颁布ISO9000质量管理国际标准,其中对产品的界定就包括服务,即为满足顾客的需要,供方和顾客在接触时的活动以及供方内部活动所产生的结果。[1] 物业管理的服务就是指专业化的物业管理企业及其从业人员,为满足物业的业主、使用人的需要,而提供相应的体力和智力的劳动,并以此收取相应报酬的经济活动。

需要说明的是,社区物业管理与物业管理具有共通性。鉴于前文关于社区概念中对于区域性共同体的界定,本书把物业管理等同于社区物业管理。尽管物业的使用范围存在着差异,但物业管理的基本内容是一样的。尤其是从社会化、专业化、市场化角度衡量,物业管理的实质并无根本的区别,是一种综合的经营性管理服务,是将管理、经营和服务融为一体的过程。当然,二者的差异还是存在的,如单元物业是否等同于社区物业,还是一个颇具争议的界定。本书认为,尽管单元性的物业与本书所谓的"社区"概念的倾向有一定的差异,但考虑到单元性物业管理与普通居住小区物业管理的目的、手段方法、管理资源等并无本质的差别,如无特别说明,本书中的物业管理与社区物业管理是一致的。

二、社区物业管理在我国的兴起

有关研究发现,最早的物业管理是19世纪60年代由英国一位叫奥克托维娅·希尔的女士所创设的。她为了管理名下出租的房屋,制定并组织实施了一套有效的管理办法。1908年,美国芝加哥摩天大楼的所有者和管理者乔治·霍尔特组织成立了"芝加哥建筑物管理人员组织"(CBMO),并发展成全国性组织"建筑物业主与管理人协会"(BOMA),以后又发展成国际性协会组织"国际建筑物业主与管理人员协会"(BOMAI)。就这样,物业管理成了一种社会行业。我国香港地区受英国的影响,由聘用"看更"开始,继而又聘请英国"房屋经理"。到了20世纪70年代,香港确定了业主的"参与管理者"身份,组织"业主立案法团"。业主立案法团通过招标、协议或委托等方式聘用专业管理公司。[2]

我国内地的物业管理始于20世纪80年代初,是深圳经济特区借鉴香港物业管理的经验而进行的改革尝试,其背景是住房制度的改革。自1988年至今,物业管理不但在深圳有很大的发展,而且已经在全国推广,成为一种常态的管理,物业的范畴也从商品房拓展到非商品房的领域。大体上,物业管理在我国可

---

[1] 参见徐建明、王洪卫:《物业管理法学》,上海财经大学出版社2001年版,第9页。
[2] 参见王青兰主编:《物业管理导论》,中国建筑工业出版社2000年版,第17页。

以区分为以下两个重要的历史发展阶段：

（一）物业管理的探索初期

这一时期的标志为福利时代的"房管"模式与物业初创时期的改革探索并行，即通常所谓的"双轨制"管理时期，其时间跨度大约为十年，也就是自1988年深圳市的改革尝试，到1997年城市管理体制改革的纵深发展与改革部署。在我国的意识形态上，这个十年是发生巨大变化的十年，从有计划的商品经济到社会主义市场经济的转轨，对管理体制改革提出了新的挑战和要求。在这一背景下，建设部发挥了积极的协调者的作用，从最初对深圳改革探索的鼓励，到主动引导国内房产市场的发展，进行了产业的导向和规划。1993年，建设部房地产业司在广州和深圳召开第一届全国物业管理研讨会，深圳市随之成立了物业管理协会，物业管理从此开始向纵深发展，并开始从房地产开发的附属产业剥离出来，显现了现代物业管理的功能。次年4月，建设部颁布了新中国建立以来有关物业管理的第一个规章，确立了物业管理在房地产行业中的独立地位。到1997年十五大召开，物业管理体制改革成为城市管理体制改革的一部分，在深度上向市场化方向进一步发展。

在这个初创的十年里，物业管理呈现出以下特征：(1) 物业管理的独立性很低，处于房地产产业的下游，且多为房地产开发商所左右，有些物业公司干脆就是开发商的子公司。(2) 物业管理的水平不高，管理的内容比较单一，主要为基本服务，如卫生、门卫、信件收发等。更重要的是，由于没有相关的法律法规作保障，物业管理不够规范，随意性大。(3) 物业管理的改革推进存在区域的差距，沿海地区发展较快，内地相对较慢；新城或者新建商品房的物业管理发展较快，旧城和旧小区发展较慢。政府的监管不到位，尤其是相关的法律法规建设落后。相对于物业管理的机构而言，人才队伍建设相当落后，常有随时聘用的没有相关管理知识或培训经历的人上岗的情况。(4) 物业管理的资源支持得不到保障，尤其物业管理的经费管理不规范，收费混乱，资金运行不能进入良性循环；业主往往因为这种混乱而拒付服务费，进一步加剧了这一恶性循环。

（二）物业管理的基本规范阶段

从20世纪末到现在，我国的物业管理逐步走上一条继续改革的道路。一方面，物业管理的规范化程度有所提高；另一方面，业主和社会的认同程度也在提高。可以相信，随着这一趋势的进一步发展，我国的物业管理将逐步走上规范化的道路。在这个阶段，标志性的事件是国家相关法律法规的出台，使我国的物业管理开始呈现规范化的特征。2003年6月8日，国务院颁行《物业管理条例》，各地方随之相继参照修改或制定了各自地方性的物业管理规章制度，我国的物业管理开始有法可依。

从国务院的《物业管理条例》看，物业管理的规范性制度规定主要有七点：

"一、业主大会制度。业主大会和业主委员会并存,业主大会决策、业主委员会执行。二、业主公约制度。业主公约是业主共同订立并遵守的行为准则,对全体业主具有约束力。三、物业管理招投标制度。提倡业主通过公平、公开、公正的市场竞争机制选择物业管理企业,鼓励建设单位按照房地产开发与物业管理相分离的原则,通过招投标的方式选聘物业管理企业。四、物业承接验收制度。物业管理企业承接物业时,应当对物业共用部位、共用设施设备进行查验,应当与建设单位或业主委员会办理物业承接验收手续,建设单位、业主委员会应当向物业管理企业移交有关资料。五、物业管理企业资质管理制度。六、物业管理专业人员职业资格制度。七、住房专项维修资金制度。"[1]

在实践的层面,这些制度还在不断完善中。我国的物业管理制度经过了四年的实践,又得到进一步完善。2007年8月26日,温家宝总理签署第504号中华人民共和国国务院令,公布《国务院关于修改〈物业管理条例〉的决定》,对物业管理实践中出现的新问题进行修订。可以说,物业管理越发展,需要规范的领域也就越多,这将是我国物业管理法制化建设的一项长期任务。

三、我国社区物业管理发展的特征

从我国物业管理发展的历史看,这一新生事物建立在市场经济不断深入的基础之上,其主要特征有:

(一)强调政府的组织协调和领导作用

新修订的《物业管理条例》明文规定:"同一个物业管理区域内的业主,应当在物业所在地的区、县人民政府房地产行政主管部门或者街道办事处、乡镇人民政府的指导下成立业主大会,并选举产生业主委员会。"这一规定也间接体现了我国社区管理的模式特征。

(二)物业资源配置方式发生了改变

我国的物业管理强调市场对物业资源的基础性配置作用,并大规模改造了具有产权的老住宅物业。与此同时,老式的商住或办公楼的物业改革也开始启动,并在全国推广。从本质上说,物业公司为相对独立的市场主体,它依法对实行改革的社区物业实施管理,体现了市场的资源配置作用。与改革前的单位制、福利制和政府管理主导的模式相比,物业管理赋予了社区物业新的管理形式,带来了资源配置方式的根本变革。

(三)物业公司的权利义务关系逐步厘清

物业公司与房地产商的直接关系在法律上得以剥离,成为相对独立的市场法人,开始承担相对独立的民事责任。这是我国物业管理实践的一大进步,赋予

---

[1] 参见朱剑红:《物业管理已确立七项基本制度》,载《人民日报》2003年7月16日第6版。

了物业公司相对的自主权,使其权利义务关系更加明晰。

(四) 有些物业公司参与社区治理,成为公共管理的有机主体

作为社区治理的主体之一,物业公司的参与机制是:物业公司连同居委会、业委会,形成社区权力结构中的"三驾马车"格局。① 尽管这一模式不具有普遍性,但在各地实践中,物业公司担负一定的社区责任却是不争的事实。

(五) 社区的多样化带来物业管理的多样化

迄今为止,规范、多元、服务的物业管理格局开始出现。例如,有些物业管理开始了规模化经营的尝试,物业管理企业从以中、小型为主向以大、中型为主转换,出现了一批物业服务企业集团。

四、我国社区物业管理的基本模式

从管理学的角度而言,依据物业管理主体间的关系,可以把业主、物业管理企业以及开发商之间的关系大体归纳为两大类型:一是委托管理类,二是自主经营类。前者是最常见的物业管理方式,也是市场化的一种类型,是开发商和业主采用招投标或者协议的方式,通过正式订立物业管理合同,委托专业化的物业管理企业,按照"统一管理,综合服务"的原则,提供劳务商品的管理行为方式。从物权的角度而言,经营权与所有权是分离的,代理方的物业公司是具有法律行为能力的法人公司,根据与业主订立的管理合同履行义务,并享有相应的权利。后者实际上是一种自我管理的类型,即业主不是通过市场招投标的方式,委托给专门的物业公司管理,而是自己成立物业管理机构承担物业管理的职能。与委托管理模式不同,这种自主经营类型下的经营管理权与业主的产权是一致的,有时法人甚至只有一个。这种物业管理模式多为单位社区所采用。

在我国,社区的物业管理模式大体有两种:

(一) 市场模式

市场模式的物业管理是一种专业化的管理模式,是由独立的、专业化的物业管理公司,通过投标在市场竞争中接管物业。市场模式的物业管理遵循了物业所有权与物业经营权分离的原则,物业公司受业主委托,对物业进行综合性、专业化、社会化的经营管理与服务。这种管理模式的特点是具有市场主体的运作机制,并借鉴了服务型管理的理念:首先,物业管理公司完全自主经营、独立核算、自负盈亏、自我发展;其次,物业管理公司通过签订合同或协议,按照业主的要求与意愿实施管理,通过提供有偿服务收取费用;再次,物业服务的范围得到了拓展,不仅有房屋及设备的维修养护与管理、社区环境与安全管理,还涉及一

---

① 参见李友梅:《基层社区组织的实际生活方式——对上海康健社区实地调查的初步认识》,载《社会学研究》2002年第4期。

些便民服务与特约服务；最后，由物业公司承担的服务不仅是市场化的，而且还是专业化的，具有规范性的特征。

（二）行政模式

这是传统的房屋管理模式，具有行政性和福利性的特征。典型的是由政府行政性机构，即地方房管部门及其下属的事业单位，作为物业管理的主体。这类物业绝大多数是国家或单位所有，属公共财产，其产权关系单一，使用人不是产权人。行政性房管模式主要以单一的收租养房为主要内容，租金低廉，主要为单位福利性质。由于收入优先，物业管理的内容也比较单一，尤其是维护和修缮难以到位，长此以往，物业逐步呈现破坏损毁的状态。在这种模式下，房产部门作为行政性机构，主要履行行政管理的职能，对物业的管理也多涉及单纯的物业本身，并不对社区管理产生影响力。

值得注意的是，在一些不完全是私人产权的物业中，官方的房产部门拥有对单位或组织管理处置物业、制定规范和监督的权力，并在单位法人消失的情况下，代表组织或单位行使业主的权利。尽管这种现象不是很普遍，但体现了公共（多为集体）财产的处置方式。在行政型的物业管理模式中，还有一种作为政府派出机构的街道涉入物业管理活动的现象。街道办事处往往委托居委会实施管理，以公共场所、环境卫生、绿化、治安、道路和整幢楼宇为管理范围，辖区内的房屋维修保养则由产权单位各自负责。街道和居委会介入物业管理对于动员基层民间组织的力量、促进政治稳定、加强社区民主等方面，都能够产生积极的作用。尽管这两种混合模式增加了物业管理的主体权威性，但由于其专业化程度低、规范性不高，以及政府管理方式所特有的痼疾，而逐步退出了物业管理的前台。可以发现，在很多此类产权的物业管理实践中，委托专业化的物业公司实施管理的模式正在成为我国物业管理的常见形式。

第二节　物业管理与社区自治

社区自治是我国基层民主制度的重要形式之一。[①] 与农村的村民自治制度类似，社区自治中的民主体现为居民享有法定的自治权力，在参与社区管理中享有民主。由于城市社区独特的组织化特征和异质性属性，社区自治的民主在发展中有了进一步的提高，出现了两种基本的组织形态：一是社区居民委员会以及在居委会内部出现的各种居民自治组织，二是以业主为主要成员的业主委员会。这两种组织连同物业管理公司，在管理社区公共事务、促进社区发展方面起到了

---

① 在我国，基层民主有五个方面的内容：一是农村的村民自治，二是城市的社区自治，三是企事业单位的民主管理，四是基层公共管理中的公民参与式民主，五是县（区）、乡人大选举的民主等。

积极的作用。在我国的很多地方,社区自治使居民的民主意识有了相当大的提高,居民的参与方式也发生了重大变化。居委会、业委会、物业公司等不同社区组织间的博弈,则反映了转型时代我国社区民主发展的路径特征。

一、物业管理是社区自治的内容之一

根据我国的基层政治制度安排,社区属于自治的政治空间。我国《宪法》第111条规定:"城市和农村按居民居住地区设立的居民委员会或者村民委员会是基层群众性自治组织。"与此同时,《村民委员会组织法》和《城市居民委员会组织法》更是从法律的角度,对村委会和居委会的权利义务关系进行了明确的界定。尽管现行的《物业管理条例》并未明文规定物业管理的自治性质和地位,但对物业管理的组织形式、组织制度与运作机制等的规定,均体现了社区自治的精神及属性特征。这是因为,在社区的物业管理实践中,物业公司起着准公共组织的作用,扮演着为社区提供公共资源的角色。在这个意义上,物业管理也具有公共管理的特征。

社区治理过程中所涉及的非政府公共组织主要有居委会及其党组织、业委会和物业公司等。在物业管理的实际运作中,这些组织间的关系是社区自治的基本机制。有学者认为,在社区自治的核心非政府公共组织中,居委会、业委会和物业公司构成了社区治理的"三驾马车"格局。从其各自在社区中的地位、权力和规则等不同角度考察城市社区层面的治理机制与治理属性,"三驾马车"的行为方式和行为逻辑不尽相同,对社区自治也发挥不同的作用。其中,基层社区的业主委员会和物业公司的作用显得越来越重要,居委会作为街道在基层社区开展工作的行政代理也因此有了一些"对话者"。在形式上,居委会是与国家基层政权相联系的一种群众自治组织,属于行政社会系统;业委会是与房产所有者(业主)相联系的一种群众自理组织,属于业主社会系统;物业公司是受雇于业委会的一种利益实体,属于市场经济的社会系统。这"三驾马车"是基层社区生活管理的决策中心,它们有各自的工作载体,也有各自的运行逻辑。但是,它们在实际运行中有资源互补的依赖关系。这些关系形成了一种社会结构,在处理具体问题时会不同程度地受到这种结构的制约。①

在社区自治的制度化层面,我国相关的法律法规确立了居委会的主导作用,它作为旧的"街(道)居(委会)体制"的延续,具有很强的合法性基础。一方面,居委会是官方在基层政权组织的自然延伸,具有历史资源的优势;另一方面,社区居民对居委会也十分熟悉,对其组织结构和功能有知识的积淀,办事驾轻就

---

① 参见李友梅:《基层社区组织的实际生活方式——对上海康健社区实地调查的初步认识》,载《社会学研究》2002年第4期。

熟。因此,有专家建议,在社区的基层民主建设中,应该注重发挥居委会的作用。相比较于社区物业管理的组织机构和功能发挥而言,居委会有比业委会和物业公司更加直接的优势:业主委员会成立存在困难,完全自发地靠一部分精英人士发动,不具有普遍性,且难以持久;同时,社区里的事务很琐碎,业主委员会关注的主要是涉及业主利益的事,长久来看,社区里各种琐碎的事务应该由专职人员负责,而居委会有着服务社区的传统。①

当然,在我国,社区的民主自治还在探索过程中,实践中也面临着这样或那样的问题。但是,作为社区治理的机制之一,物业管理是不能被忽视的。本章中关于物业公司的职能体系的介绍,体现了物业公司作为特殊的私人部门组织所具备的公共性特征。尽管有些地方出现了"炒物业公司鱿鱼"的现象,②但从本质上说,那是由于那些被炒的物业公司没有履行公共性的职能,这里不再赘述。

二、业主大会是社区物业管理的权力机构

根据有关法律法规对于业主大会的组成和权限的规定,业主大会的性质和地位是:(1)业主大会由全体具有业主或业主代表身份的成员组成,他们在社区内具有合法身份;(2)业主大会的构成具有法定性,即特定物业管理区域内的业主,他们有权参与划定的业主集体自治管理辖区;(3)业主大会以会议制形式,依法行使物业管理的民主自治权利和自治规约,常见的机制是业主大会和业主代表会议两种形式;(4)业主大会和业主代表会议是社区内的群众性自治机构,又是各业主团体自治管理体系中表达集体共管意思的权力机关。总之,业主大会在充分民主的基础上,集中全体业主的共同意志和利益要求,行使本机构直管辖区内的物业管理自治权利,并决定属于自治范围的社区公共事务及社区公共问题。

业主大会的组成可分为三种类型:一是无任期限制的业主大会,由特定业主集体自治和管理;二是比例代表制的业主大会,主要在业主人数较多的情况下,按比例推选业主代表,组成业主代表大会;三是有特定任期的临时业主大会,其特定任期的期限一般以首次正式业主大会或业主代表大会的召开日期为终止时限。在我国,不同地区的业主大会(或者业主代表会议)的规定不尽相同,例如关于业主代表会议的比例制度,有按照社区内的各幢房屋建筑面积占整宗业主团体物业的比例设定,也有按照家庭户籍制而设定,但基本目的大体一致,即为

---

① 参见王俊秀:《社区自治:中国基层民主开步走》,载《中国青年报》2008年2月19日。
② 报载,北京市的"炒物业公司鱿鱼"的现象发生于2006年,品阁小区的物业公司因为没有得到业主的认可,而被迫"走人",相应的物业管理由居民自我管理。经过一段时间的运作,情况尚好,品阁小区各方面运行有条不紊,物业费从原来的每平方米2.78元降为现在的1.8元,而且还略有盈余。参见王俊秀:《社区自治:中国基层民主开步走》,载《中国青年报》2008年2月19日。

了实现业主的民主参与和相对的公平性。

业主大会的职权主要是处理社区自治的公共事务的权力,根据现行物业管理法规的规定,其行使的职权主要包括以下几个方面:(1) 制定物业区域内的自治管理规约并监督其实施;(2) 选举、决定和罢免本自治管理组织(业委会)的组成人员,选举业委会主任委员、副主任委员和其他委员,根据主任委员的提名决定聘任相关管理人员,并有权依照规定程序予以罢免;(3) 听取和审议业委会的工作报告和物业管理受托方的物业管理服务工作报告;(4) 监督业委会的工作,有权改变或者撤销业委会不适当的决定;(5) 审查和批准本社区自治辖区的物业管理年度计划及计划执行情况的报告;(6) 决定本社区自治区域内涉及业主共同利益的重大事项,如物业的重大修缮或改良、建筑物的增建或重建、社区环境的整治、以业主集体名义提起诉讼或应诉等;(7) 业主大会行使的其他职权。

三、业主委员会是社区物业管理的执行机构

(一) 业委会的法定性及其规定

根据我国物业管理的相关法规规定,业委会是社区内业主自我管理、自我教育、自我服务,实行业主集体事务民主制度,办理本辖区涉及物业管理的公共事务和公益事业的社会性自治组织。在机制上,业委会既是业主团体自治辖区内业主大会的常设执行机构,在业主大会闭会期间行使业主集体自治权利,又是对外代表其辖区全体业主的独立自治组织实体,是社区自治的行政性机关,也是社区自治的执行机构。

业委会由业主大会选举产生,统一领导自治权限范围内的物业管理各项工作,对业主大会负责并向其报告工作。在社区中,业委会都是各自独立的,相互之间不存在隶属关系,但可以合作组成业主集体自治管理协会。业委会根据特定物业管理辖区的物业规模、业主人数等参照指标,按照便于业主集体自治的原则设立。业委会的设立、撤销、范围调整,由该委员会所在地的县级政府相关行政主管部门提出,经业主会议讨论同意后,报县级人民政府指定的主管机关备案。显然,业委会作为社区的自治性组织,比照了《村民委员会组织法》和《城市居民委员会组织法》的相关规定,赋予了其相应的权利和义务。

(二) 业委会的组成与任职资格

业委会作为社区物业管理的经常性自治管理机构,其人数并无特别的限制,原则规定在5—15人之间,任职期限为3年。从实际情况看,各地业委会的成员大多在10人左右,如需要增减,则须经业主大会决定。在我国地方物业管理的实践中,为了体现男女平等的法律原则要求和妇女参与城市管理的精神,业委会成员中往往都有适当名额的妇女成员。一般认为,业委会是业主自我管理事务

的执行机构,其议行的事项大多直接涉及业主的经济利益,为民主计,其委员会数额不宜过少。当然,委员过多也会带来诸如效率低下、议行拖沓、增加补贴负担等问题。

我国《物业管理条例》规定,业委会由业主大会选举或认可的主任委员、副主任委员若干人,执行秘书和委员,其中包括顾问委员、独立监事委员等组成。其中,主任委员和执行秘书可以是专职人士,并享有津贴,标准由业主大会决定。各地方物业管理法规规定不一,如有些地方规定业主大会只选举业委会具有业主身份的委员,而主任委员、副主任委员则在其委员的小范围选举中产生。有些地方还规定,业委会可聘请派出所、居民委员会等有关人员担任业委会委员。这与相关规定中由具备本社区内"业主身份"资格的人员任职有冲突。但是,在根据业委会提名,经过业主大会决定认可,并报相关行政管理部门备案后,可以任命不具有业主身份的独立监事会委员、顾问委员和执行秘书等。我国对业委会委员的法定身份有强制性的法律保障,并规定任何组织和个人不得指定、委派或撤换业委会委员。

关于业委会成员的任职资格要求大体有两类:一是道德素质要求,二是法定资格要求。前者为职业操守的资格,没有鉴定的统一标准,包括对业委会成员的热爱公益事业、办事公道、遵纪守法、责任心强等要求。后者则涉及从职人员的组织协调能力、业务能力的素质,如执业证书、毕业证书和必要的培训经历等。有些地方比照其他法律法规,作出了相应的从业资格规定,如对业委会独立监事委员包括法务监事委员和财务监事委员的资格规定,分别应当由持有律师资格证书和会计师执业证书、熟悉物业管理法务和财务的人员担任。如果从社区治理的规范化和制度化角度衡量,业委会也应该由一支懂法律、熟悉业务、掌握管理知识的队伍组成,而且最好是专职人士,这样才能保证业委会正常、规范和高效地运作。

(三) 业委会的职责

在法制化的层面,职责总是与特定职位相联系的,享有该职位的职权和职务,同时也应当履行该职务所应承担的法定责任或约定责任。总之,职、权、责是三位一体的。业委会依法(含社区自治的相关法律法规)履行下列职责:

1. 会议职责。业委会负责召集和主持业主(代表)会议,负责举行本委员会工作会议,并起草和保管会议文件。

2. 制定规范与提案职责。业委会主持订立和发布业主公约、业主大会和本委员会的议程与决议、办事规则及其他社区自治管理规约;负责向业主大会提出有关业主共同事务的建议(议案),向物业管理行政主管部门和有关机关、单位(包括受托的物业管理企业)反映业主们的意愿、意见和建议等。

3. 主管与审议职责。业委会负责在本辖区内代表全体业主掌管物业及其附属设施部分的统一管理和维护事务,积极组织和开展社区的公益活动,依法维护社区自治权益和业主或物业使用人的合法权益等。业委会要根据业主大会的授权,审议决定无须提交业主大会表决的事项,审议受托的物业管理企业提出的物业管理服务费的收费标准、物业管理服务年度计划、财务预算和决算以及物业管理的其他重大措施等。

4. 合同职责。业委会要代表全体业主选聘、续聘或者解聘物业管理企业,并负责订立、变更或者解除物业管理委托服务合同和其他为增进业主共同利益所缔结的合同,组织和督促全体业主或相关业主积极履行合同义务和行使合同权利。

5. 执行与监督职责。业委会要执行业主大会和本委员会的决议,负责实施社区管理的各种措施。同时,业委会还负责监督物业管理企业的受托服务工作,监督社区内物业及其附属设施的使用,制止违规和损害业主集体权益的事情或行为,并接受业主和物业使用人、业主大会、受托物业管理企业、上级行政主管部门的监督。

6. 其他职责。业委会负有协助有关单位和部门做好本辖区内的行政管理工作、社会服务工作和社区文明建设工作等责任;有向辖区业主公告的职责,通过信息公开向业主实行透明化管理,回应业主质询,向业主公开业委会的事务报告、会计报告、财务状况及其他管理事项;负责保管社区的文献资料、会议记录、合同等文件,代表业主保管办公用品,向有关行政主管部门检举、揭发、控告本辖区内的违法行为,并代表业主集体参加诉讼活动等。

四、其他相关机构

根据我国物业管理的相关法律规定,物业公司履行着社区治理的职能,但不是唯一的社区治理主体,它与社区的居委会、业主委员会等构成的所谓的"三驾马车"也只是社区治理体制中的主导性机构组织。从广义的治理主体角度看,社区治理的主体还包括政府组织和事业单位等。

根据我国社区管理的相关规定,涉入社区治理的政府组织主要为行政部门的主管部门,如县级以上地方人民政府的房地产机构。它们在业主大会、业主委员会和物业管理机构管理无效的情况下,介入社区的治理。我国2007年新修订的《物业管理条例》第5条规定:"国务院建设行政主管部门负责全国物业管理活动的监督管理工作。县级以上地方人民政府房地产行政主管部门负责本行政区域内物业管理活动的监督管理工作。"地方房地产部门的主要职能有:贯彻执行国家及省地有关房地产业的方针、政策和法律法规,拟订本行政级的房产管理政策和实施办法,并监督实施;负责住宅小区物业管理、异产毗邻房屋等管理工作;负责住宅小区的综合开发管理工作等。其中,制定社区管理规范、组织落实、协调控制、监督实施、维持秩序等,是地方基层行政管理机构的主要职能。如《物业管理条例》第65条规定:"未经业主大会同意,物业服务企业擅自改变物业管理用房的用途的,由县级以上地方人民政府房地产行政主管部门责令限期改正,给予警告,并处1万元以上10万元以下的罚款;有收益的,所得收益用于物业管理区域内物业共用部位、共用设施设备的维修、养护,剩余部分按照业主大会的决定使用。"总体上,根据其职能权限的不同,可以把这类行政机构区分为行政主管部门和相关性行政管理部门。上自国务院的住房和城乡建设部、省级房地产局,下至地方基层的对应机构,是物业管理的主管机构,也是社区治理的行政指导部门。参见下图:

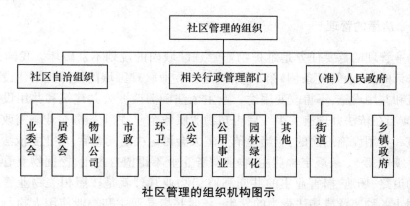

社区管理的组织机构图示

社区物业管理的相关性行政部门系指对社区物业管理有直接或间接关系的行政组织,如规划、市政、环卫、园林、公用事业等行政管理机构,它们依据相关法律法规和行政性规章的规定,按照职责分工,负责房地产及其配套设施的开发建设与管理,协助监督物业管理企业的管理等。在社区公共事务的层面,这类组织的范畴还可以有所扩大,如工商、物价、公安、电力、交通等部门对物业管理的企业经营、收费价格、社会治安、用电照明、道路管理等实施行政管理,依其职责分工,依法协助和监督社区管理。

必须指出的是,在社区物业管理中,还有一级(准)政府机构对社区的管理发挥着作用,即乡镇级人民政府,有些地方为街道办事处。后者作为一级人民政府的派出机构,具有准政府的性质特征。人民政府的主要职责是协助有关行政部门进行监督,对社区管理过程中的关系进行协调控制,它不能替代相关部门的行政管理,更不能干涉物业管理企业的日常管理行为,但在行政上可以统筹社区管理,如宣传政策、提供政府服务、组织协调、依法监督检查等。我国相关法律规定,物业管理企业与物业所在地的街道或乡镇人民政府的关系是指导与被指导的关系。《物业管理条例》第10条第1款规定:"同一个物业管理区域内的业主,应当在物业所在地的区、县人民政府房地产行政主管部门或者街道办事处、乡镇人民政府的指导下成立业主大会,并选举产生业主委员会。"物业管理企业要接受基层政府机构的指导,支持并配合基层人民政府关于社区管理的工作,为居民提供高质量的社区服务。

第三节 社区物业管理的主要内容

物业管理涉及的服务领域相当广泛,其基本内容按服务的性质和提供服务的方式可分为常规性的公共服务、针对性的专项服务和委托性的特约服务三大类。

一、房屋的管理

物业管理的首要任务是维护物业管理区域内的规划不被破坏。我国2007年新修订的《物业管理条例》第50条规定:"物业管理区域内按照规划建设的公共建筑和共用设施,不得改变用途。业主依法确需改变公共建筑和共用设施用途的,应当在依法办理有关手续后告知物业服务企业;物业服务企业确需改变公共建筑和共用设施用途的,应当提请业主大会讨论决定同意后,由业主依法办理有关手续。"第51条规定:"业主、物业服务企业不得擅自占用、挖掘物业管理区域内的道路、场地,损害业主的共同利益。"物业管理就是按照相关物业管理的制度制止各种违章或违法行为的发生,督促并指导业主和物业使用人执行相关法律法规,维护社区规划的严肃性和权威性。

做好房屋装修的监督管理是物业管理的前导性工作。在房屋装修规划、设计、施工由业主或物业使用人进行时,物业管理公司应加强对装修行为的监管,监督装修设计的图纸或作业是否构成对物业结构的损坏,并监督施工人员是否严格作业,如发现违章行为,应及时纠正,并对装修后的房屋予以检查验收,以确保房屋结构不受损坏,保证房屋质量安全。

与此同时,对社区物业内的房屋维修与修缮也是物业管理的重要环节,是物业管理常规性的服务与管理内容。物业管理公司要坚守职责,勤于巡查,工于记录,及时关注物业内的房屋结构、施工质量、设备状况等的现状,一旦出现损坏,应加强对房屋的技术管理,及时地对房屋进行维护和修缮。保护和提高房屋的完好率,尽可能地延长其使用期,可以提高房屋的使用价值和价值,具有重要意义。

二、设备设施的管理及维修养护

(一) 物业设备设施的系统结构

对物业设备设施的管理也是物业管理的常规性服务内容。随着生活水平的提高和技术的进步,物业的设备设施配置越来越齐全、越来越先进,当然也更加复杂。物业管理企业的职责之一,就是要保证这些设备设施的正常运行,使设备物尽其用,充分发挥物业资产的功能。物业设备设施一般由以下系统构成:

1. 给排水系统

给排水系统系指建筑物内部附属设备中的冷水、热水、开水供应和污水排放等工程设施的总称。它包括五个方面的设备设施:一是给水设备,即用人工方法提供水源的设备。按整个供水环节可分为水箱、水泵、水表、供水管网等设备,按其用途可分为生产、生活和消防用水三种。二是排水设备,即用来排除生产废水、生活污水和屋面雨、雪水的设备设施,包括室内排水管道、通气管道、清通设备、抽升设备、室外排水管道等。按所排放污废水的性质又可分为生活污水排水系统、工业废水排水系统和屋面雨雪水排水系统三大类。三是卫生设备,主要是指浴缸、水盆、面盆、水箱和大小便器等卫生器具和与其相关的设施。四是热水供应设备,即向建筑物内部供给热水的附属设备设施,如加热设备、储存设备、热水管道、各种循环管道和热水表、疏水器、自动温度调节器、减压阀和补偿器等一系列器材和附件。在北方社区,这是必备的设备设施。五是消防用水设备,包括火灾探测器、自动喷水灭火系统、消火栓、消防龙头、消防水泵和配套的消防设备设施等。

2. 燃气供应系统

燃气供应系统是复杂的综合性设施,也是公用基础设施的有机构成部分。在燃气实施的层面,该系统主要由燃气管网、燃气储配站和调压站等部分组成。这类设施由于其投资规模大、建设周期长、公益性强等特征,往往由政府负责,被视为社区的公共性实施。在燃气设备的层面,常用的设备有燃气灶、燃气热水器、燃气采暖炉、燃气表和燃气管道等。这类设备一般为家庭所使用,安装在业主或使用人的自有房屋之内,而不是在公共场所。

3. 供暖、通风和空气调节系统

供暖设备一般由热源、输热管道、散热设备三大部分组成,其设备设施主要包括锅炉、换热器、补水泵、热量表、阀门、散热器、膨胀水箱、风机、除污器、补偿器和供热管网等。通风设备是指把室内被污染的空气直接或经过净化后排到室外,把新鲜空气补充到室内,从而保持室内的空气环境符合卫生标准和满足生产工艺需要的系统,其设备设施一般包括通风机、通风管道、排气罩、排气口和除尘器等。空气调节设备,简称"空调",包括制冷压缩机、冷凝器、蒸发器、空调机组、风机、风道和冷却塔等设备。

4. 电气工程系统

电力作为能源的重要组成部分,在物业的层面包括三大类设备设施:一是供电及照明设备,一般包括高压开关、变压器、户外型负荷开关、户内型漏电保护自动开关、各种温控仪表、计量仪表、低压配电柜、配电线、配电箱、备用电源、开关和照明器具等;二是弱电设备,它是物业设备的神经中枢,一般包括广播电视和共用天线系统、通信和计算机网络系统、办公自动化和监控系统等设备设施;三是电力运输设备,常用的有直升电梯和自动扶梯两种,前者多为居住小区和高层建筑所使用,后者多出现于商场、酒店、广场、机场、车站和娱乐场所等。

5. 智能建筑设备系统

随着科技越来越多地应用于社区,智能建筑设备越来越普遍。常见的智能建筑设备包括以下四类:一是建筑设备自动化系统,用于对建筑内的各种机电设备设施进行自动控制,如数字控制器、各种传感器(温度、湿度、压差、电压、电流等)、智能化仪表(水表、电表、燃气表等)、中央控制计算机、电磁阀、执行机构、读卡机、摄像机等;二是通信网络系统,主要由电话、传真网络系统、有线电视、可视图文系统、高速宽带数据网系统、背景音乐与紧急广播系统、卫星通信系统、电视会议、多媒体系统等组成,其主要设备有程控数字交换机、服务器、集线器、交换机、光纤、光端机等;三是办公自动化系统,主要由多功能电话机、传真机、各类终端、文字处理机、计算机、声音存储装置等各种办公设备、信息传输与网络设备和相应配套的系统软件、工具软件、应用软件等组成。

(二)物业设备设施管理的内容

1. 物业设备基础资料管理。这主要是指建立物业设备设施系统的原始档案,保管设备技术资料以及政府职能部门颁发的有关政策、法规、条例、规程和标准等文件。

2. 物业设备运行管理。设备运行管理是指要建立合理的、切合实际的运行制度、运行操作规定和安全操作规程等运行要求或标准,建立定期检查运行情况和规范服务的制度等,目的是保证设备安全、正常地运行。当然,要保证设备的运作顺畅,以及保证设备的安全和节约费用,必须根据设备的技术特点,制定科学、严密、切实可行的操作规程,并对操作人员进行专业培训教育,国家规定需持证上岗的工种必须持证才能上岗。

3. 物业设备更新改造管理。物业设备设施使用到一定年限后,故障率会随之增高,效率降低,耗能加大,并且可能引发严重的事故。为了改善设备的性能,降低维护成本,就需要对相关设备进行更新改造。

三、社区安全保卫与消防管理

(一)社区安全保卫管理

1. 安全保卫管理的任务

物业管理安全保卫可简称为"保安",是指保护房屋建筑、附属设备和公共设施不被损坏,并保护业主与使用人的生命与财产安全,确保物业及附属设备、公共场所、建筑地块等不受人为损坏、破坏，或尽可能减少损失。在我国，社区物业的安全管理还肩负着协助公安机关打击各种犯罪活动，维护社会安定团结的任务。本节把保安界定为狭义上的治安管理，消防安全单独列出。

物业管理保安的任务包括设固定的岗哨、安全巡视、监控值班等，目的是防盗、防流氓犯罪活动、防各种破坏活动。在正常状态下，物业管理保安按原定班次、时间、人员、岗位、工作性质执行任务。在规范的物业保安管理中，往往有一定的安全预案设计，即在紧急状态下的应变方案或突发性事件应变方案，作出临时性的处置与管制。

2. 物业保安管理服务的运作

首先，建立一支负责安全保卫的专职队伍，即保安队伍。当前，我国的保安队伍主要来自三个方面：一是由专业保安公司派出，二是聘用离退休人员，三是由各公司自行招聘上岗。比较而言，对于专业化的规范管理还是保安公司的保安人员具有优势，他们上岗前经过层级选拔，并接受过专门的职业培训，具有敬业精神。

其次，制定并执行保安服务的运作程序和制度。程序和制度是保证安全保卫工作的制度化机制，常见的有：值班的班次设置与岗位轮转制度、保安部交接班制度、岗位操作程序、巡视稽查工作程序、会议制度等。

最后，健全和完善门卫制度。门卫保安的主要任务是依照国家法律、政策和客户单位的有关规章制度，对出入大门的人员、车辆、物资进行严格的检查、验证和登记，防止物资丢失，防止失密、窃密，防止不法人员混入内部，防止私自将危险物品带入内部，以维护客户单位内部秩序，保证其人、财、物的安全。除此以外，门卫还负有疏通车辆、维持正常秩序的责任，发现可疑的人、事，要及时通报，主动配合公安保卫部门的工作，减少不安全因素，提高业主的安全防范能力。

（二）社区消防管理

社区消防管理的目的是保护业主和使用人的生命和财产安全，为社区提供安全的生活与生产环境。一般地，消防管理主要包括防火和灭火两大工作内容。灭火是在火灾发生后，采取措施进行补救，是一种消极的管理；而防火则是把工作做在火灾发生之前，即"防火灾于未燃"，是一种积极的管理。我国《消防条例》明确指出，我国消防工作的方针是"预防为主，防消结合"。由于社区的特殊性，消防管理的预防意义是第一位的。物业消防管理的主要内容相应集中于以下几个方面：

1. 开展消防宣传教育

开展消防宣传教育的目的是唤起社区居民的防火意识，加强人们对消防管理的重视。物业消防管理的宣传要面向全体物业管理人员和物业业主、非业主使用人等，特别是在青少年和儿童中大力宣传火灾的危害性、消防的重要性，增强其消防意识，向他们普及消防的基本知识。要经常给物业业主和非业主使用人介绍和宣讲防火、灭火的知识，以及紧急情况下的疏散与救护知识等，如明火使用要求、电气设备安全使用规定、各类灭火器材的正确使用方法、火灾发生如何报警、火灾蔓延时怎样有序地疏散与自救、互救方式方法等内容。

开展社区消防宣传教育的形式有很多，常见的有以下几种形式：(1) 开展消防知识培训，尤其是对物业管理企业的管理人员进行消防知识培训和必要的防火、灭火、疏散技能训练；(2) 告知宣传和教育，在物业业主和非业主使用人入住时发放防火公约和消防须知，在重大节日和易发生火灾季节给物业业主和非业主使用人写信、发宣传材料，提醒人们注意预防火灾；(3) 警示宣传，如利用闭路电视、楼宇内的板报播放或张贴广告和标语，如"注意防火"、"严禁烟火"等，进行消防意识的宣传。

2. 建立社区消防队伍

消防队伍是消防管理的组织保证。消防管理是一项专业性很强的工作，需要具备专业消防知识的队伍组织实施。但是，物业管理企业不能被动地依赖公安机构的专业消防人员的施救，应建设自己的消防队伍，组成以物业管理企业为主、物业业主和非业主使用人为辅的物业消防网络。其中，物业管理企业的专业消防队伍是主体，由企业根据物业的类型、档次、数量等，设立相应的专职消防管理队员，负责消防工作的管理、指导、检查、监督、落实，进行消防值班、检查、培训和消防器材管理、保养，协助公安消防队的灭火工作。

为了提高社区消防管理队伍的战斗力，物业管理企业应该加强以下工作：(1) 坚持消防监控报警中心的日常值班，对火灾报警、消防水泵、固定灭火、通风、空气调节系统和防烟排烟设施等，实施常规性检查与登记、备案工作。(2) 进行提高消防能力的训练，如开展积极的防火知识教育与宣传，学习必要的防火灭火的基本方法与技能，掌握各物业内消防设施的功能与使用方法，进行消防安全的模拟疏散和人员抢救等。(3) 加强责任制管理，落实防火岗位责任制，制定各单位、各部门及重要部位的防火责任制，并负责检查和落实。建立逐级消防岗位责任制，上至企业经理，下至消防员，都应对消防负有一定责任。(4) 定期进行消防安全检查。物业的专职消防人员必须每天巡视物业及物业区域的每个角落，及时发现和消除火灾隐患，做好日常安全检查工作。在进行安全检查时，一旦发现火灾隐患，务必记录在案，并向主管领导报告，通知有关部门限期整改。对消防设施方面的故障和不足之处，还要写出专项报告，经主管领导批准，由工程部门及时进行检修或更换。(5) 组织实施训练和演习，把平时的消防训练与定期消防演习相结合，最好每年进行一次消防演习。

3. 制定消防管理的规章制度

制度是用来约束和规范管理人员和物业业主、非业主使用人的日常行为的，其目的是避免火灾事故的发生。常见的物业消防管理制度主要包括消防管理岗位责任制度、消防管理值班制度、消防档案管理制度和物业消防管理规定等。

(1) 消防管理岗位责任制度主要针对管理者,尤其是专职消防人员,他们不仅要认真学习有关消防知识,掌握各种器材的操作技术和使用方法,还要管理好消防监视中心的各种设施和设备,保证监视中心正常工作。(2) 消防管理值班制度是针对消防管理值班员的工作制度,包括值班员工作职责和要求、交接班制度、定时巡视、发现火灾隐患的处理程序、消防设备和设施的定期检查和保养制度等内容。值班员有权制止乱放易燃、易爆物品和违反消防规定或不利于防火安全的行为;要定期检查、维修保养好消防设施,使消防设施随时处于正常备用状态;发生火灾时,要严格按照火灾处理程序及时进行处理。(3) 消防档案管理制度。消防部门要建立防火档案,对火险隐患、消防设备状况(位置、功能、状态等)、重点消防部位与目标、前期消防工作概况等要记录在案,以备随时查阅;要根据档案记载的前期消防工作概况,定期进行研究,不断提高防火、灭火的水平和效率。(4) 物业消防管理规定主要包括消防设备设施的使用、维护、管理规定,公共通道、楼梯、出口等部位的管理规定,房屋修缮和装修中明火使用规定,电气设备安全使用规定,易燃、易爆物品的安全存放、储运规定等。

4. 购置和配备消防设施和器材

在社区,常用的消防设施和器材主有以下几类:(1) 灭火器。常用的灭火器主要有泡沫灭火器和干粉灭火器两种,可根据情况具体选用。一般的居民楼道、办公场所都配备各类不同的灭火器。灭火器灵巧方便、易于操作,尤其适用小范围的消防管理工作。(2) 消防栓系统。它主要由供水泵、管网、消火栓、消防水袋、水龙头、阀门、喷水枪、报警按钮、报警电铃等组成。高层物业和商贸物业在建造时,都必须按设计规范安装消防栓系统,以便遇有险情及时扑救。在公共社区或者火灾面积较大的地方,消防栓系统的作用十分明显。(3) 自动喷水灭火系统。它主要由喷头、阀门报警控制装置和管道附件等组成。其优点是安全可靠,控制灭火成功率高;结构简单,维修养护方便;灭火成本低且对环境无污染;可用电子计算机进行监控,便于集中管理和分区管理,自动化程度高;适用范围广等。目前,这一系统的应用程度还不高,尤其是在一些旧的社区,由于成本问题,推广的难度很大。(4) 火灾自动报警系统。它用于探测初期火灾并发出警报,以便采取相应措施,如疏散人员、呼叫消防队、启动灭火系统、操作防火门、防火卷帘、防烟排烟机等设施与设备系统。

必须说明的是,消防涉及公共安全,除了社区物业的管理,政府应该在社区消防管理中发挥积极的作用。其中,严格规制是首要的也是根本的措施。政府部门通过制定严格的消防法规与消防设备合格证制度,加强对消防设施和器材的管理。对于新建物业,必须对消防设施和设备进行检查,符合消防要求和安全规定后,颁发消防合格证。另外,要加强对社区物业消防管理的检查监督制度,在重大节假日、火灾易发季节以及特殊时期都要进行消防工作检查,重点检查其消防制度的落实情况、设施与设备的完好情况和火灾隐患的防范情况等,督促社区消防管理的落实,保障社区居民的生命和财产安全。

四、社区环境保护与社区绿化管理

"社区环境"是一个综合概念,既包括自然环境,也包括人工环境和社会环境。随着社区建设现代化程度的提高,社区环境的人工化趋势越来越明显。从环境的空间属性分析,社区环境可以区分为室外空间环境与室内空间环境。例如,社区的居住密度、居民生活的公共建筑、市政公共设施、绿化状况、活动场所、美化的建筑小品、空气质量、社会环境、卫生状况等,都是室外环境。总之,有多少社区类型,就有多少环境各异的社区。

对于非生产性的社区而言,绿化就是一种环境保护,是对人工改造的环境的一种补偿。重要的是,随着人们生活质量的提高,绿化越来越成为衡量一个社区质量的重要指标。人们从人类生存、生活环境的角度认识绿化和环保,并提出了"建设生态社区"的口号,这一状况在城市表现得尤为突出。"城市自然化"、"山水城市"、"园林城市"和"花园城市"体现了人们追求人与自然的协调与和谐的愿望。事实上,社区绿化的确可以起到调节环境质量、防止灾害、美化环境、愉悦身心等作用。

社区绿化的主要方式是地面绿化。根据规划,不同的社区要有相应的绿化面积,往往依据小区的用地比重、布局方式及绿地效应进行绿地系统的规划设计。一般而言,居住型社区的地面绿化面积较大,商业社区的较少。在居住型社区的物业中,地面绿化主要有:(1) 公共绿地,指居住物业范围内公共使用的绿化用地,如居住公园、小区组团绿地、儿童游戏场、公共使用的游憩绿地和林荫道绿地、公共或半公共的绿化空间等;(2) 专用绿地,指公共建筑、公用设施与环境绿地,如物业范围内的学校、幼儿园、医院、门诊部、剧院、图书馆、运动场、会所周围的绿地等;(3) 宅旁绿地,也称"庭院绿地",指住宅四周和一栋楼地面的小庭院绿化的绿地,是居民使用的半私有空间,也是最接近居民的绿地;(4) 道路绿地,指居住物业范围内各种道路的行道树和街头绿地、中心岛绿地等。

另外,由于人们生活方式的多样性以及用地的约束性,社区绿化还有一种空间立体的绿化方式。即通过开拓建筑内外空间的环境绿化,以提高绿化率。近年来,有些城市实行的楼顶绿化就是立体绿化的有益尝试。[①] 立体绿化既可发挥绿化的生理、生态、心理功能,改善社区环境,还可组织空间,装饰美化室内外

[①] 参见《楼顶绿化,值得提倡》,载《市场报》2001年2月9日第八版。

环境,增加生活乐趣。随着社区生活质量的提高,人们对多样化绿化的追求也在逐步加强,立体绿化将可能呈现新的发展趋势。

五、社区道路与车辆管理

社区尽管不是大街等公共交通场所,但搞好车辆道路管理却仍然具有重要的意义。尤其是随着社区居民生活水平的提高,车辆保有率增加,客观上压缩了社区的道路空间。一方面,搞好物业车辆和道路管理不但能够促进物业业主、非业主使用人的生活与生产的安全、便利和舒适,而且还能够保障物业辖区内道路空间的有效利用,促进社区对外交通和联系;另一方面,加强物业车辆和道路管理是改善物业环境的重要手段,是物业管理企业不可忽视的重要内容。一般地,物业车辆道路管理的主要内容包括道路管理、交通管理、车辆管理和停车场管理。

(一)社区道路管理

社区道路的主要功能是便于业主或物业使用者的出行和日常生活交通活动,包括步行、自行车、摩托车和小汽车的交通活动。同时,社区道路也是社区公共服务车辆通行的基础设施,如清除社区垃圾、邮件、电力通信、救助、消防等市政公用车辆的通行等。根据功能,社区道路可以区分为以下四类:一类道路是对外交通道路,用于解决居住区对外交通问题,为社区的主干道,主要以车行道为主,因此都比较宽,至少为两车道,且有道路红线的限制;二类道路是为了解决社区车辆的内部交通问题,为社区联系的主要途径,其宽度较一类道路窄,以两车道居多,一般没有红线的规定;三类道路为社区的支路和宅前小路,主要是为了解决不同住宅或者建筑及其设施之间的交通问题,在一些特殊用途的建筑物中,社区三类支路主要为单车道,既节约道路占地,也出于安全考虑;四类道路为社区休闲、漫步的林荫道,建设的样式和材质不同,有水泥做的羊肠小道,有方砖铺成的间断形景观道,有鹅卵石小道等。

社区道路管理的首要任务是规划。要本着道路为人服务的原则,保证业主或物业使用者的安全和安宁,社区的对外道路要设置界线,一般不规划过境交通工具穿越居住类社区,通向城市干道的出口要严格限制;社区道路规划要本着便于出行和交通运输的原则,合理配置不同社区道路资源,设计便捷的交通通道;社区道路规划要与社区规划和建筑布局统一起来,同时兼顾美学的要求,使道路成为社区景观的一部分;社区道路应规划不同的道路系统,以便于管理,如车行和步行分流系统,根据需要设计车行与人行或者相对独立、或者混行、或者分流的道路系统。

在物业管理的层面,社区道路管理的主要任务是对道路及其设施的养护与日常管理。社区道路及其设施在使用过程中,会受到交通荷载及自然条件,如雨、雪、风等不同程度的影响,从而产生磨耗或损坏。与此同时,一些人为现象也会对设施的正常运行产生影响,如挖路埋管、私搭乱建、有意无意地损坏设施等。物业管理企业应对这些现象加以注意,通过日常的维护和执勤,发现问题并解决问题,必要情况下向有关机关报告检修。物业道路管理的主要任务包括:掌握各类道路及其附属设施的布局、结构情况;负责对道路的日常巡查,随时发现和纠正违反物业管理规定的现象,并根据物业道路管理规定作出相应的处理;执行物业管理企业下达的道路维修计划;负责道路设施的日常养护工作,随时了解设施的运行状况,发现异常及时上报和处理。

(二) 交通管理

物业区域内交通管理的任务就是处理好人、车、路的关系,在可能的情况下做到人车分流,保证物业区域内的交通安全、畅通,其重点是对机动车辆的行车管理。对于居住性物业,物业管理企业除了加强对司机和广大业主、非业主使用人的宣传教育外,还要制定居住道路的交通规定,例如机动车通行证制度、单行道制度、车辆停放制度、限速制度等。

(三) 车辆管理

在物业区域内,最常见的车辆有汽车、摩托车、自行车等。一些特种车辆进入社区后,也在管理的范围内。物业区域内的车辆管理应实行物业管理企业与公安交通部门管理相结合的原则,管理的主要目的是实现社区安全和维护社区秩序。

在社区,对机动车的管理是通过门卫管理制度和车辆保管规定落实的。停车场的门卫和物业区域大门门卫负责对进出的机动车验证放行,并进行必要的登记管理。对于车辆的保管,物业管理企业应与车主签订车辆保管合同或协议,确定停车地点、停车收费标准,收取停车费,明确双方责任和义务。对于摩托车和自行车的管理,主要是为了防止车辆被盗和保证社区通行顺畅,避免车辆的乱停乱放影响社区美观和秩序。一般情况下,物业公司都会为摩托车和自行车车主配备存车处,并有专门人员看守。车主需委托保管车辆时,应先办理立户登记手续,领取存车牌证,并按指定位置存放,由物业管理企业负责车辆的安全。

(四) 停车场管理

停车场是社区内存放车辆的特定区域,一般设有机动车停车场与非机动车停车场两大类。停车场的车辆管理要求大体有以下几个方面:第一,场内车位划分要明确,要科学合理。为了安全有序地停放车辆,避免乱停乱放,停车场内应科学设计,并标明停车位。例如,停车位应区分固定车位和非固定车位、大车位和小车位、机动车位和非机动车位等。根据有偿使用的原则,对业主车辆、外来车辆和临时停放车辆制定不同的付费标准,有序使用相应车位。第二,做好停车场的标志,保持场内标志醒目清楚。为了便于管理,停车场一般仅设一个进口和出口处。进口和出口的标志一定要醒目和明确,场内行驶路线要用扶栏、标志牌、地面白线箭头指示清楚。第三,对进出停车场的车辆进行严格管理。车辆进入停车场时要验证发牌,并作好登记;驶离停车场时要验证收牌,对外来车辆要计时收费。在车辆进出高峰期间,管理人员还要做好现场的车辆引导、行驶、停放与疏散工作。第四,做好车辆安全工作,防止车辆被盗、被损坏。管理人员要加强对车辆进入的登记与车况的检查,实行全天候的值班制度和定期定时的巡查制度。同时,还要做好警示教育工作,提醒车主要服从管理人员的指挥和安排,缓慢行驶,将防盗系统调至警备状态,随身带走贵重物品等。

六、社区物业保洁

物业保洁是社区管理中最经常、最普遍的一项基础工作,其任务是为社区生活和工作提供优雅、舒适、清洁的环境。保洁卫生管理就是对于物业区域内的场地环境卫生与公共区域内的场地卫生实施管理。具体地说,就是物业管理企业依照一定的政策、法规,对业主和物业使用人进行宣传教育,并有效开展物业区域内的卫生环境、空气、水资源、噪音状况等的检查、控制、监督,以创造和维持良好的社区环境。

(一)保洁机构设置与岗位职责

1. 物业保洁机构设置

在物业管理公司的内部机构中,一般由环境管理部负责保洁管理工作。在那些物业范围大、保洁任务重、保洁事务复杂的物业范围内,往往会有二级机构,如设置一个保洁班组直接负责保洁,其负责人是管理区域主任或部门经理。在一些实行岗位责任制的物业企业里,有些还根据保洁的任务而设置了专门的小组长,如公共设施保洁组组长、垃圾清理与清运组组长、公共部位保洁组组长等。[①] 实际上,保洁机构设置的合理与否,与其职能密切相关。在物业保洁管理的实践中,并非要设置复杂的机构,只要能够达到物业保洁的目标即可,精干、高效的组织机构才是应该追求的。

2. 保洁岗位职责

主要包括两类人员的岗位职责:一是管理人员的岗位职责,二是保洁工人的岗位职责。

对于管理人员(如部门经理),其岗位职责主要有:(1)按照物业公司的保洁管理规章制度,组织协调保洁服务的具体工作,必要的情况下,根据公司经理的工作部署,安排特殊情况下的保洁服务;(2)巡查物业各个区域,检查清扫保洁任务完成的情况,发现未清扫之处及时组织清洁、返工,不允许任何不卫生的

[①] 参见陶铁胜主编:《物业管理概论》,上海三联书店2004年版,第76页。

状况出现;(3) 负责对社区业主的卫生宣传工作,加强社区的精神文明建设;(4) 组织保洁人员的业务培训和思想政治教育;(5) 接洽必要的保洁服务业务,为公司创收。

对于保洁员,其岗位职责主要有:(1) 按照保洁部门经理的要求和工作部署,完成拟定清扫保洁的任务;(2) 针对社区保洁工作的实际,向物业公司提出建议,如改进保洁工作的方法与程序等;(3) 对一些专用清洁设备进行使用指导,并定期检查和保养清洁机械;(4) 协助其他部门工作,发现物业管理中存在的问题,及时向物业公司通报;(5) 物业公司交办的其他事项。

(二) 社区保洁管理的工作范围

1. 公共部位保洁

物业保洁部门负责物业区域内楼宇的前后左右、道路、广场、空地、绿地等不同公共部位的清扫保洁,同时也要负责对楼宇内部的公共部位,如楼梯、大厅、天台、电梯间、公用卫生间、公共活动场所、过道或公共通道、楼宇公用门窗、楼的公共内外墙等,进行保洁除尘。

2. 公共场地保洁

为了保持社区的清洁卫生,物业保洁部门负责对社区内的公共场地,如社区道路、绿化地带、公共停车场、室外公共娱乐与休息场地等,进行保洁除尘。在一些地理条件特殊的社区,如临水社区,保洁部门也要学习和使用新的保洁技术,以维持社区的清洁卫生形象。

七、其他管理

(一) 兼营性的经营服务

经营服务是一种具有多种经营职能的有偿服务方式,是物业公司在条件允许的情况下,统筹安排经营服务与社区公共服务相结合的项目。经营服务的宗旨是"兼营",即在不影响正常物业管理服务的前提下,满足社区业主或物业使用人的生产或生活需要。在现有条件下,物业管理是一个微利行业,收入有限,而为了提高物业服务的质量,物业公司的兼营收入可以弥补这部分的资金缺口。

物业管理的兼营性服务内容很广,只要是涉及业主生产与生活的领域,都可以成为物业兼营性服务的内容,包括衣、食、住、行、医疗、保健、娱乐、休憩、玩耍、教育等不同方面。在一些成熟的物业管理公司中,由于其拥有专业性很强的服务队伍,还可以为业主提供家电维修、装修装潢、洗涤保洁等兼营性服务。这些兼营的服务通过开发服务项目,在最大限度地满足社区居民需要的同时,还提高了物业企业的经济效益。

(二) 针对性的专项服务

这是指物业管理企业为改善和提高住用人的工作、生活条件,面向广大住用人,为满足其中一些住户、群体和单位的一定需要而提供的各项服务工作。专项服务的内容主要有以下几大类:(1)日常生活类;(2)商业服务类;(3)文化、教育、卫生、体育类;(4)金融服务类;(5)经纪代理中介服务类。例如,物业管理企业在做好公共服务的同时,在管辖的住宅区内附属开展装饰装修、餐饮、副食等多种经营性服务。由于拥有物业信息,物业公司还可以开展诸如房产咨询的中介服务,对业主房产的评估、置换、租赁和买卖等行为,提供中介服务。另外,如条件许可,物业公司也可以做一些市场经营的业务,如旅店服务、美容美发等。

(三) 委托性的特约服务

特约服务是具有委托代理性质的服务方式,是为满足业主或物业使用人的个别需求,接受其委托而提供的服务。这些服务通常在物业管理委托合同中未作要求,物业管理企业在专项服务中也未设立,物业提供的这些服务属于特约的范畴。这些服务均是业主由于健康、时间、知识、信息、能力等原因,而向社会提出的特殊要求。

特约服务具有不固定性的特征,有些服务甚至是偶尔为之。例如,业主出差在外,委托物业公司代缴水电费等。由于这些服务属于委托性质,不在物业管理的合同中显示,可以通过双方的约定达成服务交易。

目前,物业公司开展比较多的特约服务大体有以下几种:一是家务服务,如家庭保洁、照顾老幼、代办家庭事务等;二是护理服务,如照顾病人、月嫂护理、医院陪护等;三是日常生活代理,如安装、维修等服务工作。

关键术语

物业管理,社区治理,房屋与附属设施管理,绿化管理,安全与消防管理,环境管理,物业保洁,物业服务。

参考书目及文献

1. 陈枫、王克非:《物业管理》,北京大学出版社2007年版。
2. 王青兰主编:《物业管理导论》,中国建筑工业出版社2000年版。
3. 曹锦清、李克宗等:《社区管理与物业运作》,上海大学出版社2000年版。
4. 王克昕主编:《物业管理员》,中国农业大学出版社2005年版。

拓展阅读书目

1. 符捷鸿、王国武主编:《社区物业管理实务》,广东经济出版社2007年版。

2. 梁柱:《中国物业管理理论探索与实践》,中国经济出版社2003年版。
3. 〔美〕罗伯特·C.凯尔、F.M.贝尔德、M.S.斯波德克:《物业管理——案例与分析》,朱文奇译,中信出版社2001年版。
4. 唐忠新:《社区服务思路与方法》,机械工业出版社2003年版。
5. 魏晓安、张晓华主编:《物业设备管理》,华中科技大学出版社2006年版。
6. 郑芷青、宋建阳编著:《物业环境管理》,华南理工大学出版社2005年版。
7. 徐鹤生主编:《物业综合管理实务》,中国电力出版社2006年版。

案例分析

物业公司"自炒鱿鱼",望海园两小区垃圾又成患

(威海)热线消息(记者 杨铭飞):"垃圾再次堆满我的窗外,没人清运,散发出的气味简直让人无法忍受。"近日,市区望海园永嘉里小区的居民陈女士向党报热线反映。"我们这里的垃圾也成患了。"望海园永康里小区的居民如是说。此时距两个小区上次清运垃圾已过了三个多月。

今年1月底,陈女士已向党报热线反映过同样的问题。2月份,在记者的多方奔走下,由环翠区卫生督察大队协调,环卫部门帮助两个小区免费清运了一次垃圾。谁知三个月之后,小区垃圾再次成患。

5月16日,记者在望海园永嘉里小区2号楼旁的道路上看到,这里已经形成了一片长七八米、宽二三米的垃圾场,3个垃圾桶被垃圾掩埋了近半。还未近前,远远地便闻到一股霉臭的气味。此时,还不断有居民将垃圾扔到这里。据了解,上次被清运的垃圾也是在这个位置。

永嘉里2号楼旁边的一间小卖店店主说,现在天气热了,垃圾的气味特别难闻,家家门窗需关得紧紧的。去年夏天,垃圾堆上蚊蝇横飞,蝇蛆甚至爬过道路,爬上居民楼壁。

在望海园永康里12号楼旁,也有一堆生活垃圾,附近8栋楼的生活垃圾全堆积在此处。

永嘉里和永康里两个小区原来是有物业公司负责管理的。2004年4月,新成立的大和物业公司负责两个小区的物业管理。然而,从一开始,大和物业与居民相处得就不太"和谐"。少数居民对物业公司的服务不满意,开始拒交物业费,随后便形成"连带效应",越来越多的居民不交费。大和物业一位姓乔的负责人说,两个小区有近千户居民,却只有不到一成的居民交了物业费,物业已垫付各类费用达3万多元。2004年10月,大和物业撤出两个小区时,也退还了居民交纳的物业费,并一直向环卫部门交纳小区的垃圾清运费,直到去年5月份。

2006年5月以后,两个小区的生活垃圾开始成患,小区卫生也没人收拾。

接到打来的热线电话后,记者曾多次奔走协调,两个小区所在的望海、富华居委会也多次联系环卫、园林和其他小区的物业公司义务帮助清运垃圾。可每次清理不久,又会垃圾成堆。

望海居委会一位工作人员说,居民拒交物业费,逼走了物业公司,造成现在小区垃圾成患的情况,如果只靠居委会多方寻求帮助,并不能从根本上解决问题。当务之急,是小区再引进规范的物业管理公司。

(资料来源:http://www.whnews.cn/weihai/2007-05/19/content_1166909.htm)

❓ 案例思考题

1. 物业公司"自炒鱿鱼"的法律依据是什么?如何看待这一问题?
2. 导致物业公司"自炒鱿鱼"的原因是什么?
3. 结合物业公司"自炒鱿鱼"现象,谈谈你对物业管理规范化的见解。
4. 结合案例,在社区物业管理中,政府应该发挥怎样的作用?

第八章 社区参与

【内容提要】 社区参与是基层民主建设的重要途径,也是促进社区治理的有效手段。理论上,从认识社区参与的角度,可以根据参与主体的自愿程度、参与的客体内容与客体功能、参与渠道及参与形式作出不同的逻辑分类。从社区参与的价值角度看,社区自治是社区参与的高级形态,并受制于社区管理的体制等因素的影响。本章分析了我国社区参与的现状和影响社区参与的制约因素,并通过对国际上的社区参与经验的总结,提出了我国促进社区自治的应对策略。

第一节 社区参与概述

在当今世界遍及各国的行政管理改革浪潮中,公民参与正作为治理理论的重要内容得到日益广泛的运用。作为社区发展的内在动力,社区参与的规模、效应和制度化水平直接关系着社区发展的整体变迁与目标模式。如何动员社区居民及各类非政府组织积极参与社区治理、弥补政府对基层社区管理的不足,不仅是各国社区发展的共同目标和基本内容,也是社区建设必须采取的基本手段之一。

一、社区参与的概念

在给"社区参与"下定义之前,让我们先来了解一下"参与"的含义。

参与的基本含义在于人们对某一领域发展计划的制订与实施所施加的影响或直接参加了这一领域的整个发展过程,以及对发展成果的分享。[1]

谢莉·安斯汀将参与的本质定义为公民权力,并依据公民参与计划的程度将公民参与模式划分为公民控制、代表权、伙伴关系、纳谏、咨询、知情、训导和操纵等八个层次[2]。

乔·萨托利从参与者的意愿这一角度提出,参与的含义是亲自参与、自发自愿地参与,而不只是"属于"(仅仅被卷入某事),更不是非自愿地"被迫属于",它是自发的,与由他人意志导致的促动、动员相反。[3]

---

[1] 参见徐辉:《社区参与:社区发展的动力》,载《中共长春市委党校学报》2005年第5期。
[2] See Sherry R. Arnstein, A Ladder of Citizen Participation, JAIP, Vol. 35, No. 4, July 1969, pp. 216—224.
[3] 参见〔美〕乔·萨托利:《民主新论》,冯克利、阎克文译,东方出版社1998年版,第127页。

休厄尔与科波克认为,参与是指通过一系列正规和非正规的机制直接使公众介入决策。

我国学者王时浩将"参与"的概念总结为:"在一个事物或一个过程中担当一个角色,以一种或多种形式发挥作用。"[①]

社区参与作为"参与"概念在社区中的应用,专指对社区范围内公共事务或过程的参与。对于社区参与,有的学者依据西方的理论及实践,将其理解为社区居民的参与,即社区居民作为社区管理的客体和主体,自觉自愿地参加社区各种活动或事务的决策、管理和运作的过程和行为。它是社区内每一个成员所拥有的权利,同时也是他们所需尽的义务。

也有学者从更广泛的意义出发,将社区参与解释为社区建设和发展中的参与行为和参与过程。[②] 他们认为,社区参与既是指社区居民参加社区发展计划、项目等各类公共事务与公益活动的行为及其过程,也包括政府及非政府组织介入社区发展的过程、方式和手段。社区参与的主体不仅仅指社区居民,还包括社区建设的其他参与方,即一切在社区发展的具体运作过程中,受有关法律法规保护、依法享有参与社区重大事务决策和管理、自治处理社区公共事务并承担相应责任和义务的人或组织。

与前者相比,后一种观点更符合我国社区发展的实情。这是因为,我国当前社区建设中所指的"社区",并非单纯的居民区,而是经过社区体制改革后作了规模调整的居民委员会辖区,实际上是一个类行政的区划概念,除有市民居住外,还有大量的机关、企事业单位等驻在其中。这些组织作为社区的组成分子,也应该被纳入到社区参与的主体之中。

因此,从公民参与及社区发展的内在要求出发,我们可以将社区参与定义为:社区主体(包括社区组织、社区单位和居民)依照宪法和法律的有关规定,通过一定的组织或渠道,参与社区政治、经济、文化和社会生活管理,影响社区公共权力运行,维护自身权益,增进社区福利的行为和过程。

社区的和谐发展需要社区主体的积极参与。作为社区成员的政府机构、企业、非营利组织以及社区居民,都可以从不同层面参与社区公共事务管理,彼此互为条件、相互依存。其中,政府机构的社区参与主要表现为社区管理,即为社区发展制定相关政策及运作法规,进行发动宣传、培训、规划以及尽可能地提供经费方面的支持。企业的社区参与主要是为社区提供经济、人力、物力及智力等资源。非营利组织的社区参是为社区提供各种社会性事务的服务,如社会服务、

---

① 王时浩:《论社区参与》,载《中国民政》2007年第1期。
② 参见王骥洲:《社区参与主客体界说》,载《山东行政学院、山东经济管理干部学院学报》2002年第5期。

社会福利、社区文化等。作为社区参与的主导者,社区居民则可以通过各种组织或非组织化的方式参与社区的民主选举、决策、管理和监督活动。

二、社区参与的类型

从不同的维度出发,社区参与可以被划分为不同的类型:

(一) 参与主体的自愿程度

根据参与主体的自愿程度,社区参与可分为主动参与和被动参与。

主动参与,也称"自主型参与",是指社区成员基于自身的利益和需要自发自愿地对社区公共事务施加影响的行为。被动参与,又称为"动员型参与",是指社区成员因受他人意志的促动或政府的号召而非自愿地影响社区公共事务的行为,它通常通过社会动员将社区成员纳入参与的范畴,因而也被称为"吸纳型参与"。主动参与具有创造性和推进意识,被动参与则常常表现为应付。

对于这两种参与类型,学术界有不同的认识。一些学者认为,只有自愿的参与才是真正的参与。另一部分学者则认为,被动参与虽非出自参与者个人的意愿,但也对公共事务产生了一定的影响,因此也是参与的一种。此外,在现实生活中,由于政府及其他社会组织对社区管理的积极介入,社区成员对社区公共事务的主动参与和被动参与往往混杂在一起,彼此界限模糊、难以分辨,并在一定条件下相互转化。

(二) 参与客体内容

社区参与的客体是社区的各种公共事务,包括政治、经济、文化和社会等广泛的内容。据此,可以将社区参与分为政治性参与、经济性参与、文化性参与和社会性参与。其中,政治性参与指的是与国家政治事务或本社区权力运作有关的公共性参与,如选举各级人大代表和社区居委会成员,讨论决定本社区的重大事项等。一般而言,社区成员的政治性参与程度越高,就说明该社区的基层民主发展水平越高,反之亦然。

经济性参与是指社区主体参与社区的经济活动和经济事务,如参与兴办社区经济等。文化性参与是指社区成员参与社区精神文明建设的行为,包括参与社区的文化娱乐、体育健身活动,参与公共道德的培养、社区精神培育等内容。社会性参与是指社区成员参与社区公益活动和福利事业的行为,如参与社区的社会救助、治安治理、环境整治、生活秩序维护及邻里纠纷调解等。经济性参与、文化性参与及社会性参与也被通称为"非政治性参与"。

(三) 参与客体功能

依据客体功能特性的不同,社区参与可分为决策参与、实施参与、监督参与和信息参与四种不同的类型。其中,决策参与是指社区主体参与制定社区决议或决定的行为和过程。实施参与是指社区主体参与贯彻执行社区决议或决定的行为和过程。监督参与是指社区主体参与检查、评估社区决议或决定的落实情况,监督、评议政府及其工作部门、社会服务组织和社区群众自治组织工作业绩的行为和过程。信息参与是指社区主体参与信息的提供、收集、分析、处理和发布的行为和过程。

（四）参与渠道

依据参与渠道的不同,社区参与可分为组织参与和非组织参与。

组织参与是指通过一定的组织形式,如社区成员会议或社区成员代表会议、社区居民委员会、社区志愿者组织、社区的各种专门组织等,参与社区公共事务的行为。非组织参与则是指不通过一定的组织形式,而是由个人自发地参与社区公共事务的行为,如邻里互助等。

（五）参与形式

一般而言,根据参与形式的不同,社区参与可分为制度性参与和非制度性参与两大类。

制度性参与是指社区成员在既定制度规范内的参与活动,常见的形式有选举、表态、执行、管理、决策、监督、观察等。非制度性参与是指社区成员超越既定制度规范的参与活动,也是在社会正常渠道之外发生的活动,常见的形式有议论、投诉、抗议等。

在社区参与中,不同的参与主体往往因参与内容的不同而采用不同的参与形式。例如,居民参与社区居委会的选举属于决策类制度性参与,社区成员响应居委会号召为灾区捐款捐物,属于执行类制度性参与;居民不满社区内私搭乱建行为,向居委会反映得不到回应,多人聚集议论或者提出抗议,借此向居委会施压,则属于非制度性社区参与。

三、社区参与的意义

参与是现代社会的基本特征。广泛的社区参与,特别是基于对自身权利、义务、追求目标有明显认识的理性参与或主动参与,不仅在微观层面推动着社区发展,还在宏观层面影响着人类社会的变迁。

（一）推进社区良性发展

社区是宏观社会的微观缩影,社区发展构成了社会发展的基础,社会发展只有落实和体现到社区发展上,才具有丰富的现实意义。社区发展则是一个经由社区全体成员参与并充分发挥创造力,以促进社区经济、社会进步的过程。这一过程的进展,完全取决于社区成员对社区公共事务参与的深度和广度。

广泛的社区参与不仅可以加强社区成员之间的交往,通过互动协调政府机构、企事业单位、社团以及居民之间的关系,优化社区资源配置,促进社区功能完善;还有利于培养社区成员的社区归属感、认同感和现代社区意识,增强社区成员对社区发展的责任感,促进社区的有效整合,特别是价值整合。价值整合是社区整合最根本、最重要的一环。只有在价值观念上形成一致,社区的个体和群体才有可能步调一致,开展共同的社会生活。

从某种程度上说,"一部社区发展史就是一部不断培育居民社区意识、提高参与能力、扩大参与领域、提升参与质量的历史"①。从世界社区发展的趋势看,"参与"和"共享"从来都是社区发展的基本精神所在。联合国和许多国家倡导的社区发展都把培养社区成员的民主意识、在社区发展过程中促使社区成员积极参与本社区的公共事务,作为社区发展的重要目的和基本原则。正如香港特区社会福利署在1991年的《五年计划回顾》报告中对社区发展目标的界定:"社区发展的整体目标是促进社会关系,在社区内培养自我依赖、社会责任及社会凝聚的精神,并鼓励民众参与解决社区问题及改善社区生活的素质。"我国目前所倡导的"和谐社区",也是以倡导社区成员自主参与为内核与基石的。

(二) 推进民主政治建设

政治发展是整个社会发展的一个子系统。政治发展的一个重要前提就是公民参与政治。在人类社会的绵延发展中,公民参与一直是国家走向政治民主和政治文明不可分割的组成部分,是公民进入公共领域生活、参与治理、对那些关系他们生活质量的公共政策施加影响的基本途径,②也是区分现代社会与传统社会的重要标准之一。只有公民参与政治、支持政治体系的活动、信赖政治,才可能真正地实现社会稳定。在现代社会中,公民对于政治领域的参与很大一部分需要依托其所处的社区,即以社区为载体进行。可以说,社区参与,尤其是社区政治参与,不仅是政治发展最具实质性的内容,也是衡量政治发展程度的主要标尺。

目前,就中国的政治民主建设而言,社区参与作为社会主义民主政治的主要组成部分,构成了社会主义基层民主建设的基础和核心,是人民当家做主的广泛实践。健全民主制度、发展社会主义民主的基础性工作之一,就是要"扩大公民有序的政治参与,保证人民依法实行民主选举、民主决策、民主管理和民主监督,享有广泛的权利和自由,尊重和保护人权"③。社区居民正是通过参与社区的各项公共事务和公益事业,实现自我管理、自我教育、自我服务,行使人民当家做主的民主权利。社区成员对社区公共事务的参与程度越高,社区的发展程度和民

---

① 黎昕:《中国社区问题研究》,中国经济出版社2007年版,第340页。
② 参见〔美〕约翰·克莱顿·托马斯:《公共决策中的公民参与:公共管理者的新技能与新策略》,孙柏瑛等译,中国人民大学出版社2004年版,译者前言,第2页。
③ 江泽民:《全面建设小康社会,开创中国特色社会主义事业新局面》,人民出版社2002年版,第32页。

主化程度就越高。高水平的市民参与不仅是"民主的先决条件"①,也是推动政治体制改革向纵深发展和政治持续深入发展的巨大驱动力。

(三) 促进人的全面发展及社会总体变迁

人的全面发展是指人的生存状况的全面改善和人的道德、智力、体力的全面发展。人的全面发展是社会发展的终极目标,也是历史发展的客观要求。离开了人的全面发展的所谓"社区发展"最终是毫无意义的,也不是作为社区主体的人所要求的,"社会发展的全部目的应该是并必将是为了全体社会成员的幸福,并应该也必将由社会成员自己去实现这种幸福"②。

社区参与具有自我实现、自我教育的功能,它为社区居民实现个人自由、个人平等,发挥个人的聪明才智和潜能提供了舞台。对社区公共事务的参与,能够强化社区居民的社会责任感,培养他们的社会公益精神和奉献互助精神,增强他们对公共问题的关注,使他们在创建自己的美好家园和创造自己的幸福生活的过程中净化心灵,陶冶情操,得到实现自我价值的满足。公民只有不断直接地参与社会和国家的管理,个人的自由和发展才能得到充分实现。③

此外,作为公民进行社会活动的第一场所,社区参与还为社会总体变迁提供了内在动力和新的增长点。从16世纪文艺复兴以来,人类最深刻、最根本性的社会变迁就是现代社会结构的确立,即"小政府,大社会"构架的确立。原先被视为凌驾于人类社会这一大棋盘上的"看得见的手"的政府,现在已经与其他社会组织一样,成为人类社会这一大棋盘上的棋子。它们也必须与市场、第三部门的社会组织协调互动,共同分享社会公共事务的治理权。全能政府在家庭、企业、市场、社区、学校等领域的退出,必须由相关力量予以弥补。在社区,这种弥补形式就是社区参与。社区成员通过召开代表会议、成立志愿组织等形式对社区公共生活的介入,改变了传统的邻里互助的狭窄参与方式,具有了组织和制度化渠道,在解决"市场失灵"和"政府失败"所导致的种种社会问题的同时,加速政府与市场之外市民社会的培育,为"小政府,大社会"的现代公共管理模式提供有利环境。

四、社区参与评估

(一) 社区参与具有可测量性

由于各国在政治制度、经济条件、社会习俗、社区发展计划及采用机制等方面的差异,我们很难制定出一套统一的社区参与评价指标。但是,根据社区参与

---

① 何增科主编:《公民社会与第三部门》,社会科学文献出版社2000年版,第345页。
② 陆震:《从社区参与到社区自治》,载《上海法制报》2003年8月26日。
③ 参见潘小娟:《中国基层社会重构——社区治理研究》,中国法制出版社2004年版,第160页。

的国际实践,很多学者都认同依据下列四个标准衡量社区参与的成功与否:第一,在物质和人力资源上,应能持续满足社区倡导的发展需要;第二,社区倡导的动力来源于社区需要,这种需要应由正式和非正式的基层社区组织提出,而不是迎合政府官员的想法;第三,社区的政治或社区事务领导者必须与政府官员和技术、法律、财政等方面的专家及其他的社区组织及组织联盟建立稳固、直接的联系;第四,社区和与社区发展相关的政府机构的关系不能过于紧密,也不能彼此对抗,相互之间应营造一种"创造性工作的紧张的氛围"[①]。尽管社区参与的测量的量化尚待完善,也充满着争议,但普遍认为社区参与是可测量的。

(二) 社区参与的评估指标

在社区参与状况的优劣分析上,我们可以根据 3E 法则,即从社区参与的投入(Effort)、效果(Effectiveness)和效率(Efficiency)等三个方面进行指标设计。具体可通过下列指标衡量:

1. 参与的广度。包括参与的主体和客体两个方面。在主体方面,包括参与居民的数量,社区内组织数量,社区内单位数量,社区外机构、组织、个人参与的种类和数量。参与的客体是指参与的内容,如社区服务、社区文体、社区公益活动等。一般而言,参与的主体和内容越多,则参与的广度越宽,参与的状况也越好。

2. 参与的深度。参与的深度是指参与内容的重要深度和对所参与内容的影响深度。一般而言,参与的内容越重要,对所参与的内容影响越大,则说明参与的深度越深,参与的状况也越好。如果参与的事情无足轻重或参与的事情虽然很重要但未产生明显的影响,则说明参与的深度很浅。

3. 参与的频度。参与的频度是指参与的个人、组织、机构、单位占总量的比例,或者是指每个人、组织、机构、单位在一定时间内(如一年)参与的次数。一般而言,参与的个人、组织、机构、单位在一定时间内(如一年)参与的次数越多,频度越大,参与的状况也越好。

4. 参与的持久度。参与的持久度是指参与在时间维上的分布情况。参与持续的时间越长,则参与的持久度越好,参与的状况也越好。

5. 参与的动力来源。这是指参与的动力是来自外部还是内部,是区别被动参与和主动参与的重要标志。来自内部动力的参与或者说是主动参与好于来自外部动力驱动的参与或者说是被动参与。

6. 参与的效果。参与的效果是指对参与客体施加的影响是正面的还是负面的。产生正面影响的参与是我们所需要的,也是我们为之努力的。相反,产生

[①] 张大华、刘金龙、彭世揆:《中国和加拿大在发展中社区参与的比较》,载《南京林业大学学报(人文社科版)》2002 年第 1 期。

负面影响的参与是我们不需要的,也是我们竭力避免的。①

第二节 社区自治与社区参与

一、社区自治的内涵

(一) 社区自治的概念

"自治"源于希腊语,意思是"自我治理或自我做主的状态"。根据《布莱克维尔政治学百科全书》的解释,"自治是指某个人或集体管理其自身事务,并且单独对其行为和命运负责的一种状态"②。与"自治"一词相对应的是"他治","意味着自我或者我们的生活处于受他人的控制而不自主"③。

至于什么是社区自治,目前在学术界主要存在下列三种不同的看法④:

第一种,从强调政府和社区自治组织分权、反对政府介入社区管理的角度,将社区自治理解为政府管理之外的社会自治,即政府管理行政事务,而社区居民通过自己选举产生的自治组织管理社区公共事务。⑤ 或者说,社区自治就是组织居民,利用社区中的一切组织和资源,通过社区居民自我管理、自我教育、自我服务、自我监督,控制和影响社区的一切程序、计划与决策,实现社区建设的发展目标的过程。⑥ 有的学者还将这一过程简述为:"组织起来,使市民的参与制度化。"⑦

第二种,认为社区自治就是地方自治,并主张在街道或坊这样的法定社区由居民直接选举产生社区政府和社区议会。

第三种,认为社区自治是政府、社区组织、居民合作管理社区公共事务的过程。"社区自治既不能简单地理解为政府管理与社区管理的简单割裂或冲突,也不能简单地理解为社区自治组织的自主管理",而"是指不需要外部力量的强制性干预,社区各种利益相关者习惯于通过民主协商来合作处理社区公共事务,并使社区进入自我教育、自我管理、自我服务、自我约束秩序的过程"⑧。

考虑到社区发展的国内外实践及趋势,本书倾向于接受第三种观点,即社区

---

① 参见王时浩:《论社区参与》,载《中国民政》2007 年第 1 期。
② 〔英〕戴维·米勒、韦农·皮格丹诺主编:《布莱克维尔政治学百科全书》,邓正来译,中国政法大学出版社 1992 年版,第 693 页。
③ 〔奥〕凯尔森:《法与国家的一般理论》,沈宗灵译,中国大百科全书出版社 1996 年版,第 230—231 页。
④ 参见张宝峰:《城市社区自治研究综述》,载《晋阳学刊》2005 年第 1 期。
⑤ 参见桑玉成、杨建荣、顾铮铮:《从五里桥经验看城市社区管理的体制建设》,载《政治学研究》1992 年第 2 期。
⑥ 参见韦克难:《论社区自治》,载《四川大学学报》2003 年第 5 期。
⑦ 王颖:《论社区自治建设》,载《北京社会科学》2003 年第 2 期。
⑧ 陈伟东:《社区自治——自组织网络与制度设置》,中国社会科学出版社 2004 年版,第 156 页。

自治作为社区参与的高级形态，是在民主协商、民主决策、民主管理等自治理念的引导下，通过协调、动员社区内的各种组织和人员，平衡多种利益关系而实现的社区公共事务多元化管理。其目的不仅在于通过市场而非计划或政府的方式优化社区内资源配置，提高社区管理的效益与效率，还希望藉此对公民授权，扩大基层民主，推进中国政治民主建设进程。强化社区自治，意义深远重大。

(二) 社区自治的内容

社区研究的历史告诉我们，西方学者对"社区"及其发展的关注源于工业化国家城市化进程中所面临的一系列社会问题。随着经济的发展、社会的进步，西方发达国家的现代社区已无法按照经济结构、人口密度、居民生活方式等标准划分城乡，城乡基本融为一体。因此，"社区自治"主要是指围绕某一行政区划而进行的地方自治。这种自治首先是基层政权自治，即政府公共管理、公共服务均纳入居民民主参与和民主监督范围，包括地方政治家（也就是民选议员）的选任、地方财政预算与运行、城市公共设施、公共安全、公共生态环境、公共文化、公共体育、公共医疗保健、公共社会保障等所有的公共管理和公共服务活动均被纳入居民民主参与、民主监督之中。[①]

与这种自治内容相比，我国的社区自治则因不同类型社区之间的经济结构、人口规模差异而表现出巨大的不同。在长期的城乡二元隔离体制的影响下，我国当代社区可以明显地分为农村社区、集镇社区和城市社区三大类。无论是在社区功能、结构、规模大小、地域空间特征上，还是在经济发展水平、教育水平、政治文明程度及成员互动关系上，这三大社区都有自己的典型特征，彼此之间无法交融，也难以形成统一的社区自治体系和内容。由此，也致使我国新时期的社区自治与基层民主建设存在着村民自治和城市社区自治这两种不同的方式。

1. 村民自治

所谓村民自治，就是由广大农民直接行使权利，依法办理自己的事情，实行自我管理、自我教育、自我服务的一项基本制度。它是完善农村社区管理体制、推进农村民主政治建设的核心内容和主要形式。[②]

村民自治的主要内容是民主选举、民主决策、民主管理和民主监督。民主选举就是按照《宪法》、《村民委员会组织法》等法律法规，由村民直接选举或罢免村民委员会成员；民主决策就是凡涉及村民利益的重要事项，都由村民会议或村民代表会议讨论，按多数人的意见作出决定；民主管理就是依据国家法律法规和有关政策，结合本地实际情况，由全体村民讨论制定或修改村民自治章程或村民

---

① 参见陈伟东：《中国城市社区自治：一条中国化道路——演变历程、轨迹、问题及决策》，载《北京行政学院学报》2004 年第 1 期。

② 参见黎昕：《中国社区问题研究》，中国经济出版社 2007 年版，第 233 页。

规约,实行自我管理、自我教育和自我服务;民主监督就是通过村务公开、民主评议干部等制度和形式,对村委会的工作实行监督。

2. 城市社区自治

我国的城市社区自治发端于 20 世纪 90 年代末期,是在传统的单位制解体的宏观背景下提出的。作为城市基层治理的新模式,社区自治是指城市社区居民在党和政府的领导下,通过一定的组织形式和参与途径,依法享有的对社区公共事务进行管理的权利。[①] 一般来说,城市社区居民主要通过社区居民委员会参与社区自治,具体途径就是通过直接选举的方式对社区居民委员会成员的产生、任免以及社区内共同事务的管理行使民主选举、民主决策、民主管理和民主监督的权利。

根据我国《城市居民委员会组织法》和各地推进社区自治的实际进程看,城市社区自治的内容主要包括六个方面[②]:

第一,人事选免自治。社区居民委员会的组成人员必须由社区成员大会或代表大会依法选举产生,社区成员代表大会具有依法随时补选因故出缺的社区居民委员会组成人员的权力,具有依法罢免、撤换不称职的社区居民委员会组成人员的权力。

第二,财产财务自治。社区居民委员会的财产受国家法律保护,任何部门、单位和个人不得侵犯。社区居民委员会有权拒绝不合理的财力和人力的摊派。社区在兴办公益事业时,可以通过民主自愿的方式,向受益的社区成员筹集资金。政府拨付社区的办公经费,社区居民委员会有权按照规定自主定向使用。对社区居民委员会兴办的社区服务产业所得的税后利润,社区居民委员会有权按照政府的有关规定,将其用于社区活动经费、社区工作者的补贴和扩大再生产的投入。社区居民委员会的财产和财务要按照国家有关规定建账管理、公开管理,接受社区成员的民主监督。

第三,社区教育自治。社区居民委员会运用社区成员喜闻乐见的形式,对社区成员开展遵纪守法和依法履行公民应尽义务的教育;组织社区成员开展精神文明建设,倡导和弘扬邻里互助、尊老爱幼、破除迷信等文明新风;创办群众性社区文化艺术组织,开展自我教育活动。

第四,社区服务自治。社区居民委员会可以根据社区成员的需求,通过兴办便民利民服务事业、建立志愿者协会组织、开展社区志愿者活动等形式,为社区成员提供各种生活服务。

---

① 参见唐亚林、陈先书:《社区自治——城市社会基层民主的复归与张扬》,载《学术界》2003 年第 6 期。

② 参见赵彬:《社区建设工作模式框架体系的构成要素及其主要内容》,载周文建等主编:《城市社区建设概论》,中国社会出版社 2001 年版,第 57—58 页。

第五,社区管理自治。社区的重大问题必须经过社区议事协商委员会民主协商,提交社区成员大会或社区成员代表大会讨论决定。社区居民委员会对全体社区成员负责,并定期向社区成员大会或社区成员代表大会报告工作,在社区议事协商委员会的监督协调下,完成社区成员代表大会制定的决定和决议。社区成员代表大会有权依法制定社区自治章程和各类社区自治公约,实行自我管理。

第六,社区居民委员会通过自治的办法和形式,协助政府管理社会事务。例如,协助政府做好社区治安、优抚救济、爱国卫生、计划生育和青少年教育等多项工作。

二、社区自治的组织形式及管理体制

社区自治组织是社区自治的载体。现阶段,我国的城乡社区居民主要通过下列组织形式参与社区自治:

(一) 城市居民委员会

城市居民委员会是根据我国1989年颁布的《城市居民委员会组织法》建立的居民自我管理、自我教育、自我服务的基层自治组织,简称"居委会"。

居委会一般由主任、副主任和委员共5—9人组成。在多民族居住地区,居委会成员还应当有人数较少民族的成员。居委会根据需要设人民调解、治安保卫、公共卫生等委员会。居委会成员可兼任下属委员会的成员。成员较少的居委会可以不设下属委员会,由居委会的成员分工负责有关工作。居委会也可以分设若干居民小组,小组长由居民小组推选。

居民代表小组也称"议事层",由居民协商推荐产生,每个居委会产生7—9名居民代表。居民代表由社区单位、社区居民、各界人士、个体工商业者、退休的居委会干部等组成,其主要职能是参谋、沟通、宣传、监督。

居委会主任、副主任和委员由本居住地区全体有选举权的居民或者由每户派代表选举产生;根据居民意见,也可以由每个居民小组选举2—3人代表选举产生。居民委员会每届任期3年,其成员可以连选。年满18周岁的本居住地区居民,不分民族、种族、性别、职业、家庭出身、宗教信仰、受教育程度、财产状况、居住期限,都有选举权和被选举权,法律上被剥夺政治权利的人除外。

按照我国《城市居民委员会组织法》,居委会主要承担下列责任:一是宣传宪法、法律、法规和国家的政策,维护居民的合法权益,教育居民履行依法应尽的义务,爱护公共财产,开展多种形式的社会主义精神文明建设活动;二是办理本居住地区居民的公共事务和公益事业;三是调解民间纠纷;四是协助维护社会治安;五是协助人民政府或者它的派出机关做好与居民利益有关的公共卫生、计划生育、优抚救济、青少年教育等多项工作;六是向人民政府或者它的派出机关反映居民的意见、要求和提出建议。总之,居委会应该从社区建设和管理的要求出发,将居民、业主委员会、物业公司、居委会四方面的资源整合起来,形成综合力量,共同管理社区事务。①

(二) 业主委员会

作为现代社区发展的伴生物,业主委员会形成于20世纪初期的美国,距今已有一百多年的历史。② 随着改革开放的深入,特别是城市住宅分配制度的变革,"业主"和"业主委员会"之类的概念也开始为我国民众所了解和接受。一般而言,业主指的是购买商品房产权的城市居民;业主委员会则是由这些居民在一定区域范围内建立的组织,代表区域内全体业主对物业实施自治管理。可以与"业主委员会"交替使用的另外一个术语是"物业管理委员会"。

根据政府有关部门的界定,业主委员会或者物业管理委员会是"在房地产行政主管部门指导下,由住宅小区内房地产产权人和使用人选举的代表组成,代表和维护住宅小区内房地产产权人和使用人的合法权益"③的组织。它的权力基础来自业主对物业的所有权。在全体业主或业主大会的授权、委托和监督之下,业主委员会可以代表全体业主,对与其物业有关的一切重大事项拥有决定权。属于业主委员会管理的自治事务包括:代表全体业主与业主大会选聘的物业管理企业交涉和签订合同,了解业主和物业使用人的意见和建议,监督和协助物业管理企业履行合同,监督业主公约的实施,召开业主大会并报告物业管理实施情况,以及配合公安机关搞好社区内治安等工作。

作为业主参与民主管理的组织形式,业主委员会由业主大会或业主代表大会从全体业主中选举产生,一般根据物业规模的大小设置5—15名委员。其中,主任、副主任由业主委员会推选出的主要业主代表担任。业主委员会可聘任执行秘书或秘书长一名,负责处理委员会日常事务。执行秘书可以由非业主委员会委员担任。主任、副主任、执行秘书可以是专职,也可以是兼职,他们和业主委员会的聘任人员都可以获得适当的津贴。④

(三) 志愿组织

志愿组织是指以志愿精神为动力,以发动和组织志愿者提供定期的、无偿的公益性服务,如助老、助残、助困的慈善性服务,协助维护社区治安的服务,维护社区生态环境的服务等为己任的民间社会组织。在国际上,这类组织也被称为"非营利组织"、"非政府组织"、"第三部门"或"公共慈善团体"。作为一种与传

---

① 参见韦克难:《社区管理》,四川人民出版社2003年版,第251页。
② 参见曾文慧:《社区自治:冲突与回应——一个业主委员会的成长历程》,载《城市问题》2002年第4期。
③ 中华人民共和国建设部令第33号,1994年3月23日。
④ 参见娄成武、孙萍主编:《社区管理》,高等教育出版社2003年版,第55页。

统的政府和企业组织相区别的制度安排,志愿组织"除具有一个'慈善和非营利'的关键特征外,还具有正规性、私立性、非利润分配性、自我治理性、志愿性以及公共利益性等六个基本特征"[1]。

志愿组织及其所开展的服务在社区建设中的作用越来越大,具体包括:第一,原来由政府行政组织和市场经济组织所承担的大量社会事务和职能,将由志愿组织承接,志愿组织在文化、教育、体育等各项社会事务发展中发挥着日益重要的作用;第二,志愿组织开展的社会服务正在成为社区组织发育的新形式,众多的各类专业服务组织和民间互助团体以横向分布和横向联系的网络结构,把社会上、社区内分散、孤立的个人联系起来,形成一种新型的社会化的自我服务、自我管理的组织机构和机制;第三,由于志愿组织具有自愿、自主、自我服务等特点,有利于吸引和调动除行政资源、市场资源之外的各类社会化资源。

目前,活跃在我国城乡社区的各种志愿组织主要包括工会、共青团、妇联、环境保护协会、红十字协会、保护古文物与古建筑协会、科学技术协会等。这些志愿组织的志愿活动包括"送温暖、献爱心"的扶贫救助活动、环境保护宣传活动、义务看病送医药活动、保护与宣传文物活动、科普教育与宣传活动等等,并因其活动形式丰富、专业性强而取得良好的社会效应。[2]

(四) 社区民间组织

社区民间组织是指街道办事处(乡镇政府)或居委会辖区内由社会力量组织的、为本社区居民提供不同需求服务的民办非企业单位和社会团体。在形式上,它可以成立为正式组织,也可以是未经民政部门注册登记的非正式组织。

根据组织目标与工作内容的差异,社区民间组织可分为休闲技艺类、文化教育类、自助团体类、维护权益类、行动团体类、社区服务类等多种不同的组织类别。但是,社区民间组织都具有社区性、独立性、非营利性等共同特点,即它们都由城乡社区居民自发组成。社区民间组织的成员通常为同一个社区的居民,除社区之间的交流或举办比赛等活动之外,一般都在一个社区范围内活动。社区民间组织主要依据法律法规和本组织的章程独立自主地开展工作,在内部管理和对外工作中自治自主。社区民间组织不以营利为目的,收入的盈余主要用于组织的发展和社区的各项服务事业。

社区民间组织的产生对社区自治产生了不可替代的作用,在社区管理、社区治安、社区卫生、社区教育、社区经济、社区服务及社区环境等方面发挥了群众自我管理、自我教育、自我服务的功能,是"两级政府、三级管理、四级网络"的新型社会管理体制的有效补充力量。

---

[1] L. M. Salamon, The Rise of Nonprofit Sector, Foreign Affairs, 73(4), pp. 111—124.
[2] 参见韦克难:《社区管理》,四川人民出版社2003年版,第266页。

（五）村民委员会

根据我国1998年通过的《村民委员会组织法》规定,村民委员会(以下简称"村委会")是我国农村社区"村民自我管理、自我教育、自我服务的基层群众性自治组织,实行民主选举、民主决策、民主管理、民主监督"。作为全体村民利益的代表,村委会管理本村的公共事务和公益事业,调解民间纠纷,协助社会治安,向人民政府反映村民的意见、要求和提出建议。村委会根据村民居住状况、人口多少,按照便于群众自治的原则设立。村委会的设立、撤销、范围调整,由乡、民族乡、镇的人民政府提出,经村民会议讨论同意后,报人民政府批准。

村委会由主任、副主任和委员共3—7人组成。其中,应有适当名额的妇女,多民族村民居住的村应当有人数较少民族的成员。村委会成员不脱离生产,可根据情况予以适当补贴。村民委员会的主任、副主任和委员由村民直接选举产生。任何组织或个人不得指定、委派或者撤换村民委员会成员。村民委员会每届任期三年,届满应当及时举行换届选举。村民委员会成员可以连选连任。村民委员会的选举由村民选举委员会主持,村民选举委员会成员由村民会议或各村民小组推选产生。

村委会向村民会议负责并报告工作。村民会议由村委会召集。有十分之一以上的村民提议时,应当召集村民会议。涉及村民利益的下列事项,村委会必须提请村民会议讨论决定才能办理:第一,乡统筹的收缴办法,村提留的收缴及使用;第二,本村享受误工补贴的人数及补贴标准;第三,从村集体经济所得收益的使用;第四,村办学校、建设道路等村公益事业的经费筹集方案;第五,村集体经济项目的立项、承包方案及村事业的建设承包方案;第六,村民的承包经营方案;第七,宅基地的使用方案,以及其他应当由村民会议讨论决定的涉及村民利益的事项。村委会实行村务公开制度,应当及时公布上述由村民会议讨论决定的事项,以及国家计划生育政策的落实方案、救灾救济款物的发放情况、水电费的收缴等涉及村民利益、村民普遍关心的事项。

三、社区自治——社区参与的高级形态

社区自治作为基层社会治理的一种形式,是社区居民通过一定的组织形式依法享有的自主管理社区事务的权利及其实践过程。它与反映社区成员自觉自愿地参加社区公共事务管理的社区参与具有内在的统一。

一方面,社区自治和社区参与一样,都是实现社区建设和管理科学化的必然要求与选择,是社区发展的总体趋势。这是因为,人类社会的发展历程已经证明,"社会发展的全部目的应该是并必将是为了全体社会成员的幸福,并应该也

必将由社会成员自己去实现这种幸福"①。对于属于社会范畴而非国家范畴的社区而言,它的管理不能寄托于国家的公共权力,而必须依靠身居其中的社会成员,由社会成员通过社区参与和社区自治的方式,履行其对社区生活共同体的管理权利及义务,寻求利益保障。

另一方面,从社区发展的一般历程看,社区自治也可以被视为社区参与的高级形态。根据一些学者的观点,人类的社区管理模式经历了从政府管控或者说社区管理,到社区成员的参与即社区参与,再到政府退出后的社区自治这三个不同的发展阶段。与体现社会进步与政治民主的社区自治相比,社区参与可以被界定为一种从政府的社区管理到居民的社区自治演变的中间环节或过渡状态。② 社区只有经历社区参与,才能达到自治的生存形式。社区参与是实现社区自治的过程和保障,而社区自治则是社区参与的目标和结果。二者相辅相成,互为条件和因果。

社区自治与社区参与之间的一致性,使得社区自治与社区参与一样成为社区建设的内在要求,成为在我国城乡基层社会确立民主精神的必然要求。特别是在当前社会转型时期,由于政府对社会的管理已经从行政全能主义走向有限主义,原来由政府承担的大量社会服务、社会保障与社会管理的职能必须归还给社会或社区,因此社区建设和发展的意义重大。如何通过社区参与和社区自治推进社会进步和政治发展,已经成为我国现代化进程的一个重要考量,也是建设中国特色社会主义政治文明的必由之径。

党的十六大明确提出:"扩大基层民主,是发展社会主义民主的基础性工作。健全基层自治组织和民主管理制度,完善公开办事制度,保证人民群众依法直接行使民主监督。完善村民自治,健全村党组织领导的充满活力的村民自治机制。完善城市居民自治,建设管理有序、文明祥和的新型社区。"这些指导思想使我国在国家权力结构体系层面追求现代民主政治的发展过程中,逐渐走上了一条首先注重奠定基层民主制度的基础,渐进地拓宽基层群众的政治参与渠道,不断地推进政治现代化与民主化进程的道路。这种民主化进程在社区建设中的表现便是社区自治。

《民政部关于在全国推进城市社区建设的意见》也规定:城市社区建设的基本原则是:以人为本、服务居民,资源共享、共驻共建,责权统一、管理有序,扩大民主、居民自治,因地制宜、循序渐进。其中,"扩大民主、居民自治"的内容就是"坚持按地域性、认同感等社区构成要素科学合理地划分社区;在社区内实行民主选举、民主决策、民主管理、民主监督,逐步实现社区居民自我管理、自我教育、

---

① 李匡夫、李天妤:《论社区自治》,载《东岳论丛》2002年第2期。
② 参见陆震:《从社区参与到社区自治》,载《上海法治报》2003年8月26日。

自我服务、自我监督"。该意见还指出,今后五到十年城市社区建设的主要目标之一是:适应城市现代化的要求,加强社区党的组织和社区居民自治组织建设,建立起以地域性为特征、以认同感为纽带的新型社区,构成新的社区组织体系。

第三节 我国的社区参与现状及制约因素分析

一、我国城乡居民的社区参与状况及特点

(一)我国城市居民的社区参与状况及特点

1. 我国城市居民的社区参与历程

我国城市居民的社区参与及自治制度确立于20世纪50年代初,是随着新中国的建立而逐步建立的。1954年12月31日,第一届全国人大常委会颁布了《城市居民委员会组织条例》,该条例第一次以法律条文的形式对居民委员会的性质、地位、作用、任务、组织结构、与有关部门和单位的关系、工作方法以及经费来源等作了明确规定。之后,虽经历了一段黄金发展时期,但在"大跃进"和"文化大革命"的影响下陷入沉寂。十一届三中全会以后,随着党和国家的各项工作步入正轨,居民自治和居委会的工作也得以恢复和发展。1980年1月,全国人大常委会重新颁布了《城市居委会组织条例》等有关法律文件。1982年《宪法》首次用根本大法的形式明确了居委会的性质、组成方式、基本功能和职责等重要问题,为社区自治组织——居民委员会的发展提供了具有最高效力的法律依据。1989年,全国人大常委会通过了《城市居民委员会组织法》,使城市居民自治组织有了专门的法律基础。

20世纪90年代以后,随着城市社会结构的加速转型,如何推进社区建设、扩大基层民主、完善城市社区自治,成为我国城市化进程中的一个急需解决的现实问题。为了应对城市基层管理所面临的压力和挑战,我国理论界和政府有关部门结合国情、借鉴国外社区发展理论和实践,提出"社区建设"的口号和思路,要求在动员和发动社区力量、调动辖区单位和居民积极性的基础上,按照服务政权建设和经济体制改革的目的,开展完善、系统的社区工作。在民政部的引导下,各地都对此表示了高度的认同和重视,天津、上海、沈阳、杭州、石家庄、青岛、南京等城市还进行了积极的探索,形成颇具特色的经验和模式。

在2000年10月通过的《中共中央关于制定国民经济和社会发展第十个五年计划的建议》中,明确提出要在城市加强社区民主建设,使广大居民能对涉及自己切身利益的问题发表意见,真正依法管理自己的事情。随后,中共中央办公厅与国务院办公厅联合下发《关于转发〈民政部在全国推进城市社区建设的意见〉的通知》,"要求各级党委和政府要高度重视城市社区建设,把社区建设工作

摆上重要议事日程,切实帮助解决城市社区建设中的困难和问题,通过推进社区建设向前发展"。此后,社区建设在全国蓬勃发展,步入了整体推进、全面拓展的新发展阶段。

2. 我国城市社区参与的特点及存在的问题

在党和政府的大力扶持下,当前我国城市居民参与社区发展的人数、领域、积极性明显增高,在社区参与的制度化、组织化建设方面取得了良好成效,具体内容包括:建立社区建设协调机构,促进街道政务公开和民主管理;完善居民自治制度,实现民主选举、民主决策、民主管理、民主监督;建立自选、自治为主要形式和途径的社区成员代表大会和社区议事会,以扩大民主参与决策的通道;建立社区志愿者组织,培育和促进社区中介组织的发展;增加在社区卫生、治安、服务、文化、教育以及社区救助等领域的服务项目;发展彩票等公益性博彩事业,以"微笑纳税"方式筹集社区发展资金、增加投入;大力开展慈善募捐活动,建立各种社会捐助专项基金,促进社区发展的多元化投入机制的形成。

不过,由于发展时间较短以及"自上而下"式的政府推动,我国城市居民的社区参与普遍存在以下几个问题[①]:

(1) 参与主体不平衡,总体参与率低。大多数人不愿参与社区事务,不同年龄、收入、文化程度的人的参与率也有很大不同。从年龄层次看,参与社区活动的主要人员是"一老一少"。"老"指的是离退休人员,"少"指的是中小学生。据统计,参与社区活动的人员将近70%是离退休人员,中小学占了10%左右,中青年仅占20%;如果没有单位强行组织参与,中青年的比例将会更低;从收入和文化程度看,居民的收入、文化程度越高,社区参与率反而越低。[②]

(2) 参与领域不平衡,参与不深入。在社区建设中,深度参与并不是指简单的管理社区建设项目和决策,而是指参与社区建设项目的各个环节,包括项目决策的制定、项目的执行与管理、项目结果的评估等。这些活动构成了责任—义务的链条,是一个全面参与的过程,它有助于社区建设计划的科学化及提高项目的合法化程度,因而有利于社区建设。目前,居民在大多数情况下只是参与社区事务的运作,而很少参与决策和管理。社区内大量事务仍由街道办事处和居委会以行政的方式完成,居民难以主动介入、及时介入;即使参与,也多为参加街道、居委会自治活动,而不是参与社区事务的立项和组织等过程的决策。这使得居民在很大程度上显得被动,难以激发社区认同感,难以提高参与程度和频率。在居民的社区参与中,社区文娱教育活动参与多,社区政治事务参与少。对于社区政治事务,社区居民一般会表现出冷漠的态度,参与者很少。当今许多社区居民

---

① 参见李晓凤:《城市居民社区参与的内容特征与制约因素》,载《求实》2005年第1期。
② 参见崔彩周:《试论中国经济体制转轨时期的社区参与》,载《广东社会科学》2002年第6期。

的政治事务参与,主要是参加社区居委会领导人的选举。

（3）参与的主观愿望较强,但实际参与率不高。虽然城区大多数居民愿意更多地参与社区事务与各种有趣的文化娱乐活动,但实际情况是居民参与社区事务很少,对社区居委会的管理、社区建设的建议也很少。这不仅有居民自身的原因,也有社区管理体制的原因,两方面的因素共同限制了居民的实际参与状况。

（4）参与方式被动多、主动少。虽然居民参与的愿望较强烈,但不少居民的参与观念仍然受传统观念的影响,将社区建设视为政府、街道与居委会的事,依赖心理及领受意识强;大量的社会组织与所在社区之间存在疏离状态,缺少主动参与社区事务的责任感。思想观念与实际需要尚有不少差距,参与也就被动。另外,目前社区建设依靠党组织的宣传与推动多,社区服务也多由政府提供,并通过行政力量动员社区成员参与,这种参与方式不能充分调动社区成员的主动性与能动性。

（5）参与机制运行的行政化现象严重。我国在推进城市社区建设过程中,十分重视党委与政府领导、民政部门牵头、各部门配合、社区居委会主办、社会力量支持及群众广泛参与的整体性合力,但这种社区建设运行模式还未充分形成。一方面,我国城市社区建设一开始就建立在政府强大的行政推动之下,表现为政府的行政规划与推动是街区社区建设工作者的直接动力,而且政府的行政号召、协调与监督也直接构成社区单位参与共建的基础。这种靠行政推动力整合社会力量的方式吸引不了居民自觉参与。另一方面,社区建设的法规体系不健全,同时又存在有法不依,执法不严,社区管理监督、协调及号召力不足的问题。例如,居委会不同程度地存在行政化管理现象,致使社区居委会自治性得不到保障,居委会与基层政权机关之间"协助与指导、服务与监督"的关系扭曲,无法发挥居委会自治功能,居民参与积极性受挫,参与渠道受阻。

（二）我国农村居民的社区参与状况及问题

如果把第一批村委会的产生当成我国农村居民社区参与的发端,那么它始于广西宜州市合寨、果地、果作等村。1978年改革开放的前夜,农村已经自发地"分田到户"了,原来包揽农村公共事务的集体经济组织"生产大队"及其领导机构管委会和党支部不适应这种新的格局,一度管理废弛,村民乱砍滥伐和偷盗赌博现象成风。为了维护农村治安,在一些老党员、老干部的倡导之下,村民自发选举出并命名了一个"村民委员会"组织,以管理村民自己的事情。这一做法得到了上级领导的认可和推广。后来,1982年《宪法》第111条规定"村民委员会是基层群众自治性组织",1987年颁布的《村民委员会组织法(试行)》又对此作了比较具体的制度安排。1998年,在总结试行法十年经验的基础上,《村民委员会组织法》正式出台,标志着村民自治的法制建设进入一个新的阶段。

经过三十余年的发展,村民自治在我国农村地区的普及率不断上升,内容也得到进一步的丰富和发展,村民自治的规范化程度有了很大提高。近年来,在村民自治的实践中还发展出了海选、预选、公开竞选等不同形式的民主选举方式,以及乡镇选举试验和"党政合一"改革试验。不过,在促进农村社会进步的同时,村民自治在实践过程中仍存在着许多问题①:

1. 村民的民主素质不高,参与意识不强

随着时代的变迁、社会的发展,我国农民的生活大多已得到改善,受教育水平不断提高,加之"民主管理"在乡村的宣传,其思想观念也不断得到更新,民主意识逐渐增强。但是,客观地说,我国农民的民主素质仍处于初级阶段,缺乏在村级、乡级社会事务中的主人意识、平等意识、自主意识,依附观念仍非常浓厚。他们对民主选举反应冷淡,既不愿意参与竞选,对谁当选也漠不关心,从而出现"当家做主想民主,有了民主不做主"的现象,与推进村民自治不相适应。一些地方的选民还在个别候选人的许愿、请客、送礼等小恩小惠面前,以自己的权利作交易,出现了"谁给我都要,谁给得多就投谁的票"的现象。

2. 村民委员会履行职责不力,自治能力不强

作为行使村民自治权的组织载体,村民委员会是村民自我管理、自我教育、自我服务的基层群众性自治组织。但是,从现实情况看,村委会的民主管理能力、民主自治能力并不尽如人意,村民会议的民主决策功能发挥不够。许多村的村民大会和村民代表大会的召开很不规范,时有时无,讨论的事项也无明确规定,议事规则杂乱无章,"两会"形同虚设。民主决策权往往为村委会或村党支部所左右,少数人说了算,广大村民很少有参与的机会。这种现象的存在违背了村民自治的初衷,侵犯了广大农民群众当家做主的民主权利。另外,由于村民参政能力低下,村级民主管理和民主监督现状也不容乐观。不少地方的村委会既不搞村务公开,更不搞民主评议;村干部或独断专行、唯我独尊、不把群众意见当回事,或借助宗族派性势力欺压百姓、为非作歹,或贪污腐败、大肆搜刮民脂民膏。国务院发展研究中心农村经济研究部的调查资料显示,有85%的农民群众认为村干部存在腐败问题,23%的农民群众认为今后农村干部的贪污腐败问题将会更加严重,54%的农民群众称村里没有公开栏,50%的农民群众称村里根本就没有召开过全体村民会议。② 这些不正常现象的存在,给村民自治制度蒙上了一层阴影,并严重影响着村民自治制度的发展。

---

① 参见欧阳雪梅、李铁明:《当前村民自治进程中存在的问题及对策研究》,载《新视野》2007年第4期。

② 参见秦小霞:《当前农村利益集团对基层民主政治建设的影响》,载《中国政治》2006年第4期。

3. "两委"关系紧张,自治权与领导权之间的冲突加大

村党支部与村委会作为乡村组织中的两个最为主要的活动主体,是农村政治舞台上的两个最主要的权力组织载体。从村民自治的法律规定来说,村民委员会是村民行使自治权力的组织载体,而最终目标是全村村民依法管理与自己切身利益相关的全村的公共事务和公益事业。但是,《村民委员会组织法》第3条又明确规定:"中国共产党在农村的基层组织,按照中国共产党章程进行工作,发挥领导核心作用。"据此,村党支部被认为是"党在农村全部工作和战斗力的基础",是农村各种组织和各项工作的"领导核心"。在这种情况下,就出现了村庄二元权力结构,①并派生出村庄公共职能的分割问题。由于缺乏对二者的明确的权力划分,导致它们之间的冲突不断加剧。一方面有村委会片面强调自治而不接受党组织的领导;另一方面则有村党组织片面强调党的领导,以党支部委员会代替村委会,不适当地干预村委会工作。这种现象的存在甚至在个别地方使得村、支两委的关系紧张到剑拔弩张的地步。

4. 乡镇政府突破权限,违规干预现象严重

目前,仍然有很多乡镇政府按照旧的思维方式和工作模式对村民自治的相关事务进行干预,主要表现在:首先,乡镇政府通过干预、操纵选举,甚至推翻选举结果的方式,非法干预村委会人事权。一方面,乡镇党委和政府利用在选举中的主导权,在村委会候选人的提名、竞选和投票等各个选举环节施加直接或间接的影响,想办法让自己的人当选。另一方面,乡镇组织或个人甚至还利用自己的权力否定村民的选举结果,随意撤换村干部,或者通过其他途径架空、闲置他们认为不听话的村干部。例如,在1999年9月至2002年5月期间,湖北省潜江市14个乡镇中的187位经村民选举产生的村委会主任被乡镇组织及个人违规宣布停职、降职、改任他职、精简或免职,占总数的57%;接替他们职务的无一是经过村民依法选举的,而全是由乡镇党委、政府、党支部、村支部书记等组织或个人擅自指定、任命的。该事件涉及269个村,占全市329个村的81.8%。② 其次,乡镇政府通过控制村委会、使村民自治呈现出"附属行政化"的倾向实施干预,具体主要通过"村财乡管"和控制村级党组织控制村庄内部事务,从而使得乡镇政府对村委会的指导关系变为实际上的领导关系。

二、影响我国居民社区参与的制约因素分析

在我国城乡社区发展的历程中,之所以会出现上述"政府行为有余而居民

---

① 参见景跃进:《当代中国农村"两委关系"的微观解析与宏观透视》,中央文献出版社2004年版,第199页。
② 参见李凡主编:《2005年度中国基层民主发展报告》,知识产权出版社2006年版,第267—268页。

参与不足"的特点及问题,关键在于当前的社会、政治、经济、文化背景以及居民的参与动机、空间及渠道对居民社区参与行为的影响和制约。具体而言,主要有下列因素影响着我国居民的社区参与行为:

(一) 政府的公共权力边界

虽然我国社区建设的历程显示政府的推动作用重大,但是就社区参与的本质而言,应该是居民而非政府承担着社区公共事务的管理权力。如果政府在其中的作用过于巨大和显著,则不仅会对城乡基层公共事务的管理形成必然的干预,也会催生居民的依赖心理,削减他们的参与积极性。我国的城市居民委员会和村民委员会之所以会在社区自治的过程中表现出"行政化"的倾向,关键在于各级政府部门的干预。虽然中央政府一再强调职能转换、赋权于民,但是基层政府的若干职能部门仍固守旧思想,不肯也不愿把一些原本属于自己的社会职能回归社区。在这种情况下,社区参与就会停留在政府动员和少数精英主动参与、大部分民众被动参与的层面,难以实现社区居民对社区公共事务的自觉、自愿和深度参与。

(二) 居民对社区的情感认同程度

情感认同是指社区居民是否承认自己的社区身份,并以社区为单位将自己归入某一地域人群。这种情感是社区形成和发展的重要因素。比较而言,我国城乡居民对自己所属社区的情感认同程度偏低。造成这种现象的原因有二:一是来自传统文化上的家庭本位意识。我国传统文化的基石是家庭,即个人的整个社会关系与社会生活都是以家庭为中心,并由此中心逐渐向外扩展,形成差序格局的人际关系以及家与国家的同构。因此,家庭对于个人的生活意义重大,是"家庭"而非"社区"构成了普通中国人的活动重心。即便到了现代社会,人们的行为仍然深受这种传统文化的影响,重家庭、轻社会,参与社区公共事务的积极性不高。二是受以往社区管理体制的影响。新中国成立后,政府在城市和乡村各自以"单位制"和"公社制"为核心建立了相应的管理制度,其共同之处就是分别以"单位"和"公社"为中心形成了一个个配套设施齐全、自给自足的小社会。这些小社会不仅是居民的就业和工作场所,还被赋予多重功能,为其成员提供除部分家庭生活以外的全部生活空间,担负着其成员的衣食住行、生老病死等个人问题的解决。因此,社会成员对于自己所属的单位或公社有着高度的依附性与依赖性、强烈的认同感和安全感,对于自己的居住地则没有什么归属感和依附意识。在这种情形下,社区居民的参与意识和参与积极性也就难以生成。

(三) 社区参与的利益驱动水平

社区居民在参与社区活动时,其热情的高涨程度与积极性差异归根结底还是受利益的驱动和影响。对于全体社区居民而言,社区不仅是一个生活共同体,也是一个利益共同体。利益可以说是影响居民参与的最重要的驱动力。社区参与的本质就是要维护居民的自身利益。在这里,"居民利益"是一个内涵十分丰富的社会概念,指的是居民在社区居住、生活、休憩和人生发展的各种基本权益。[①] 一般来说,它既包括物质方面的,也包括精神方面的。例如,提高生活质量,改善居住环境,获得他人的服务,满足自己的兴趣爱好,发挥自己的才华和潜能,实现自我追求和理想等。在社区建设中,只有当社区成员感到社区与其利益息息相关,参与能够有效维护其利益时,他们才会萌生参与社区事务的动机与期望,并积极参与到社区事务中。反之,他们则会对参与活动表现出漠然,并选择放弃参与或假性参与。

目前,由于多种原因导致我国城乡居民的社区参与还未发展到西方社区的赋权、维权层面,社区的自治与服务功能并未完全得以实现。一些地方政府的职能部门和领导干部缺乏对社区服务功能及作用的认识,在社区服务上重视不够、投入不多、力度不大,致使这些地方的社区硬件和软件仍处于落后状态。社区成员难以从中获得物质资助、生活服务,以及精神需求上的满足。没有利益的驱动,居民参与社区建设的热情很大程度上被压抑,从而导致社区参与在自上而下的向度上热热闹闹,在自下而上的向度上冷冷清清。

(四)居民参与的实现途径

按照参与渠道的制度化水平,居民的社区参与渠道可分为正式参与渠道和非正式参与渠道。但是,从当前的经济、社会发展看,无论是正式参与渠道还是非正式参与渠道都难以与社区发展的要求相适应。在正式参与渠道的制度建设方面,居委会和村委会之类的群众自治组织都出现了"角色错位"的现象,它们的应然角色、本位角色即自治的职能严重弱化与退化,而过多地承担了政府的行政职能,成为街道办事处或乡镇政府的下设行政机构。它们的日常工作不是立足于社区自治而调动居民的社区参与,而是接受政府委派的各项工作并接受政府的检查评比。社区无自己的自治事务可言,社区居民的参与渠道便缺少了应有的制度平台和发展空间。至于社团组织等非正式参与渠道,大多是社区"创建"的产物,一般主要是组织一些文体和健身活动。借用这些渠道的社区参与是低层次的参与,更何况参与者大多是社区中的"有闲"人员,覆盖面有限,参与实效较差。

(五)居民的实际参与能力

这是实现居民社区参与的关键。来自西方发达国家的社区治理经验已经证明,居民社区参与的幅度、广度和深度都是其文化素质和参与能力的正相关函数。影响居民参与的能力可以概括为五个方面:一是以物质收入为基础的经济

---

① 参见陈桂香、杨进军:《成都市社区参与的现状与制约因素分析》,载《西南民族大学学报(人文社科版)》2004年第9期。

能力,正所谓"仓廪实而知礼节",我们难以想象一个居无定所、食不果腹的社区居民会有足够的热情和能力关注社区发展,对社会和公共生活富有激情;二是以政治意识为基础的政治能力,即居民对其所居场所的政治环境及公共政策必须有大致的了解和掌握,对社区的存在和发展有明确的概念;三是以文化知识能力为基础的思维能力,即对社区的发展拥有价值上的认同、思考、赞誉和批评;四是居民参与事务的表达能力,即能够及时准确地表达自己的意愿、建议和要求,而无须通过他人或其他中介替代表达;五是要拥有必要的社会热情,对社会和公共生活能保持一定的激情,时刻关注社区的发展。

三、促进我国社区参与的对策

那么,如何才能促进我国居民的社区参与行为?

来自西方发达国家的经验告诉我们,要想扶持和培育本国居民的社区参与,首先应该完善相关的制度和政策,应该将促进社区参与作为提高居民素质、促进人全面发展的重要手段予以倡导和鼓励。例如,早在1765—1832年,德国政府就先后实行了汉堡福利制度和爱尔伯福利制度,鼓励社区居民参加本社区的社会福利工作,以此倡导社区内部成员自我服务、志愿服务。20世纪初左右,在英、法等欧洲国家和美国掀起了一场广泛的"睦邻运动"和"社区福利中心运动",主要内容就是充分利用社区人力物力资源,培养社区居民的自治精神和互助精神,动员社区居民齐心协力,在本社区创造更好的生活条件。其次,要注重对社区发展理论和方法的研究,加强对社区工作人员素质的培养。此外,要重视社区组织建设。除了扶持各类社区自治组织发展以外,西方国家一般都在中央和市级政府设有专门机构对社区建设和发展进行指导。这些社区管理组织和机构在满足本社区居民需求,增进社区福利,促进社区居民与政府之间沟通、监督和评估政府职能机构提供服务的质量以及推动社区居民参与社区建设和社区事务管理等方面具有极为重要的作用。①

就我国的实际情况而言,可以考虑从以下几个方面入手,培育、引导和规范社区成员参与社区建设的意识和行为,逐步将社区建设的主导权交还给社区成员:

1. 积极培育公民意识

制度的变迁往往需要履行制度的人从心理、思想、态度上相应地完成转变。从我国城乡社区的整体看,大部分居民显然没有完成这种转变。与西方国家的地方自治相比,我国的社区参与及自治制度"不是经过长期自然生成而得到国

---

① 参见马漪、文勇:《关于我国社区参与的制度创新和政策举措》,载《西南民族大学学报》2004年第9期。

家法律认可的,它一开始就有国家立法授权的性质"①,它是一种外来制度的嵌入,是一种国家主导的战略行为。这就表现为政府处于支配与主动的地位,居民实际上是被动地接受政府制定的政策。在这种背景下,居民不是作为政治体系中发挥利益表达和利益综合功能的参与者,而更多地是作为一种具有象征性参与含义的顺从者角色。② 因此,要想建设基层民主,完善社区自治,就必须培育居民的现代公民意识,即主体意识、参与意识和公共观念。否则,我们"只会得到顺民,而决不会得到公民"③。

2. 切实转变政府职能

社会发展已经表明,公共事务的治理需要多种公共或公众个人和机构的联合,不可能单凭政府的力量解决所有的社会问题。传统的、以政府为一元主体的社会管理体制,已经无法再适应现在的社会管理要求。为此,我们必须及时地调整和更新社会管理理念,在坚持政府对社会管理的主导地位的同时,扶持和培育社会的自我管理,实现公共管理的社会化、多元化发展。具体些说,就是要求政府发挥"掌舵"和"导航"作用,将大量具体的"划桨"事务交给社区和居民自己完成。从根本上来说,社会事务是社会上一个个的人之间发生的各种关系,公民不仅是公共管理和服务的接受者,也应该是社会建设和管理的基本力量。要想在制度上保证增强社会的创造活力,最广泛、最充分地调动一切积极因素,建立健全利益协调机制,就必须依靠公民的积极参与和利益表达实现多元化的社会治理目标。因此,我们必须在加大政府社会管理体制变革的同时,通过赋权的方式扶持和培育社区自身的成长,帮助社区在多个领域承担政府职能转变后让渡的功能,弥补政府在某些社会服务方面的空白和薄弱环节,最终促成党委领导、政府负责、社会协同、公众参与的社会管理新格局的形成。

3. 努力完善法规体系

目前,加强社区参与已成为党和政府落实科学发展观、构建和谐社会的战略任务,对于建设社会主义基层政治文明和精神文明都具有十分重要的意义。但是,不可否认的是,由于受当时立法环境的制约和影响,我国现行的《宪法》和《村民委员会组织法》、《居委会组织法》在涵盖居民参与基层政治、经济、文化和社会事务管理中当家做主权利的完整性、统一性和直接性以及居民自治法律制度基本内容"四个民主"的有机统一方面尚存在一些问题和缺陷,其有关内容已难以适应现实社区自治的需要。一方面,社区参与中的诸多法律盲点和制度缺位现象逐渐暴露出来;另一方面,各省的地方性法规存在不一致甚至相互冲突的

---

① 徐勇:《村民自治的成长:行政放权与社会发育》,载《开放导报》2004 年第 6 期。
② 参见[美]加布里埃尔·A. 阿尔蒙德、小 G. 宾厄姆·鲍威尔:《比较政治学:体系、过程和政策》,曹沛霖等译,上海译文出版社 1987 年版,第 131—144 页。
③ [法]托克维尔:《论美国的民主》,董果良译,商务印书馆 1988 年版,第 74 页。

地方,加之立法技术不规范,文字表述不一,这就造成了我国宪法框架下的整个社区参与及社区自治法律体系的不科学、不统一。长此以往,既不利于统一执行法律,又有损于法律的尊严,也远远不足以统一调整我国的社区参与实践。因此,必须大力加强社区参与方面的法律法规建设,努力完善社区自治法律体系。

4. 强化社区组织的自治功能

行政化倾向是当前社区建设遭遇的重大挑战,也是阻碍社区参与的重要因素。行政化的后果之一是法律规定的社区自治组织的自治功能弱化,成为政府基层管理的附庸,其日常工作不是根据实际需求为社区成员提供服务、努力维护社区成员的利益,而主要是部署和组织完成政府下达的各项行政任务。这样就导致社区成员与居委会、村委会之间难以建立充分的互信关系,居民们缺乏参与社区建设的积极性也就不足为怪了。要想改变这种状况,就必须以社区自治为核心,放弃不适当的行政干预,致力于培养居民的自我组织能力,真正实现还权于民,同时努力探索驻社区单位和非政府组织参与社区自治的经验和方法。在社区选举中,要尽力排除人为干扰,严格按法律规定的步骤进行操作,不能随意改变选举结果;在日常事务中,要建立健全各种决策机构和制度,做到法律落实、制度完善、程序规范,从而在社区成员心目中真正树立起"主人"的意识和信念,使他们不仅能够而且愿意参与社区建设。

5. 大力发展非政府组织

当前我国的非政府组织力量还非常弱小,社区参与的动员和组织能力极其有限。由于经济基础和政治环境因素的变化,非政府组织的发展前景非常可观。非政府组织参与社区建设可以满足市场经济条件下愈来愈多元化的社区需求,使更多的专业工作者通过民间渠道进入社区,提升社区工作的专业化程度。另外,非政府组织的发展壮大还可以扭转以社区服务为核心的社区建设现状,将大量具体的社区服务项目交由非政府组织承担,使社区居委会从直接的经营性服务工作中解脱开来,回归到组织者、监督者的角色本位。在这一过程中,政府及社区管理机构要转变观念,鼓励和支持非政府组织的发展,避免直接参与经营性社区建设活动,通过资金支持、分包项目、购买服务等形式扶持、引导非政府组织进入社区,参与社区建设。同时,要加强法规制度建设,制定和完善相关法律法规和政策,使非政府组织在社区参与中始终坚守公益性、非营利性的基本原则。

第四节 社区参与的经验比较

一、日本的社区参与

根据日本的行政区划,都、道、府、县都是直属中央政府的平行的一级行政区。日本国共有1都(东京都)、1道(北海道)、2府(大阪府、京都府)和43个县(相当于我国的省)。① 每一个都、道、府、县下都设有若干个市、町、村。其中,町是日本城市街区划分的基本单位,它有两个含义:市、町、村中的"町"相当于我国的镇;城市中的"町"则是街、巷的意思。日本市民的许多社会活动都是以町为单位进行的,町就是日本的都市社区。

在日本,每一个町都有其自治组织——町内会,它的功能包括:维护社区内的各种设施;举办传统祭祀活动、各种体育活动、文化活动、街道景观保护活动(如组织居民清扫公共环境)等;举办防火、防疫、防灾等讲座和演习;维护社会规范,用舆论约束居民的行为;协助进行各种统计和调查,协助开展各种救济、募捐和献血活动;向居民发送地方政府的行政措施等通知;向行政机构反映居民的各种困难和意见等。

如果说町内会是日本城镇中老住户的自治组织,那么住区自治会则是城镇新居民参与公共事务管理的自治组织。最初,住区自治会的主要作用是代表居民与政府谈判,以解决住区内新居民面临的各种问题,如子女入托、入学等。随着政府行政职能的细化和服务质量的提高,以往的那些问题往往在新居民入住前就解决了。所以,今天的住区自治会发展为类似我国社区里的物业管理公司的社区服务组织,仍然充当着居民与政府之间的桥梁,通过组织居民对街道改造、设施建设等进行讨论,把居民的意见反馈给地方政府,使政府的规划更符合居民的实际需要。

无论是住区自治会还是町内会,都是在自愿、自主的基础上建立的。会长多由居民区内德高望重之人担任,会长之下设有副会长、总务、会计、干事等,均由居民直接选举产生,利用业余时间义务兼职。住区自治会和町内会的资金来源包括两部分:一是每家每户缴纳的会费,二是企业赞助或个人捐助。此外,按照规定,町内会每10年可以向政府申请一次资金,用于町内公共设施的修缮。

日本社区的每户居民都必须缴纳"公利费"以维护大家共同的利益。每位业主在购房时都要签署一份合同,其中包括按时缴纳"公利费"的内容。如果业主住进小区后不缴纳"公利费",法院就有权将他驱逐出社区。物业公司每月将"公利费"的使用情况制成表,以户户相传的方式让居民传阅。楼门组长将此表从门缝塞进1号家庭,1号家庭阅读后如果没有意见就签字,再塞进2号家庭的门缝里……最后一家签完字后,把表送到楼门的回复栏里,楼门组长再将此表送回物业办公室。楼门组长每3个月轮换一次,从1号家庭开始。

在日本,社区工作堪称"人人参与,人人尽责"。以社区清扫为例,每个小区日常的卫生清理由物业公司完成,此外还要定期组织业主进行社区大扫除(一

---

① 参见王名等编著:《日本非营利组织》,北京大学出版社2007年版,第7页。

般是3个月1次)。扫除的前一周,物业公司就采取户户相传的方式通知到每一户。届时,每户都要出一个人参加。如果实在有事无法参加,也可以用付钱的方式解决(一般是交5000日元)。当然,日本也有不用业主打扫卫生的社区,社区卫生由物业公司请专业的清洁公司来做,不过要以收取高额的"公利费"为前提。

废旧书报的回收处理也是一件需要户户参与的事。在日本,废旧书报不允许随便扔,废品公司也不能一家一户地回收。为此,社区规定每个月的某一天为丢废旧书报的时间,这一天每个楼门都有一个家庭负责收集,这项工作也是每家轮流义务来做。收集完毕,再通知废品公司统一拉走,卖废旧书报所得收入归社区,作为活动经费。处理社区事务时,社区中的每一个家庭都有权投一票,各个家庭平等。此外,社区内没有工作的离职人员、家庭主妇、老人、残疾人、无业人员、小孩等,还可以通过参加某一个社区组织的方式参与社区内的各项活动,以增加自己对社区的归属感和获得一定的心理寄托。

在日本,社区公共事务往往采取"中间人制"加以解决。所谓"中间人制",就是指在利益关系与是非定夺面前,事主本人不出面,由他人代理,事主向中间人缴纳一定费用。对于无法靠协商解决的社区公共事务,就由社区居民共同选择一位德高望重的人作最后决定,大家都得服从;否则,必要时可申请法院强制执行。同样,邻居之间闹了矛盾,一般也求助于"中间人"进行一次性仲裁。

二、美国的社区参与

虽然美国早期的社区工作带有较强的自发性质,但是随着社区地位和作用的突出,自20世纪50年代以后,社区建设也成为美国政府有计划、有目标地引导社会发展的重要内容,成为国家实现现代化必不可少的环节之一。在促进社区发展和管理上,美国政府基本采取了"政府负责规划指导和资金扶持,社区组织负责具体实施"的运作方式。除了资金支持以外,美国政府在社区工作中一般只承担制定相关政策和立法、编制社区发展总体规划并加以贯彻执行的职能。其社区工作主要通过社区组织联系并具体实施,由这些组织为社区提供管理和服务,满足社区需求。

按照管理和服务类型的差异,这些社区组织可分为社区管理组织和社区服务组织两大类。前者主要是指社区委员会和社区顾问团,后者则是各类非政府、非营利组织,如社区发展合作组织、慈善组织、基金会、各种志愿组织等。社区服务组织实际上就是一种民众为实现自己的目标而结成的自治组织,一般以兼职人员居多、专职人员较少,主要依靠自愿贡献业余时间的志愿者支持日常工作。早在二百多年前,托克维尔就在其所著的《论美国的民主》一书中,将美国誉为"世界上最便于组党结社和把这一强大行动手段用于多样目的的国家",他认为

"美国的居民从小就知道必须依靠自己去克服生活的苦难。他们对社会的主管当局投以不信任和怀疑的眼光,只在迫不得已的时候才向它求援……这种精神也重现于社会生活的一切行为……人们的愿望通过私人组织的强大集体的自由活动得到满足"①。

目前,在美国大约有150多万个正式登记注册的非政府、非营利组织,这个数字在过去的25年里增长了25%。从拥有数十亿资产的大学到只有依靠小额资本运转的小型的、全部由志愿者组成、以社区为基础的草根组织,尽管这些组织在整体社会机构中的比例不到5%,也只拥有整个国家资产的2%,但是它们对于全体国民生活质量的贡献是难以估量的。它们不仅为国家的经济增长贡献了数以千亿计的美元,还雇用了1500多万人。在20世纪末,有近1亿美国人(其中有一半是成年人)为这些非营利组织提供义务工作,为其创造了超过2000亿美元的价值。② 这些非营利组织构成了美国社区工作的全部,并成为美国人参与社区建设和服务的基本途径,其服务领域涉及社区服务、文化、教育、治安、卫生、就业等居民需求的方方面面。

美国政府主要通过培育公民意识和参与精神支持社区参与。在美国,从中小学开始,学校就很注意如何把学生培养成全面人才的问题,除了在课程设置上力求为学生打好基础、使其知识得到均衡发展外,还要求他们必须参与社区服务,即"做义工"。尽管美国各州的教育方针、大纲、要求和方式不尽一致,对学生参加社区服务的规定也有所不同,但都要求和鼓励学生积极参与。学校将学生参加社区服务的情况作为考核的重要标准。每个学生除了有学习成绩单外,还有一份社区服务成绩表。学生在参加社区服务后,由接受服务的单位开具学生服务时间和表现的证明信,该信存入学生档案,学生表现情况则量化记入成绩表。例如,马里兰州立法规定,中学生如果参加社区服务不足75小时,学习成绩再好,也不能毕业;许多大学,特别是哈佛、耶鲁、斯坦福、伯克利等名牌大学和西点军校等,都要求申请入学的学生必须提供社区服务证明,并对成绩突出者予以优先录取。

为了倡导青少年服务社区的风气,时任美国总统的克林顿于1993年下半年签署了《国家与社区服务法案》,鼓励青少年服务社区。该法案明确规定,凡做满1400小时义工的青少年,美国政府每年奖励其4725美元的奖学金,这笔钱可以用来作为上大学的费用或做职业培训之用,还可以用来偿还大学贷款。

三、北欧的社区参与

"北欧"作为一个政治地理名词,一般是特指北廷理事会的五个主权国家:

---

① 〔法〕托克维尔:《论美国的民主》,董果良译,商务印书馆1988年版,第213页。
② 参见谢芳:《美国社区中的志愿者服务》,载《社会》2003年第1期。

丹麦、瑞典、挪威、芬兰、冰岛。它们被认为拥有世界上最完善的福利制度、名列前茅的人均收入水平、组织严密的结构和开放透明的民主制度。2004年10月13日,芬兰连续第三次被达沃斯世界经济论坛评选为世界上最有竞争力的经济体;此外,排名前六位的国家中有四个是北欧国家。著名经济学家、"休克疗法"的创始人杰弗里·萨克斯将北欧国家称为"世界上最好的国家",他认为在美国这样的大国只顾炫耀它们的成就时,北欧国家正在悄悄地发展着,并且这种发展是平衡的,经济发展和社会进步同步进行。①

在行政区划上,北欧各国多分为中央、郡、市三级。总的来说,议会与中央政府及其各职能部门主要担负着管理国家、统揽全局的责任;郡政府和市政府在分权的基础上担负着与行政有关的公共部门的大部分职责。市政府与郡政府在级别上是平等的,没有领导与被领导的关系,只存在管理范围的差异。市政府作为北欧行使社会管理职能的最基层一级政府,在管理上实行自治,担负着包括社会服务、福利保障、初级教育、社区治安、社区环境保护、文化与休闲、城市给排水、土地测量及绘制本地地图、社区公共住房、公益事业经营、征税等与社区居民息息相关的基本任务,是北欧社会的最小因子,即通常意义上的"社区"。

北欧的社区理念中最重要的是"民主参与"。北欧的社区由社区议会管理,社区议会则由社区居民民主选举产生。个体与社区之间实现互动、形成完美的均衡,被认为是北欧社区建设成功、社会良性运转的重要秘诀。在北欧人看来,"民主的社会建立在对个人自由、自律认知的基础上,但是个人的自由和满足却是无法由个人实现的。我们必须接受这样一个事实,并为这个事实感到庆幸,那就是我们每个人无论个体的差异有多么大,都共同生活在一个社区之中。我们必须从社区中受惠、为社区付出,更对社区负有责任。当然,我们也有权利要求社区给予我们作为一个人应有的一切尊严"。②

北欧人特别热衷于组织各种协会和志愿服务组织。以丹麦为例,早在18世纪末,就出现了第一个私立的慈善机构。1849年的丹麦《宪法》进一步为民众确立了结社和集会的自由。从那时起,丹麦成立的各种社团组织就不计其数,其中大多数直接或间接地服务于社会和大众,开展的活动多集中在社会服务和人道主义领域。这些组织及其活动的首要目标往往反映着时代特征和当时的社会问题。例如,在19世纪下半叶成立的志愿服务组织的活动,主要集中于为儿童和青年人服务、救济穷人和反对酗酒。

从20世纪30年代起,特别是60年代至70年代,丹麦的福利保障逐渐全民化、规范化和专业化。1976年,丹麦《社会援助法案》颁布,该法案将志愿服务组

---

① 参见刘建辉:《"世界上最好的国家"凭什么是芬兰?》,载《经济》2004年第12期。
② 杨叙:《北欧社区》,中国社会出版社2003年版,第64页。

织纳于政府管理之下,所有的财政支出都由公共部门承担,志愿服务组织则承担起提供社会服务的主要责任。80年代后期,丹麦社会的主流是寻找解决问题的途径,实现变革。在这个过程中,人们发现了实现地方分权、加大社区政府自主权的必要性。从此,丹麦志愿服务以政府为靠山、以社区为平台,进入空前高速发展时期。据统计,仅接受丹麦共同基金和Lotto公司基金资助的、以健康和社会服务为目的的志愿组织就有162个;接受社区政府和郡政府资助的志愿服务组织多达3500个。这些形形色色的志愿服务组织大小不一、目标各异,从规模上看,既有由几位志愿者自发结合的小型志愿组织,也有拥有众多雇员和志愿者的大型专业化志愿组织。为了扶持志愿服务组织的发展,丹麦政府除了通过各种方式给予直接的财政资助外,还特别实行了各种税收优惠政策予以间接资助。

在北欧各国各种社会政策的积极引导下,北欧居民参与社区管理的积极性和水平都居于世界前列。除了依靠志愿服务组织积极提供支援服务以外,他们更多地是利用民主选举制度参政议政,充分发挥自己作为社区管理者的作用。公众参与和平等分享构成了北欧社区管理的主流。

四、我国港澳地区的社区参与

(一)澳门地区的社区参与

作为一个被弱势政府割让给异邦的殖民地,一个混合交汇东西文化并聚居华人、葡萄牙人、马来人的弹丸之地,澳门自明清时期就兴起了组建社团的风气。目前,平均每200个澳门人中就有一个社团,其社团的密集程度在世界范围内都极为少见。这些民间社团在澳门长期的"小政府、大社会"的治理结构下应运而生,充分发挥着填补政府职能空缺、凝聚澳人情感的功能。

在这些社团中,澳门特区街坊会是一个非常具有代表性的民间组织。它的功能与内地的街道委员会相近,是城市社区居民自主管理的有效模式。早在17世纪初的明朝时期,澳门就已有街巷的记载,随后在"守望相助、疾病相扶持"的中华民族优良传统的影响下,民众以街巷为载体形成了早期的自助型街坊群体组织。始建于明朝的沙梨头永福古社(前身为坊众互助会)是澳门最早(1931年)登记注册的街坊团体。现代意义的澳门街坊会形成于20世纪50年代。

在新中国成立的鼓舞下,一大批爱国爱澳同胞自发地在澳门的青洲、望厦、台山等街区成立街坊会,并于1956年改组为街坊福利会。之后,街坊会不断发展壮大,六七十年代便如雨后春笋般相继涌现,遍及澳门各主要街区。街坊会自成立之日起,便以"爱国团结"为理念,不懈促进街坊睦邻互助,为发展街坊福利和社会公益事业做了大量工作,受到街坊居民的拥护和爱戴。1983年12月30日,由25个街坊会和居民联议会共同推举代表组成澳门街坊会联合总会及其理事会。此后,街坊总会以"团结坊众、参与社会、关注民生、服务社群"为方针,指导各街坊会和所属机构继续发扬爱国爱澳的传统,大力拓展多元化的社区服务活动,努力维护居民的合理权益,积极参与社会事务,为澳门的顺利回归作出了自己的贡献。澳门回归后,街坊总会又适时将"共建特区"明确写入街坊会章程的宗旨,引导和带动各街坊会发扬"澳人治澳"的主人翁精神,全力支持和认真监督特区政府的各项工作,促进特区政府全面贯彻落实《基本法》。

目前,澳门街坊总会下设基层、社会事务、社会服务、宣传教育、文康、体育、青年事务、妇女事务、大厦工作、社区经济事务、特种事务和财务12个委员会及秘书处。街坊总会除指导25个街坊会和50多个以下业主为联系人的大厦业主会以外,还直接开办有社区、家庭、老人、青年、大厦管理和托儿等16个服务中心。各街坊会有40多个面向社会、街区居民的各类服务中心,有400多名志愿者为近600名独居老人提供社会服务。

(二)香港地区的社区参与

社区工作在香港已有一百多年的历史,并从20世纪70年代起得到蓬勃发展。香港政府非常重视社区建设问题,希望通过社区建立培养人们的归属感、守望相助的精神和作为居民的责任感,强化社会的整合。其社区建设计划的内容主要包括:为团体和社区活动提供设施;成立居民组织;鼓励市民积极参与公共事务的管理,共同解决社区存在的问题,促进社区安定,改善社区生活条件,提高社区居民生活水平与质量。为此,香港政府分别通过在邻居层面制订社区发展计划、兴建社区中心、开展实验性邻居计划、地区计划、开展社区健康计划以及劳工发展服务,以推动整个社区的发展与社会的进步。

在香港城市社区的建设中,其社区工作非常重视居民的参与,以求通过居民的参与过程促使参与者了解及察觉自身的社会责任,提高自己对社会价值的认识,实现自我成长。经过多年的积累,香港的社区建设形成了一套健全有效的组织体系。它既包括官办的行政性社区组织,又包括官民合办即政府资助、民间主办的半行政性社区组织,同时还有完全民办的非行政性社区组织。这些组织都是相对独立的,自治程度较高。此外,香港的社区服务还建立在一支专业化的社区服务队伍之上。

总之,香港政府主要通过社会保障、家庭及儿童福利服务、青少年服务、康复服务、安老服务、社区发展服务、违法者服务、职业先修训练服务等,在为社区居民提供必要的物质服务帮助的同时,侧重于对人的社区意识、归属感和认同感等精神层面的培养,注重人的权益的争取和潜能的发挥。

关键术语

社区参与,社区自治,自治组织,居民委员会,业主委员会,村民委员会。

第八章 社区参与

思考题

1. 什么是社区参与？社区参与具有什么意义？
2. 什么是社区自治？我国社区自治的基本内容是什么？
3. 我国社区居民可以哪些组织为载体参与社区自治？
4. 影响我国社区自治的因素有哪些？应如何提高我国社区自治的水平？
5. 结合自身实践，讨论我国城乡社区居民参与社区发展的基本情况，并简要分析原因。

参考书目及文献

1. 黎昕：《中国社区问题研究》，中国经济出版社 2007 年版。
2. 娄成武、孙萍主编：《社区管理》，高等教育出版社 2003 年版。
3. 潘小娟：《中国基层社会重构——社区治理研究》，中国法制出版社 2004 年版。
4. 韦克难：《社区管理》，四川人民出版社 2003 年版。

拓展阅读书目

1. 〔美〕彼得·德鲁克：《社会的管理》，徐大建译，上海财经大学出版社 2003 年版。
2. 何增科主编：《公民社会与第三部门》，社会科学出版社 2000 年版。
3. 〔美〕麦金尼斯：《多中心治道与发展》，毛寿龙译，上海三联书店 2000 年版。
4. 沈岿编：《谁还在行使权力》，清华大学出版社 2003 年版。
5. 〔法〕托克维尔：《论美国的民主》，董果良译，商务印书馆 1988 年版。
6. 杨叙：《北欧社区》，中国社会出版社 2003 年版。

案例分析

能这样撤我的居委会主任职务吗？
——宁夏石嘴山区庆安居委会主任马桂花被撤职始末

从 2002 年 7 月被停止工作已快一年了，宁夏石嘴山市石嘴山区育才路街道办事处庆安居委会原主任马桂花，多次找有关部门上访并通过其他方式反映情况，要求恢复工作，但至今未有结果，她的生活也因此陷入困境。

现年38岁的马桂花有一段坎坷的生活经历。她1985年参加工作,原是一名商业职工。她1993年参加山西财经学院函授学习,1996年9月获得会计学专业专科毕业证书。几个月后,马桂花就和其他人一道下岗。1999年,原单位以每年补贴400元,14年共计补贴5600元就完全解除了她与原单位的关系。在马桂花下岗的第二年,丈夫就与她离了婚。她带着只有几岁的女儿一起生活,还得靠年迈的父母接济,日子过得很艰苦。

2000年,当地的一项改革给这位回族妇女的命运带来转机:石嘴山区为适应新形势的需要,决定利用换届的机会,向社会公开招聘居委会主任、副主任、委员。由于当地经济落后,居委会干部的待遇一直偏低,主任、副主任、委员每月的补贴分别是260元、230元、210元。尽管如此,报名应聘者仍很踊跃。全区50个居委会要招186名干部,报名的竟有500多人。

马桂花申报的是居委会主任职务。经过认真准备,她顺利通过了文化课考试和有关部门的面试,并经当地居民投票选举,以全票当选。2000年9月10日,马桂花正式上班,出任育才路街道办事处庆安居委会主任。不料,她在这个岗位上工作还不到两年,就被街道办事处停了职。这对马桂花来说,无异于晴天霹雳。

关于马桂花被停职一事,双方各有不同的表述。育才路街道办事处在一份上报材料中说,2002年6月21日上午,办事处传达上级防汛抢险会议精神,庆安居委会因雨天无人上班、无人到会,直到通过居委会委员李惠萍才找到马桂花。但是,随后赶到的马桂花却不接受批评,声称自己到居民区入户去了。马桂花的申诉与此不大相同。她说,那天办事处是举行乒乓球团体预赛,防汛会议是后来临时决定召开的,她事先并未得到通知,因她所在的居委会无人参加比赛,她就认为不必那么早去而先忙别的事去了,等她接到通知已经晚了。就是这次迟到,改变了马桂花的命运。7月中旬,她到办事处送材料时,出纳员告诉她,她被扣发全月补贴。怎么回事?她找到办事处主任胥云峰(现已调中街办事处任主任)。胥主任告诉她:为严肃纪律,办事处决定停止她一个月工作,扣发她7月份工资(与她在同一居委会工作的张金花、李惠萍同时被扣发50元补贴),同时要求她作出深刻检查。胥主任还指出她的其他错误:不坚持8小时工作制,有时查岗发现居委会无人;轮流坐班有时也成了形式;为居民服务意识不强,工作滞后。马桂花感到委屈。尽管如此,她还是按要求写好书面检查递了上去,但得到的答复是:认识不深刻,拿回去重写。马桂花只好回家重写,挖空心思"提高"认识。她难以接受这种莫须有的罪名和处罚,也难以承受这样的打击。因此,在写检查的同时,她又请居民签名以反驳胥主任对她所列的"罪名"。为证明居民签名全属自愿,她还请人同行,以作见证。据说,有不少居民闻讯后主动到居委会来签名,对她表示支持,对她的工作给予肯定。

那么，马桂花的工作表现到底如何？马桂花的前任、原庆安居委会主任丁芝兰坦然承认，新一届居委会比她干得好。她在列举了马桂花他们做的许多工作后，这样评价马桂花："积极肯干，工作能力强，群众威信高。"但是，街道办事处党委书记陈德春却这样评价马桂花："工作能干，但不扎实。"马桂花对自己因一次迟到被停职、扣钱感到不服。她认为这其中的真正原因是 2001 年的"保洁费问题"。当时，办事处决定将管辖的六个居委会中的育才、庆安、园林三个居委会各调出一个保洁费指标挪做他用。这三个居委会的干部认为这很不合理，他们不但为此找办事处负责人交涉，还专门向石嘴山区政府写了"联名状"，三个居委会的九名居委会干部都在上面签了名，马桂花的名签在了最前面。显然，马桂花多次领头告状并未改变办事处的决定，但这件事却留下了一个疙瘩。

虽然被停职了，马桂花仍然坚持上班，她深知这份工作来之不易。2002 年 8 月 14 日，她去参加居委会干部会议。办事处负责人说："你已经写了辞职报告，没资格参加会议。你出去。"马桂花丈二和尚摸不着头脑："我什么时候写的辞职报告？怎么连我自己都不知道？"她要看那份辞职报告，别人不让她看，只告诉她那是一份打印出来的报告，下面盖的是马桂花本人的私章。马桂花一听就更觉得莫名其妙了："我就没有私章，也从来不用私章！"马桂花又开始四处告状，但这更激起了办事处负责人的强烈不满，他们曾找到检察院要求按诬告陷害罪对马桂花进行严惩，但检察院认为马桂花的行为尚不构成诬告陷害罪。

马桂花为此多次找到石嘴山区纪委书记宋淑芝和副区长张玉忠，承认错误，要求恢复工作。宋淑芝很同情她的处境，也对她提出严肃批评。经过协商，决定召开办事处和居委会全体人员大会，将马桂花调整到园林居委会担任委员职务并按委员的标准（每月 210 元）领取生活补贴，前提是她必须先作深刻检查。但是，会期定下来后，连宋淑芝书记都来了，马桂花却未到会。几天后，办事处再次开会，马桂花在会前打来电话，说如果将她调整到其他居委会，她就不干了。这次会又未开成。事后，马桂花又提出自己生活十分困难，请求从 7 月份发生活补贴，但未得到肯定答复。12 月 5 日，办事处研究决定："视其为自动放弃工作机会。"

事实上，马桂花不愿意也不甘心放弃这份工作。她只是不服："我是居民选举出来的居委会主任，办事处能这样撤我的职吗？《城市居民委员会组织法》就不是法了吗？就可以不遵守吗？"她请求有关部门按这个法律的有关条款进行"调查核实"。

石嘴山区一位领导对记者说："我们一开始很同情她，也给了她机会。可给了她台阶，她还不下！怎能让组织听她的？跟组织作对有啥好处呢？"这位负责人向记者透露了一个情况，马桂花曾与她争论过：按照《城市居民委员会组织法》规定，居委会是"自我管理、自我教育、自我服务的基层群众性自治组织"，街道办事处对它只有指导关系。这位负责人不同意这个说法,她认为就是领导关系,居委会必须服从领导。

陈德春书记在接受记者采访时问:"我们作为一级组织,难道没有调整保洁费的权力吗?没有处理一个居委会干部的权力吗?"马桂花被停职后仍然坚持上班,据她自己说,她一直上到去年12月初。但是,她自去年7月以后就再未拿过任何报酬。原来发给她的生活补贴,分发给居委会其他人了。居委会尚未产生新主任,而由副主任主持工作。在采访中,当地负责人毫不隐讳地对马桂花到处告状表示强烈不满。马桂花说:"我向上级反映情况有什么错?他们能这样罢免我的职务吗?我并不想把谁怎么样,只想恢复工作。"

? 案例思考题

1. 街道办事处有没有权力撤销社区居委会主任的职务?
2. 街道办事处与社区居委会是什么关系?
3. 社区居委会主任的工作好坏应由谁来评价?
4. 这一事件反映出我国社区自治存在什么问题?结合相关原理,提出解决的对策。

第九章 社区发展

【内容提要】 在社区发展的历史演进中,先后经历了自然共同体、生活共同体和社会共同体三个阶段。本章通过梳理支撑社区发展的理论资源,主要对比研究国外社区发展历程和我国社区发展在社会转型中的新旧差别,借鉴和吸收国外社区发展的经验,弄清我国社区发展面临的新问题;通过重点论述社区发展与社区自治的关系,澄清作为社区自治组织的业主委员会与原来的居民委员会之间的竞争与合作关系,从而理顺在社区建设和社区发展中,政府、市场和社区中的企业、非营利性组织以及有能力的个人这几者之间的关系,使社区发展在科学规划、严密有序的轨道中前行,预测我国未来社区发展的方向。

第一节 社区发展的概述

社区由自然共同体到生活共同体,再到社会共同体的发展,也见证了社区功能的变迁。由自然的自保到互助救济,再到推进社会进步、与社会融为一体的演进,社区已构成社会结构的基本单元。单位制解体后的社区发展成为推进我国民主进程的生长点。由礼俗社会下的自然社区,到工业社会关于社区解体、社区继存、社区解放的争论;由发展中国家利用社区解决贫困、疾病、失业救助等基本生存问题,到应用于发达国家,试图解决一系列社会病。面临急剧的现代化进程对传统的共同体意识的冲击,社区使人们找到一片可以安居心灵、情感,体现人们赖以生存的人文关怀的场域。同时,社区也承担起很多社会职能,给人们提供学会利益平衡、自我管理和自治的公共空间。社区发展实践就这样从发展中国家扩展到发达国家,由农村发展到城市,由传统走向现代。社区的发展正成为新的世界性的运动。由于各国的社区都代表所在国的社会基本单位,全球社会的发展找到了一个可触摸、可沟通的实体单位,因而社区发展也成为全球研究的热点,社区发展的综合性和全面性是其必然趋势。

一、社区发展的概念

(一) 国外对社区发展的定义

滕尼斯在1881年出版的《社区与社会》一书中最早使用"社区"一词,并把

"社区"与"社会"作了相对的区分①。最早提出"社区发展"概念的是美国社会学家 F. 法林顿,他在 1915 年写成的《社区发展:将小城镇建成更加适宜生活和经营的地方》一书中首先使用了这一概念。

"人们形成生活共同体之后,面临许多共同的生活问题,产生了一种互助合作的集体行动,这可以说是社区发展的基本内容。"②

美国社会学家桑德斯在其《社区论》一书中概括了对社区发展的四种不同的界定:(1)"过程"论——社区发展作为一个过程,是一系列变迁进行中的若干阶段,指从少数经营决策、最少合作、依靠外部提供资源,转变为社区人民自己决策、最大合作和充分利用自身资源的情况,强调居民在社会关系和心理态度上的转变过程;(2)"方法"论——社区发展是实现一种目的的方法或工作方式,特定目的是否有益于社区将视其所预设的目标标准和利用者的判断标准,其他方法是辅助于社区发展方法的;(3)"方案"论——社区发展是由一个个项目计划构成的,每一个计划都是根据社区的实际需求制订出来的,强调实施计划的活动,并不关注参与者本身的情况;(4)"运动"论——社区发展是一种社区人民献身并致力于社区整体发展的社会运动,强调社区发展的理想,把社区发展制度化为实现理想和信念的一种社会运动,涉及不同社会制度的文化价值选择和社会理想。③ 这概括了目前对社区发展主要的四种理解,把社区发展视为一个过程、一种方法、一项项工作方案和一场运动。

人们在参与社区和治理社区的过程中,对社区发展的认识越来越理性、全面和深刻,也逐渐达成共识。人们对"运动"论的看法是,运动尽管有激情、能掀起热潮,但由于非理性和短暂性,运动形式实际上往往难以收到实效和长效,要使社区可持续性发展,不能仅靠运动。如果仅把社区发展看做是一系列工作活动和方案,如小区建设、社区互助、福利保险等,这显然过于具体,陷于琐碎的事务中难以脱身,容易导致人们只重视社区的物质建设和生产发展,而使社区成员思想觉悟、观念转变滞后。另一种定义将社区发展视为一种工作方法,"例如,美国的社会工作专家指出,社区组织是通过协助居民克服及冲破无能感去解决问题。社区发展主要进行居民授权,通过组织居民采取集体行动去控制影响社区的一切程序、计划、决定及有关政策"④。这种观点强调为了达到一定的目标而采取某种工作方法,有其合理性,但有可能过于强调人为控制而忽视了社区的自身发展。还有一种观点把社区发展看做是工作过程,将社区发展视为不断延续

---

① 在滕尼斯看来,社区是由自然意志形成的,以熟悉、同情、信任、相互信赖和社会关联为特征的自然共同体;而社会则是由理性意志形成的,以陌生、反感、不信任、独立和社会连接为特征的社会结合体。
② 杨团:《社区公共服务论析》,华夏出版社 2002 年版,第 53 页。
③ 参见常铁威:《新社区论》,中国社会出版社 2005 年版,第 39—40 页。
④ 杨团:《社区公共服务论析》,华夏出版社 2002 年版,第 54 页。

的复合过程,即社区成员与政府积极合作,改善社区的经济、社会、文化环境,把社区与整个国家的生活融为一体,从而通过社区的发展促进整个社会的进步,强调社区发展的自发性、自治性和互补性。目前,这一观点广泛为世界各国所接受和采纳。联合国提出的社区发展与这种观点大致相同。

(二) 联合国对社区发展的定义

联合国曾在1956年给社区发展下过定义:"社区发展是指依靠人们自身和政府当局的共同努力,改善社区的经济、社会和文化状况,使社区融入国家生活并对国家进步作出充分贡献的过程。"[①]联合国最初启动社区发展计划是针对亚、非、拉美等地区的不发达国家,目的是充分调动社区内居民的积极性,使他们投身于社区活动和国家建设中去,与政府同心协力改变落后面貌,促进社会进步和经济增长,取得了很好的成效。后来,这项工作又被推广到发达国家,试图解决发达国家城市化过程中面临的一些社会问题。进入20世纪70年代以后,联合国推行的社区发展进入了新阶段,更加注重经济发展与社会进步的协调一致,更加注重社区成员对社区建设发展的参与和管理。联合国所倡导的社区发展的核心含义是:在一个地域里,组织和教育社区居民和职工共同参与社区建设与管理,使社区自身的努力与政府联合一致,合理利用社区资源和外来援助,改善社区经济、社会、文化状况。

(三) 国内学界对社区发展的定义

东北大学娄成武教授在其主编的《社区管理学》中这样定义:社区发展是指在政府、居民和有关社区组织的努力下,整合社区资源、解决社区问题、改善社区环境,以提高社区生活质量、增加居民社区归属感、培育参与意识和互助精神、增强社区凝聚力和建立和谐的新型人际关系,全面推进社区进步的过程。这也是目前对社区发展比较全面的概括。人们对社区发展的认识越来越趋于统一,大多数人都认为社区发展是社区居民在政府机构的支持下,依靠自己的力量,改善社区经济、社会、文化状况,以推进社会进步的工作过程。在这个过程中,人们"通过研究社区的共同需要,协调社区各界力量,充分利用社区内外的资源,采取互助、自治性渠道,以达到解决社区共同问题,增强社区凝聚力,提高居民生活水平和促进社会协调发展的目标,从而总体上提高社区发育过程"[②]。综合国内学者关于社区发展的定义,社区发展包括三大要素:一是发展的动力主体是社区居民;二是发展的目标是社区公共利益的实现;三是发展的过程是合作的体现,政府和非政府组织参与提供服务。

---

① 娄成武、孙萍主编:《社区管理学》,高等教育出版社2006年版,第412页。
② 杨团:《社区公共服务论析》,华夏出版社2002年版,第54—55页。

二、社区发展的特征

一般意义上,社区发展包括社区居民与政府机关协同改善社区的经济、社会、文化、教育、福利等状况,逐步实现人口、资源和各种生产要素在社区内部的重新合理配置,从而促进社区的可持续发展和全面进步。改革开放后,我国的社区建设与社区发展进入了一个新的历史时期,社区发展呈现出一些新的特征:①

(一) 合作性

社区发展是政府、居民和有关的社区组织共同推进社区建设的一个过程。从体制上看,政府在社区发展中的主体地位是通过两个方面实现的:一是政府的有关部门(如民政部门、城建部门、工商管理部门等)在社区设置相应的办事机构,行使政府某方面的职权;二是政府的派出机关街道办事处代表政府对社区进行综合的行政管理。有关的社区组织是指介于政府和企业之间的社区服务组织,通常也称为"非营利组织"或"中介组织",如慈善基金会、希望工程办公室、社会福利院、社区服务中心、老年人服务中心等。随着经济的发展和社会的进步,中介组织在社区建设中发挥着越来越大的作用。居民参与社区发展,主要是通过参加社区居委会、居民民主管理委员会、社区居民小组和有关专门小组的活动实现的,当然还包括参与范围更加广泛的社区公益性活动和社区文化活动等。

(二) 全面性

社区发展是指对社区卫生、文化、治安、环境等全面管理和革新的过程。通过发展社区卫生,预防和治疗疾病;通过发展社区文化,加强社区精神文明建设;通过发展区治安,加强社区安全保障;通过优化社区环境,合理利用社区资源,促进社会的发展。这些方面缺一不可,唯有全面发展,才能促进社区全方位进步。

(三) 目的性

社区发展最根本的目的是推动社会的进步。通过社区发展改变居民的观念和心理,培养居民的自治能力和合作精神,建立社区内部的良性互动。社区发展不仅可以促进社区进步,而且对整个国家的社会进步都有重要作用。

三、社区发展的基本原则与规律

联合国有关机构于1955年提出的社区发展的十项基本原则,已经成为社区发展的重要指南:第一,社区发展的各项活动必须符合社区的基本需要,并根据人民的愿望,制订首要的工作方案;第二,健全的社区发展,必须建立多目标的计划,并组织各方面、各部门行动;第三,在推行社区发展的初期,改变居民的态度和物质建设同样重要;第四,社区发展的目的在于促进人民公平地参与本社区的

---

① 参见娄成武、孙萍主编:《社区管理学》,高等教育出版社2006年版,第412—413页。

管理,从而改进地方行政机构的功能;第五,选拔、鼓励和训练地方领导人才,是社区发展计划中的主要工作;第六,社区发展工作应该特别重视妇女和青年的参与,以扩大参与的公众基础并获得社区的长期发展;第七,社区自助计划的有效实现,有赖于政府积极而广泛的协助;第八,制定全国性的社区发展计划必须有完整的政策,行政机构的建立、工作人员的选拔和训练、地方与国家资源的运用与研究、社区发展的实验与考核机构的设立等,都应逐步配套地进行;第九,在社区发展中应充分利用地方的、全国的与国际的民间组织资源;第十,地方性的社会、经济进步必须与全国性的发展计划互相结合、协调进行。半个多世纪以来,世界各国的学者与社区管理的实践者还提出了适应不同条件的社区参与原则,成为指导社区参与的理论依据。可以肯定,社区参与的原则将得到持续的创新和发展。

社区发展的规律突出表现为社区社会化——社会社区化。

社区是一种地域性社群。最初的群体生活是为了抵御外敌的入境和侵略,共同克服饥饿、旱涝、火灾、疾病等自然灾害。人类基本生存所需的这些公共物品——安全和福利,使得人类的自我不是理性主义所假设的极端自私性,而是具有因社区而来、伴社区而生的公共性。人类在追求安全和福利的过程中,形成了社会有机体。在有机体形成的过程中,构建起一种有价值和有助于自我实现的社会关系,它增进了人类的归属感。在19世纪之前,社会秩序是社区的秩序。

自18世纪60年代工业革命以来,"人类社会步入都市化的进程,社区在类型和规模的发展上出现了种种变化。特别是,每个社区都需要有一定的制度、机构和设施服务于整个区域,以满足其成员的各种需要。每个社区中都设有服务性质的商店、学校、工厂、政府机关、医疗单位,还有大量的自发组织的团体等,它们以整个社区的地域范围为其服务区。社区开放了,社会连通了,是各种社会制度的运行使社区成员在本社区得以维持全部日常生活。同时,社区机构设施的有效服务成为形成和保持社区疆界的决定性因素。随着现代社会生活的发展,社区之间的差异逐渐减少。大众传播工具如广播、电视的普及,国家义务教育的推行,以及各地居民人口流动的增加,导致各社区之间在规范、价值观念以及行为模式上的差异程度已经显著降低。社区的许多地方性功能已经被'大社会'的服务和普遍统一的功能所取代"[①]。也就是说,频繁的流动使社区的界限越来越模糊,社区的发展与整个社会的发展紧密联系在一起了。

然而,随着工业化进程的加快,发达国家的工业化道路通常都是以牺牲社区这个与人类生活一样悠久而且曾经占主导地位的社会结构形式为代价的。人口大量流动,城市急剧膨胀,社会的大型化,特别是市场机制以及市场的组织模式

[①] 杨团:《社区公共服务论析》,华夏出版社2002年版,第40页。

的扩展,加上大众传媒的普及等等,必然导致一个个小社区的衰落和解体,社会成员越来越真实地直接从属于一个更广大的社会,而不是具体归属于一个与他更近、更可感、更明确的生活共同体。但是,这个进程并不令人感到愉快。个人的疏离感,因为丧失了熟悉的生活支撑体系而带来的孤立无助感,这种工业化带来的负面后果非但不符合人类的本性和需求,而且还导致了社会控制系统的失灵,对于治安弱化、道德败坏、生活堕落、贫富悬殊等问题,都负有不可推卸的责任。人们开始理性地思考,要想避免社会的中空化,避免失去归属感和安全感,避免社会发展失掉人的发展这个中心,就要重视社区这个现代社会的细胞,经由社区发展获得社会发展,这就是全球人类对于工业化社会的经验教训的总结。社区发展的多样化也正是由人生活方式的多样性所决定的,社区人员的流动并没有使各具特征的多样性社区完全消失,而恰恰是社区之间的相互影响,共同促进社会的繁荣和进步。

社会社区化"一是活化和振兴在现代化过程中退化的、被忽略的城乡社区;二是用社区原则或社区精神来建设大社会。社会社区化并不是从现代化城市退化到落后的农村"[①]。"'社会发展'一词没有明确的空间概念,它所蕴涵的理念常常难以落实,但是将社会发展的理念与一定层次的地域范围相连,就成为社区发展。可见社区发展就是进入可操作层次的社会发展。换言之,'社会发展'是一种泛指,即不受地理空间限制,而'社区发展'可以具体落实到一定的地理空间,所以是一种特指。将社会发展具体化和操作化为社区发展,即将整个社会发展问题,合乎逻辑地从空间上分解成一个个社区的发展问题,有助于将国家的社会发展目标落实到基层。当一个个社区都发展了、进步了,整个社会也就发展了、进步了。"[②]由此看来,社区发展已走出原来的被动局面,即互助、救济、解决邻里纠纷等生计问题,肩负全面推进社会进步的使命,打造高素质、有品位、创新型的新社区,为人们提供一个身心愉悦、心理认同、积极参与的公共空间。基层民主、社区自治为培育公民精神、参与社会治理提供了真切的人身体验,构成推动社会进步的基点。

四、影响社区发展的因素

社会结构、社会发展战略、政府职能定位、市场发育程度、社区发展规划、民众的思想意识、行为方式、生活方式等都对社区发展产生直接或间接的影响。

(一)社会发展战略对社区发展的导航作用

社会发展的定位直接关系到社区发展的外部大环境的建设。是以单一的经

[①] 常铁威:《新社区论》,中国社会出版社2005年版,第45页。
[②] 杨团:《社区公共服务论析》,华夏出版社2002年版,第38—39页。

济增长速度作为社会发展的指标,还是以人的素质全面提高的综合发展为指标,直接决定着社会的进步和人类文明的演进。走出片面追求物质增长的急功近利性,而以可持续性的科学发展观为指引,强调社会的全面进步,为人的物质生产和生活、精神满足和心理认同提供了安居乐业的外部环境,无疑会对社区工作的各个领域产生重大影响。

（二）政府职能转变对社区发展的推动作用

长期以来,由于定位不明确,导致政府职能越位、错位、工作不到位的现象时有发生。过去,政府干预的手伸得太长,管得太多,管了很多不该管也管不好的事。随着社区的建设和发展,居民的权利意识高涨、自我管理能力越来越强,社区承担的社会管理和服务职能大大增多,政府在诸多社会管理职能上的"分权"和"松绑",不仅减少了统治和管理成本,还增强了社区的活力和人们对政府权威的认同感,反而有利于社会的持久稳定。

（三）成熟发育的市场机制对社区发展的促进作用

社区的建设和发展在大量非政府组织发达、市场化运作成熟的条件下才会取得更好的效果。社区物业管理、社区文化教育事业、社区医疗卫生、社区救济救助等诸多社会管理活动都可能探索在新的市场化条件下的新管理模式,这些事业单位的组织运营方式正在发生变化,一部分单位转为企业化管理与经营,大多数已经成为企业法人。让资源在市场上自由流动起来,自主经营、自负盈亏、自我发展、自我约束的法人实体和企业经营模式在社区管理活动中越来越发挥重要作用。

（四）社区规划对社会发展的指导作用

社区发展任重道远,社区工作千头万绪,需要科学的规划指导。社区规划是对一个时期内社区发展的目标、框架和主要项目的总体设计过程。社区规划是社区发展的指南,也是社区工作的进程表。在社区建设和发展过程中,如果没有规划,社区发展的短暂性、盲目性就很明显;而有了规划,社区发展就是自觉的、能动的,取得的经济效益和社会效益也是可预期的。社区规划得越是合理、明确,措施越是可行、得力,就越使得社区建设的能动性大大提高,社区发展水平也会大大提高。此外,社区规划还可以规范政府、社会组织、社会工作机构和广大居民的社区活动,使诸多的社区管理主体相得益彰、相互补充、合作双赢;使社区各种要素达到资源优化配置,使社区内外资源达到合理整合;在社区发展的实践中,推动社区服务、社区救助、社区保障、社区文化、社区教育、社区矫治、社区康复、社区卫生、社区安全等多方面的良性互动和协调发展。科学合理的社区规划及实施过程,是居民在社区建设和社区发展中知情权、决策权和选择权的体现,这也将极大地增强居民的社区归属感和认同感,调动他们参与社区建设的积极性和创造性。

第二节 社区发展的理论资源

一、"多中心治理"的秩序理论

重视社区建设,发挥社区的基础作用,构建多中心共同治理的秩序,也成为社区发展的研究热点。虽然在构筑现代治理格局的道路上,东西方存在很大不同,但依托基层社会的崛起,通过政府的分权和授权,在基层社会中构造政府、市场和社会共同作用的现代治理格局,已经成为一种全球化的趋势。

单中心秩序倾向于采用高度集中统一的供给者按照一致的规划,由一个服务部门去生产公共服务的方案。公共服务越来越由单一的政府提供。但是,埃莉诺·奥斯特罗姆指出,各种公共物品和服务在生产和消费特性方面的实质性差异是显而易见的,有些是资本密集、有些是劳动密集,有些有外部性、有些缺乏外部性。另外,居民对于服务的偏好显然不相同,生活相对比较贫困的居民不同于生活比较富裕的居民。这说明,一方面,公共物品自身的不同特性决定其并不完全依赖政府单方提供,政府也没有能力提供所有公共物品;另一方面,居民对公共物品偏好的差异性,更倾向于自主选择一些公共物品的提供者,而不是"一刀切"的单一模式。公共物品提供者的多中心意味着有许多形式上相互独立的决策中心,他们在竞争性关系中签订合约,并从事合作性的活动,或者利用新机制解决冲突。这为提供更高质量的公共物品构建了多中心的竞争平台,形成政府、市场、社区等多方联动的新格局。

我国有学者把多中心治理的秩序理论和方法归纳为分权、规则选择与绩效评价等四个方面。① 第一,多中心治理结构与集权和分权结构相反,可为公民提供机会,组建多个治理当局,使供给者角色不被政府单位垄断。现在发达国家已经提供了成功的范例,随着国家边界的确定和重大问题的解决,政府的政策功能有所弱化。正如克林顿在他的第二次就职演说中所言:"今天,我们可以说,政府既不是问题,也不是解决问题的方案。"②第二,多中心秩序下的政府组织,可在特定地理区域的权限范围内独立制定和实施公共服务的规则。政府供给的规则可以根据不同类型的公共服务规律,以及每个服务区的边界划分原则——服务区内需求的差异最小化使区域间需求差异最大化,设定规模各不相同的、相互独立的服务区。这类服务区叫做"分立的供给组织",其优势在于使每个官员对管辖的公共设施加强维护。第三,每一个政府部门首先是一个供给单位,它可以

---

① 参见杨团:《社区公共服务论析》,华夏出版社2002年版,第98—100页。
② 转引自经济合作与发展组织:《分散化的公共治理》,国家发展与改革委员会事业单位改革研究课题组译,中信出版社2004年版,第44页。

组建自己的生产单位,也可以选择其他部门的政府单位或者私人企业、非营利组织签订合同,多样化的生产者的选择使得生产过程中的每个环节都可能形成多样化的规模经济。第四,采用总体绩效指标和间接绩效指标,以及两类指标相结合的方式,进行公共服务的制度分析。

可见,多中心治理就是基于人对公共服务偏好的多样性,以往单一中心的政府供给模式不能满足人们的这种需求,而走向政府、企业、非营利组织、社区等多个生产单位的供给,互通有无,共同治理。多中心治理理论为社区作为独立主体的主体资格参与共同治理提供理论支持,社会治理也越来越需要作为社会基层单元的社区参与到共同治理活动中来。

二、集体行动理论

集体行动理论就是探讨追求自利的个人如何共同过好群体生活的问题,最主要的是要解决群体行为中的"搭便车"现象。

公共物品是人们共同消费的,但不是共同生产的。由于公共物品的不可分性,它的制造过程不可能分解到个人,所以不参加公共物品生产的人们可能避免生产公共物品的成本,却要参与公共物品的消费。理性选择理论将这一现象称为"搭便车"现象。如果每个人都"搭便车",公共物品就不可能生产出来。"搭便车"的难题如何解决,成为社会科学研究的一个重要问题。仅仅限制"搭便车"无助于生产,所以社会学的视角放在如何加强群体结构、强化群体团结的程度上。从经济学的角度看,社会学要求各群体成员义务贡献,并迫使他们遵从群体规则,以此减少"搭便车",创造出群体的价值规范,是典型的制度选择。人们怎样进行理性选择,怎样通过理性选择创造并且维持社会团结,社会学围绕着创建群体结构考虑公共物品的生产问题。社区治理是典型的探讨自我管理、自我收益的群体生活如何解决问题,消除"搭便车"现象是不切实际的,如何减少"搭便车"行为,培养社区集体成员的义务奉献精神,积极为集体利益谋发展,或者从制度选择出发,设计切实可行的群体规则,可能是走出集体行动"囚徒困境"的重点。

三、社区自治理论

社区是自发形成的,或起码带有自发生成因素,人类创造设计的色彩比较淡。人类的社会活动总是在国家干预和市场自由两极间不停地来回摆动,而治道变革的新走向也越来越追求社区的自愿行动,更多依靠社区的自治实现公共福利。社区自治是理性与感性相结合的行动。公众有自主权,可以自主选择、自行决定所追求的共同利益的制度方式,选错了可以自行纠正。从自我纠错的角度看,它更多地反映了社区公共属性中理性的一面;从社区群体共同意识和社区认同的角度看,它更多地反映了公共属性中感性的一面。正是社区属性使得人们在经历市场和国家这两种人类自我建构制度的长短优劣之后,重新寄希望于社区,并且创造出新的建设社区的制度规则和方法手段。因为人们知道,自治的社区和他们是一体的,就像他们自己不会背叛自己一样,社区不会生出一个他们控制不了的怪物。

社区发展的规律就孕育在这样一种人类的自我认识、自我反思、自我学习之中,孕育在人们不断追求安全和福利这个公共目标的过程中。向着社区,建设社区,反映了人类社会选择重心的理性转移。它的前提条件是人类自身的成熟程度的提高。可以说,当今时代人类的社区自治意识、自治方式以及获得有机团结的手段比任何一个历史时代都强,而且还在不断增强。成效最显著的是将政府与市场的制度引入社区,由社区与政府和市场协商,让它们各展其能,分别解决社区公共服务的规划、融资和生产等问题。

可以说,一种不同于传统社区秩序的社区—社会新秩序正在创建中。这个新秩序以社区的公共服务整合政府和市场制度,从而大大增强了人类对于原先认为不可控制的事物的可控能力。它是在社区、政府、市场之外的第四种秩序,蕴涵着社区在新时代的发展规律,研究这个人类社会新秩序就是研究社区的发展规律。社区自治是人类社会新秩序的必然要求,也反映了社区发展的自身规律,是自我管理、自我反思、自我成熟的训练过程,不是与政府、市场的对立,恰恰是把政府和市场的治理秩序融入到社区的自我管理活动中来,走向一种新的秩序融合模式。

第三节 国外社区发展的变迁与经验

"社区"概念虽然在19世纪才被提上社会学家的研究日程,但西方市民社会的传统给社区发展提供了充足的养料。也就是说,市民自治是社区发展的源头。在西方,社区发展经历过中世纪的"生活共同体"状态,也经历了工业化时代的理性与迅速变迁。今天,社区按照自己的规律仍然在发展中。

一、前工业社会:社区发展的萌芽阶段

社区最初是作为一种自我保护的生活共同体出现的,具有自发形成的特点,往往指村落、部落或自治组织。最早提出"社区"概念的德国社会学家滕尼斯认为,社区是一个自然形成的共同体,即乡村社区或礼俗社会。在他看来,"礼俗社会是基于自然意志而形成的社会结合,它是基于同情心的发展、习惯的接近,亦即共同信仰的发展等所形成的自然团结。礼俗社会生活的特征是亲密无间,村民们一般都与家族和部落紧密地联系在一起,亲属关系、邻里关系和朋友关系等'自然的'社会关系支配一切。在这种社区中,人们为了共同利益而共同劳动,把人们连接起来的是具有共同利益、共同目标、共同语言和传统以及共同的

善的观念等纽带。由于情感是建立在传统和自然纽带的基础上,因此人们具有高度的一致性和融洽性,具有共同的是非观,道德观念比较一致,对内真诚友善,对外则有一定的排外性。在他们中间存在着'我们'和'我们的'意识"①。可见,传统社区是集地域性和血缘性于一体的,具有高度的同质性和认同感;社区边界也很明确,流动性较小,是一个相对封闭的社群。

二、工业社会:社区的兴起、衰落与继替阶段

"社区失落论"的代表是齐美尔和沃思,其主要思想是:工业化、城市化和高度的社会分工使得社会裂化、人情冷漠、关系疏远。异质化构成高密度的人群矛盾冲突增多,在齐美尔和沃思看来,滕尼斯所说的社区在城市中已不复存在,因而称之为"社区失落"。

18世纪60年代,发生在欧洲的工业革命掀起了城市化浪潮,城市化从根本上改变着传统的社会生活和人类社区的性质。"在城市社会生活方式中,生存的含义发生了变化,从群体转变为个体,人们丧失了共同的类意识,自私自利,工于心计,市民们彼此生疏和冷漠,互不关心,甚至怀有敌意。在城市社会中,法律和理性支配着一切,传统习俗和情感的作用变得软弱无力,亲属关系、邻里关系、朋友关系等'自然'的社会联系日趋消退。因此,城市生活的特点是个人主义和自私自利。在这里,人们根本不相信什么共同利益,家庭和邻里的纽带也没什么意义。在19世纪的欧洲,随着城市化和工业化的进行,以交换为基础的市场关系不断侵蚀和破坏着乡村社会的共同体社会关系,城市社会的出现不可避免,并日益成为社会生活的主导形式。"②工业化和城市化的必然趋势,使人们必须面对相对疏离的城市社会。以齐美尔和沃思为代表的"社区失落论"突显了工业化、城市化的恶化的一面,尽管很深刻,也刻画了让人触目惊心的世态炎凉的现象,但社会没有因此而解体,社区又以另一种方式继续存在着。

为什么尽管个人主义盛行,社会却仍未解体,并且形成新的相互依赖关系?在迪尔凯姆看来,尽管社会分工弱化了集体意识,降低了社区认同感,但从功能分化的角度看,专业化的社会分工又增进了人们之间的相互依赖关系。一方面,从客观上说,在高密度异质性的城市里,人们仍保留着自己小圈子内的活动。在这些小圈子内,人与人之间仍保留着亲密与互助互信的关系。圈外的人似乎与他们毫无关系,对他们的生活、行为方式和人际关系以及精神心理并无多少影响。另一方面,社会分工使得具有多样性的生活方式都具有存在的合理性,个性化的选择相互影响、相互作用,共同促进社会之间的有机联系,丰富了社会生活。

---

① 转引自蔡禾主编:《社区概论》,高等教育出版社2005年版,第47—48页。
② 同上书,第48页。

因此，专业化的社会分工削弱了集体意识，但却增加了彼此的依赖，社区没有消亡。

不管是竞争、选择、迁移、支配的自然变迁，还是集中、离散、浸入、继替的社区发展过程，都说明社区的继替是过群体生活的人类的自然选择。韦尔曼等人的个人网络社区研究发现，社区问题最本质的东西是关系。这些分析者将"社区"当做"个人社区"，即一种网络意义上的、以个体为中心限定的非正式"社区关系"。他们认为，社会的大规模变迁已经改变了社区的性质，当代城市居民不再完全是一个地域共同体或亲属群体的成员，而是众多的、特殊化的、以兴趣为基础的社区成员。当社会是由具有多种社会网络成员资格的人们交叉形成的复杂系统时，那种基于对界限群体的描述使对复杂社会系统的理解过于简单化，网络社区研究者强调研究人们之间的联系，将社区从邻里地域的限制中解脱出来，因此又被称为"社区解放论"。这也构成现代社区的新特点，即人们已经走出地域和血缘社区的界限，工作与住所也存在分离，以兴趣结成的社区越来越多，个人的私人领域和公共空间都是需要的，是各种关系把人们纠集在一起。

三、后工业社会：社区的回归阶段

人们经历竞争、隔离、疏远后发现，无论从网络关系学，还是从人类生态学的角度，过群体生活是人类的一种合乎自然的必然选择。自 20 世纪 50 年代以来，以霍利、邓肯等人为代表，重振了人类生态学。霍利认为，人类生态学的独特视角应该是寻求解释人口如何集体和无意识地适应环境。他将人类生态学看做是研究人类社区的形式和发展，并将社区看做是一种建构性的、由不同功能部分组成的关系系统。也就是说，人类生态学所要考虑和关注的并不是具体的物质人类社区，而是作为功能关系的社区，即人类聚居适应环境所形成的复杂的、相互依赖的系统。社区作为人们生活的基本单元符合人的生物本性，回归社区也是人的自然本性的要求。可见，从生态系统的角度理解的社区，超越了社区内部文化的差异，以及工业化和城市化带来的冷漠和隔离，把人的社会本性还原到人的自然本性之中，使社区更加充满自然的和谐，更少人为的统治和社会的纷争。

不仅社区发展有其合乎自然的必然规律，而且社区建设是人类重建认同感和归属感、培育公民的公共精神的最好场域。这也表明，社区是人们精神寄托的公共空间。"只有社区建设才能解决'公民素质衰落'的问题。社区建设'必须重视支持网络、自助以及社会资本的培育'。"[①]社区建设不仅意味着重新找回已经失去的地方团结形式，它还是一种促进街道、城镇和更大范围的地方区域的社会和物质复苏的可行办法。

---

① 常铁威：《新社区论》，中国社会出版社 2005 年版，第 46 页。

通过上述国外社区发展的分析,纵观其发展历程,经历了萌芽、兴起、衰落、继替、复兴的全过程。可以发现,国外社区发展已从早期的慈善、救济、福利的范围向社区的经济、社会、教育、生活全面参与的方向发展,并在社区规划、社区照顾、社区参与等方面已相互融合在一起,促进在政治、经济、社会、文化各方面的改善。尽管社区发展也经历了个人主义盛行带来的竞争、隔离和疏远,但社区的自治和关系网络又使人们过上新的社区生活,个人的私人领域和公共空间并存,共生与共栖关系相补充,社区的发展与社会的进步融为一体,社区发展的最终目标是满足人的需要,找回人类的归属感。

在发展模式上,存在社区自治、政府主导以及介于此二者之间的混合模式。西方发达资本主义国家实行市场经济,政府对社会事物往往采取不直接干预的方式,在社区发展中多采用社区自治模式。经济落后的国家以及新兴发展的国家由于面临加速发展国家经济、改善国民生活的问题,需要整合社会各阶层利益与资源,加大政府的介入力度,在社区发展上采取政府主导或者混合模式。

在社区发展的内容上,各国从满足社区居民的需要及解决社区居民面临的问题出发,充分利用政府、社区、非营利组织甚至营利机构的资源,形成了各具特色的社区发展景观。

在社区参与上,在采取混合模式或政府主导模式的国家,社区居民从对政府的响应转变到自治式主动参与,特别是非政府组织与社会志愿者成为两种主要的参与力量;而在采取社区自治模式的发达国家,单纯由过去的民间行为发展到政府主导下的居民共同行为。社区共治和充分发挥政府、市场和社区各方面的优势构成普遍性共识。国外社区发展历程及其产生的经验,对我国的社区建设和发展具有多方面的借鉴意义。首先,国外的社区发展是与社区自治的传统密切联系的,我国在引进过程中应注意国情的差异;其次,国外的社区发展是基于市场与政府功能不足的前提,是一种制度上的弥补,可以给我国提供有益的借鉴和启示;最后,国外社区发展的曲折历程表明,社区的运作是有规律的,科学研究有助于我国社区的健康发展。[1]

第四节 我国社区发展的历程与面临的难题

一、由"家族"走向"单位"

新中国成立前,社会群体主要体现为以"家族"关系为纽带的家族团体,血缘和地缘构成的"宗族共同体"成为维系几千年社会秩序的坚实根基。新

---

[1] 参见张玉枝:《转型中的社区发展》,上海社会科学院出版社2003年版,第60—61页。

中国成立后,社会的基本单位则演变为类似家庭成员关系的具有特殊组织意义的"单位"。"我们将这种以单位为家的文化称之为'泛家族文化',也就是一种被泛化到各种组织中的家族文化。在这种文化中,人们工作单位的社会地位和属性就决定了人们自身的社会地位。单位赋予每个人的恰恰是'家'一样的关怀,每个人在自己的小家之外,都有一个可以依赖的'大家'——单位。"①

二、"单位人"向"社区人"的转变

我国的社区发展是一个不断变革的过程,尤其是与政治、经济的变革相连接的时候,这一变革的速度和广度都是空前的。有学者总结道:"改革开放以来,人们逐渐主动或者被动地放弃了单位所提供的'家'的保障,开始走进住宅市场购买自己的房屋。除去单位购买集体居住外,在新建小区中,人们普遍感到邻里之间的关系不如以前,邻里之间的相互照应也少了。邻里互助的减少,自然需要满足各种需求的、替代性的'家',这个'家'就是现实中正日益增长起来的新型多功能生活小区。社区重建,就是要以新型多功能社区来替代正在失去职能的单位小区,就是把具有'家'的理念的社区文化植入新社区中,使之成为一个有灵魂、有吸引力、拥有亲密人际关系的可以轻松交往的、居住者认同的社会'大家庭',一个全新形式的社会基本单位。"②

社区与单位的基本区别在于:社区作为居住单位的形式而存在,"'居住单位'是人们自由选择的结果,是基于一定的产权、契约和利益而形成的,是一种权利的空间;而传统的'单位组织'作为生产单位,是权力与计划安排的结果,是基于一定的制度、组织和使命而形成的,是一种权力的空间"③。从"单位人"向"社区人"的转变,意味着一种"权力空间"向另一种"权利空间"的转变。

三、从"社区居委会"到"业主委员会"

现代人越来越追求私人领域的隐私权,随着现代社会的发展,人们,特别是城市人,越来越重视自己生活方式的隐秘性。单元房、独家居住的花园别墅所提供的关起门来自成一统的生活方式,恰恰符合了现代人的愿望。由过去的"福利分房"到现在的"市场购房",产权观念明晰,"业主委员会"对过去的"居民委员会"提出改革需求和更高的要求。

---

① 蔡禾主编:《社区概论》,高等教育出版社2005年版,第134页。
② 同上书,第134—135页。
③ 林尚立:《社区:中国政治建设的战略性空间》,载《毛泽东邓小平理论研究》2002年第2期。

传统社区和新型社区公共事务比较①

比较项目	传统社区	新型社区
产权基础	公有产权	业主私人产权
治理主体	房产所有单位等	业主和业主组织
治理状态	平稳和正常运行状态,突出的矛盾冲突不多	产权纠纷和物业管理中的矛盾冲突具有普遍性,部分社区存在暴力解决问题的方式
社区综合性公共事务管理主体	居委会	居委会组织缺位与功能缺位的问题突出,相当多的小区业主委员会承担了物业管理以外的其他社区公共事务

可见,新型社区是建立在业主私人产权的基础上,而不是建立在公有产权基础上;其治理主体不再是房管部门,业主作为物业的所有者享有对物业的管理权,对物业管理服务进行选择,共同付费、共同受益、共同监督;产权纠纷和物业管理中的矛盾冲突等社区公共问题突出。由于以业主物业公有部分为基准的社区公共利益和公共事务是基于业主私人财产和财产权的,只有业主或者业主组织自主处理自身事务,才具有利益代表性和合法性;居委会、开发商、物业管理企业和政府发挥了一定作用,但都存在着代表性缺乏和治理有效性不足的局限。业主因为自身利益受到开发商和物业管理企业的侵犯,而形成自发性集体维权行动,采用了多种行动方式,取得了一定成效。但是,自发性集体维权行动也存在"搭便车"等困境与局限,需要持续性的、有广泛代表性的、组织性的、法定的集体维权形式——业主委员会。从单位制松动,到业主作为"社区人"的主体意识越来越强烈,业主自治性组织的构建越来越成为"社区人"的共识,业主委员会是时代催生的产物,会在社区治理过程中发挥越来越重要的作用。

新的社区建设对社区发展不断提出新的要求。第一,随着越来越多的商品房小区成立,居民的产权意识越来越明晰,自治意识也越来越强烈,对合理自利的切身利益的主张和维护越来越普遍成为人们的共识。他们开始推选产生自己的业主委员会,尽管法律上没有认定他们的资格,但是他们的认可、参与程度和认同感仍然比较高。第二,居民日益增长的物质和精神需求是居委会远远不能满足的,而这些需求恰恰需要新的组织形式,如自愿者协会、养鸟协会、交谊舞联谊会、业主 Party、物业管理公司等自发的民间组织出现。日益发展的公共空间积淀了深厚的社会资本,为社区的健康发展奠定了组织和机构保障。第三,随着社区服务和社区救助的深入开展,也越来越需要有新型的专业化组织出现。人

---

① 资料来源:杨波:《从冲突到秩序:和谐社区建设中的业主委员会》,中国社会出版社 2006 年版,第 50 页。

们对个性化的追求使得各种服务组织也必须适应这种要求,走向专业化,社会社区化的特征越来越明显。这也说明,仅仅依靠过去居委会的管理越来越不能满足社区发展的需要。这是因为:

首先,针对居委会组织机构的困境,有学者总结了以下三个方面的问题:一是街道居民代表大会的产生和组成程序缺乏法律依据,有游离于法律轨道之外的危险。现行的街道居民代表大会对街道行使一定的监督权,其监督权的性质是什么?街道居民代表大会对街道办事处主任的报告有疑问,产生不同看法,如何解决?它与区政府的监督如何协调?二是街道居民代表大会的代表结构不尽合理。现行街道居民代表大会的代表主要来自小区中的本地区居民代表,部分人大、政协代表和知名人士等,而对外地务工人员代表、单位性代表、在本社区居住的外国人代表等考虑不够。街道居民代表大会的代表结构不能体现社区快速发展的社会阶层的构成状况,一些新的社会群体没有被纳入到相应的代表范围之中。三是现行街道居民代表大会没有常设机构,会议的内容基本上由街道决定;对代表提出的问题,缺乏有力的监督处理程序,作用十分有限,本质上是虚设的。[①]

其次,从居委会需处理好的几组关系看,存在如下难题:第一,居委会与政府的关系。从理论和法律上说,居委会作为城市基层群众的自治组织,政府及其派出机关与居委会的关系本质上应是一种指导与被指导的关系,而非领导与被领导的关系。政府部门有责任向居委会的工作提出建议和参考性意见,而不应直接指派并直接考核评比居委会的工作状况。相反,政府部门应该经常性地接受来自居委会及居民群众对其工作状况的考评。但是,理论与法律上的规定与实际情况并不吻合,甚至完全相反,指导与被指导的关系变成了领导与被领导的关系。在这种情况下,居委会的工作只能向政府负责,而非对居民负责。政府许多职能部门为了使居委会更多更好地承担自己委派的工作,实现本部门的工作目标,喜欢和习惯以考核、评比的指挥棒支配居委会的工作。在这种情况下,政府实际上全面支配着居委会的工作,使居委会日益与居民相脱离,日益远离了自治的本性,成为代表政府管理社会的力量,成为基层政权的行政化组织。第二,居委会与居民之间的关系。从理论和法律上说,居委会作为城市基层群众性自治组织,其主任、副主任、委员均应当由本居住地有选举权的居民选举产生,其工作应该向居民或居民会议负责,接受居民的监督与考评;居委会应该是服务于社区公共事务与公益事业、维护居民合法权益的自治组织,动员和组织居民群众参与社区发展的自治组织。但是,由于居委会成员的选举至今在很大程度上仍流于形式,在相当程度上受到街道的直接影响,也由于居委会实际上成为仅向街道工作负责的行政化了的组织,所以对居委会而言,政府的评价比社会的评价、居民

[①] 参见杨寅主编:《公共行政与社区发展》,浙江人民出版社2005年版,第110页。

的评价重要得多。在这种情况下,居民对居委会认同与评价程度不高、主动参与社区自治的积极性受到抑制就是很自然的了。甚至在许多情况下,居民还把居委会看成政府的一个机构(一些政府官员和居委会干部也视居委会为基层政权的组织形式之一),这不能不令人十分尴尬。第三,居委会有能力承担那么多项的行政职能、社会职能乃至市场化了的职能吗?换句话说,居委会应当是全能主义的组织吗?改革开放以来的历史进程实际上已经说明,作为城市基层群众性的自治组织,居委会既不是政府,也不是企业和学校等专门化的组织。因此,它不应该也无法将性质各异、内容杂多的各种组织的职能或功能承揽于一身。否则,居委会必然成为依附于政府、缺乏自治性质和品格、功能不清的大一统组织。事实表明,尽管多年来居委会发挥了许多重要的、积极的社会作用,但却始终未能恢复其组织本性,即基层群众性自治组织的性质和作用;它主要是以政府的附属或下级组织的角色参与社区建设和社区发展,而不是以社区自治组织的角色参与社区建设和社区发展。当然,之所以造成居委会自治性质弱化、功能重叠的尴尬现象,根本原因还在于我国社会发展及社会体制改革滞后于经济发展及经济体制改革,在于社会发展领域非政府组织的发育不足和组织功能分化的过程、步伐太慢。此外,法律法规的不健全也是其重要原因之一。

业主委员会是新兴的自治性组织,是由业主自己选举出的、有能力且负责任的人选所组成的,在社区公共事务治理中发挥着重要作用。业主委员会的目标是保障财产权利,维护和实现业主利益,治理社区公共事务;其性质在法律上是业主大会的执行机构,同时是自治性组织、非营利性组织;它发挥着业主自治、与社区有关主体合作共治、公民参与三种功能。业主委员会对新型社区公共事务治理的意义在于:促进社区自治的发展;形成基层民主新的生长点;成为维护公民合法权利的重要组织形式;协调矛盾冲突,促进社区整合,建构和谐社会的微观基础;培育公民文化和社会资本,发展公民社会。

业主委员会与居民委员会比较表[①]

比较项目	社区业主委员会	社区居民委员会
组织目标	维护社区业主的利益	维护社区居民公共利益
组织性质	业主自治组织、非营利组织	居民自治组织和政府派出机构的双重性质
法律依据	《物业条例》:业主委员会是业主大会的执行机构,在物业管理区域内代表全体业主对物业实施自治管理	《宪法》:基层群众性自治组织;《组织法》:自我管理、自我教育、自我服务的基层群众自治组织。

---

① 资料来源:杨波:《从冲突到秩序:和谐社区建设中的业主委员会》,中国社会出版社2006年版,第183页。

(续表)

比较项目	社区业主委员会	社区居民委员会
组织章程	章程由业主大会制定,体现全体业主委员会的组织目标和活动范围的主张和要求	在基层政府(街道办事处)指定的章程下运作(或者没有专门章程)
人事权归属	业主委员会成员由业主大会选出	由居民会议或居民代表大会选举产生,但实际上往往由基层政府(街道办事处)指定
经费来源	经业主大会决定,可以由业主支付	由基层政府(街道办事处)拨给
决策权属	可以对有关物业管理的事务独立作决定	一般事务自主决策,重大事务由基层政府(街道办事处)决定
运行方式	业主授权行事,因而是一种社会化的运行方式	做街道办事处等其他政府部门交办的事务,在工作方式上是按政府的指令办事
工作内容	监督物业管理服务	社区公益服务
激励机制	很少甚至没有物质上的收入,主要是无形的精神激励,如业主的肯定和尊重、自我价值的实现	成员的工资、福利、考核和奖励主要来自于基层政府(街道办事处)
监督制度	接受业主监督	接受居民监督,实际上主要接受基层政府(街道办事处)监督

综上可见,业主委员会在社区治理中发挥越来越重要的作用,但也不要走极端,以业主委员会取代居民委员会。一方面,由于业主都忙于各自的事业、业主职业的多样化和差异性、人员流动的频繁和闲暇时间的有限,难免有业主自利和社区共同利益缺失的可能等因素,很难保证让业主委员会完全履行其职责。另一方面,居民委员会依然在很多方面,尤其在社区党建、处理邻里纠纷、提供公共服务、营造小区互助合作的氛围等方面发挥着作用。目前,寻求二者互补的关系显得尤为重要。

第五节 我国社区发展的方向

经历了工业社会对社区衰落与社区隔离的反思,迎来一个新的社区发展的繁荣期,社会社区化的特点越来越鲜明,社区积累的自治经验和自主精神对社会的持久繁荣和人们安居乐业起到根本性的心理认同作用。我国的社区发展在探索中前进,并取得了巨大进步。目前,各地结合实际,探索出了一些社区管理的新经验,形成了具有当地特色的社区管理新模式。例如,青岛模式、上海模式、江汉模式、沈阳模式,以及近年来异军突起的、改革步伐更快的百步亭模式。这种多元化发展的格局反映了社区实践的内在要求,社区发展的方向也将在不断的探索中逐渐明晰,对于指导社区发展具有积极意义。

一、社区发展的组织日趋自治化、公众化

在社区发展的经验层面,国外的经验呈现出多元化的发展趋势。有学者认为,导致这一现象产生的原因有二:一是受到城市化的快速进程、大城市的超前增长以及城市功能综合化的影响;二是发达国家出现的城市人口及产业外迁等逆城市化的趋向,使得社区的边界越来越模糊,各类社区出现融合,真正的市民社会也在形成。社区发展作为一种有方向的社区变迁,在推广实施的视角及模式上也产生了新的变化趋势:"1. 社区发展的地区普及化。2. 在社区发展的组织过程中,越是发达国家,非营利或非政府组织发挥的作用越大。3. 对非政府组织的管理政策进行调整。4. 志愿者队伍的发展在社区发展的过程中作用越来越大,同时志愿者活动的发动、组织也受到政府的关注与干预。5. 社区发展过程的方法越来越被重视。6. 社区发展的自治程度越来越高,社区之间的相互联系越来越密切。7. 社区企业与社区居民的就业关系越来越大,越来越多的居民在社区企业就业。8. 为适应社区居民的要求,在社区的工作内容上开展相应变革。9. 社区发展的整合,使社区发展从根本上发生转变。"①

事实上,我国的社区发展正是借鉴西方发达国家的经验,并结合我国实际而展开的。比如,青岛等五模式的经验都有一个共同特征,即对政府权力与社区公共权力关系的再定位,都在强调政府作用的同时,引进了市场机制和社会机制的参与。这在推进社区自治和社区民主方面迈出了坚实的步伐。

可见,政府在社区发展中越来越由以往的微观管理过渡到目前的宏观规划,政府的"分权和松绑"为社区居民自治和公共参与的社区治理模式提供了可能。政府也逐渐认识到,通过社区服务这一有效的社会服务方式,可以将社区治理的主动权还之于民,使社区居民真正成为社区的主人,管理自己的事务,有利于形成社区居民的认同感、归属感以及良好的社会风尚,分担"全能政府"不应当承担的职责,有效弥补市场的"失灵"。

二、社区发展的管理日趋市场化、多元化

随着经济的发展以及人民生活水平的日益提高,公众的需求不断增加,需要社区提供和管理的各种社会服务、文化娱乐服务、医疗护理服务、初级教育服务等社区的各类有偿性的供给必然逐渐增加。社区服务将日益呈现多元化、市场化、专业化和协调化的特点,客观上要求将市场机制引入社区服务领域。由于社区服务的专业性和资源的有限性,以及市场在资源配置方面的有效性,市场机制

---

① 黎熙元、童晓频、蒋廉雄:《社区建设——理念、实践与模式比较》,商务印书馆2006年版,第66—70页。

是社会解决供需矛盾,谋求更快、更好发展的战略选择。市场以丰厚的利润作为回报,激发出人们的积极性,越来越开放的社区管理必然走向市场竞争,这也是资源达到最优化配置的战略性选择使然。我国著名的百步亭模式就是将市场机制引进社区管理的有益尝试。[①]

一方面,在社区经济发展过程中,工商企业、各类基金会、银行、非营利组织、其他社会团体都作为相对独立的经济主体参与市场竞争;另一方面,在世界经济一体化、全球化的大潮之下,社区的开放性日益显著,一国的社区组织不仅服务于社区,而且向全国性社区发展,并通过融合进而向国际性社区的目标迈进。随着社区服务市场化越来越成熟,市场主体必然越来越多元化,市场所拓展的范围也越来越广泛,逐渐形成社区经济的多元化,社区管理也必然越来越与时俱进,选择市场化和多元化的管理模式。

在多元化的发展态势下,尤其值得关注的是社区自治与非营利组织的相关性。随着非营利组织的兴起,民主意识深入人心,越来越多的民众意识到了自觉、自主、自治的价值,愿意投身社区,协商处理本社区的问题,从而唤醒了社会民众的自治意识和公共参与意识。从经济的角度看,社区自治和广泛的公共参与还是一种成本较低的管理模式;从政治的角度看,社区自治和广泛的公共参与有利于推进基层的民主建设,提升公民的政治参与度。社区自治和广泛的公共参与主要是指以社区居民为核心,联合社区内各种主体组织、机构,共同参与社区事务的管理,实行真正的民主自治管理的一种模式。社区成员的自我服务、自主管理、自我发展是社区建设的核心。从民众的切身利益出发,居民自治和公共参与是确保社区居民实现基本的生存权和发展权,进而实现对国家政治经济生活的参与权的有效途径。

三、社区发展的手段日趋法制化、规范化

市场经济为社区服务发展开辟了新的领域,增添了新的内涵,也带来了许多新情况、新问题,原有社区服务方面的法律法规已经难以适应社区工作的需要。诸如立法工作滞后、法制教育不力、执法监督不严等问题,势必困扰和阻碍社区服务事业的整体推进,制约和影响社区服务的健康有序发展。另外,社区服务任务繁杂、涉及面广,这种多元性的特点要求提高社区的法制化和规范化。大量的社区发展实践证明,涉及社区建设的法律法规有的太抽象,基本上是有法难依;有的法律法规不配套,给执法工作带来不便;有的法律法规不健全,使实际工作部门无法可依。只有通过及时的立法和严格的执法,才能妥善解决社区服务发展中存在的难题。立法滞后、法制教育松散、执法力量薄弱是制约社区服务发展

---

① 参见常铁威:《新社区论》,中国社会出版社2005年版,第72页。

的主要因素,只有对此高度重视并采取相应的对策,不断提高社区服务的科学性、高效性和开放性,才是解决问题的根本途径。

社区法制建设的中心任务,就在于充分发挥社会稳定机制的作用,追求社区服务发展的相对平衡,从而不断提高社区服务发展的科学性、高效性和开放性,最终实现社区服务的规范化。市场的瞬息万变和社区的日新月异意味着新问题必然层出不穷,法制的确定性、预期性和透明性等特点决定了法制化道路越来越成为人们的必然选择。

未来的社区管理模式是依法管理的模式。实现依法管理社区的首要条件是制定和完善有关社区管理的法律法规和配套制度,形成覆盖社区管理各个领域的社区管理法律体系。此外,要特别注意社区管理法律法规的可行性,做到尽可能详细、明确和便于操作,让每个社区成员都清楚哪些行为是法律允许的,哪些是不允许的,以及触犯法律会导致什么样的后果等,从而培养社区居民自我约束的意识。当然,在社区管理的全部法制化过程中,还需要做到执法必严,违法必究。

四、社区发展的视野日趋全球化、国际化

在政治学的层面,社区管理涉及民主与治理。在全球化把世界变得越来越小的背景下,社区管理全球化、国际化的趋势也日益凸现。有的学者认为,社区管理的全球化和国际化主要体现在两个方面:"一是整个'社区运动'从发展中国家向全球扩展。在传统社区发展规划的制定中,人们更多是把注意力放在发展中国家,甚至认为社区发展只是发展中国家的事。然而,20世纪80年代以来,随着全球化的迅速扩展和深化,世界的整体性和相互依赖性日益增强,越来越多的人们已经认识到,发展中国家的贫困不只是发展中国家发生的贫困,它也是影响世界安定的重要因素。可以说,即使是发达国家也依然存在不断完善自身、发展自身的任务,美国政府所制订的'反贫困作战计划'就是一项致力于社区发展的'行动方案'。当前,对社区发展的重视已成为世界各国的共识。二是社区的服务组织越来越趋于联合,朝着国际化的方向发展,社区内的一些大型的非营利组织、志愿者组织、慈善团体等,越来越表现出相同或类似的利益需求与发展目标,从而使得它们之间的联系越来越紧密。由于常常面对同样的社区事务问题,因此组织间的合作和交流日益必要且非常重要。这样,这些社区服务组织不仅跨地区、跨行业结成全国性联盟,互通信息、沟通有无,扩大本组织的影响力和服务范围,而且随着服务项目的扩大及范围领域的交融,跨国界大型社区服务组织、志愿者组织也逐渐形成。如反家庭暴力组织等国际性的社区组织通过对话与交流,共同在社区管理与服务中发挥着不可替代的作用。"[①]社区发展的

---

① 汪大海、魏娜、郇建立主编:《社区管理》,中国人民大学出版社2005年版,第359—360页。

普遍联系使社区走出狭小地域的限制,寻求一体化、国际化的要求越来越成为可能,社区发展的普遍经验也在世界范围内传播,成为各国的共同财富。

五、社区发展的规划要具有可持续性

社区发展的初期,社区管理组织主要被看做是解决现实困境、摆脱贫困和失业以及为社会和经济发展服务的应急性机构。今天,随着社会的不断进步,可持续发展已成为世界各国普遍接受的观念,在社区发展中也得到了相应的体现,整个社区的管理也将从应急性管理逐步转变为协调的、可持续的社区管理,由疲于应酬的被动局面逐步转变为未雨绸缪的主动预防。社区发展立足于地方基层政府,依靠当地居民的积极主动参与,谋求本地发展,促进社会整体进步,既保留了社区这一传统形式中的有利因素,更为整个社会长久持续发展打下坚实基础,有效地保障了社会发展步入以人为本的可持续协调发展的轨道。社区由被动处理社区内部矛盾到把社区发展作为整体运营规划,着眼于未来、以发展的眼光和科学先进的治理理念通盘考虑、谋求更快更持久的社区发展成为人们的共识。

六、社区发展的目标要与社会进步相融合

社区作为一种地域性社会,是连接公民个体与社会的桥梁与纽带,是微观社会的重要组成部分,构成社会大系统中的基本单元。同样,社区发展作为社会发展的一个重要组成部分,也与社会发展有着内在的融合性和协调性。社区发展与文明程度构成一个社会的缩影,社区社会化和社会社区化是相辅相成的关系。从人类社会发展的历史进程看,社区发展不论是对社会经济发展,还是对人本身的发展和社会整体性进步,都具有十分重大的意义。正是通过将整个社会的发展牢固地建立在一个个社区的发展之上,并不断地保持它们之间的一致性、协调性,整个人类社会才会走向良性且持久的发展之路,这已成为当今世界各国的共识。社区的繁荣进步最终代表了社会的文明发达,从点点滴滴的身边小事做起,率先垂范,成功积累的社区发展模式必将对社区的进步起到示范和引领作用。

关键术语

社区发展,社区失落论,社区继替论,新型社区,业主委员会,居民委员会。

思考题

1. 从社区发展的轨迹看,社区真的失落了吗?复兴的新型社区有何特点?
2. 社区发展有何规律?社区发展的未来趋势是什么?
3. 从我国的社区发展看,居民委员会存在哪些不足?业主委员会的意义在

哪里？业主委员会和居民委员会之间又存在什么关系？

4. 国外的社区发展对我国的社区发展有何启示和借鉴意义？

参考书目及文献

1. 汪大海、魏娜、郇建立主编：《社区管理》，中国人民大学出版社 2005 年版。
2. 黎熙元、童晓频、蒋廉雄：《社区建设——理念、实践与模式比较》，商务印书馆 2006 年版。
3. 常铁威：《新社区论》，中国社会出版社 2005 年版。
4. 蔡禾主编：《社区概论》，高等教育出版社 2005 年版。
5. 杨团：《社区公共服务论析》，华夏出版社 2002 年版。
6. 娄成武、孙萍主编：《社区管理学》，高等教育出版社 2006 年版。
7. 傅忠道主编：《社区工作基础知识1000答》，中国青年出版社 2002 年版。
8. 徐永祥：《社区发展论》，华东理工大学出版社 2001 年版。
9. 杨波：《从冲突到秩序：和谐社区建设中的业主委员会》，中国社会出版社 2006 年版。

拓展阅读书目

1. 徐震：《社区与社区发展》，台北正中书局 1994 年版。
2. 奂从清：《社区研究——社区建设与社区发展》，华夏出版社 1996 年版。
3. 侯玉兰、侯亚非：《国外社区发展的理论与实践》，中国经济出版社 1998 年版。
4. 侯玉兰主编：《城市社区发展国际比较》，北京出版社 2000 年版。
5. 王青山主编：《社区建设与发展读本》，中共中央党校出版社 2001 年版。
6. 陈启能、姜芃主编：《中国和加拿大的社区发展》，民族出版社 2003 年版。
7. 张玉枝：《转型中的社区发展：政府与社会分析视角》，上海社会科学院出版社 2003 年版。
8. 侯钧生、陈钟林编著：《发达国家与地区社区发展经验》，机械工业出版社 2004 年版。
9. 〔英〕吉登斯：《第三条道路——社会民主主义的复兴》，郑戈译，北京大学出版社 2000 年版。
10. 〔美〕桑德斯：《社区论》，徐震译，台北黎明文化事业股份有限公司 1982 年版。

> **案例分析**

上海：公众参与闵行区龙柏社区控制性详细规划编制实例

规划编制过程中公众参与阶段

各个国家和地区在城市规划编制程序以及公众参与的阶段上不尽相同，但是较为成熟的公众参与都具备两个特点，即公众在规划编制的早期参与以及公众参与贯穿于城市规划编制的全过程。在这些国家和地区，公众的意见是政府决策的重要步骤，而且在规划编制的不同阶段，公众也相应发挥着不同的作用。社区价值评议是规划编制的准备工作，这一阶段的主体是公众，将公众对社区未来的设想收集起来作为确定社区未来发展目标的依据。从美国公众参与的经验来看，公众在规划编制之前就参与到调查研究与方案的讨论中，将会大大减少方案形成后公众的反对率。根据目标，规划人员提出符合目标的不同方案，由公众选择其中最符合其设想的一个继续深化。在方案定稿的审批阶段，还要举行公众会议。

公众参与的实施

公众参与的过程可分解成四个部分：信息的发布、意见的收集、意见的处理和意见的反馈。这一过程类似于电脑的数据处理过程：数据的输入、数据的处理以及数据的输出，最终输出数据的正确性取决于输入数据的正确性以及处理方法的正确性。相应地，公众参与的最终结果是否客观地反映了公众意愿，取决于三个方面，即公众获得的规划信息是否真实与完整、公众意见的收集是否全面、公众意见能否得到公正的处理。

要使公众参与有效，需要能够防止"暗箱"操作的工作制度，这些制度体现在合理的组织机构、透明的实施方法上，同时通过立法的手段将公众参与的组织机构和操作流程进行明确，以使公众权利得到最大程度的保障。为保证公众参与的公正性与透明性，国外公众参与较为成功的做法是成立城市规划公共参与委员会，这个团体是独立于行政组织之外的，由关心城市发展、具备一定规划知识的公众组成。城市规划公众参与委员会是公众参与的组织者，负责信息的发布和意见的收集、处理与反馈，将最终获得的结果转交到规划编制人员处，并对规划编制的成果进行监督，以保证公众的意愿能够得到反映。同时，该委员会还有义务坚持公正、客观的原则，对于公众不合理的意见进行解释与引导。

闵行区龙柏社区控制性详细规划编制中的公众参与

为了使社会公众更好地了解城市规划、参与城市规划、支持城市建设，使城市规划的编制更具科学性和合理性，充分体现人民群众的意愿，维护公共利益，上海在新一轮的城市规划编制中加大了公众参与的力度。由于控制性详细规划是实施性的规划，各类公共设施的配置是规划重点之一，与总体规划相比，控制性详细规划与老百姓的生活更为密切,成为此次公众参与的重点。闵行区龙柏社区被选择作为控制性详细规划公众参与的试点,其经验将在全市推广。

规划编制中公众参与的阶段

该规划编制过程中,计划组织两次公众参与,分别为初期方案的形成阶段以及方案定稿之后。在初期方案阶段的公众参与,公众主要对规划编制人员的规划方案进行评议;在方案定稿后的公众参与,主要是对前次公众所提意见及建议的反馈。

初期方案公众参与的具体操作

从2005年6月初至8月底,规划的初期方案基本形成,9月中旬组织了第一次公众参与。此次公众参与的组织机构由三家单位构成,包括上海市城市规划管理局、闵行区城市规划管理局以及上海市城市规划设计研究院。其中,市规划局负责整个公众参与过程的协调与指导工作,闵行区城市规划管理局负责组织公众座谈会、听取和整理公众意见以及向公众反馈意见等,规划院则负责提供规划的内容、民意调查表以及对公众进行规划方案介绍和专业咨询。

信息发布

此次公众参与信息发布的内容主要包括龙柏社区的规划目标、土地使用规划、公共设施规划以及交通和市政规划的相关文字与图纸。信息发布的手段主要有展板展示和分发宣传册两种。

由规划编制单位将规划内容设计成展板与宣传册的形式,其中展板由居委会设置在社区人流较多的公共场所进行展示,宣传册则分发给社区内各居民代表或组织代表。为方便公众对规划方案的理解,并提高群众参与规划的积极性,在规划宣传的展板和宣传册的设计方面,尽量通俗易懂,并且将与老百姓生活关系较为密切的内容,如土地使用规划以及公共设施规划作为主要内容。

意见收集、处理

此次公众参与意见收集的手段包括填写调查表和召开公众代表座谈会。调查表在规划宣传展板展示处分发,并由居委会负责回收。在规划展示期间,召开公众代表座谈会,代表主要来自几个方面,包括社区居民代表、居委会代表、人大代表、机关单位代表以及相关企业代表。会议由区规划局主持,首先由规划院对龙柏社区的控制性详细规划进行介绍,之后由公众代表对规划方案提问及评议,区规划局负责对会议进行记录。回收来的公众意见调查表以及公众代表所提的意见与建议,将由区规划局进行整理,并敦促规划院根据其中具有建设性的建议对规划方案进行修改。规划方案定稿后,再次举行公众代表座谈会,将就公众意见的采纳情况向公众反馈。

对实践的总结与反思

目前,上海城市规划编制过程中的公众参与主要还停留在规划方案审批以后将规划方案进行公示阶段。此次公众参与增加了规划编制过程中公众评议、规划修改后向公众进行反馈与说明的环节,公众在规划编制中的地位更为主动,在参与的程度上有了较大的提高。

由于上海城市规划公众参与尚处于起步阶段,还需要从以下方面努力:如增强操作的透明度、扩大参与评议的公众面、加强公众参与的广度和深度、丰富信息发布和意见收集的手段,以及公众参与规划编制的阶段还可以再提前等。

要解决存在的问题最根本的是组织机构的改善,由规划组织编制单位和规划编制单位负责组织公众参与。从我国的规划编制与管理体制来看,具有较大的合理性与可操作性;但从提高公众参与的角度来看,具有一定的缺陷,影响公众参与的透明性,进而影响到公众参与的内容、方式以及意见处理等一系列问题。因此,最根本的在于建立起独立于行政机构的城市规划公众参与委员会,从公众的角度对公众参与城市规划的内容、方式提出要求,并使对公众意见的处理能更加客观,也更能保证合理的公众意见在规划方案中得以体现。

小结

公众参与在城市规划中能否顺利、全面地推进,不仅仅与规划部门的努力有关,还与国家的政治、社会发展进程有很大关系,目前我国在这些方面发展的不完善一定程度上使公众参与城市规划受到影响。

在法律保障方面,《上海市城市规划条例》规定制定城市规划应听取公众意见,但关于参与组织机构、参与阶段、参与内容、参与形式等方面的具体规定较为欠缺,操作程序没有法律依据。在政治基础方面,我国目前城市规划的决策权掌握在政府部门,同时国家发展的整体思路仍然停留在效率为主、兼顾公平的阶段,社会公平在大部分情况下仍然让位于对高效率的追求。在民众意识方面,市民的民主意识还比较弱,缺乏关心城市发展的积极性,同时文化素质不高也影响到对城市规划的理解。

(资料来源:程蓉,顾军:《上海:公众参与闵行区龙柏社区控制性详细规划编制实例》,载《北京规划建设》2005年第6期,有删减)

? 案例思考题

1. 社区发展与社区规划是怎样的关系?
2. 在本案例中,社区发展的主体与机制分别是什么?
3. 社区参与规划只是参与决策的一部分,社区管理的全过程参与还有哪些?
4. 针对案例中关于社区参与规划所存在的问题,你认为其产生的根源是什么?如何解决?
5. 法制化是我国社区发展的趋势吗?在当前条件下,我国社区发展的法制化所面临的主要障碍是什么?结合案例,谈谈克服这些问题的对策思路。

后　记

自《社区管理学》被"上海市政治学本科教育高地"立项以后,我就憧憬着能够做出一个精品来。一方面,这属于多年来我确定的基层政治与基层公共管理的研究范畴,无论是在实践的层面还是在理论的层面,社区管理对于我都有巨大的吸引力;另一方面,对于我个人而言,独立承担教材的编写任务尚属第一次,责任使我雄心勃勃,也是责任使我惴惴不安,也许这就是主编与参编以及合编的不同之所在吧。

这些复杂的感受在教材的编写过程中得到了体现。越是参阅前辈们的著述,越是使我感到压力。奋笔、搁笔,我在时光荏苒中一再推迟着写作计划的实施,甚至一度彻底推翻了之前的提纲和框架。最终使我壮胆下笔的力量来自于领导、同学和家人,我把他们的鼓励总结为两条:第一,没有哪一位专家敢说自己能够做出"最好"的教材,"最好"应该被作为一种理想去追求;第二,教材本身就是一个不断完善的过程,可以在使用的过程中吸收读者的意见加以改进并修订。

教材写作取得突破始于2007年暑期。其时,我参加了由美国杜克大学与复旦大学合办的政治学方法论讲习班培训,认识了一些青年才俊,也结识了一些学界的知名人士。在那个酷热的暑期里,董江爱、董文琪、陈金英的加入成为本书写作进展的转折点。随着西南政法大学公共管理学院刘云香博士的见爱加盟,本书的编写小组队伍空前壮大,并吸收了很多中肯的建议。

本书编写任务安排如下:华东政法大学吴新叶编写第一章、第二章、第七章,山西大学董江爱编写第三章,上海对外贸易学院陈金英编写第四章,西南政法大学刘云香撰写第五章,华东政法大学肖榕编写第六章,中南大学董文琪编写第八章,华东政法大学陈毅编写第九章,最后由吴新叶负责统稿。需要指出的是,本书尽管是集体合作的结晶,但主编承担所有的责任。

本书只是就社区管理的基本知识和重大原则问题进行了梳理,既无法全部回答社区管理中所遇到的前沿问题,也无法给社区管理实践遇到的所有问题都给出答案。我们期待亲爱的同行和广大的同学们对本书的不足之处多提宝贵意见,您的批评和建议是我们的财富(联系邮箱:wxyeee@sina.com)。让我们共同努力,使我国的社区管理学发展迈上一个新台阶。

吴新叶
2008年10月